国家哲学社会科学成果文库
NATIONAL ACHIEVEMENTS LIBRARY
OF PHILOSOPHY AND SOCIAL SCIENCES

出土简牍与秦汉社会身份秩序研究

贾丽英 著

中国社会科学出版社

图书在版编目（CIP）数据

出土简牍与秦汉社会身份秩序研究／贾丽英著．—北京：中国社会科学
出版社，2023.5

（国家哲学社会科学成果文库）

ISBN 978-7-5227-1694-7

Ⅰ.①出⋯　Ⅱ.①贾⋯　Ⅲ.①简（考古）—研究—中国 ②中国历史—
研究—秦汉时代　Ⅳ.①K877.5②K232.07

中国国家版本馆 CIP 数据核字（2023）第 052880 号

出 版 人	赵剑英	
责任编辑	安　芳	
责任校对	王佳玉	
封面设计	黄萧霓	
责任印制	戴　宽	

出　　版	中国社会科学出版社	
社　　址	北京鼓楼西大街甲 158 号	
邮　　编	100720	
网　　址	http://www.csspw.cn	
发 行 部	010-84083685	
门 市 部	010-84029450	
经　　销	新华书店及其他书店	

印刷装订	北京君升印刷有限公司	
版　　次	2023 年 5 月第 1 版	
印　　次	2023 年 5 月第 1 次印刷	

开　　本	710×1000　1/16	
印　　张	30	
字　　数	413 千字	
定　　价	218.00 元	

凡购买中国社会科学出版社图书，如有质量问题请与本社营销中心联系调换
电话：010-84083683

《国家哲学社会科学成果文库》
出版说明

为充分发挥哲学社会科学优秀成果和优秀人才的示范引领作用，促进我国哲学社会科学繁荣发展，自 2010 年始设立《国家哲学社会科学成果文库》。入选成果经同行专家严格评审，反映新时代中国特色社会主义理论和实践创新，代表当前相关学科领域前沿水平。按照"统一标识、统一风格、统一版式、统一标准"的总体要求组织出版。

全国哲学社会科学工作办公室

2023 年 3 月

目　录

CONTENTS

图表目录

CONTENTS FOR FIGURES AND TABLES

序

　　贾丽英教授《出土简牍与秦汉社会身份秩序研究》即将出版，全书分为上中下三编，依次考察秦汉时代的身份序列、爵制变迁和徒隶身份。这部著作是近年来重要的秦汉史研究成果。

　　在今天的秦汉史领域，研究工作如果不借助新出资料，不仅会被多数人认为是落伍的，更被一些人认为是不专业的。这些说法的合理性在于历史学是一门经验学科，它的进步需要新资料来推动。然而，资料不会自动为历史做出判断，它只是发射火箭的燃料，而火箭的起飞则需要将燃料用于助推它的各种观念和技术，仅有燃料或仅有观念和技术都是不行的。因此，在评价一个研究时，我们所说的"创新"，主要不是利用了新的资料，而是通过这些新资料所想到的问题，是在梳理和解决问题的尝试中，认识新的事物和重新判断已存的事物，并把二者联系起来加以研究。这样，"创新"在很大程度上就是获得了对某些未知事物之有知，或者是对已知事物认识的某些改变，或者是调整了研究思路和方向。

　　《出土简牍与秦汉社会身份秩序研究》在这些方面都有一些体现。例如它对"移爵"和"比地为伍"的探讨，对告地书中爵位身份真实性的探讨，对徒隶的婚姻家室和其他生活状况的探讨，对仗城旦身份的探讨，对司寇身份及变化的探讨，都是利用了新的资料，提出了与已有观点不同的新的见解。有的说法我个人是赞同的，例如作者指出，湖北荆州和随州出土的有高爵（五大夫和关内侯）内容的告地书，其书写方式是当地巫者方术师承规则的反映，与墓主生前生活状况无关，不是墓主的真实身份，在身份上的这种虚拟化则与现实中的免役有关。这个解释无论是否被学界接受，但它是在用历史主义的眼光看待逝去的往昔，这就摆脱了对史料的复读式理解。又如作者对《秦律十八种》中仗城旦的解释，指出了传统观点之于史实未洽之处，这就提供了新思路，也需要持有传统意见的学者有更多思考。凡此均值得肯定。

不过，在我看来《出土简牍与秦汉社会身份秩序研究》一书更值得注意、也是更有意义的方面并不在此，我要说的是，它在一个重要的历史问题上提出了新的概念。这个问题就是秦汉皇权官僚国家中人的身份性——它不是某个群体或个体在社会生活中自然形成的身份类型，而是国家确定的身份秩序；这个概念就是身份序列的"爵刑一体"化——它不是描述性的概念，而是理论性的概念。

肇始于17世纪的近代意义上的自然法学说，迄至18世纪受到了欧洲启蒙运动思潮的继承和批判。这个过程正是历史上许多重要思想的共同命运。我相信，创造力以及与其同样重要的批判力的结合，乃是涌动着人类智慧源泉的必要前提：前者是对任何事物的了解、认识和行动，后者则是对任何有价值的主张在其发展起来并产生了影响之后的检查与改造，从而可能成为新思想的起点。

在那部曾经饱受争议的《论人类不平等的起源和基础》一书中，批判自然法学说的代表人物之一卢梭提出了两个概念，即"自然的人"和"人所形成的人"，以及一个命题即"人类社会的不平等状况来自人类自身"。"自然的人"指"野蛮"状态下的人类，"人所形成的人"指文明时代的人类，而上述的卢梭命题，指的就是包括社会身份差异在内的整个文明时代的基本特征。照卢梭的说法，罗马法学家使人类和其他一切动物毫无区别地服从于同一的自然法，他们把自然法则理解为自然加于其自身的法则，而不是自然所规定的法则；近代的自然法学家则把法则概念理解为只适用于具有灵性的存在物亦即人所制定的一种规则。换言之，在人类之外的动物世界中，并不存在人类社会所独有的法的需要。这个判断在逻辑上的进一步推衍即是，在人类之外的动物界中没有身份性。20世纪杰出的动物学家康拉德·洛伦兹经过细致观察却发现，其他动物和人类一样，由生命延续、逃避危险和进行攻击三种"驱力"所决定的基本生存状态，是以性别、年龄和地位的身份差异呈现的，声音的形态、羽毛的分布或身体某些部位颜色的不同等等，确定了动物群中个体的不同身份。由于人类和其他动物来自共同的自然创造，我们有理由假设，其一，人类社会中身份性的源头可以追溯到它的自然状态，"人"自然状态下的身份性是以后文明状态下身份性基础的组成部分；其二，在文明出现后，"人"的自然性之于身份的意义依旧保留着。这两个因素在当下我们对历史上人身份性的研究中似乎或多或少被忽略了。

然而，人类文明时代出现的不同身份，在本质上是不能用动物性的本能来解释的。在这个明易的道理之外我想强调的是，随着文明的完全确立亦即国家的出现，直迄近代以来，人的身份差别以自然因素（体能和智能）、社会因素（群体聚合）和政治因素（国家形态）重要程度大致上依次递增的趋势而呈现。尽管不同文明地区"人"身份之确定方式和表现形式有不小差异，尽管自然因素尤其是社会因素对"人"身份的影响仍然存在，但对一个人身份的确定，决定性地掌握在以制度和法律为准绳的国家手中。个人、集体与国家这三者的关系，通过人的身份性，以最为直接、最为严格、也最具有实在性的表现而呈现；它不只是现象的，更是本质的。从这个意义上说，历史上人的身份性乃是打开历史门扉的一把钥匙，虽然不是唯一的钥匙。

《出土简牍与秦汉社会身份秩序研究》最引人注目的方面，就在于它研究的正是这把"历史的钥匙"。它面对的是一个有着诸多困难和疑问的大问题。传统观点认为，爵制身份构成了秦汉国家的身份秩序。然而，在爵制身份之外，还有许多其他身份的人群，他们中的一部分在爵位系统随着爵位级差的变化而调整其身份，也有一部分与爵位无缘。如果这个现象不能得到解释，对秦汉国家和社会结构的认识就只能是表面的、不完整的或者是不准确的。国内外学术界对此研究的重点集中在隶臣妾（或徒隶）与庶人的身份上。《出土简牍与秦汉社会身份秩序研究》借鉴了现代法学"正身份"和"负身份"概念，沿着已有研究方向，提出了创新性判断，它指出秦汉时代的身份序列是"爵刑一体"，爵制身份为正身份，徒隶身份为负身份，由于庶人既可以由负身份的奴婢和罪囚通过"免"的方式成为庶人，也可以由正身份的有爵者，通过"废""夺"和"免"的方式承认庶人，因此衔接起正身份"爵"与负身份"刑"的枢点是乃是庶人。这样，作者认为，秦汉国家全体社会成员基本都在这个身份序列中。

这个表述在逻辑上是明晰和自洽的，但它具有怎样的实在性呢？

在徒隶方面，作者的实证结论是：在已有的文献中没有发现一条"爵为公乘"同时又"刑为城旦"的例子，也找不到一条既"夺爵为士五"同时又"免为庶人"的例子；甚至都是徒隶，也找不到一条同时既为隶臣又为鬼薪的例子。"一个人在那个时空中，只能是一种身份。公乘、城旦；士五、庶人；隶臣、鬼薪，分别都是爵刑一体身份中的两个点，永远不会交叉存在。"

在庶人方面，作者的实证结论是：传世文献中没有出现过一例作为身份标志的庶人实例，出土资料中仅有一例有疑点的"庶人"实例，由此可以推测秦汉时代没有"庶人某"这样的称谓。可是，《二年律令》又明确规定了庶人的权益，如此，庶人之存在确然无疑。这样，问题就成为"庶人"概念其所指何在。作者通过分析户籍、各类名籍资料以及其他资料，提出的判断是，没有爵位身份或徒隶身份的一些人，是以"民""大男"或"大男子""民男子"等称谓加以表述的，这些人就是庶人。庶人的来源有正身份者（来自有爵者之下降）也有负身份者（来自徒隶之上升），这样，庶人身份是否是自由的，就不能一概而论了。具体说来，由正身份下降的庶人是自由的，从负身份获免的庶人对故主有依附关系，成为庶人的重犯尚须在官府劳作或成为复作者，但就总体而言，其身份是自由的。与正身份和负身份者相同，庶人身份也不是固定的，可以因赐爵和傅籍升为身份序列中的正身份。

作者以上论证是建立在详尽的资料基础上的，而对资料的梳理是以表的形式呈现出来的。《出土简牍与秦汉社会身份秩序研究》有随文插表 24 个，书末附表 5 个，计 29 个表，与身份秩序研究有关的表占了三分之二，这是我看到的资料随表较多的秦汉史著作。资料随表即通过一个主题将相关资料集合在一起，这是归纳研究中的有效方法，而这有效性一个前提是对表题的设计。前面说过资料不会自动产生判断，实际上在研究工作中对资料的梳理和研究，对事物的事实判断和价值判断，通常也不是严格的前后相继过程，而是表现为彼此持续着的伴随和互动。《出土简牍与秦汉社会身份秩序研究》的《前三史正身份降为"庶人"汇表》《前三史赦"殊死"汇表》《两汉颁赦、减赎、赐爵次数汇表》《居延汉简、居延新简爵称汇表》《肩水金关汉简民爵爵称及年龄汇表》《秦汉赐爵表》《两汉减赎表》和《秦汉赦令表》等，汇集了已有的相关资料，我们看到在表的题定中，作者已经开始了研究。由此精细实证研究所支撑的判断，对于读者来说会有踏实之感。

在研究庶人问题时，由于没有发现"庶人某"的称谓，《出土简牍与秦汉社会身份秩序研究》问道：秦汉庶人去了哪里？这是向秦汉"现实"的发问。实际上，我们还应当问：秦汉庶人来自何方？这就要向秦汉以前的"历史"发问。"庶人"不是秦汉国家才有的阶层，无论这个阶层具有怎样的性质，它都是先秦时代数量众多的人群，是当时中国所有身份性人口中需要认真研究的客体。关于先秦时代"庶人"的存在状态和性质，作者回顾了中国古代社会形态讨论中的不同意见，这使得研究具备了必要的历史起点。认识"历史"是认识"现实"的基础，无论研究今天的"现实"还是研究"历史"的"现实"都是如此。秦汉的"庶人"并不完全等同于先秦的"庶人"，却与先秦的庶人有着千丝万缕的联系，如作者所指出的："中国古代先秦时期的'庶人'概念必然对秦汉时代产生重要影响。"因此，梳理和分析旧时代之变动着的和新时代之浮现出的所有因素，就可以帮助我们让问题变得更为明晰，让洞察力更具力量。这样，作者提出的"庶人"问题就可以有更多思考。它既然是贯连起正身份与负身份的枢纽，它就不会是一种纤细的社会成分，就需要兼顾法律方面和法律以外的其他方面对其进行考察。"庶人"之"零"身份是一种界定，是否还有其他可能的界定？

不仅在"庶人"问题上，而且在与秦汉时代身份秩序有关的问题上，以及在秦汉国家和社会结构的所有方面，"历史"的观照都极为重要。先秦时代王权贵族制的基本特征是分封、等级、宗法和世袭，由这四个方面决定的身份制度本质上是上层社会的制度，它主要通过"礼"来规范。春秋战国时期关于"礼"学说主要是由儒家主张和发展的。照冯友兰的说法，在儒家学说中，"礼"是一个内容丰富的综合概念，它的功能是对人的欲望的限制；在实践中它显示了三种意义：礼仪或礼节，行为准则和调节人际关系。可是，"礼"的对象并不是全体人民而只是贵族，"礼"的力量主要也不是暴力强制而是非法律的规范；因此，它就无法将全体人民动员和控制在国君手中。《商君书·更法》和《史记·商君列传》都说商鞅变法的起点是在前所未有的"世事之变"即时代大变局下，以"正法之本"和"使民之道"为杠杆的政治应对，这正是出于国君通过法律掌握动员和控制全体人民权力的考虑。

商鞅及其后学学说的一个重要内容是厚赏重刑，它认为"文（赏）武（刑）"并举是"法之约"即法度的纲要（《商君书·修权》）。"文"或"赏"可以是赐爵，而"武"或"刑"可以是夺爵。法家政治理论的思想基础在很大程度上依赖于它的人性论，这在《韩非子·八经》中明确表述为"凡治天下，必因人情"。法家所说的人性指的是包括避害和趋利在内的人性"恶"的假设，这有似于近代西方思想家霍布斯和斯宾诺莎所说的"自我保全"的人性观，但后者将"自我保全"的权力归之于个人，而法家则将这个权力归之于君主。《商君书·去强》"兴国行罚，民利且畏；行赏，民利且爱"的诉说，讲的就是这个道理。

"礼"肯定了世袭身份的延续，而"刑"则打破了身份的固定性。战国时代法家"刑"的学说是惩罚、激励和教化相结合的理论，即"壹赏、壹刑、壹教"。"赏刑"是一个合并语词，《商君书》有《赏刑》篇，《韩非子》每以"赏刑"并提。它也是"壹"的理论，即"赏"出自战争，"刑"出自尊君和遵君："所谓壹赏者，利禄官爵搏（专）出于兵，无有异施也"；"所谓壹刑者，刑无等级，自卿相、将军、以至大夫、庶人，有不从王令，犯国禁，乱上制者，罪死不赦"（《商君书·赏刑》）。

法家主张的一贯性随着强化君权而丰富。商鞅提出"赏厚刑重"，"韩非子肯定这个主张（《韩非子·定法》），并将"德（赏）"和"刑"更加明确为是专属君主的"二柄"。"二柄"既施之"臣"也施于"民"（《韩非子·二柄》及《八经》）。如果考虑到法家政治主张在战国时代的决定性影响，我们就会理解在军国体制下的身份之依靠刑赏调整的必要性；就会理解何以在古代中国早期的历史进程中，走上了与古代希腊城邦不同的政治道路：在这个政治和社会结构中，它动员和控制的是全民，而不是将人分成"公民"和"奴隶"，从而减弱了国家（君主）的政治力量；从而也就会理解古代中国在王权贵族政治瓦解后走向皇权官僚政治之历史必然。

身份的爵位序列在西汉中期以后逐渐衰微，这是多种因素的结果，需要更为仔细地考察。但是有一点似乎是明确的，那就是这种爵位是适应战争时代的准军事身份制度（二十等爵在形式上与军事上的军衔制是相似的），在和平时代必然会遭到多样化生活方式和非战争时期国家常态化管理面临的诸多问题的冲击。汉初人所说的可以"马上得天下"与不能"马上治天下"的矛盾用在这里也是合适的。如果和平岁月足够久长，这种以战争和征服为鹄的的身份制度就会名存实亡直至瓦解。西汉中前期司马迁说"庶人之富者或累巨万"（《史记·平准书》），东汉后期仲长统说"豪人货殖，馆舍布于州郡，田亩连于方国。身无半通青纶之命，而窃三辰龙章之服；不为编户一伍之长，而有千室名邑之役。荣乐过于封君，势力侔于守令"（《昌言·损益》）。这两段的文字好似一个有着渐强音的故事的首尾，真实而又富有形象感。以爵为核心，以刑赏为杠杆的秦汉身份制度源自法家基于人性依据的设计，然而这个设计在很大程度上却也是被人性打破的。同时，还有一点似乎也是明确的，而且可能更为重要，那就是从春秋尤其是战国以来的历史大变局中，君权和皇权的中心地位始终稳定着，且不断强化着，爵位和官位围绕着皇权本位而延伸、而丰富、而深化，体现了皇权国家的特征；爵位序列退出历史舞台，乃是因为皇权国家看到并具有了适合自身的更好的统治方式，这就是皇权这个唯一的本位与官僚体制的有效结合。

对秦汉皇权官僚国家和社会的讨论由来已久。如果从睡虎地秦简的出土为新的研究起点，近半个世纪以来随着出土资料的持续发现，这项研究工作达到了新的高度。我们不仅在一些细节上获得了更多的知识，更重要的是在对秦汉社会结构的认识上也获得了一些令人耳目一新的重要进展。如何继续推进这项有助于认识中国历史发展道路的重要工作，《出土简牍与秦汉社会身份秩序研究》提供了一个很有意义的研究实例，我相信读者会从这部著作中获得很多启发。如果用扼要的文字概括我的结论，那就是既以小见大，也以大驭小，超越材料个别性和现象性的局限，在事物联系的过程中通过概念和命题陈述发现其性质。

彭　卫

2023 年 3 月 7 日北京潘家园寓所

前　言

　　秦汉帝国，处于由古代王制向帝制的转型期，社会身份制度也处于重构中。秦汉时代的社会身份既有古老身份制的遗留，也有自己的时代精神。这一时期的社会身份有有爵者、有秩者、庶人、徒隶，还有官私奴婢，等等。其中爵有封爵、二十等爵；秩有"二千石""千石"等分级和分类，同时还有"比秩"的存在。隶属身份中，有隶于国家者，如徒隶、官奴婢等，也有隶于私人者，如隶、臣妾、私属、奴婢等。但是，剥离纷杂的表层，秦汉帝国社会身份体系中，主干部分最突出的还是以"爵"和"刑"两个因素调整的身份系统。

　　"爵"所调整的，是好的社会身份，也可以说是正身份。爵的研究学界成果丰硕。相对早期的如日本学者镰田重雄、栗原朋信、守屋美都雄、西嶋定生、古贺登等对二十等爵的汉承秦爵问题、官爵与民爵的划分问题等进行了研究，楯身智志曾撰文《日本秦简研究现状·爵制、身份制度》（《简帛》第6辑，上海古籍出版社，2011）作过较为详细的说明。其中西嶋定生《中国古代帝国的形成与结构——二十等爵制研究》（东京大学出版会，1961），将爵制秩序作为国家秩序的理论研究影响最为深远。中国学界廖伯源《汉代爵位制度试释（上、下）》（《新亚学报》第10卷第1期、第12卷，1973、1977）、高敏《秦的赐爵制度试探》和《论两汉赐爵制度的历史演变》（《秦汉史论集》，中州书画社，1982）、朱绍侯《军功爵制研究》（上海人民出版社，1990）等是早年爵制研究的奠基之作。2001年张家山汉简的公布，极大地推动了爵制研究。阎步克《从爵本位到官本位——秦汉官僚品位结构研究》（生活·读书·新知三联书店，2009）由爵秩体制到官品体制的分析极具启发。李均明、杨振红、刘敏、凌文超等对爵的机能、爵的分层等问题进行了非常有价值的探索。

"刑"所调整的，是不好的身份，也可以说是负身份。以往的研究，爵与刑的研究是分离的。刑的研究侧重于法律、刑罚、有期无期刑等方面的研究，关于城旦舂、鬼薪白粲、隶臣妾、司寇等的认知多集中于劳役刑。20世纪80年代，日本学界开始将隶臣妾等徒隶从身份刑的角度进行思考。籾山明《秦的隶属身分及其起源——关于隶臣妾》（《秦汉史研究译文集》第一辑，1983，内部印行），将隶臣妾视为排除在爵制秩序之外的身份刑。之后冨谷至、宫宅洁、陶安等更进一步把城旦舂、鬼薪白粲也纳入身份刑。非常值得一提的是鹰取祐司，他的《秦汉时代的刑罚与爵制性身份序列》（《法律史译评》，北京大学出版社，2013），不仅将隶臣妾、鬼薪白粲、城旦舂都视为身份刑，更将其列入准爵位身份指标进行考察。之后中国的学者孙闻博、王伟、吕利等都有沿着这个思路进行思考。

爵，不论官爵、民爵，在秦汉时代相较于无爵者、徒隶都是有利的身份，附于爵的免役、免老、减刑、名田宅、授杖等各项权益，都是法律所赋予且在现实社会中实施的。在爵的身份被高度重视的秦及汉初，有爵者更是荣耀的存在。所以，把隶臣妾、鬼薪白粲、城旦舂等徒隶称为"准爵"是不准确的。准爵层，应该是位于二十等爵之下的，但身份也是好的、光荣的。从张家山汉简《二年律令·户律》的排序来看，应该是由公卒、士伍构成的"士下"准爵层。他们位于"公士"之下，"庶人"之上，生活在居民里中，可以受国家田宅，无爵，身份自由。汉代传世文献不见"公卒"，应是随着爵制式微，爵称、爵名的简化，"公卒"被裁并的结果。之后，大约在东汉中期，二十等爵中的"公大夫""官大夫"也被裁并。从长沙走马楼吴简的记录来看，到三国时期与二十等爵相关的身份只剩下了"公乘"和"士伍"，一个是爵的身份贵重时民爵的最高级，一个是准爵层的最低级。

徒隶，从里耶秦简洞庭郡迁陵县文书来看，一般语境下是指隶臣妾、城旦舂、鬼薪白粲。隶臣妾归仓，城旦舂、鬼薪白粲归司空监管。而从"徒簿"的分工来看，劳役分配和强度更多的是性别的差别。值得注意的是，在"徒簿"类文书当中有一个特殊身份的存在，即"仗城旦"。我们所见的徒簿，不论是出自仓、司空、库、内史，还是田官、畜官，抑或是迁陵县各乡，统计记录时多见将"城旦、鬼薪"，"舂、白粲"一起列举，而"仗城旦"或"丈城旦"单独列出。如"城旦、鬼薪积九十人""仗城旦积卅人""舂、白粲积六十人"等。以往学界多认为仗城旦为老年城旦，但近出岳麓书院秦简"徒隶老""当就食"这样的法律规定，显示徒隶也有免老一说。仗城旦不会是老年城旦。从最初身份刑名的命名来看，其从事的可能是与丈量相关的劳役。"丈城旦勿将司"正是身份特殊性和优越性的体现。司寇，在秦及汉初是"户人"，居住在居民里中，但长期供役于官府，属于受官府掌控的"县官徒"之一。西汉中期，约在"数用五"的时代，司寇完全沦为"徒隶"。

秦汉时代，我们翻阅传世文献、出土文献，找不到一条"爵为公乘"，同时又"刑为城旦"的例子；也找不到一条"夺爵为士伍"又"免为庶人"的例子。甚至都是徒隶，也找不到一条同时既为隶臣，又为鬼薪的例子。一个人在那个时空中，不论是爵的身份，还是刑的身份，只能是一种身份。公乘、城旦；士伍、庶人；隶臣、鬼薪，都分别是身份序列中的两个点，永远不会交叉存在。这样，有爵者、无爵者、司寇徒隶，全体社会成员基本都可纳入这个身份序列。这个序列，我们称之为"爵刑一体"身份序列。

在这个"爵刑一体"的身份等级序列中，衔接起正身份"爵"与负身份"刑"的，是"庶人"。

庶人，既可以来源于奴婢和徒隶，也可以来源于有爵者，文献材料中称之为免为庶人、赦为庶人或废为庶人、赎为庶人等。如果把有爵或有准爵位者视作正身份"+"，司寇徒隶视作负身份"–"，庶人则可以视为"0"级。

爵刑一体的身份序列，用《二年律令·户律》中的身份爵名可示图如下：

（20）彻侯—（19）关内侯—（18）大庶长—（17）驷车庶长—（16）大上造—（15）少上造—（14）右更—（13）中更—（12）左更—（11）右庶长—（10）左庶长—（9）五大夫—（8）公乘—（7）公大夫—（6）官大夫—（5）大夫—（4）不更—（3）簪袅—（2）上造—（1）公士—（$\frac{2}{3}$）公卒—（$\frac{1}{3}$）士伍—（0）庶人—（–1）司寇—（–2）隶臣妾—（–3）鬼薪白粲—（–4）城旦舂

早期帝国的秦汉时代，尚有战国精神的延续，爵刑一体的身份序列不是固定不变的，而是一个上下流动的等级序列。高爵者，可以被夺爵，成为低爵者，或沦为徒隶；徒隶可以赎免赦免为庶人，重新进入社会，又通过赐爵、承袭、移授等一步步晋升爵的等级。在这个流动的过程中，国家赦令的推动作用不容忽视。"夫赦令者，将与天下更始"，秦汉时代的赦令不仅仅是对徒隶有罪者的赦免减刑，更是一种全民性的"更始""自新"。因此遇赦赐爵，是秦汉赦令的一大特色。赦书每下，行赦使者乘传驾、行郡国、解囚徒、布诏书，罪人得赦，民人得爵，万象更新中整个社会身份秩序实现了自下而上的流动。

以上，是笔者对秦汉时代社会身份秩序的整体思考。本书也将沿着这个思路分作三部分：第一部分上编，爵刑一体的身份序列。主要考察以庶人为枢纽的爵制身份与徒隶身份的衔接，以及爵刑身份序列的流动。第二部分中编，爵的身份、剖分与变迁。利用出土简牍材料，对二十等爵、准爵层的剖分、爵制及权益变迁作进一步思考。第三部分下编，徒隶与身份刑。着重利用里耶秦简相关徒隶的史料，对徒隶的监管官署、徒隶的婚姻与家室，以及较少有人涉及的仗城旦身份、司寇身份及变化进行探讨，希望借助新出材料纠正以往错误认知。当然，如同这篇前言伊始所交代的，早期帝国时期社会身份是复杂多层的，限于学识和精力，对"爵刑一体"主干序列外的身份未做探讨，留待将来。

上编　爵刑一体的身份序列

第一章
秦汉社会爵制身份与徒隶身份的衔接——庶人

在中国古代社会形态的热烈讨论中，"庶人"曾是一个热点问题。为佐证中国历史的分期理论，有庶人奴隶说、农奴说、自由农民说等几种观点。[①]尽管前辈史学家关于古代中国社会形态的划分各有分说，但大家一致的看法都是将先秦时期的"庶人"视为一个身份等级。比如童书业"庶人既不是贵族，也不是奴隶，他们是比奴隶地位较高的生产劳动者"[②]。林甘泉指出文献材料中士、庶人常常并列，"庶人被称为农夫、百姓，而其位置已在徒附之

---

① 其一，庶人为奴隶说。如周谷城"庶的意思是卑贱、是渺小，是旁出；庶民在古代几乎是奴隶的专称"（《庶为奴说》，《文史哲》1955 年第 5 期）；郭沫若"庶人是人高中的最下等"，"所谓的'众人'或'庶人'，事实上只是一些耕种奴隶"[《奴隶制时代》，《郭沫若全集·历史编》（第三卷），人民出版社，1984，第 24、29 页。《奴婢制时代》初版于 1952 年]。李亚农、田昌五、金景芳等都持近似观点。其二，庶人为农奴说。如杨向奎"'庶人'并非'奴隶'，但亦受某种限制而不得自由。若说是'农奴'倒很像"（《中国历史的分期》，《文史哲》1953 年第 1 期）；童书业"'庶人'不可能是纯粹的自由人，至少一部分的'庶人'是带有农奴性质的"（《从"生产关系适合生产力的规律"说到西周春秋的宗法封建制度——兼答何高济先生对于中国古史分期问题的讨论》，《文史哲》1957 年第 1 期）。范文澜、吕振羽等观点相似。其三，庶人为自由农民说。日知"在这种公社所有的土地上的劳动者，最主要的是公社的成员，是自由民"（《与童书业先生论亚细亚生产方法问题》，《文史哲》1952 年第 2 期）；吴大琨"中国在古代文献里所说到'佃民'或是'庶人'，都绝大多数不是奴隶而是农民"，是"尚未完全解体的'氏族公社'里的农民"（《与范文澜同志论划分中国奴隶社会与封建社会的标准问题》，《历史研究》1956 年第 6 期）。尚钺、赵光贤、范义田等观点相似。另外，尚有庶人为农民与奴隶的混合说。如张玉勤"在西周，'庶人'是个泛称"，"是自由农民和奴隶的混合称谓"，"秦汉以后，'庶人'遂成了普通百姓的称谓"（《也论"庶人"》，《山西师大学报》1986 年第 3 期）。也有将庶人视为外族人的。如斯维至"我们敢于断定：小人是本族的人民，庶人是外族的人民"（《论庶人》，《社会科学战线》1978 年第 2 期）。关于各种学说的文献梳理，还可参见杨英《试论周代庶人的社会身份和身份地位》，《中国历史博物馆馆刊》1996 年第 2 期。

② 童书业：《从"生产关系适合生产力的规律"说到西周春秋的宗法封建制度——兼答何高济先生对于中国古史分期问题的讨论》，《文史哲》1957 年第 1 期。

上"①。应永深认为"庶人是一个等级概念","是周代社会中无贵族身份而又不是奴隶的人",同时庶人本身也有"阶级区分",分为"上层庶人和下层庶人"②,等等。

关于秦汉时代的"庶人",因与社会分期理论不是直接相关的,在 20 世纪五六十年代的史学大讨论中相对薄弱。早期比较有代表性的是日本学者,如片仓穰、好并隆司等。③ 后来随着睡虎地秦简、张家山汉简、岳麓秦简等简牍材料的出土,"庶人"相关的讨论越来越充分。截至目前,中日韩学者主要观点分作三种:一是庶人来源于罪犯和奴婢,在赦免后与平民存在差异,仍具有依附性,是一种身份歧视性概念。以韩国任仲爀、林炳德和中国王彦辉、曹旅宁为代表。④ 二是庶人不是专称,是泛称。可以直接译为百姓、平民或下层平民等。以日本片仓穰、好并隆司、德国的陶安等为代表。⑤ 三是庶人是秦汉时代身份序列中的重要点。以日本冨谷至、椎名一雄等为代表。⑥以上讨论无疑对庶人有了比以往更清楚的认识。但是,我们知道历史的发展

---

① 林甘泉:《说庶人的身份》,《林甘泉文集》,上海辞书出版社,2005,第 95—102 页。原载《光明日报》1962 年 12 月 5 日《史学》专刊。

② 应永深:《说"庶人"》,《中国史研究》1981 年第 2 期。

③ [日]片仓穰:《汉代的士伍》,《东方学》第 36 辑,1968;[日]好并隆司:《汉代下层庶人的存在形态(一)》,《史学杂志》第 82 编第 1 号,1973;《汉代下层庶人的存在形态(二)》,《史学杂志》第 82 编第 2 号,1973。

④ [韩]任仲爀:《秦汉律中的庶人》,《简帛研究(二〇〇九)》,广西师范大学出版社,2011;[韩]林炳德:《秦汉时期的庶人》,《简帛研究(二〇〇九)》,广西师范大学出版社,2011;[韩]林炳德:《秦、汉律中的庶人——对庶人泛称说的驳议》,《简帛》(第二十二辑),上海古籍出版社,2021;王彦辉:《论秦及汉初身份秩序中的"庶人"》,《历史研究》2018 年第 4 期;曹旅宁:《秦汉法律简牍中的"庶人"身份及法律地位问题》,《咸阳师范学院学报》2007 年第 3 期。还有学者认为庶人的身份是过渡性的,庶人男子成年后为士伍,女子出嫁后从夫爵。可参见吕利:《"庶人"考论》,《社会科学家》2010 年第 10 期。

⑤ [日]片仓穰:《汉代的士伍》,《东方学》第 36 辑,1968;[日]好并隆司:《汉代下层庶人的存在形态(一)》,《史学杂志》第 82 编第 1 号,1973;《汉代下层庶人的存在形态(二)》,《史学杂志》第 82 编第 2 号,1973;[德]陶安:《秦汉律"庶人"概念辨正》,《简帛》(第七辑),上海古籍出版社,2012。就泛称来说,上述各位学者理解并不完全一致。

⑥ [日]冨谷至:《秦汉における庶人と士伍・覚书》,谷川道雄《中国士大夫阶级と地域社会との関系についての総合的研究》,科学研究费补助金総合研究(A)研究成果报告书,1983;[日]椎名一雄:《"庶人"の语义と汉代の身份秩序》,《大正大学东洋史研究》创刊号,2008;《汉代爵制の身分秩序の构造—庶人と民爵赐与の关系》,《大正大学东洋史研究》第 2 号,2009。

离不开前代的传承，中国古代先秦时期的"庶人"概念必然对秦汉时期产生重要影响，因此研究秦汉时期的庶人，应结合先秦史的研究成果。另外，近年来岳麓书院藏秦简中的《为狱等状四种》及《秦律令》相继公布，庶人的材料相比以往更加丰富，某些简牍材料也需重新解读。以下我们从身份序列的角度，试探讨秦汉时代庶人的位置及实态。

一　身份序列中的枢纽

爵制身份等级构成秦汉帝国的身份秩序，是史学界传统的观点。20世纪80年代，随着睡虎地秦简研究的深入，日本学者籾山明开始将隶臣妾等徒隶纳入身份刑。他说："《睡虎地秦墓竹简》所见之隶臣妾，既不是过去说的那种官奴婢身分，也不单是劳役刑徒……隶臣妾刑是身分刑、名誉刑。"[1] 在这之后，冨谷至、宫宅洁等先生的研究成果都有将隶臣妾、城旦舂等徒隶看作贬降身份的身份刑的意思。[2] 鹰取祐司则更是创见性地将犯罪者身份看作准爵位身份，第一次将爵制身份与徒隶身份放入一个系统来考量。[3]《二年律令·户律》名田宅制中有这样的条文"……上造二宅，公士一宅半宅，公卒、士五（伍）、庶人一宅，司寇、隐官半宅"[4]，二十等爵中公士为一级爵，从准爵位身份的考虑，鹰取祐司将"士伍"定为"0"级，公卒为"0+"，庶

① ［日］籾山明：《秦的隶属身分及其起源——关于隶臣妾》，《秦汉史研究译文集》（第一辑），中国秦汉史研究会（内部资料），1983，第248—275页。最早发表于《史林》第65卷第6号，1982。

② ［日］冨谷至：《秦汉の劳役刑》，《东方学报》第55册，1983，［日］宫宅洁：《秦汉时代の爵と刑罚》，《东洋史研究》第58卷第4号。

③ ［日］鹰取祐司：《秦汉时代的刑罚与爵制性身份序列》，周东平、朱腾主编《法律史译评》，北京大学出版社，2013，第1—27页。原文载于《立命馆文学》第608号，2008年12月。

④ 张家山二四七号汉墓竹简整理小组编著：《张家山汉墓竹简〔二四七号墓〕》（释文修订本），文物出版社，2006，第52页。

人为"0⁻"。徒隶的身份为负数。① 韩国任仲爀与此观点一致，将士伍记为"0"、公卒记为"+0"、庶人为"-0"②。这样的分级显然是将"士伍"作为身份序列的至重点。

现代法学认为身份是人相较于其他人被置放的有利的或不利的状态，"可以把比较中的好的身份叫作正身份；坏的身份叫作负身份"③。秦汉时代正身份是有爵位者、有官位者，负身份是犯罪的徒隶、主人的奴婢等。考虑到"比秩"的复杂性，以及这一时期身份制度的主线为二十等爵，笔者结合鹰取祐司的思路，更进一步认为秦汉时代，即帝制早期的身份序列实为"爵刑一体"。我们搜索汉籍电子文献，找不到一条"爵为公乘"，同时又"刑为城旦"的例子；也找不到一条"夺爵为士伍"又"免为庶人"的例子。甚至都是徒隶，也找不到一条同时既为隶臣，又为鬼薪的例子。一个人在那个时空中，只能是一种身份。公乘、城旦；士伍、庶人；隶臣、鬼薪，都分别是爵刑一体身份序列中的两个点，永远不会交叉存在。这样，有爵者、无爵者、司寇徒隶，全体社会成员基本都可纳入这个身份序列。而在这个"爵刑一体"的身份等级序列中，衔接起正身份"爵"与负身份"刑"的，我们认为应当是"庶人"，而不是"士伍"。

钱大昕《廿二史考异》"凡律言'庶人'者，对奴婢及有罪者而言，与它处泛称'庶民'者不同"④，意指汉律令当中提及的庶人，来源是奴婢和有罪者，是一个身份的专称，跟庶民的意思不相同。这一点不仅在传世文献中多见，而且得到出土简牍材料的印证。

举几例传世文献：

① [日]鹰取祐司：《秦汉时代的刑罚与爵制性身份序列》，周东平、朱腾主编《法律史译评》，第 19 页。按：鹰取祐司最近的研究成果中将"公卒、士伍"并列为"0"[参见氏著《秦汉时代的庶人再考——对特定身份说的批评》，《简帛》（第十八辑），上海古籍出版社，2019]。
② [韩]任仲爀：《秦汉律中的庶人》，《简帛研究（二〇〇九）》，第 309 页。
③ 徐国栋：《人身关系流变考（上）》，《法学》2006 年第 6 期。
④ （南朝宋）范晔撰，（唐）李贤等注：《后汉书》卷 1 下《光武帝纪下》，中华书局，1965，第 89 页。

《汉书·高帝纪下》："民以饥饿自卖为人奴婢者皆免为庶人。"①

《后汉书·光武帝纪下》："癸亥，诏曰：'敢炙灼奴婢，论如律，免所炙灼者为庶（民）〔人〕。'"②

《史记·万石张叔列传》："（石德）后为太常，坐法当死，赎免为庶人。"③

《后汉书·光武帝纪上》："其令中都官、三辅、郡、国出系囚，罪非犯殊死一切勿案，见徒免为庶人。"④

前两例诏免的是奴婢身份，后两例赎免、赦免的是罪囚。再举几则简牍材料，先看睡虎地秦简：

《秦律十八种·司空》："百姓有母及同牲（生）为隶妾，非适（谪）罪殴（也）而欲为冗边五岁，毋赏（偿）兴日，以免一人为庶人，许之。（简151）"⑤

《秦律十八种·军爵》："欲归爵二级以免亲父母为隶臣妾者一人，及隶臣斩首为公士，谒归公士而免故妻隶妾一（简155）人者，许之，免以为庶人。（简156）"⑥

百姓可以用"冗边""归爵"来赎免家人的隶臣妾身份为庶人。岳麓秦

① （汉）班固撰，（唐）颜师古注：《汉书》卷1下《高帝纪下》，中华书局，1962，第54页。
② 《后汉书》卷1下《光武帝纪下》，第58页。中华书局点校本校勘记提及："《集解》引钱大昕说，谓章怀注范史，避太宗讳，'民'字皆改为'人'。今本仍有作'民'者，则宋以后校书者回改。然亦有不当改而妄改者。"这里点校者据钱大昕说回改为"庶人"。
③ （汉）司马迁撰，（南朝宋）裴骃集解，（唐）司马贞索隐，（唐）张守节正义：《史记》卷103《万石张叔列传》，中华书局，1982，第2768页。
④ 《后汉书》卷1上《光武帝纪上》，中华书局，1965，第39页。
⑤ 睡虎地秦墓竹简整理小组编：《睡虎地秦墓竹简》，文物出版社，1990，第54页。
⑥ 睡虎地秦墓竹简整理小组编：《睡虎地秦墓竹简》，第55页。

简中有"立功"免为庶人的例子：

> 从人（简 026 正）之属、囗人或能枸（拘）捕，捕从人死皋一人若城旦春、鬼薪白粲皋二人者，除其皋以为庶人乚。捕城旦春、（简 027 正）鬼薪白粲皋一人若霫（迁）耐皋二人，皆减其皋一等乚。谨布令，令黔首、吏、官徒隶、奴婢明智（知）之，毋（简 028 正）巨（距）皋。（简 029 正）①

此时的立功赎罪，比较严格，需根据所捕人所犯罪的轻重、人次，逐级赎免。汉初似乎免为庶人难度较小。张家山汉简中有捕盗铸钱的规定：

> 《二年律令·钱律》："捕盗铸钱及佐者死罪一人，予爵一级。其欲以免除罪人者，许之。捕一人，免除死罪一人，若城旦春、鬼薪白粲二人，隶臣妾、收人、（简 204）司空三人以为庶人。其当刑未报者，勿刑。有（又）复告者一人，身毋有所与。诇告吏，吏捕得之，赏如律。（简 205）"②

捕盗铸钱或佐者死罪一个人，可以给爵一级。或者可以免死罪一人，城旦春、鬼薪白粲二人，隶臣妾、收人、司寇三人为庶人。与睡虎地秦简相比对，秦时爵二级，才可以免亲父母隶臣妾一人为庶人。

此外，张家山汉简中也有免私奴婢为庶人的律文：

---

① 陈松长主编：《岳麓书院藏秦简》（伍），上海辞书出版社，2017，第 47—48 页。
② 张家山二四七号汉墓竹简整理小组编著：《张家山汉墓竹简〔二四七号墓〕》（释文修订本），第 36 页。日本三国时代出土文字资料研究班认为，"司空"为"司寇"之误。参见彭浩、陈伟、〔日〕工藤元男主编《二年律令与奏谳书——张家山二四七号汉墓出土法律文献释读》，上海古籍出版社，2007，第 171 页所引《东方学报》第 77 册。另，原释文"复告者一人身，毋有所与"，笔者将"身"断为下读。

《二年律令·亡律》："奴婢为善而主欲免者，许之，奴命曰私属，婢为庶人，皆复使，及筭（算）事之如奴婢。主死若有罪，（简162）以私属为庶人，刑者以为隐官。（简163）"①

《二年律令·置后律》："死毋后而有奴婢者，免奴婢以为庶人。（简382）"②

《二年律令·置后律》："婢御其主而有子，主死，免其婢为庶人。（简385）"③

除了律文的规定，我们在秦简和汉简的司法实践中，也确实见到了奴婢或罪因免为庶人的例子。臣妾或奴婢免为庶人的，如岳麓书院藏秦简《识劫𡟼案》，"𡟼为大夫沛妾"，"沛御𡟼"，并生下儿子和女儿，后来沛的妻子死了，"沛免𡟼为庶人，以为妻（简131-132正）"④；长沙五一广场东汉简"免𢻖为庶人"⑤，𢻖的身份是奴婢。徒隶获免为庶人，有的是因赦令，有的是因误判。岳麓秦简《猩、敞知盗分赃案》"敞当耐鬼薪，猩黥城旦。逮戊午赦，为庶人（简045正）"⑥，因逢戊午赦，敞和猩赦免为庶人；居延新简"☐以赦令免为庶人名籍（简EPT5：105）"⑦，应是因某个赦令免为庶人的一批徒隶的名籍。鞫狱而免的，如龙岗秦简木牍记述了一个名叫辟死的人，"论不当为城旦"，重新审理后翻案，"免辟死为庶人"⑧。

---

① 张家山二四七号汉墓竹简整理小组编著：《张家山汉墓竹简〔二四七号墓〕》（释文修订本），第30页。
② 张家山二四七号汉墓竹简整理小组编著：《张家山汉墓竹简〔二四七号墓〕》（释文修订本），第61页。
③ 张家山二四七号汉墓竹简整理小组编著：《张家山汉墓竹简〔二四七号墓〕》（释文修订本），第61页。
④ 朱汉民、陈松长主编：《岳麓书院藏秦简》（叁），上海辞书出版社，2013，第160—161页。
⑤ 陈伟：《五一广场东汉简108、135号小考》，简帛网，http://www.bsm.org.cn/？hanjian/7655.html，2017年10月11日。
⑥ 朱汉民、陈松长主编：《岳麓书院藏秦简》（叁），第119页。
⑦ 孙占宇：《居延新简集释》（一），甘肃文化出版社，2016，第330页。
⑧ 中国文物研究所、湖北省文物考古研究所编：《龙岗秦简》，中华书局，2001，第144页。

以上所举的均是钱大昕所说奴婢和罪囚。事实上，翻检史料，我们发现庶人的身份不仅仅来源于负身份，也有高爵的正身份者因犯法犯事或政权、王朝更替，直接降为庶人的。这种情况，史书中多以"废为庶人""夺侯为庶人"来体现，也有称作"免为庶人"，略举几例：

《史记·梁孝王世家》："济东王彭离者……骄悍，无人君礼，昏暮私与其奴、亡命少年数十人行剽杀人，取财物以为好……汉有司请诛，上不忍，废以为庶人，迁上庸，地入于汉，为大河郡。"①

《汉书·文三王传》："有司奏年淫乱，年坐废为庶人，徙房陵，与汤沐邑百户。"②

《后汉书·刘般列传》："初，纡袭王封，因值王莽篡位，废为庶人，因家于彭城。"③

《后汉书·邓骘列传》："（安帝）闻，追怒，令有司奏悝等大逆无道，遂废西平侯广德、叶侯广宗、西华侯忠、阳安侯珍、都乡侯甫德皆为庶人。"④

《史记·樊哙列传》："（舞阳侯他广）侯家舍人得罪他广，怨之，乃上书曰：'荒侯市人病不能为人，令其夫人与其弟乱而生他广，他广实非荒侯子，不当代后。'诏下吏。孝景中六年，他广夺侯为庶人，国除。"⑤

《汉书·朱博传》："（傅）喜、（何）武前在位，皆无益于治，虽已退免，爵土之封非所当得也。请皆免为庶人。"⑥

《汉书·王嘉传》："议郎龚等以为'嘉言事前后相违，无所执守，

① 《史记》卷 58《梁孝王世家》，第 2088—2089 页。
② 《汉书》卷 47《文三王传·代孝王刘参》，第 2212 页。
③ 《后汉书》卷 39《刘般列传》，第 1303 页。
④ 《后汉书》卷 16《邓骘列传》，第 616—617 页。
⑤ 《史记》卷 95《樊哙列传》，第 2659—2660 页。
⑥ 《汉书》卷 83《朱博传》，第 3407 页。

不任宰相之职，宜夺爵土，免为庶人。'"①

　　上述事例有从"王"降为庶人的，也有从"侯"降为庶人的。值得注意的是，所有指称"庶人"的，都是跟爵直接相关。不管称"废"、称"夺"，还是"免"，都是指对爵位身份的彻底剥夺。我们以上述《汉书·朱博传》提到的傅喜和何武为例。此二人为哀帝时大司马和大司空，《汉书·鲍宣传》载"是时帝祖母傅太后欲与成帝母俱称尊号，封爵亲属，丞相孔光、大司空师丹、何武、大司马傅喜始执正议，失傅太后指，皆免官"②，这里免的是大司空和大司马之官职。后来，丞相朱博遵太后意，再次上奏哀帝，指出二人"虽已退免"，但"爵土之封非所当得"，上书请示将他们"免为庶人"。这次要求免去的是身份上的"侯"，即傅喜的高武侯、何武的汜乡侯，以及与跟"列侯"身份相对应的"土"，也就是食邑封国。由《二年律令·户律》"名田宅"我们知道身份上的爵，附丽的待遇中有相应的田与宅，列侯有食封。

　　当然，检索文献和简牍材料，我们也发现有从徒隶身份免为士伍，或从高爵被夺爵、削爵至士伍的例子。比如岳麓书院藏秦简中有两条秦律：

　　　　佐弋隶臣、汤家臣，免为士五（伍），属佐弋而亡者，论之，比寺车府。（简 007 正）③

　　　　寺车府、少府、中府、中车府、泰官、御府、特库、私官隶臣，免为士五（伍）、隐官……（简 033 正）④

　　这是秦代官府隶臣、家臣因功或劳免为士伍的律文，是我们所说的负身

---

① 《汉书》卷 86《王嘉传》，第 3501 页。
② 《汉书》卷 72《鲍宣传》，第 3087 页。
③ 陈松长主编：《岳麓书院藏秦简》（肆），上海辞书出版社，2015，第 41 页。
④ 陈松长主编：《岳麓书院藏秦简》（肆），第 49—50 页。

份者越过庶人，直接升为士伍身份。

在秦代和汉代还有见到直接从正身份的高爵，降至士伍的例子。比如岳麓秦简《为狱等状四种》的第 5 例《多小未能与谋案》提到的一个叫多的人，"初亡时，年十二岁，今廿二岁，已（已）削爵为士五（伍）（简 091 正）"①、第 15 例《綰等畏戮还走案》记述一个战役之后，对畏戮逃跑的士卒，按逃跑先后，分别处以"完以为城旦、鬼薪""耐以为隶臣"及"夺爵以为士五（伍）［简 244（2）正］"②的制裁。传世文献被夺至"士伍"的事例也有记载。像秦将武安君白起，曾被免至"士伍"③；棘丘侯襄"夺侯，为士伍，国除"④；关内侯陈汤因言事下狱，"天子出汤，夺爵为士伍"⑤；等等。

但是，"士伍"这个身份，从商鞅爵制的爵层剖分来看，属于一级及以下的爵层，是个正身份。《商君书·境内》："军爵自一级已下至小夫。命曰校徒操。出公爵。自二级已上至不更。命曰卒。"⑥ 一级爵，秦汉两代通用的是"公士"，"士伍"为"公士"以下，"小夫"以上爵。

另外，"妇人无爵"也适用于"士伍"这个身份。《礼记·效特牲》："妇人无爵，从夫之爵，坐以夫之齿。"⑦秦汉社会除了极少数女性有爵位外，绝大多数女性是没有爵位的。正如张家山汉简《二年律令·置后律》的规定"女子比其夫爵（简 372）"⑧。而事实上，我们也没有发现一例女子为士伍

---

① 朱汉民、陈松长主编：《岳麓书院藏秦简》（叁），第 142 页。

② ［德］陶安：《〈岳麓书院藏秦简〉（叁）校勘记》，复旦大学出土文献与古文字研究中心编《出土文献与古文字研究》（第六辑），上海古籍出版社，2015，第 537—574 页。

③ 《史记》卷 73《白起列传》，第 2337 页。

④ 《史记》卷 18《高祖功臣侯者年表》，第 919 页。

⑤ 《汉书》卷 70《陈汤传》，第 3021 页。

⑥ 朱师辙：《商君书解诂定本》，古籍出版社，1956，第 71 页。

⑦ 《礼记·效特牲》，据（汉）郑玄注，（唐）孔颖达疏《礼记正义》，北京大学出版社，1999，第 815 页。

⑧ 张家山二四七号汉墓竹简整理小组编著：《张家山汉墓竹简〔二四七号墓〕》（释文修订本），第 59 页。

的例子。秦简中免除徒隶身份，男子可以免为士伍，也可以免为庶人，女子只能为庶人。我们再重审岳麓书院藏秦简中的律文：

> 寺车府、少府、中府、中车府、泰官、御府、特库、私官隶臣，免为士五（伍）、隐官，及隶妾（简033正）以巧劳免为庶人，复属其官者，其或亡盈三月以上而得及自出，耐以为隶（简034正）臣妾。（简035正）①

> 内官、中官隶臣（简007正）妾、白粲以巧及劳免为士五（伍）、庶人、工、工隶隐官而复属内官、中官者，其或亡（简008正）▢……▢▢论之，比寺车府。（简009正）②

男子没有受刑的免为士伍或工，受刑的以为隐官或工隶隐官；隶妾、白粲，免去徒隶身份后为庶人。《二年律令·具律》"女子庶人"与此相似。③女子出嫁，比夫之爵。里耶秦简中就有一条"士伍妻"的户籍简：

> 东成户人士五（伍）夫。▢I
> 妻大女子沙。▢II（简9-2064）④

从上面的分析来看，即使我们考虑《境内》篇的学术争议，不把"士伍"作为爵称，仅从"妇人无爵，从夫之爵"在"士伍"这一身份上的体现

---

① 陈松长主编：《岳麓书院藏秦简》（肆），第49—50页。
② 陈松长主编：《岳麓书院藏秦简》（肆），第41页。
③ 张家山二四七号汉墓竹简整理小组编著：《张家山汉墓竹简〔二四七号墓〕》（释文修订本），第25页。"庶人以上，司寇、隶臣妾无城旦舂、鬼薪白粲罪以上，而史故为不直及失刑之，皆以为隐官；女子庶人。毋筭（算）事其身，令自尚。（简124）"
④ 里耶秦简牍校释小组：《里耶秦简牍资料选校（二）》，《简帛》（第十辑），上海古籍出版社，2015，第202页。

来看，至少说"士伍"为准爵层是没有问题的。① 换句话说，士伍属于正身份。

因此，我们认为秦汉时代正身份与负身份的汇合点是"庶人"，而不是"士伍"，衔接起爵与刑身份序列的是"庶人"。在身份等级中可以把其视为"0"级。

二　庶人的存在形态

庶人，作为秦汉时代身份序列的枢纽，其存在形态表现得非常独特。正身份的人，史料当中的表述如公乘某、大夫某、上造某、公卒某、士伍某等，负身份的表述为隶臣某、隶妾某、鬼薪某、城旦某等。但是，庶人某的表述却很罕见。传世文献中没有出现过一例，简牍材料只在敦煌汉简中发现一例"男庶人吉"：

> 秉刃伤大君头一所。男庶人吉助茂缚秉，元夫与吉共撩杀秉，并使从兄梁杀秉子小男卌甬，砍杀秉妻。（简222）②

此简断代为新莽时期。③ 而敦煌汉简始建国元年（9年）简中有"私属大男吉（简322）""私属吉（简329）"的廪食账册。"私属吉"与"庶人吉"有没有关联？仅从简牍材料不好推断，只能查看文献材料。我们知道王莽新朝职官、郡县、秩爵等更名频繁，涉及"私属"的，始建国元年（9年）"今更名天下田曰'王田'，奴婢曰'私属'，皆不得卖买"④。后来民怨沸

① 参见贾丽英《秦及汉初二十等爵与"士下"准爵层的剖分》，《中国史研究》2018年第4期。
② 甘肃省文物考古研究所编：《敦煌汉简》，中华书局，1991，第228页。
③ 饶宗颐、李均明：《新莽简辑证》，新文丰出版公司，1995，第91页。
④ 《汉书》卷99中《王莽传中》，第4111页。

腾，始建国四年（12 年），王莽下令废除。在《汉书》不同的篇目中表述略有不同：

> 《汉书·食货志上》："后三年，莽知民愁，下诏诸食王田及私属皆得卖买，勿拘以法。"[1]
>
> 《汉书·王莽传中》："莽知民怨，乃下书曰：'诸名食王田，皆得卖之，勿拘以法。犯私买卖庶人者，且一切勿治。'"[2]

可以买卖的，前者表述用的是"王田"和"私属"，后者用的是"王田"和"庶人"。由此我们推测敦煌汉简中的"庶人吉"和"私属吉"应指同一个人。敦煌汉简所言"男庶人吉"，身份是王莽时期的"私属"。

因此，以目前的史料来看，秦汉时期没有"庶人某"这样的称谓。

但是，像张家山汉简《二年律令》等又明确对庶人权益作了规定，如《户律》中的名田宅（见图 1-1）：

> 关内侯九十五顷……公乘廿顷，公大夫九顷，官大夫七顷，大夫五顷，不（简 310-311）更四顷，簪袅三顷，上造二顷，公士一顷半顷，公卒、士五（伍）、庶人各一顷，司寇、隐官各五十亩。（简 312）
>
> ……宅之大方卅步，彻侯受百五宅，关内侯九十五宅……公乘廿宅，公大夫九宅，官大夫七宅，大夫（简 315）五宅，不更四宅，簪袅三宅，上造二宅，公士一宅半宅，公卒、士五（伍）、庶人一宅，司寇、隐官半宅。（简 316）[3]

---

① 《汉书》卷 24 上《食货志上》，第 1144 页。
② 《汉书》卷 99 中《王莽传中》，第 4130 页。
③ 张家山二四七号汉墓竹简整理小组编著：《张家山汉墓竹简〔二四七号墓〕》（释文修订版），第 52 页。

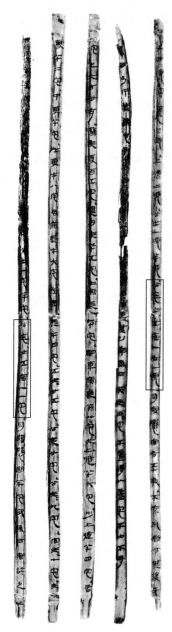

简312-316

图1-1 张家山汉简《二年律令·户律》庶人名田宅①

————————

① 资料来源：图片采自张家山二四七号汉墓竹简整理小组编著《张家山汉墓竹简〔二四七号墓〕》，第33页。简长约31厘米。

那么，这里所指的庶人到底应该是史籍中的哪些人？王彦辉说："按《户律》规定：公卒、士五、庶人各一顷田一宅，司寇、隐官各半顷田半宅，是罪人亦在名田宅之中，惟独商贾不在其列，这或许不是法律的疏漏，只能理解为商贾亦当包含于其中。"① 除了自耕田作者，商贾也在其中。陶安用反问的方式，肯定了庶人包含更多的身份，"据户律的规定，在官府从事农业外职务的司寇也可以'受田'、'受宅'，'工'、'乐人'等特殊身份的何故不然？"② 受各位研究者的启发，笔者认为庶人在现实社会中的存在形态是多样的。

首先，县廷户曹所管理的户籍简中的"大女子""小男子""民男子"等都是身份上的庶人。

里耶秦简的户口簿中记录着户人（户主）、家庭成员及其身份和关系，出土于北护城壕凹坑中比较完整的有 10 枚，举 K30/45 为例：

第一栏：南阳户人不更彭奄
　　　　弟不更说
第二栏：母曰错
　　　　妾曰□
第三栏：子小上造状③

残断和漫漶的更多，我们列举 1 号井第 8 层和第 9 层出土的几例：

（1）南里户人大女子分。☒Ⅰ

---

① 王彦辉：《张家山汉简〈二年律令〉与汉代社会研究》，中华书局，2010，第61页。
② ［德］陶安：《秦汉律"庶人"概念辨正》，《简帛》（第七辑），上海古籍出版社，2012。
③ 湖南省文物考古研究所编著：《里耶发掘报告》，岳麓书社，2007，第205页。

　　　　子小男子□·□Ⅱ（简 8-237）①

（2）南里户人大夫寡茆。□Ⅰ

　　　　□□【公士】□□Ⅱ（简 8-1623）②

（3）阳里户人司寇寄□（简 8-1946）③

（4）东成户人士五（伍）夫。□Ⅰ

　　　　妻大女子沙。□Ⅱ

　　　　子小女子泽若。Ⅲ□

　　　　子小女子伤。□Ⅳ（简 9-2064）④

　　秦代，爵制身份与社会权益紧密相关，身份被高度重视。我们看到的户口簿不仅户人（户主）的身份标注明确，就是家庭成员的"小上造""小公士"也清楚地注明了。甚至户人是"司寇"的，也如实注出。除了单个家庭的户籍，还有邑里户数的总体记录簿：

　　　　□□二户。AⅠ

　　　　大夫一户。AⅡ

　　　　大夫寡三户。AⅢ

　　　　不更一户。AⅣ

　　　　小上造三户。AⅤ

　　　　小公士一户。AⅥ

　　　　士五（伍）七户。□BⅠ

　　　　司寇一【户】。□BⅡ

①　陈伟主编：《里耶秦简牍校释》（第一卷），武汉大学出版社，2012，第 120 页。
②　陈伟主编：《里耶秦简牍校释》（第一卷），第 370 页。
③　陈伟主编：《里耶秦简牍校释》（第一卷），第 409 页。
④　里耶秦简牍校释小组：《里耶秦简牍资料选校（二）》，第 202 页。

小男子□□ B Ⅲ

大女子□□ B Ⅳ

·凡廿五□ B Ⅴ （简 8-19）①

邑里的户口总簿，记录内容主要是户人身份和户数。大夫一户，应指户人是大夫的一户。大夫寡三户，应是大夫亡故，其寡妻为户人的家庭。夫爵为上造的，夫死后，其妻为户主，称"上造寡"②。以此类推。家中男户主死亡，由成年或未成年的儿子承继为户后，在秦简牍中也是常见到的。比如简 8-1236+8-1791 提到的"大夫子三户"③。推测大夫死后，其子爵位低或其他原因，户主记录作大夫子。小上造三户、小公士一户，应是未成年的小上造或小公士为户主的。里耶简中有这样的实例：

高里户人小上造匡□

弟小女子检□ （简 9-2237）④

从秦简牍的司法实例，也确实看到未成年男性为户后的例子。岳麓书院藏秦简中《识劫婉案》，沛为大夫，其子芈为小走马，"沛死，芈代为户后，有肆、宅（简 132 正）"⑤，是小走马为户主的。那么，未标明身份的"小男

① 陈伟主编：《里耶秦简牍校释》（第一卷），第 31 页。
② "十三户，上造寡一户，公士四户，从百四户。元年入不更一户，上造□□（简 9-2335）。"湖南省文物考古研究所编著：《里耶秦简》（贰），文物出版社，2018，第 90 页。
③ "今见一邑二里：大夫七户，大夫寡二户，大夫子三户，不更五户，□□四户，上造十二户，公士二户，从廿六户。□8-1236+8-1791。"［参见陈伟主编《里耶秦简牍校释》（第一卷），第 297 页］
④ 张春龙：《里耶秦简所见户籍与人口管理》，中国社会科学院考古研究所等编《里耶古城·秦简与秦文化研究》，科学出版社，2009，第 188—195 页，记录此简号为 9-2242。湖南省文物考古研究所编著：《里耶秦简》（贰），第 82 页，记录此简号为 9-2237。
⑤ 朱汉民、陈松长主编：《岳麓书院藏秦简》（叁），第 161 页。

子口口"几户中的"小男子",他们居住在居民里中,不会是小隶臣等徒隶①,我们理解他们只能是法律上所说的"庶人"。"大女子口口",从其与"大夫寡""上造寡"的情况相对比来看,"大女子户"也不是单纯的女户,其所包含的身份意义是没有爵位,也没有准爵位的"庶人"之家。其夫或其父是不是"赘婿后父",则不明了。睡虎地秦简《魏户律》"赘婿后父,勿令为户(简19)"②。

汉代的情况与秦代相似。我们知道西北汉简中有各类名籍,如吏名籍、卒名籍、骑士名籍等。这些名籍中有相当数量没有爵称的简,如"戍卒鄈东利里张敞第卅车(简28.10)"③ "氏池骑士平乐里宋庆口(简146.38+407.5)"④ 等,但正如西嶋定生推测的那样,这些人有可能是无爵者,也有可能是当时人名的记录方式在某些场合下的省略。⑤ 近来,任仲爀则认为西北汉简中"不记述'爵称'可能就是当时对'庶人'不记录'爵称'的惯例"⑥。

但是,一般情况下户籍简中身份是不会省略的。⑦ 举一个"取传"的文书:

　　河平五年五月庚子朔丙午都乡守啬夫宗敢言之肩水里男子王野臣自

---

① 贾丽英:《里耶秦简牍所见"徒隶"及监管官署》,《简帛研究(二〇一三)》,广西师范大学出版社,2014。

② 睡虎地秦墓竹简整理小组编:《睡虎地秦墓竹简》,第174页。

③ 简牍整理小组编:《居延汉简》(壹),"中研院"史语所,2014,第89页。

④ 简牍整理小组编:《居延汉简》(贰),"中研院"史语所,2015,第114页。

⑤ [日]西嶋定生:《中国古代帝国的形成与结构——二十等爵制研究》,武尚清译,中华书局,2004,第284页。

⑥ [韩]任仲爀:《秦漢律에 보이는 庶人의 개념과 존재——陶安,呂利,椎名一雄의 견해와 관련하여》,《中国古中世史研究》第50辑,2018。

⑦ 笔者检索西北汉简中的"谨案户籍臧官者",发现也有省略的情况,有的不书写年龄,有的不书写身份。比如肩水金关简73EJT9:35:"口谨案户籍臧乡官者方毋官狱征事非亡人命口",只提到方的名字,没有"年、爵"等要素。居延汉简218.2:"口充光谨案户籍在官者弟年五十九毋官狱征事愿以今取传乘所占用马……"[《居延汉简》(叁),"中研院"史语所,2016,第32页],没有"爵"。

言为都尉丞从史徐兴☐

　　取传谨案户籍臧官者野臣爵大夫

年十九毋官狱征事当得以令取传谒

移过所津关毋

　　五月丙午居延令宣守丞城仓丞赦

移过所县道毋苛留止如律令/掾

☐（简73EJT26：87）②

　　这份文书的前半部分提到叫"王野
臣"的人，为"肩水里男子"。但在官府
的户籍中则详细记录为"爵大夫、年十
九"。汉简中没有像秦里耶简那样完整的户口簿，但是也有户籍简，如：

简73EJT10：30

图1-2　肩水金关汉简"户人大男"①

　　居延阳里户人大男李嘉年五☐☐（简73EJT10：30）③

　　此简明确提到"户人大男"④（见图1-2）。显然，居延阳里这户人家的户
主没有爵位，称"大男"。而汉代的"大男"，在秦代可能称作"大男子"。
邢义田曾就这个问题作过探讨。⑤

　　长沙走马楼三国吴简，户籍简较多。其中大量的户人是"公乘"爵。也
有一少部分以这样的方式表述：

---

　　① 资料来源：采自甘肃简牍保护研究中心、甘肃省文物考古研究所等编《肩水金关汉简》（壹）（中
册），中西书局，2011，第241页。断简，无尺寸。

　　② 甘肃简牍博物馆、甘肃文物考古研究所等编：《肩水金关汉简》（叁）（下册），中西书局，2013，
第54页。

　　③ 甘肃简牍保护研究中心、甘肃省文物考古研究所等编：《肩水金关汉简》（壹）（下册），第130页。

　　④ 甘肃简牍保护研究中心、甘肃省文物考古研究所等编：《肩水金关汉简》（壹）（中册），第241页。

　　⑤ 邢义田：《西汉户籍身份称谓从"大小男女子"变为"大小男女"的时间》，简帛网，http://
www.bsm.org.cn/？hanjian/5371.html，2009年11月13日。

民男子杨秃年六十　　秃妻大女姑年卅九算一（简贰 1795）

□妻事年卅八算一　　秃母大女妾年八十四（简贰 1796）

秃子仕伍白年四岁　　秃弟公乘期年五十腹心病（简贰 1799）

右秃家口食九人（简贰 1800）①

囻大女郭思年八十三　　思子公乘□年六十一给子弟（简贰 1818）②

民男子区远年七十三　　远妻大女布年六十（简贰 1852）③

……

东汉末至三国吴时期爵制身份与秦及汉初不能同日而语，此时的爵似乎已被符号化，跟二十等爵相关的只剩下"公乘"和"士伍"。但是，"民男子"这样的户人简，显示这些户主连符号化的爵也没有，他们应是身份上的庶人。

那么，庶人是否包括前文提到的王彦辉和陶安所说的商贾、乐人、工等？笔者认为，如果这些人是登记在县廷户曹所管辖的户口簿中的，就属于庶人。商贾若是登记在"市籍"中的，当不属于庶人。著名的七科谪"吏有罪一，亡（人）〔命〕二，赘婿三，贾人四，故有市籍五，父母有市籍六，大父母有市籍七，凡七科也"④。这则材料侧面反映了贾人是有"市籍"的，而且子孙可以脱离"市籍"，但三代之内的"市籍"需注录在户籍上。也有没有市籍从商的，如"臣瓒曰：'茂陵书诸贾人末作贳贷，置居邑储积诸物，及商以取利者，虽无市籍，各以其物自占，率缗钱二千而一算。'"⑤ "无市籍"

---

① 长沙简牍博物馆、中国文物研究所、北京大学历史学系、走马楼简牍整理组编著：《长沙走马楼三国吴简·竹简》（贰），文物出版社，2007，第 754 页。

② 长沙简牍博物馆、中国文物研究所、北京大学历史学系、走马楼简牍整理组编著：《长沙走马楼三国吴简·竹简》（贰），第 754 页。

③ 长沙简牍博物馆、中国文物研究所、北京大学历史学系、走马楼简牍整理组编著：《长沙走马楼三国吴简·竹简》（贰），第 755 页。

④ 《汉书》卷 6《武帝纪》，第 205 页张晏注。

⑤ 《汉书》卷 6《武帝纪》，第 178 页。

且没有爵位和准爵位的人，居住在居民里中，不管他们从商、放贷、还是务农，应该都属于庶人。这类人与其他完全务于稼穑的人一样可以获取爵位。如《识劫婉案》中大夫沛一家，有宅有田有肆舍，还放贷以谋利。以及贷钱以"市贩"的士伍積、士伍喜、士伍遗等。[1]

与贾人同样的道理，如果有专门技艺的匠人，登录在"匠籍"[2] 上的，也不应归于庶人之列。《秦律十八种·均工》提到了"工"：

> 新工初工事，一岁半红（功），其后岁赋红（功）与故等。工师善教之，故工一岁而成，新工二岁而成。能先期成学（简111）者谒上，上且有以赏之。盈期不成学者，籍书而上内史。（简112）[3]

工，有新工、故工和熟练工（成学）[4] 之分。要想达到熟练工的水平，至少需要两年，可见不是短期的在官府服役。前文提到的岳麓秦简《亡律》直接将"庶人"和"工"区分开来。律文规定：

> 内官、中官隶臣（简007正）妾、白粲以巧及劳免为士五（伍）、庶人、工、工隶隐官而复属内官、中官者……（简009正）[5]

从先秦文献的记载来看，彼时务于农事的称"庶人"。如《左传》襄公

---

① 朱汉民、陈松长主编：《岳麓书院藏秦简》（叁），第153页。
② 后世文献记录有各类匠户、工户。如唐代乐工户"安金藏，京兆长安人。在太常工籍"［参见（宋）欧阳修、（宋）宋祁撰《新唐书》卷191《忠义列传上·安金藏》，中华书局，1975，第5506页］。清代"庚子，免章丘、济阳京班匠价，并令直省除匠籍为民"［参见（清）赵尔巽等撰《清史稿》卷4《世祖本纪》，中华书局，1977，第96页］，等等。
③ 睡虎地秦墓竹简整理小组编：《睡虎地秦墓竹简》，第46页。
④ 陈伟主编：《秦简牍合集》（壹），武汉大学出版社，2014，第112页。
⑤ 陈松长主编：《岳麓书院藏秦简》（肆），第41页。

九年"庶人力于农穑，商工皂隶不知迁业"①。这是从职业上来说。《左传》哀公二年晋国赵鞅的誓师辞提到，获得战功后"庶人工商遂，人臣隶圉免"②。庶人工商都可以"得遂进仕"，人臣徒隶只能"免为庶人"。庶人和工商是在一个层面上。秦律中的"庶人"无疑是沿用了先秦语义。所以，我们认为，尽管未能在秦汉的典籍和出土材料中发现"匠籍"这样的词汇，如果长期或终身在官府手工作坊工作的，如岳麓秦简中的"工"，应另有名籍。

乐人，也应与匠人一样。宣帝本始四年（前70年）诏，"今岁不登……乐府减乐人，使归就农业"③。先时在乐府，名籍属乐府。散归后名籍属乡里，为庶人。张家山汉简《奏谳书》第17例中有一个故乐人，黥城旦名字叫讲。案例涉及了讲的身份，这样描述：

> （士伍毛）与乐人讲盗士五（伍）和牛，牵之讲室，讲父士五（伍）处见。（简101）④

讲的父亲处，身份是士伍，"守汧邑南门"。讲平时"为走马魁都庸"。十一月"践更咸阳"。全文在案件的叙述中提到讲的身份就只有"乐人"一个词。笔者理解此职业身份"乐人"，就是法律文献中所说的"庶人"。

其他医、史、祝、卜以及学子、吹人等职业的人，应与乐人相类。居住在居民里中，无爵和准爵位的身份，即为庶人。

值得注意的是，没有登录入户籍的无名数者，其称谓也是"大男子"。张

① （周）左丘明传，（晋）杜预注，（唐）孔颖达正义：《春秋左传正义》，北京大学出版社，1999，第872页。
② 《春秋左传正义》，第1619页。
③ 《汉书》卷8《宣帝纪》，第245页。
④ 张家山二四七号汉墓竹简整理小组编著：《张家山汉墓竹简〔二四七号墓〕》（释文修订版），第100页。

家山汉简《奏谳书》提道："..八年
十月己未安陆丞忠刻（劾）狱史平舍
匿无名数大男子种一月。（简63）"②
这里"大男子"应是身份上的庶人。

其次，"名县爵里""名郡县爵里
年姓官除"类文书中，所提到的"大
男子""大男"为庶人。

秦汉时代有一类"名县爵里"的
文书。《汉书·宣帝纪》"其令郡国岁
上系囚以掠笞若瘐死者所坐名、县、
爵、里，丞相御史课殿最以闻"③。简
牍文书中也称"名县爵里年姓"或
"名郡县爵里年姓官除"（见图1-3），等等。西北汉简：

简239.46

图1-3　居延汉简"定名县爵里年"①

鞠系书到，定名县爵里年☐（简 239.46）④

本始二年七月甲申朔甲午鰈得守狱丞却胡以私印行事敢言之肩水都
尉府移庚候官告尉谓游

微安息等书到杂假捕此牒人毋令漏泄先闻知得定名县爵里年姓秩它
坐或（简73EJT21：47）⑤

---

①　资料来源：采自简牍整理小组《居延汉简》（叁），第94页。长7.5厘米，宽1.7厘米。

②　张家山二四七号汉墓竹简整理小组编著：《张家山汉墓竹简〔二四七号墓〕》（释文修订版），第97
页。

③　《汉书》卷8《宣帝纪》，第253页。中华书局点校本的标点应是错误的。简牍文书中有"定名县爵
里年☐""名郡县爵里年姓官除""名县爵里年姓"等字样。名，非姓名之义。而是定名的简称，为动词。
《释名·释言语》："名，明也，名实使分明也。"

④　简牍整理小组编：《居延汉简》（叁），第94页。

⑤　甘肃简牍保护研究中心、甘肃省文物考古研究所等编：《肩水金关汉简》（贰）（中册），中西书局，
2012，第31页。

建始元年四月甲午朔乙未临木候长宪敢言之爰书杂与候史辅验问隧长忠等七人先以从所主及它部官卒买□□

三日而不更言请书律辨告乃验问隧长忠卒赏等辞皆曰名郡县爵里年姓官除各如牒忠等毋从所主卒及它□（简EPT51：228）①

……肩水金关遣吏使之居延名县爵里年姓如牒书到出入如律令（简73EJT37：781A）②

毋庸置疑，此类文书要求明确"爵"的身份情况。如果没有爵称，只称"大男子"或"大男"者，应是没有爵位或准爵位的庶人。由于简牍材料的编联问题，秦汉简中此类文书不好辨识，下文仅举几例：

（1）故邯郸韩审里大男子吴骚，为人黄晳色，隋（椭）面，长七尺三寸□I（简8-894）③

（2）六月戊子发弩九诣男子毋忧，告为都尉屯，已受致书，（简1）行未到，去亡。·毋忧曰："蛮夷，大男子，岁出五十六钱以当徭赋，不当为屯，尉窋遣毋忧为屯，行未到，（简2）去亡，它如九。（简3）④

（3）□大男王□年二十三秦尺五寸□□□

（4）□居延库丞威移过所河津遣官佐一人□（简73EJT23：857A）⑤

最后，免妾、免婢，都是法律条文中所言庶人。

秦简牍材料中，私家奴婢的称谓，有臣妾、奴妾、奴婢几种。汉代简牍

① 张德芳主编：《居延新简集释》（三），甘肃文化出版社，2016，第250页。
② 甘肃简牍博物馆、甘肃省文物考古研究所等编：《肩水金关汉简》（肆）（中册），第121页。
③ 陈伟主编：《里耶秦简牍校释》（第一卷），第244页。
④ 张家山二四七号汉墓竹简整理小组编著：《张家山汉墓竹简〔二四七号墓〕》（释文修订版），第91页。
⑤ 甘肃简牍保护研究中心、甘肃省文物考古研究所等编：《肩水金关汉简》（贰）（中册），第228页。

材料中仅见奴婢之称。据陈伟的研究，奴婢取代奴妾、臣妾，当发生在秦统一以后。从里耶秦简来看，"这一改称发生在始皇二十八年八月至三十一年十月或者三十二年六月之间"[1]。由此我们知道，免妾、免婢，都是获免的私家奴婢。她们在法律上是庶人。我们仍然举《识劫㜈案》中㜈的例子来说明。"㜈为大夫沛妾"，即私家奴婢。案例原文这样陈述：

> 沛御㜈，㜈产嗘、女㜏。沛妻危以十岁时死，沛不取（娶）妻。居可二岁，沛免㜈为庶人，妻㜈。（简 112 正–113 正）[2]

但是，尽管沛免㜈为庶人，把㜈视作妻子，里人也把㜈视作沛的妻子，与她互通饮食。但户籍上没有写"大夫妻"，而是书为"免妾"：

> ·卿（乡）唐、佐更曰：沛免㜈为庶人，即书户籍曰：免妾。（简 126 正）[3]

由此，可以毫无疑问地判定，户籍上的"免妾"，即法律上的"庶人"。当然，免婢与免妾是同一个性质。

那么，免臣和免奴呢？

睡虎地秦简《封诊式·告臣》中提到人臣丙，"丙，甲臣，桥（骄）悍，不田作（简 37）"。甲请求将丙卖给官府，并斩以为城旦。在案件审讯过程中两次提到"甲未赏（尝）身免丙（简 38）""甲赏（尝）身免丙复臣之不

---

① 陈伟：《从"臣妾"、"奴妾"到"奴婢"》，简帛网，http://www.bsm.org.cn/? qinjian/7459.html，2017 年 1 月 27 日。
② 朱汉民、陈松长主编：《岳麓书院藏秦简》（叁），第 154 页。
③ 朱汉民、陈松长主编：《岳麓书院藏秦简》（叁），第 159 页。

殴（也）（简41）"① 这样的话。为什么要强调丙的身份？因"免"与"未免"或"身免复臣"对于等级社会的法律来说，量刑是不一样的。免臣，以"庶人律"量刑；"未免"或"身免复臣"，法律适用"奴婢律"。②

但是，不管是秦律还是汉律，从现有的材料看，我们很难找到一个身份专称是免奴或免臣的。文献材料中仅一见。《汉书·霍光传》提到的昌邑国免奴："取诸侯王、列侯、二千石绶及墨绶、黄绶以并佩昌邑郎官者免奴"③，控诉刘贺将诸侯王、列侯，以及各级官吏象征身份等级的佩绶给"郎官者免奴"佩戴。郎官，指侍从左右的人。④ 郎官者免奴，这里明显是贬义。简牍材料中男性家奴"身免"，所见都是免为私属：

> 张家山汉简《二年律令·亡律》："奴婢为善而主欲免者，许之，奴命曰私属，婢为庶人，皆复使及筭（算）事之如奴婢。主死若有罪，（简162）以私属为庶人，刑者以为隐官。（简163）"⑤
>
> 岳麓书院藏秦简《亡律》："免奴为主私属而将阳阑亡者，以将阳阑亡律论之，复为主私属。（简077正）"⑥

---

① 睡虎地秦墓竹简整理小组编：《睡虎地秦墓竹简》，第154页。

② 《二年律令·置后律》："死毋后而有奴婢者，免奴婢以为庶人，以庶人律□之其主田宅及余财。（简383）。"［参见张家山二四七号汉墓竹简整理小组编著《张家山汉墓竹简〔二四七号墓〕》（释文修订版），第61页］

《二年律令·亡律》："奴婢为善而主欲免者，许之，奴命曰私属，婢为庶人，皆复使及筭（算）事之如奴婢。主死若有罪，（简162）以私属为庶人，刑者以为隐官。所免不善，身免者得复入奴婢之。其亡，有它罪，以奴婢律论之。（简163）。"［参见张家山二四七号汉墓竹简整理小组编著《张家山汉墓竹简〔二四七号墓〕》（释文修订版），第30页］

《二年律令·？律》："亡盈（？）逃卒岁不得以庶人律代户口（简X一）"，这是原来粘于简318的一段残片，武汉大学简帛中心、荆州博物馆、早稻田大学长江流域文化研究所红外线照片将其剥离，列入新见竹简与残片。整理者认为"就文意看，当与奴婢免为庶人代户有关。"（参见彭浩、陈伟、［日］工藤元男主编《二年律令与奏谳书——张家山二四七号汉墓出土法律文献释读》，第325—326页）

③ 《汉书》卷68《霍光传》，第2944页。

④ 安作璋、熊铁基：《秦汉官制史稿》，齐鲁书社，2007，第747页。

⑤ 彭浩、陈伟、［日］工藤元男主编：《二年律令与奏谳书——张家山二四七号汉墓出土法律文献释读》，第155页。

⑥ 陈松长主编：《岳麓书院藏秦简》（肆），第64页。

"奴命曰私属"，"命者，名也"，晋灼和颜师古作注《汉书》"已论命复有笞罪者""亡命"等时都做如是注。[1] 而在现实社会中，的确有见到"私属"身份的人。如岳麓秦简《魏盗杀安、宜等案》中的提到的"私属喜"[2]。

在涉及身份排序时，岳麓书院藏秦简《廷卒令》有这样表述：

> □□敢令其奴婢、私属、免婢市贩马牛犊为贾，不从令者，黥奴婢、私属、免婢为城旦舂，黥其【颜頯】□（简163正）[3]

奴婢身份之上的是私属和免婢，没有免奴。由此可以清楚地看出私属与免婢的对等身份。但是，私属在身份上还不是庶人。上引《二年律令·亡律》明确地记录为"主死若有罪，以私属为庶人"。

私属跟免妾、免婢，身份上的不同，主要来源于性别上的考虑。我们知道"女子比其夫爵"[4]，女子在社会身份秩序中的位置以"大夫妻""大夫寡"或"上造妻""上造寡"这样的名份存在。私属的出现只能理解为男性作为社会身份秩序的主导者，在身份等级上更加细密的结果。后来，随着爵制身份松弛，"私属"这一过渡性身份逐渐消失，长沙五一广场东汉简记录了和帝永元年间，名字叫作坁的奴，被直接免为庶人的情形："□呼石居，占数户下以为子，免坁为庶人（简135）。"[5]

---

① 《汉书》卷23《刑法志》第1099页："已论命复有笞罪者"，晋灼曰："命者，名也，成其罪也。"《汉书》卷32《张耳传》第1829页："尝亡命游外黄"，师古曰："命者，名也。凡言亡命，谓脱其名籍而逃亡。"
② 朱汉民、陈松长主编：《岳麓书院藏秦简》（叁），第185页。
③ 陈松长主编：《岳麓书院藏秦简》（伍），第122页。
④ 张家山二四七号汉墓竹简整理小组编著：《张家山汉墓竹简〔二四七号墓〕》（释文修订本），第59页。
⑤ 长沙市文物考古研究所等编：《长沙五一广场东汉简牍选释》，中西书局，2015，第45页。另可参见陈伟《五一广场东汉简108、135号小考》，简帛网，http://www.bsm.org.cn/？hanjian/7655.html，2017年10月11日。

三　身份是否自由的思考

庶人，在文献材料中做泛称，像"故庶人之富者或累巨万"① 这样的描述，一般认为身份上是自由的。但是，作为法律上身份，尤其是在身份序列中作为正身份与负身份的结合点时，庶人是自由的，还是不自由的？伴随着新的简牍材料的不断公布，学者们各抒己见，意见不一。比较有代表性的如曹旅宁认为庶人"并非完全自由的人""带有明显的人身依附色彩"②。韩国任仲爀认为"'庶人'是专指罪囚及奴婢出身者的法律用语"，秦汉国家的管理规定"缜密而系统"，对他们保持着"持续控制"③。这是在张家山汉简公布后非常值得重视的观点。除了张家山汉简的律文外，两位先生共同采用的实例主要有两个：第一个是《史记·彭越列传》记载梁王彭越谋反，"上赦以为庶人，传处蜀青衣"④，第二个是睡虎地秦简《法律答问》中关于群盗赦为庶人后，还要在官府"将盗戒（械）囚刑以上"⑤。如果从这两个单独的个例来看，彭越被夺爵后迁蜀、群盗赦后居作官府，庶人的确不能称作是自由的，或者说是被国家持续控制着。但是，如果把这两个实例与秦汉社会其他赦、免为"庶人"的实例相比较的话，我们发现，不自由并不是"庶人"本身的属性。彭越的被迁徙是对其谋反罪的处刑，群盗赦后居作于官府，跟他们的犯罪性质相关。下文我们将利用近年来公布的悬泉汉简的相关赦后规定，以及与从前三史中搜集的其他庶人事例作比较研究，尝试对庶人的自由与否作进一步思考。

如上所述，庶人是正负身份的结合点。庶人是否自由，与其是来源于正身

① 《史记》卷 30《平准书》，第 1442 页。
② 曹旅宁：《秦汉法律简牍中的"庶人"身份及法律地位问题》，《咸阳师范学院学报》2007 年第 3 期。
③ ［韩］任仲爀：《秦汉律中的庶人》，《简帛研究（二〇〇九）》。
④ 《史记》卷 90《彭越列传》，第 2594 页。
⑤ 睡虎地秦墓竹简整理小组编：《睡虎地秦墓竹简》，第 123 页。按：似为"司寇"之职事。

份还是负身份，以及成为庶人的渠道密切相关。下面我们分几类情形来分析。

首先，庶人来源于正身份。

夺爵，是秦汉社会对有爵者普遍实施的犯罪处罚。在文献和简牍材料中见到的，有的是削夺一级，有的削夺至关内侯①，有的削夺至士伍，有的削夺至庶人。其中以削夺至庶人的记录为最多。笔者将前三史中的所有免为庶人的例子做了统计，共收集到免为庶人、废为庶人、赎为庶人、赦以为庶人的实例72起②（见表1-1）。当然，现实生活中由正身份降为庶人的例子应该比史书记载的多得多。比如宣帝甘露元年（前53年）太仆邴显，《史记·张丞相列传》记载为"显为吏至太仆，坐官耗乱，身及子男有奸赃，免为庶人"③，《汉书·邴吉传》则记载为"显为太仆十余年，与官属大为奸利，臧千余万，司隶校尉昌案劾，罪至不道，奏请逮捕……免显官，夺邑四百户"④。未提身份的免为庶人之事。成帝绥和元年（前8年）后将军朱博，《汉书·孔光传》载"是岁，右将军褒、后将军博坐定陵、红阳侯皆免为庶人"⑤。《汉书·朱博传》则只说"立有罪就国，有司奏立党友，博坐免"⑥。此外，诸侯王、王子侯、功臣侯、外戚侯等被废徙者，因未明确指出"废为庶人"这样字眼的，我们也没有收录其中。所以，尽管后文表1-1名为《前

① 文献材料比如《汉书》卷16《高惠高后文功臣表》，第609页："孝文九年，侯邀嗣，十五年，孝景元年，有罪，夺爵一级。"《史记》卷96《张丞相列传》，第2686页："（韦玄成）后坐骑至庙，不敬，有诏夺爵一级，为关内侯。"《汉书》卷15下《王子侯表下》，第496页："初元五年，坐擅兴繇赋，削爵一级，为关内侯。"等等。简牍材料中，如张家山二四七号汉墓竹简整理小组编著《张家山汉墓竹简〔二四七号墓〕》（释文修订本）第33页："博戏相夺钱财，若为平者，夺爵各一级，戍二岁。（简186）"陈松长主编《岳麓书院藏秦简》（肆）第146页："留过二月，夺（简235）爵一级，毋（无）爵者，以卒戍江东、江南四岁。（简236）"等等。

② 所收录的为指称从正身份降为庶人个例。诏令类的赦免未收入其中。同一家族同一事件免为庶人的，按"一起"来计算，如昭帝时长公主、上官桀家族，哀帝时赵氏家族，安帝时邓氏家族等。不能区分开的如参与上官桀等谋反的父母妻子同产当坐者，也为"一起"。其他，均作个例对待。

③ 《史记》卷96《张丞相列传》，第2687页。

④ 《汉书》卷74《邴吉传》，第3149页。

⑤ 《汉书》卷81《孔光传》，第3356页。

⑥ 《汉书》卷83《朱博传》，第3404页。

三史正身份降为"庶人"汇表》，也不可能罗尽秦汉社会所有的实例。

在统计到的实例中，有爵者成为庶人身份后，去向各有不同。最严重的莫过于来自皇权或代表皇权者的逼迫而自杀，这样的事例有 5 起。如元帝时御史大夫郑弘"有罪自杀"①，哀帝死后孝成赵皇后、孝哀傅皇后均就园后自杀等。也有的夺爵后因"身被重劾"②，担心被进一步追究，选择亡命。像宣帝时的京兆尹张敞。不过，张敞最终还是天子使者征召，起复为冀州刺史。这样的事例只见此一宗。夺爵迁徙的事例有 7 起，例如高帝时梁王彭越、武帝时济川王刘明、济东王刘彭离、宣帝时清河王刘年等，占到总数的约9.7%。7 例事例中被夺爵迁徙的原有身份都是诸侯王、列侯或关内侯。这些人为政治斗争的失败者，徙迁地为青衣、房陵、上庸、合浦或边地。之所以被废徙，是因为皇权的主要目的不是处死他们，而是为了把他们置于与世隔绝的、遥远的地方③，使他们不再干涉或影响政局，同时还显示了皇恩浩荡。如同《汉书·霍光传》所说的"古者废放之人屏于远方，不及以政"④。

废为庶人的，还有见仅仅是夺爵，但仍有政务在身的，共 2 例。如武帝时东方朔诏免为庶人后，"待诏宦者署"⑤；宣帝时梁丘贺坐事免为庶人后"待诏黄门"⑥。而待诏本身是有俸禄的，可以参与议事，建言献策接近皇帝。⑦

---

① 《汉书》卷 19 下《百官公卿表下》，第 818 页。
② 《汉书》卷 76《张敞传》，第 3224 页。
③ 葛剑雄：《西汉人口地理》，商务印书馆，2014，第 231 页，第四节 "特殊的迁徙地——房陵、上庸"："房陵、上庸地处丛山峻岭之间，交通不便，与世隔绝，本地人口很少。"
④ 《汉书》卷 68《霍光传》，第 2946 页。
⑤ 《汉书》卷 65《东方朔传》，第 2852 页。
⑥ 《汉书》卷 88《儒林传·梁丘贺》，第 3600 页。
⑦ 待诏，卜宪群认为 "虽非正式官职，但又与一般平民有异。待诏不仅有'奉禄'，参与议事参与行事，而且有接近皇帝的机会，故将待诏视为入仕之初应可解释得通。汉代统治者很注重使用'待诏'这一方式来发现人才、储备人才、利用人才，而待诏者因待诏地点不同、待诏机构不同，重要性也不同"（《东方朔仕进小考》，《史学集刊》2016 年第 3 期）。宋艳萍认为，待诏公车月俸为一囊粟、钱二百四十。待诏金门官俸应当要比待诏公车为高。待诏宦者署，地位和官俸，应该比待诏金马门略高 [《东方朔历任官职小考》，卜宪群、张法利主编《雄杰迈伦高气盖伦（2015 首届东方朔文化国际学术论坛论文集）》，华夏出版社，2017]。

除了上述几种情况，绝大多数"庶人"是"家居""归故郡""归乡里"或"屏居""屏居山田"等。而在他们"家居""屏居"时，未见到有被国家持续控制的记载。比如武帝时将军李广。

《史记·李将军列传》："吏当广所失亡多，为虏所生得，当斩，赎为庶人……家居数岁。广家与故颍阴侯孙屏野居蓝田南山中射猎。尝夜从一骑出，从人田闲饮。"①

又比如王莽居摄年间息乡侯楼护。

《汉书·游侠传》："莽居摄，槐里大贼赵朋、霍鸿等群起，延入前辉光界，护坐免为庶人。其居位，爵禄赂遗所得亦缘手尽。既退居里巷，时五侯皆已死，年老失势，宾客益衰……护卒，子嗣其爵。"②

另外，还有诸如免为庶人后"废归乡里数年"③"遂废十余年"④"还乡里，杜门自守……在家八年，征拜议郎"⑤"终于家"⑥"归故郡，卒于家"⑦"废为庶人，因家于彭城"⑧等，这样的词汇描述，无不透露出并不是所有的"庶人"都被国家持续监管着。如果能够有悔过之心，低调行事，不过分张扬，应该都会像其他普通人一样生活。当然，废退之后如果不悔过，像宣帝

---

① 《史记》卷 109《李将军列传》，第 2871 页。
② 《汉书》卷 92《游侠传·楼护》，第 3708 页。
③ 《汉书》卷 86《师丹传》，第 3509 页，载高乐侯师丹"'丹恶逆暴着，虽蒙赦令，不宜有爵邑，请免为庶人。'奏可。丹于是废归乡里者数年……平帝继位……征丹诣公车，赐爵关内侯，食故邑"。
④ 《汉书》卷 36《楚元王传·刘向》，第 1948 页。
⑤ 《后汉书》卷 48《李法列传》，第 1601 页。
⑥ 《汉书》卷 77《诸葛丰传》，第 3251 页。《汉书》卷 81《匡衡传》，第 3346 页。
⑦ 《汉书》卷 83《薛宣传》，第 3396 页。
⑧ 《后汉书》卷 39《刘般列传》，第 1303 页。

五凤三年（前55年），平通侯杨恽"既失爵位，家居治产业，起室宅，以财自娱"，因少年显贵，免为庶人后不仅不表现得惶恐，还"心怀不服""通宾客，有称誉"①，让皇帝厌恶。结果一年多之后，五凤四年（前54年）重新被定罪为"不悔过，怨望，大逆不道，要斩"②，妻子徙酒泉郡。

　　值得注意的是，废帝刘贺被废为庶人后，孝宣皇帝"心内忌贺"，元康二年（前64年）遣使者赐山阳太守张敞玺书，"制诏山阳太守：其谨备盗贼，察往来过客。毋下所赐书！"③ 毋下所赐书，即"密令警察，不欲宣露"④。所以，事实上山阳太守奉旨监察的不是"庶人"，而是"废帝"。

　　我们发现在72起降为庶人的案例中，有34起明显有起复记录者，占到了总数的47.2%。如景帝时爰盎赦以为庶人后，"时家居，诏召入见……乃拜盎为太常"⑤；昭帝时高平侯魏相"坐贼杀不辜，系狱，当死，会赦，免为庶人。有诏守茂陵令，为杨州刺史，入为谏议大夫，复为河南太守，迁为大司农、御史大夫"⑥。夏侯胜"孝宣皇帝时，夏侯胜坐诽谤系狱三年，免为庶人。宣帝复用胜，至长信少府，太子太傅，名敢直言，天下美之"⑦，等等。也有的人数次被赎免为庶人，又数次起复。像武帝时合骑侯公孙敖两次被赎为庶人，四为将军；成帝时丞相高阳侯薛宣、高昌侯董宏都两度被免为庶人。而宗室诸王、王子侯获罪为庶人的，废徙后不乏又复封者。比如昭帝元凤元年（前80年）因燕王旦自杀，其子免为庶人。七八年后，"宣帝初立，推恩宣德，以本始元年中尽复封燕王旦两子：一子为安定侯；立燕故太子建为广阳王，以奉燕王祭祀"⑧。宣帝五凤四年（前54年）广陵王刘胥自杀，元帝

---

① 《汉书》卷66《杨敞传·杨恽》，第2893—2894页。
② 《汉书》卷8《宣帝纪》，第266页。
③ 《汉书》卷63《武五子传·昌邑哀王刘髆》，第2767页。
④ 《汉书》卷63《武五子传·昌邑哀王刘髆》，第2768页颜师古注。
⑤ 《史记》卷106《吴王濞列传》，第2830—2831页。
⑥ 《史记》卷20《建元以来侯者年表》，第1065页。
⑦ 《汉书》卷36《楚元王传·刘向》，第1928—1931页。
⑧ 《史记》卷60《三王世家》，第2120页。

初元二年（前47年）"立广陵厉王太子霸为王"①，等等。即使废为庶人者本人没有复封，其后人也可能绍封袭爵。②

由此，正身份者降为庶人身份后，大多数废归居家，国家不再投入精力继续监控。即使那些被徙迁、被监督的少数人，皇权监控的也不是因为他们当今之"庶人"身份，而是他们的故身份，如故废帝、故梁王、故济东王、故清河王、故新成侯等。何况因罪被徙迁的，也不仅仅是庶人。岳麓秦简中提及连坐的从人之妻子、同产、舍人"其为士五（伍）、庶人者，处苍梧（简17）"③，将士伍和庶人身份的都徙至偏远人少的苍梧。还有秦时白起"免武安君为士伍，迁之阴密"④等。

其次，从负身份上升为庶人者。

负身份者上升为庶人的，主要是奴婢和徒隶。成为庶人的方式有多种，如放免、赦免、赎免、刑满等。可分做这样两种渠道，一种是自上而下的，如主人的放免，官府的免除，皇帝的赦免、诏免；另一种是自下而上的，如赎免、爵免、冗免等。从目前已有的材料来看，通过不同的渠道获免的庶人，其身份的自由也略有差别。我们分作几种情况：

其一，自上而下的免除。主人放免的免妾、免婢。《二年律令·亡律》提道："奴婢为善而主欲免者，许之，奴命曰私属，婢为庶人，皆复使及筭（算）事之如奴婢（简162）。"⑤如前文所分析的，主人主动放免的奴婢，婢可以直接成为庶人，奴则为私属。但是，从"皆复使及筭（算）事之如奴婢"这句话，也可以体会出事实上免婢也如同私属一样与故主的依附关系仍

---

① 《汉书》卷9《元帝纪》，第281页。

② 参见尤佳《汉晋绍封制度论考》，《中华文史论丛》2014年第3期。

③ 陈松长主编：《岳麓书院藏秦简》（伍），第44页。

④ 《史记》卷73《白起列传》，第2337页。

⑤ 张家山二四七号汉墓竹简整理小组编著：《张家山汉墓竹简〔二四七号墓〕》（释文修订本），第30页。彭浩、陈伟、［日］工藤元男主编：《二年律令与秦谳书——张家山二四七号汉墓出土法律文献释读》，第155页："皆复使及筭（算）事之如奴婢"，中间没有句读断开。

旧存在。他们不用为国家徭使，算事按奴婢对待。而且岳麓秦简《廷卒令》专门提及"奴婢、私属、免婢"这样身份的人，不能像普通吏民一样"市贩马牛犊为贾"①。而私属免婢如果"不善"，主人随时可以"得复入奴婢之"②。所以，免婢、免妾，尽管是庶人身份，但要成为真正意义上的国家庶民，只有等故主死亡或犯罪，或者随着婚姻关系的产生，成为"大夫妻""上造妻""士伍妻"之类，与故主的关系才能松弛。

官府放免的徒隶。私奴婢"为善"主人可以放免。徒隶表现良好，也可以免为庶人或士伍。比如前文所引岳麓秦简《亡律》有寺车府、少府、内官及中官等隶臣妾、白粲"以巧及劳"可以"免为士伍、庶人、隐官"的情形。但是，从完整的简文来看，这些人免为士伍、庶人、隐官后，似乎有的还要在原官府劳作。简033-035"……复属其官者，其或亡盈三月以上而得及自出，耐以为隶臣妾"③；简007-009"……复属内官、中官者，其或亡□"④。笔者怀疑官府主动放免者，并不是所有的人都可以凭借巧或劳彻底解放，当有相关配套的其他规定。

诏免的私奴婢。两汉历史上诏免私奴婢很少见。高祖五年（前202年）诏"民以饥饿自卖为人奴婢者，皆免为庶人"⑤。建武七年（31年）"诏吏人遭饥乱及为青、徐贼所略为奴婢下妻，欲去留者，恣听之"⑥。这是天下初定时，免私奴婢为庶人的诏令。以饥饿卖为奴婢的，在战乱时期得有多少人？这项诏令具体实施情况不详，但从张家山汉简《奏谳书》第2例来分析，唯恐成效极小。案例讲高祖十一年（前196年），有一个叫媚的女婢，原来的主人是点。"媚故点婢，楚时亡，降为汉，不书名数，点得，占数，复婢，卖襐

---

① 陈松长主编：《岳麓书院藏秦简》（伍），第122页。
② 张家山二四七号汉墓竹简整理小组编著：《张家山汉墓竹简〔二四七号墓〕》（释文修订本），第30页。
③ 陈松长主编：《岳麓书院藏秦简》（肆），第49—50页。
④ 陈松长主编：《岳麓书院藏秦简》（肆），第41页。
⑤ 《汉书》卷1下《高帝纪下》，第54页。
⑥ 《后汉书》卷1下《光武帝纪下》，第52页。

所，媚去（简14）亡，年卅岁，得，皆审（简15）。"而媚认为自己是"不当为婢"。楚时亡，还是汉时亡，是不是应当为婢，江陵丞不能审断，于是上谳询问"黥媚颜颒，畀隶"，还是"当为庶人"①。由此可见官府诏免私奴婢难度必相当大，必然会遭到奴婢主人的抵制。

诏免官奴婢，在两汉历史上是比较常见的。但是，梳理诏免官奴婢的诏令，我们发现诏免官奴婢都是在很有限的范围内进行。如哀帝继位后"官奴婢五十以上，免为庶人"②；光武帝"诏王莽时吏人没入为奴婢不应旧法者，皆免为庶人"③；孝安帝"诏自建初以来，诸袄言它过坐徙边者，各归本郡；其没入官为奴婢者，免为庶人"④。要么以年龄为限，要么以特定时期或特定犯罪没入者为限，诏免的实际社会意义，远远小于昭显皇恩的政治意义。

赦免的徒隶。传世文献和简牍材料中都有不少赦免为庶人的实例，其中睡虎地秦简"群盗赦为庶人"的条文，被认为是庶人受国家持续控制的典型例子，这里把相关律文摘录如下：

　　·群盗赦为庶人，将盗戒（械）囚刑（简125）罪以上，亡，以故罪论，斩左止为城旦，后自捕所亡，是谓"处隐官"。·它皋（罪）比群盗者皆如此。（简126）⑤

"盗五人以上相与功（攻）盗为群盗（简62）"⑥。从睡虎地秦简来看，群盗遇赦为庶人后，需在官府居作，负责监管"盗械囚刑罪以上"的，如果

---

① 张家山二四七号汉墓竹简整理小组编著：《张家山汉墓竹简〔二四七号墓〕》（释文修订本），第92页。
② 《汉书》卷11《哀帝纪》，第336页。
③ 《后汉书》卷1下《光武帝纪下》，第50页。
④ 《后汉书》卷5《孝安帝纪》，第215页。
⑤ 睡虎地秦墓竹简整理小组编：《睡虎地秦墓竹简》，第123页。
⑥ 张家山二四七号汉墓竹简整理小组编著：《张家山汉墓竹简〔二四七号墓〕》（释文修订本），第17页。

出现徒隶逃亡之事，就要按故罪论处，斩左趾为城旦。事实上群盗是秦汉社会重点打击的重大犯罪。汉初的法律比秦律更加严厉，《二年律令·盗律》"群盗及亡从群盗……皆磔（简65-66）"①。

秦律的佚失，使我们不能知道赦免相关的其他规定。但悬泉汉简中有这样一条律文：

> 铸伪金钱、奴婢犯贼杀伤主主適妻以上，律皆不得赦。在蛮夷中得毋用，期赦前有罪后发觉勿治奏，当上勿上。诸以赦令免者，其死罪令作县官三岁，城旦舂以上二岁，鬼新白粲一岁。（Ⅱ90DXT0216②：615）②

赦免的人，原来是死罪的，要在官府居作三年，城旦舂以上的作二年，鬼薪白粲作一年。这条律文没有具体纪年，从层位来看应是西汉简。"诸以赦令免"，我们不能断定是免为庶人，还是免罪复作。肩水金关汉简汉元帝永光四年（前40年）简：

> 永光四年六月己酉朔癸丑，仓啬夫勃敢言之：徒故颍川郡阳翟宜昌里陈犬，永光三年十二月中坐伤人论鬼薪。会二月乙丑赦令，免罪复作，以诏书赎免为庶人。归故县，谒移过所河津关，毋苛留止，县次续食。（简73EJT37：526）③

这里提到的陈犬，是鬼薪徒，遇永光四年二月乙丑赦令，免罪复作。按

---

① 张家山二四七号汉墓竹简整理小组编著：《张家山汉墓竹简〔二四七号墓〕》（释文修订本），第17页。
② 陈玲：《汉代"复作"探微》，《中国社会科学报》2017年8月1日第8版。
③ 甘肃简牍博物馆、甘肃省文物考古研究所等编：《肩水金关汉简》（肆）（下册），中西书局，2015，第49页。

汉律规定，鬼薪要劳役一年，但陈犬劳作仅四个月，就通过"赎免"的方式，成为庶人，归故县。官府特发过所文书。如任仲爀和陈玲所言"复作"是罪因成为庶人的过渡阶段的身份。[①]

结合西汉中后期的悬泉简，再反过来看"群盗赦为庶人"的规定，笔者认为秦汉律对徒隶的赦免谨慎，为避免将重犯要犯彻底赦免带来后续社会问题，而让他们以"徒复作"的方式监管一段时间。只不过，从秦律至汉律，可能有一个完善的过程。睡虎地简中用的是"赦为庶人"，但事实上要居作于官府；汉律则直接增加了过渡性"免罪复作"，更加科学严谨。而复作期满或通过入钱赎免的方式，成为庶人者，往往带着官府所发过文书归故郡故县，没有见到还受国家控制的记录。况且还有那些直接赦为庶人，不需要复作的赦令，比如孝惠四年（前191年）"三月甲子，赦，无所复作"[②]，汉武帝封禅泰山时"其赦天下，如乙卯赦令。行所过毋有复作"[③] 等。所以，我们说不自由不是"庶人"的属性。睡虎地秦简"群盗赦为庶人"条，是法律在逐渐完善过程中的产物，只见于秦律，汉律没有出现。

其二，自下而上的赎免。不管是私家奴婢还是官徒隶，获得庶人身份还可以通过自己、亲属或他人的入钱财赎免、以爵免、冗以免、军功以免等来实现。[④] 上文我们提到《秦律十八种·司空》和《军爵》百姓可以用"冗边五岁""归爵二级"来免除父母、姐妹或故妻为隶臣、隶妾者一人为庶人。也有用人来换赎的，《秦律十八种·仓》：

---

① 参见［韩］任仲爀《秦汉律的庶人》，《简帛研究（二〇〇九）》，第274—314页；陈玲《汉代"复作"探微》，《中国社会科学报》2017年8月1日第8版。

② 《史记》卷22《汉兴以来将相名臣年表》，第1123页。

③ 《史记》卷12《孝武本纪》，第476页。

④ 秦汉时并不是所有的徒隶都可以赎免。比如张家山汉简《二年律令·贼律》："贼杀伤父母，牧杀父母，欧〈殴〉詈父母，父母告子不孝，其妻子为收者，皆锢，令毋得以爵偿、免除及赎。（简38）"［参见《张家山汉墓竹简〔二四七号墓〕》（释文修订本），第14页］；《奏谳书》第15例："今：吏盗，当刑者刑，毋得以爵减、免、赎。（简73）"［参见《张家山汉墓竹简〔二四七号墓〕》（释文修订本），第98页］等。

隶臣欲以人丁粼者二人赎，许之。其老当免老、小高五尺以下及隶妾欲以丁粼者一人赎，许之。赎（简61）者皆以男子，以其赎为隶臣。女子操敜红及服者，不得赎。边县者，复数其县。（简62）①

以二人换一人，以丁男换老小妇女，法律都是允许的。除了这些，事实上赎免更多的应该是入钱、输粟等。比如《史记·平准书》："孝景时，上郡以西旱，亦复修卖爵令，而贱其价以招民；及徒复作，得输粟县官以除罪。"② 简牍材料中像肩水金关汉简：

神爵三年六月己巳朔乙亥，司空佐安世敢言之：复作大男吕异人……凡已作一岁一月十八日，未备二月十一日，以诏书入钱赎罪免为庶人。谨为偃检封入居延，谒移过所。（简73EJH1∶3A）③

还有以军功而免的官奴婢，居延新简：

等三人，捕羌虏斩首各二级，当免为庶人。有书今以旧制律令为捕斩匈奴虏反羌购赏各如牒。前诸郡以西州书免刘玄及王便等为民，皆不当。行书到，以科别从事官奴婢以西州（简EPF22∶221）④

不管是官私奴婢，还是徒隶，赎免后的身份都是庶人。《二年律令·金布

---

① 睡虎地秦墓竹简整理小组编：《睡虎地秦墓竹简》，第35页。
② 《史记》卷30《平准书》，第1419页。
③ 甘肃简牍博物馆、甘肃省文物考古研究所等编：《肩水金关汉简》（肆）（下册），第125页。标点为笔者所加。
④ 张德芳主编：《居延新简集释》（七），第487页。标点为笔者所加。

律》："有赎买其亲者，以为庶人，勿得奴婢。（简 436）"①　而庶人，在上引的居延新简 EPF22：221 中，直接称为"民"。由此可见此类以赎免、爵免、军功免等方式获免的庶人，身份上是自由的。《汉书·景武昭宣元成功臣表》记载汉成帝时蒲侯夷吾，"鸿嘉三年，坐婢自赎为民后略以为婢，免"②。私婢已自行赎免为庶人，又把她略为婢，给予了免侯的制裁。而主人主动放免的"免妾""免婢"如果"不善"，可以"复入奴婢之"，二者的不同显而易见。

其三，继承来的庶人身份。秦汉社会的身份是有继承性的，跟其父母的身份密切相关。张家山汉简《傅律》《置后律》分别规定了"不为父后"与"后子"在傅籍或置后时的爵位身份继承。岳麓秦简《傅律》则对新生子的身份作了说明。引岳麓秦简如下：

> ·傅律曰：隶臣以庶人为妻，若群司寇，隶臣妻怀子，其夫免若冗以免，已拜免，子乃产，皆如其已（简 160）免吏（事）之子ㄥ。女子怀夫子而有皋，耐隶妾以上，狱已断而产子，子为隶臣妾，其狱未断而产子，子各（简 161）如其夫吏（事）子。收人怀夫子以收，已赎为庶人，后产子，子为庶人。（简 162）③

隶臣以庶人为妻，生子以隶臣的身份而定。子女出生时，隶臣免为庶人，则为庶人子，称谓应为小男子某、小女子某；如果未免，则为隶臣子，或可称作小隶臣、小隶妾。④　收人，赎为庶人，生子则为庶人。这里没有提及其

---

①　张家山二四七号汉墓竹简整理小组编著：《张家山汉墓竹简〔二四七号墓〕》（释文修订本），第68 页。

②　《汉书》卷 17《景武昭宣元成功臣表》，第 665 页。

③　陈松长主编：《岳麓书院藏秦简》（肆），第 121 页。

④　隶臣的婚生子女，身份随隶臣而定。如果欲意隐瞒隶臣子的身份，则被法律严惩。睡虎地秦简《法律答问》有这样的问答："女子为隶臣妻，有子焉，今隶臣死，女子北其子，以为非隶臣子殹（也），问女子论可（何）殹（也）？或黥颜頯为隶妾，或曰完，完之当殹（也）。（简 174）"（参见睡虎地秦墓竹简整理小组编《睡虎地秦墓竹简》，第 134 页）

夫的身份，应是收人是因连坐而没入，其夫的处刑肯定在"完城旦、鬼薪以上"①，婚姻关系不再受法律保护。此类，生而为庶人者，其身份必是自由的。试想其父、其母都是由赎免或冗免而来的自由的庶人，官府更没有理由对他们进行限制。甚至从张家山汉简的《傅律》的相关条文来分析，即使没有遇到皇帝诏令赐民爵的机会，这些小男子长大后傅籍时，其身份都有可能升为"士伍"②。

除了婚生子，还有奸生子为庶人者。如张家山汉简《二年律令·襍律》提到的"奴与庶人奸，有子，子为庶人。（简189）"③。这种情形与收人赎免后生子相似，也属于无婚姻关系的庶人之子，身份自由。

小　结

综上，秦汉时代的身份序列为"爵刑一体"。爵制身份为正身份，徒隶身份为负身份，有爵者、无爵者、司寇徒隶，全体社会成员基本都在这个身份序列当中。庶人，既可以由负身份的奴婢和罪囚"免"为庶人，也可以由正身份的有爵者，或"废"或"夺"或"免"为庶人。所以，衔接起正身份"爵"与负身份"刑"，处于身份序列枢纽位置的，应当是"庶人"。而令人不解的是，在目前所掌握的秦汉史料中，我们只发现有公乘某、大夫某、上造某、士伍某或隶臣某、隶妾某、鬼薪某、城旦某这样的身份称谓，而没有

① 张家山二四七号汉墓竹简整理小组编著：《张家山汉墓竹简〔二四七号墓〕》（释文修订本），第32页："罪人完城旦、鬼薪以上，及坐奸府者，皆收其妻、子、财、田宅。（简174）"

② 张家山二四七号汉墓竹简整理小组编著：《张家山汉墓竹简〔二四七号墓〕》（释文修订本），第58页："公卒及士五（伍）、司寇、隐官子，皆为士五（伍）。畴官各从其畴，有学师者学之。（简365）"笔者认为此条士伍后遗漏了"庶人"。尽管不知这条律文是否与简364相连，也不知其具体情境。但公卒至隐官子，都可升为士伍，则是明了的。

③ 张家山二四七号汉墓竹简整理小组编著：《张家山汉墓竹简〔二四七号墓〕》（释文修订本），第34页。如果是婚生子女，子女随父身份而定，为奴婢。《二年律令·襍律》"民为奴妻而有子，子畀奴主（简188）"正是法律规定。

发现一例真正的"庶人某"。那么，庶人哪儿去了？结合现有的传世文献和简牍材料，我们认为在秦汉社会没有"庶人某"的习惯称谓，庶人以多种形态存在于现实社会生活中。像户籍简牍材料中的"大男（子）""大女（子）""小男子""民男子"等，"名县爵里""名郡县爵里年姓官除"类文书中的"大男子""大男"，以及免妾、免婢等称谓，都是法律上所言庶人。而乐人、吹人、医、史、祝、卜、学子等职业的人，只要居住在居民里中，无爵和准爵位的身份，都是庶人。至于西北汉简卒名籍中没有记录爵位者，情况较为复杂，恐不能全部视作庶人。

庶人来源有不同的渠道和方式，因此其是否完全自由需分别思考。从正身份降而为庶人的，多因犯罪、过错、连坐，除少数故身份显赫，皇权惧其政治影响可能监视或限制言行外，其他绝大多数"庶人"是"家居""归故郡""归乡里"或"屏居""屏居山田"等，未见到有被国家持续控制的记载；从负身份获免的庶人，自上而下被放免、赦免的数量很少，且放免的庶人对故主、故官仍有依附关系。秦时赦免为庶人的重犯，需劳作于官府一定时段；汉时则直接增加了"复作"的过渡性身份。自下而上赎免、爵免或冗免的庶人，不管来源是官私奴婢，还是徒隶，身份都是自由的。庶人所生之子，也为庶人。长大后即使不遇赐爵，也有可能傅籍为士伍，正式升为身份序列中的正身份。

表 1-1			前三史正身份降为"庶人"汇表①		
序号	时代	姓名	史料	出处	备注
1	秦二世元年（前209年）	卫君角	二世废君角为庶人，卫绝祀	《史记》卷37《卫康叔世家》	国除

---

① 表1-1所收录的为指称从正身份降为庶人个例。诏令类的赦免未收入其中。同一家族同一事件免为庶人的，按"一起"来计算，如昭帝时长公主、上官桀家族，哀帝时赵氏家族，安帝时邓氏家族等。不能区分开的如参与上官桀等谋反的父母妻子同产当坐者，也为"一起"。其他，均作个例对待。

续表

序号	时代	姓名	史料	出处	备注
2	高帝十年（前197年）	梁王彭越	太仆亡走汉，告梁王与扈辄谋反……捕梁王，囚之洛阳。有司治反形已具，请论如法。上赦以为庶人，传处蜀青衣	《史记》卷90《彭越列传》	传处蜀青衣
3	高后三年（前185年）	任侯张越	侯越坐匿死罪，免为庶人，国除	《史记》卷18《高祖功臣侯者年表》	国除
4	景帝三年（前154年）	爰盎	及孝景即位，晁错为御史大夫，使吏案盎受吴王财物，抵罪，诏赦以为庶人……人有告盎，盎恐，夜见窦婴，为言吴所以反，愿（致）〔至〕前，口对状	《汉书》卷49《爰盎传》	爰盎为庶人后，家居。同一件事，不同的记载
			吴楚反书闻，兵未发，窦婴未行，言故吴相袁盎。盎时家居，诏召入见	《史记》卷160《吴王濞列传》	
5	景帝中元六年（前144年）	舞阳侯他广	他广夺侯为庶人，国除	《史记》卷95《樊哙列传》	国除
6	武帝建元三年（前138年）	济川王刘明	济川王明者，梁孝王子……坐射杀其中尉，汉有司请诛，天子弗忍诛，废明为庶人，迁房陵，地入于汉为郡	《史记》卷58《梁孝王世家》	迁房陵
7	武帝元光二年（前133年）①	东方朔	先是，朔尝醉入殿中，小遗殿上，劾不敬。有诏免为庶人，待诏宦者署，因此（时）〔对〕复为中郎，赐帛百匹	《汉书》卷65《东方朔传》	免为庶人后，待诏宦者署
8	武帝元光六年（前129年）元狩二年（前121年）	合骑侯公孙敖	公孙敖……武帝立十二岁，为（骠）骑将军，出代，亡卒七千人，当斩，赎为庶人。后五岁，以校尉从大将军有功，封合骑侯……后二岁，以将军出北地，后骠骑期，当斩，赎为庶人……七岁，复以因杅将军再出击匈奴……	《史记》卷111《卫将军骠骑列传》	公孙敖，两次赎为庶人，四为将军

---

① 胡春润：《东方朔研究》，硕士学位论文，武汉大学，2005，第10页。

续表

序号	时代	姓名	史料	出处	备注
9	武帝元朔六年（前123年）	右将军苏建	从大将军出定襄，亡翕侯，失军，当斩，赎为庶人。其后为代郡太守，卒，冢在大犹乡	《史记》卷111《卫将军骠骑列传》	赎为庶人，起复，为代郡太守
10	武帝元狩二年（前121年）	将军李广	吏当广所失亡多，为虏所生得，当斩，赎为庶人。 顷之，家居数岁。广家与故颍阴侯孙屏野居蓝田南山中射猎。尝夜从一骑出，从人田闲饮	《史记》卷190《李将军列传》	赎为庶人后，家居，与人射猎
			吏当广亡失多，为虏所生得，当斩，赎为庶人……数岁，与故颍阴侯屏居蓝田南山中射猎。尝夜从一骑出，从人田间饮	《汉书》卷54《李广传》	
11	武帝元狩二年（前121年）	博望侯张骞	后三岁，为将军，出右北平，失期，当斩，赎为庶人。其后使通乌孙，为大行而卒，冢在汉中	《史记》卷111《卫将军骠骑列传》	赎为庶人后，起复为乌孙使
12	武帝元狩四年（前119年）	右将军赵食其	将军赵食其……以主爵为右将军，从大将军出定襄，迷失道，当斩，赎为庶人	《史记》卷111《卫将军骠骑列传》	
13	武帝元狩四年（前119年）	大司农郑当时	司马安为淮阳太守，发其事，庄以此陷罪，赎为庶人。顷之，守长史	《史记》卷120《汲郑列传》	赎为庶人，起复守长史、汝南太守
14	武帝元鼎元年（前116年）	济东王彭离	济东王彭离者……骄悍，无人君礼，昏暮私与其奴、亡命少年数十人行剽杀人，取财物以为好……汉有司请诛，上不忍，废以为庶人，迁上庸，地入于汉，为大河郡	《史记》卷58《梁孝王世家》	迁上庸
15	武帝元封四年（前107年）	将梁侯楼船将军杨仆	楼船将军亦坐兵至洌口，当待左将军，擅先纵，失亡多，当诛，赎为庶人	《史记》卷115《朝鲜列传》	赎为庶人，病死
16	武帝太初二年（前103年）	牧丘侯太常石德	太初二年中，丞相庆卒，谥为恬侯。庆中子德，庆爱用之，上以德为嗣，代侯。后为太常，坐法当死，赎免为庶人	《史记》卷130《万石张叔列传》	坐法免，国除

续表

序号	时代	姓名	史料	出处	备注
17	昭帝元凤元年（前80年）	谋反连坐者	王及公主皆自伏辜。其赦王太子建、公主子文信及宗室子与燕王、上官桀等谋反父母同产当坐者，皆免为庶人	《汉书》卷7《昭帝纪》	2人以上宗室子后见袭封
18	昭帝元凤元年（前80年）	燕王旦妻子	（燕王）旦自杀，国除，如其策指。有司请诛旦妻子。孝昭以骨肉之亲，不忍致法，宽赦旦妻子，免为庶人	《史记》卷60《三王世家》	宣帝本始元年（前73年）太子建封广阳王，奉燕王祀。燕王他子庆为新昌侯，贤为安定侯
19	约昭帝元凤元年（前80年）	阳城侯宗正刘德	盖长公主孙谭遮德自言，德数责以公主起居无状。侍御史以为光望不受女，承指劾德诽谤诏狱，免为庶人，屏居山田。光闻而恨之，复白召德守青州刺史	《汉书》卷36《楚元王刘交传》	免为庶人后，屏居山田，隐居于山田。后起复守青州刺史
20	约昭帝元凤五年（前76年）	高平侯魏相	魏相……坐贼杀不辜，系狱，当死，会赦，免为庶人。有诏守茂陵令，为杨州刺史，入为谏议大夫，复为河南太守，迁为大司农、御史大夫	《史记》卷20《建元以来侯者年表》	魏相被免为庶人，复起为守茂陵令，升至御史大夫、丞相
21	昭帝元凤五年（前76年）	鄃阳侯江德	太常及庙令丞郎吏皆劾大不敬，会赦，太常鄃阳侯德免为庶人	《汉书》卷7《昭帝纪》	
22	昭帝元平元年（前74年）	废帝刘贺	于是大臣白皇太后，废贺为庶人	《汉书》卷27中之上《五行志中之上》	归昌邑
23	约宣帝本始三年（前71年）	长信少府夏侯胜	孝宣皇帝时，夏侯胜坐诽谤系狱三年，免为庶人。宣帝复用胜，至长信少府，太子太傅	《汉书》卷36《楚元王传·刘向》	免为庶人后，起复
24	宣帝元康元年（前65年）	商利侯王山①	山以军功为侯，三千户。上书愿治民，为代太守。为人所上书言，系狱当死，会赦，出为庶人，国除	《史记》卷20《建元以来侯者年表》	

① 王山，《汉书》卷17《景武昭宣元成功臣表》第667—668页记述为商利侯王山寿，"元康元年，坐为代郡太守故劾十人罪不直，免"。

续表

序号	时代	姓名	史料	出处	备注
25	宣帝五凤三年（前55年）	平通侯杨恽	五凤三年，坐为光禄勋诽谤政治，免	《汉书》卷17《景武昭宣元成功臣表》	杨恽免为庶人后，不悔过，怨望，终被腰斩。同一事件，不同的记载
			平通侯（阳）〔杨〕恽坐前为光禄勋有罪，免为庶人。不悔过，怨望，大逆不道，要斩	《汉书》卷8《宣帝纪》	
			恽既失爵位，家居治产业，起室宅，以财自娱。岁余，其友人安定太守西河孙会宗，知略士也，与恽书谏戒之，为言大臣废退，当阖门惶惧，为可怜之意，不当治产业，通宾客，有称（举）〔誉〕……廷尉当恽大逆无道，要斩。妻子徙酒泉郡	《汉书》卷66《杨敞传·杨恽》	
26	宣帝五凤三年（前55年）	宣帝故人长乐	上不忍加诛，有诏皆免恽、长乐为庶人	《汉书》卷66《杨敞传·杨恽》	
27	宣帝五凤四年（前54年）	安平侯杨翁君	杨敞……翁君代立，为典属国。三岁，以季父恽故出恶言，系狱当死，得免，为庶人，国除	《史记》卷20《建元以来侯者年表》	国除
28	宣帝五凤四年（前54年）	广陵王刘胥诸子	天子加恩，赦王诸子皆为庶人，赐谥曰厉王	《汉书》卷63《武五子传·广陵厉王刘胥》	初元二年（前47年）元帝复立胥太子霸，是为孝王
29	约宣帝五凤四年（前54年）	京兆尹张敞	即先下敞前坐杨恽不宜处位奏，免为庶人。敞免奏既下，诣阙上印绶，便从阙下亡命	《汉书》卷76《张敞传》	免为庶人后，亡命。起复拜为冀州刺史
30	约宣帝地节四年（前66年）	都司空令梁丘贺	贺时为都司空令，坐事，论免为庶人。待诏黄门，数入说教侍中，以召贺。贺入说，上善之，以贺为郎	《汉书》卷88《儒林传·梁丘贺》	免为庶人，待诏黄门，为郎

序号	时代	姓名	史料	出处	备注
31	宣帝地节四年（前66年）	清河王刘年	有司奏年淫乱，年坐废为庶人，徙房陵，与汤沐邑百户	《汉书》卷47《文三王传》	徙房陵
32	宣帝甘露元年（前53年）	太仆郑显	显为吏至太仆，坐官耗乱，身及子男有奸赃，免为庶人	《史记》卷96《张丞相列传》	免为庶人后，起复为城门校尉。同一件事，不同记录
			先是显为太仆十余年，与官属大为奸利，臧千余万……免显官，夺邑四百户。后复以为城门校尉。显卒，子昌嗣爵关内侯	《汉书》卷74《丙吉传》	
33	元帝初元元年（前48年）	少傅周堪	其赦望之罪，收前将军光禄勋印绶，及堪、更生皆免为庶人	《汉书》卷78《萧望之传》	起复。堪、更生皆为中郎。周堪更是擢为光禄勋
34	元帝初元二年（前47年）	宗正刘向	劾更生前为九卿，坐与望之、堪谋排车骑将军高、许、史氏侍中者，毁离亲戚，欲退去之，而独专权。为臣不忠，幸不伏诛，复蒙恩征用，不悔前过，而教令人言变事，诬罔不道。更生坐免为庶人	《汉书》卷36《楚元王传·刘向》	废十余年，著书立说，有《疾谗》《摘要》《救危》及《世颂》等。成帝时起复
35	元帝时	东平相王尊	（东平王太后上书）尊竟坐免为庶人。大将军王凤奏请尊补军中司马，擢为司隶校尉	《汉书》卷76《王尊传》	成帝继位后，起复
36	元帝时	城门校尉诸葛丰	制诏御史："……丰前为司隶校尉，不顺四时，修法度，专作苛暴，以获虚威，朕不忍下吏，以为城门校尉。不内省诸己，而反怨堪、猛，以求报举，告案无证之辞，暴扬难验之罪，毁誉恣意，不顾前言，不信之大者也。朕怜丰之耆老，不忍加刑，其免为庶人。"终于家	《汉书》卷77《诸葛丰传》	免为庶人，终于家

续表

序号	时代	姓名	史料	出处	备注
37	元帝建昭二年（前37年）	御史大夫郑弘	御史大夫郑弘坐免为庶人	《汉书》卷27中之下《五行志中之下》	免为庶人后，自杀
			郑弘为御史大夫，五年有罪自杀	《汉书》卷19下《百官公卿表下》	
38	成帝建始三年（前30年）	丞相匡衡	于是上可其奏，勿治，丞相免为庶人，终于家	《汉书》卷81《匡衡传》	免为庶人，终于家
39	成帝永始元年（前16年）	射声校尉陈汤	制曰："廷尉增寿当是。汤前有讨郅支单于功，其免汤为庶人，徙边。"	《汉书》卷70《陈汤传》	免为庶人后，徙边（敦煌），后又诏徙安定。终卒于长安
40	成帝永始二年（前15年）绥和二年（前7年）	高阳侯薛宣	丞相薛宣坐广汉盗贼群起及太皇太后丧时三辅吏并征发为奸，免为庶人	《汉书》卷84《翟方进传》	两度被免为庶人。第一次，当年"复封"。第二次，归故郡，卒于家。同一件事，不同记载
			况竟减罪一等，徙敦煌。宣坐免为庶人，归故郡，卒于家	《汉书》卷83《薛宣传》	
			永始二年，坐西州盗贼群辈免，其年复封，十年，绥和二年，坐不忠孝，父子贼伤近臣，免	《汉书》卷18《外戚恩泽侯表》	
41	成帝	定陶令萧由	初，哀帝为定陶王时，由为定陶令，失王指，顷之，制书免由为庶人。哀帝崩，为复土校尉、京辅左辅都尉，迁江夏太守	《汉书》卷78《萧望之传·萧由》	免为庶人后，起复

序号	时代	姓名	史料	出处	备注
42	成帝绥和元年（前8年）	右将军廉褒	是岁，右将军褒、后将军博坐定陵、红阳侯皆免为庶人	《汉书》卷81《孔光传》	同一件事，不同记载。朱博后起复
43	成帝绥和元年（前8年）	后将军朱博	久之，迁后将军，与红阳侯立相善。立有罪就国，有司奏立党友，博坐免。后岁余，哀帝即位，以博名臣，召见，起家复为光禄大夫，迁为京兆尹，数月超为大司空	《汉书》卷98《朱博传》	
44	成帝绥和二年（前7年）	成都侯王况	绥和二年，坐山陵未成置酒歌舞，免	《汉书》卷18《外戚恩泽侯表》	此哀帝初继位之事。同一件事，不同记载
			天子曰："先帝遇根、况父子，至厚也，今乃背忘恩义！"以根尝建社稷之策，遣就国。免况为庶人，归故郡	《汉书》卷98《元后传》	
45	成帝绥和二年（前7年）	高昌侯董宏	上新立，谦让，纳用莽、丹言，免宏为庶人	《汉书》卷86《师丹传》	两度被免为庶人。起复
	平帝元始三年（3年）		平帝即位，新都侯王莽白太皇太后发掘傅太后、丁太后冢，夺其玺绶……复免高昌侯宏为庶人	《汉书》卷86《师丹传》	
46	哀帝建平元年（前6年）	高乐侯师丹	博迁为丞相，复与御史大夫赵玄奏言："……丹不深惟褒广尊亲之义而妄称说，抑贬尊号，亏损孝道，不忠莫大焉……虽蒙赦令，不宜有爵邑，请免为庶人。"奏可。丹于是废归乡里者数年……平帝继位……征丹诣公车，赐爵关内侯，食故邑	《汉书》卷86《师丹传》	免为庶人后，废归乡里数年。起复。同一件事，不同的记载
			建平元年，坐漏泄免，元始三年二月癸巳更为义阳侯，二月薨	《汉书》卷18《外戚恩泽侯表》	

序号	时代	姓名	史料	出处	备注
47	哀帝建平元年（前6年）	新成侯赵钦、成阳侯赵欣	侍中骑都尉新成侯赵钦、成阳侯赵欣皆有罪，免为庶人，徙辽西	《汉书》卷11《哀帝纪》	2人 免为庶人，徙辽西
48	哀帝建平元年（前6年）	孝王后	参女弁为孝王后，有两女，有司奏免为庶人，与冯氏宗族徙归故郡	《汉书》卷97下《外戚传下·孝元冯昭仪》	免为庶人，徙故郡
49	约哀帝建平年间	司隶孙宝	制诏丞相大司空："司隶宝奏故尚书仆射崇冤，请狱治尚书令昌。案崇近臣，罪恶暴著，而宝怀邪，附下罔上，以春月作诋欺，逐其奸心，盖国之贼也。传不云乎？'恶利口之覆国家。'其免宝为庶人。"	《汉书》卷77《孙宝传》	哀帝崩，起复为光禄大夫
50	哀帝建平二年（前5年）	丞相孔光	上遂罢喜遣就国，免光为庶人，以博代光为丞相	《汉书》卷83《朱博传》	元寿元年（前2年）起复
51	哀帝元寿元年（前2年）	故廷尉梁相	天子以相等皆见上体不平，外内顾望，操持两心，幸云逾冬，无讨贼疾恶主雠之意，制诏免相等皆为庶人	《汉书》卷86《王嘉传》	2人以上 未查到起复
52	哀帝元寿元年（前2年）	侍中傅嘉	复免傅嘉，曰："前为侍中，毁谮仁贤，诬愬大臣，令俊艾者久失其位。嘉倾覆巧伪，挟奸以罔上，崇党以蔽朝，伤善以肆意。诗不云乎？'逸人罔极，交乱四国。'其免嘉为庶人，归故郡。"	《汉书》卷81《孔光传》	归故郡
53	哀帝元寿二年（前1年）	中郎谒者关内侯张由	哀帝崩，大司徒孔光奏"由前诬告骨肉，立陷人入大辟，为国家结怨于天下，以取秩迁，获爵邑，幸蒙赦令，请免为庶人，徙合浦。"	《汉书》卷97下《外戚传下·孝元冯昭仪》	徙合浦

序号	时代	姓名	史料	出处	备注
54	哀帝元寿二年（前1年）	孝成赵皇后飞燕	（哀帝崩）今废皇后为庶人，就其园	《汉书》卷97下《外戚传下·孝成赵皇后》	废为庶人后，自杀
55	哀帝元寿二年（前1年）	孝哀傅皇后	后月余，复与孝成赵皇后俱废为庶人，就其园自杀	《汉书》卷97下《外戚传下·孝哀傅皇后》	废为庶人后，自杀
56	平帝元始三年（3年）	梁王刘立	元始中，立坐与平帝外家中山卫氏交通，新都侯王莽奏废立为庶人，徙汉中。立自杀	《汉书》卷47《文三王传》	徙汉中，自杀
57	王莽居摄年间	息乡侯楼护	莽居摄，槐里大贼赵朋、霍鸿等群起，延入前辉光界，护坐免为庶人。其居位，爵禄赂遗所得亦缘手尽。既退居里巷，时五侯皆已死，年老失势，宾客益衰……护卒，子嗣其爵	《汉书》卷92《游侠传·楼护》	免为庶人后，退居里巷
58	王莽始建国年间	泛乡侯何况	莽篡位，免况为庶人	《汉书》卷86《何武传》	何武子，始建国四年（12年）薨
59	王莽始建国二年（10年）	楚王刘纡	初，纡袭王封，因值王莽篡位，废为庶人，因家于彭城	《后汉书》卷39《刘般列传》	为庶人，家于彭城
60	光武建武十六年（40年）	南郡太守刘隆	明年，隆坐征下狱，其畴辈十余人皆死。帝以隆功臣，特免为庶人。明年，复封为扶乐乡侯，以中郎将副伏波将军马援击交趾蛮夷征侧等……更封大国，为长平侯	《后汉书》卷22《刘隆列传》	免为庶人后，复封扶乐侯，因功更封长平侯

续表

序号	时代	姓名	史料	出处	备注
61	明帝永平十六年（73年）	太仆祭肜	祭肜、吴棠坐不至涿邪山，免为庶人。	《后汉书》卷23《窦融列传·窦固》	2人 祭肜免为庶人，出狱数日，欧血死。① 吴棠建初元年（76年）起复护羌校尉
62	明帝永平十六年（73年）	度辽将军吴棠			
63	和帝永元十年（99年）	光禄大夫李法	坐失旨，下有司，免为庶人。还乡里，杜门自守……在家八年，征拜议郎、谏议大夫	《后汉书》卷48《李法列传》	归乡里。在家八年，起复
64	和帝永元十四年（102年）	鬲侯朱演	永元十四年，（朱演）坐从兄伯为外孙阴皇后巫蛊事，免为庶人……永初七年，邓太后绍封演子冲为鬲侯	《后汉书》卷22《朱佑列传》	
65	安帝建光元年（121年）	西平侯广德、叶侯广宗、西华侯忠、阳安侯珍等	帝闻，追怒，令有司奏悝等大逆无道，遂废西平侯广德、叶侯广宗、西华侯忠、阳安侯珍、都乡侯甫德皆为庶人……郡县逼迫，广宗及忠皆自杀。又徙封骘为罗侯，骘与子凤不食而死。骘从弟河南尹豹、度辽将军舞阳侯遵、将作大匠畅皆自杀，唯广德兄弟以母阎后戚属得留京师	《后汉书》卷16《邓寇列传·邓骘》	2人以上 废为庶人后，邓广宗、邓忠被逼迫自杀。邓广德兄弟留京师
66	顺帝建康元年（144年）	尚书栾巴	是时顺帝崩，梁太后摄政，欲为顺帝作陵，制度奢广，多坏吏民冢。尚书栾巴谏事，太后怒，癸卯，诏书收巴下狱，欲杀之。丙午地震，于是太后乃出巴，免为庶人	《后汉书》志第16《五行·地震》	废为庶人后，禁锢还家。起复。同一事件，不同记载
			巴坐下狱，抵罪，禁锢还家	《后汉书》卷57《栾巴列传》	

① 《后汉书》卷20《祭肜列传》，第746页："帝雅重肜，方更任用，闻之大惊，召问逢疾状，嗟叹者良久焉。"

续表

序号	时代	姓名	史料	出处	备注
67	桓帝延熹二年（159 年）	太尉胡广			
68	桓帝延熹二年（159 年）	司徒韩演	延熹二年，大将军梁冀诛，广与司徒韩演、司空孙朗坐不卫宫，皆减死一等，夺爵土，免为庶人。后拜太中大夫、太常。九年，复拜司徒	《后汉书》卷 44《胡广列传》	免为庶人后，三人均起复
69	桓帝延熹二年（159 年）	司空孙朗			
70	灵帝熹平六年（177 年）	乌桓校尉夏育			
71	灵帝熹平六年（177 年）	破鲜卑中郎将田晏	帝不从。遂遣夏育出高柳，田晏出云中，匈奴中郎将臧旻率南单于出雁门，各将万骑，三道出塞二千余里。檀石槐命三部大人各帅众逆战，育等大败，丧其节传辎重，各将数十骑奔还，死者十七八。三将槛车征下狱，赎为庶人	《后汉书》卷 90《鲜卑列传》	臧旻赎为庶人后，起复。终于太原太守。其他人不详①
72	灵帝熹平六年（177 年）	匈奴中郎将臧旻			

① 周天游辑注：《八家后汉书辑注》，上海古籍出版社，1986，第 101 页。

第二章
秦汉时代赦令与社会身份秩序整饬

中国古代赦免制度发轫于先秦，形成于早期帝国的秦汉时期，"自汉以后，遂为常法矣"①。这项制度自产生伊始，就在"赦"与"非赦"的争论中，轰轰烈烈地实施了两千余年。② 与其他史学问题相比，学界对古代赦免制度的研究热度相对不足，③ 主要研究的焦点集中于历代大赦资料梳理，以及赦免的概念、起源、分类、变迁等问题。④ 而对于大赦的意图或目的，研究成果带有明显的主观意识，相对简约薄弱。早期研究者认为"春秋以降，

① （清）沈家本撰，邓经元、骈宇骞点校：《历代刑法考·赦一》，中华书局，1985，第526页。

② 参见吴刚《中国古代非赦思想述评》，《中南政法学院学报》1991年第2期。

③ 参见宋伟哲《中国赦免制度研究之评析——一个学术史的考察》，《河北工业大学学报》2018年第1期。该文对中国赦免制度研究做了比较全面的学术梳理，提到自20世纪80年代以来，有关赦免的研究著述有160余篇部。其中大多数为现代赦免或特赦制度研究。

④ 中国古代赦免制度研究，代表性的有徐式圭：《中国大赦考》，商务印书馆，1934；［日］根本诚：《唐代の大赦に就いて》，《早稻田大学大学院文学研究科纪要》1960年第6期；刘令舆：《中国大赦制度》，《中国法制史论文集》，中国法制史学会，1981；吴刚：《中国古代赦宥制度的历史考察》，《法商研究》1988年第3期；陈俊强：《魏晋南朝恩赦制度的探讨》，文史哲出版社，1998；沈厚泽：《试析中国古代的赦》，《中外法学》1998年第2期；胡晓明：《大赦渊源考论》，《南京社会科学》2002年第4期；陈俊强：《中国古代恩赦制度的起源、形成与变化》，张中秋编《中华法系国际学术研讨会文集》，中国政法大学出版社，2007；魏斌：《唐代赦书内容的扩展与大赦职能的变化》，《历史研究》2006年第4期；伍操：《中国古代赦免制度及其历史沿革》，《重庆社会科学》2008年第6期；等等。秦汉断代史赦免制度研究，代表性的有邬文玲：《汉代赦免制度研究》，博士学位论文，中国社会科学院研究生院，2003；杨国誉、晋文：《汉代赦制略论》，《学海》2004年第3期；胡晓明：《汉代大赦考述两题》，《淮阴工学院学报》2006年第6期；张俊民：《悬泉汉简所见赦令文书初探》，《简帛研究（二〇一一）》，广西师范大学出版社，2013。另见有数篇硕士论文，如谢芝华：《两汉赦宥研究》，硕士学位论文，南昌大学，2008；刘璐：《论汉朝的赦免制度》，硕士学位论文，西南政法大学，2010；唐伟城：《论汉代大赦制度》，硕士学位论文，西南政法大学，2013；杨琳：《秦赦免制度研究》，硕士学位论文，湖南大学，2015。

刑政失宜，人君每假大赦之名，以上结人心，下要民誉"①，中华人民共和国成立后，直到20世纪80年代，研究者仍将其视为封建统治阶级"一种沽名钓誉的理想工具"，以破坏法制达到"粉饰太平""欺骗劳动人民"②的目的。只有日本西嶋定生《中国古代帝国的形成与结构——二十等爵制研究》一书，从赦的意图出发，将"赦"与乡里秩序的重新确认结合起来考虑。③笔者深受启示。

赦令，为帝王颁布的重要诏书，如果仅理解成推恩施德，未免过于表面。事实上，赦令诏书体现着国家意识形态的主流导向，后世的赦书还承载着国家重大的政策信息，是君主经国治民的重要手段，在国家的政治生活中意义非凡。就秦汉社会来说，"夫赦令者，将与天下更始"④，赦令不仅仅是对徒隶有罪者的赦免减刑，更是一种全民性的"更始""自新"，推动了整个社会身份序列自下而上的流动，对整个社会身份的整饬影响重大。下面我们尝试从秦汉时代皇权帝制的角度，结合传世和出土文献，对这个问题进行探究。

一　奉天承运之赦的意图

秦及汉初之赦令，主要是"赦罪人"，且赦罪人的目的直接而实用，主要用于实民于新占地。比如秦昭襄王二十一年至二十八年（前286—前279年）曾4次"赦罪人"，都是将赦免的罪人移至新占地以实边。"魏献安邑，秦出

---

① 徐式圭：《中国大赦考》，第2页。
② 吴刚：《中国古代赦宥制度的历史考察》，《中南政法学院学报》1988年第3期。
③ ［日］西嶋定生：《中国古代帝国的形成与结构——二十等爵制研究》，武尚清译，2004，第372—411页。西嶋定生将赦所涉及的赐爵、赐酺、赐牛酒都看作是对乡里秩序的确认，第409页"这里，我们正应该看到跟赐牛酒、赐酺同时新赐与或重复赐与的爵；不能丢开爵而考虑其他因素"。笔者不甚赞同。毕竟乡党之礼"齿尊"是非常重要的。《孟子·公孙丑章句下》："天下有达尊三：爵一，齿一，德一。朝廷莫如爵，乡党莫如齿，辅世长民莫如德。"［参见（清）焦循撰，沈文倬点校：《孟子正义》，中华书局，1987，第260页］比如汉文帝得"人主延寿"玉杯，同样"令天下大酺"（参见《史记》卷10《孝文本纪》，第430页）。
④ 《汉书》卷12《平帝纪》，第348页。

其人，募徙河东赐爵，赦罪人迁之”“赦罪人迁之穰”“赦罪人迁之南阳”
“取鄢、邓，赦罪人迁之”①。

或者是赦罪人以从军击敌。天下反秦，“二世乃大赦天下，使章邯将，击
破周章军而走，遂杀章曹阳”②。高祖十一年（前196年）“秋七月，淮南王
布反……上赦天下死罪以下，皆令从军”③ 等。赦的原由，也没有高大神秘
的理论设计。平反、平叛，因战事而赦在秦二世至高祖时期，有11起，是这
一时期赦令发布的最主要背景。或者是立太子，如孝惠帝被立为太子时“大
赦罪人”④；或太上皇大丧，“太上皇崩栎阳宫……赦栎阳囚”⑤；或是定都长
安，“高祖是日驾，入都关中。六月，大赦天下”⑥ 等，都是国家有大事发生
时颁赦。后代赦令中出现的以“天命”“上帝”“皇天”等诏示的天命神权或
天人感应的理念，在这一时期还不见踪影。

“天命在汉”的思想此时尚未形成。我们知道，早期帝国的秦及汉初，尚
有战国时代精神的延续，强调的是英雄人物和个性解放。关于秦亡汉兴，蒯
通称“秦失其鹿，天下共逐之，于是高材疾足者先得焉”⑦，陆贾称“乡使秦
已并天下，行仁义，法先圣，陛下安得而有之？”⑧ 强调的是群雄逐鹿和统治
者的作为，这时还未看到“天命”的影子。⑨ 但是，鹿，既可得之，也可失
之。刘邦在世时铲除异姓诸侯王，刘邦死后，吕后对诸大臣生诛戮之心，⑩
都是这种忌惮心境的体现。为了杜绝他人“逐鹿”，永保天下，神秘的“天
命”说渐渐抬头，突出重围，来到历史舞台的最前沿。

---

① 《史记》卷5《秦本纪》，第212—213页。
② 《史记》卷6《秦始皇本纪》，第270页。
③ 《汉书》卷1下《高帝纪下》，第73页。
④ 《史记》卷8《高祖本纪》，第372页。
⑤ 《史记》卷8《高祖本纪》，第387页。
⑥ 《史记》卷8《高祖本纪》，第381页。
⑦ 《史记》卷92《淮阴侯列传》，第2629页。
⑧ 《史记》卷97《陆贾列传》，第2699页。
⑨ 详见侯旭东《逐鹿或天命：汉代眼中的秦亡汉兴》，《中国社会科学》2015年第4期。
⑩ 《汉书》卷1下《高帝纪下》，第79页："北面为臣，心常鞅鞅，今乃事少主，非尽族是，天下不安。"

不过，主流观念的形成非一朝一夕之事，哲学思想家将其上升至理论高度也非短期内能够完成的。尽管先秦著述《左传》《国语》等"天命说""灾异论"已有涉及。但天之道、天之端、天人合一，宏大的天的哲学，直到董仲舒的时代才完成。引《春秋繁露》几段话：

> 何谓天之端？天有十端，十端而止已。天为一端，地为一端，阴为一端，阳为一端，火为一端，金为一端，木为一端，水为一端，土为一端，人为一端，凡十端而毕，天之数也。①
>
> 天之常道，相反之物也，不得两起，故谓之一。②
>
> 天子受命于天，天下受命于天子，一国则受命于君。③
>
> 天亦有喜怒之气、哀乐之心，与人相副。以类合之，天人一也。④
>
> 天地之物有不常之变者，谓之异，小者谓之灾。灾常先至而异乃随之。灾者，天之谴也；异者，天之威也。谴之而不知，乃畏之以威。⑤
>
> 王正则元气和顺、风雨时、景星见、黄龙下。⑥

天子受命于天，天下受命于天子。以阴阳五行为基础，以自然征象为媒介，将天道、天命与人事兴衰沟通起来。灾异之本，生于"国家之失"。灾，是天的谴告；异，是天的怒威。天降灾异，人君若还不知自省改过，则"殃咎乃至"。当然，如果王者行善政，则符瑞并降。事实上，推阴阳言灾异，先秦典籍《左传》《国语》等都有涉及，但在汉代却是极盛。《汉书·谷永传》

---

① （汉）董仲舒、（清）苏舆撰，钟哲点校：《春秋繁露义证》卷7《官制象天》，中华书局，1992，第217页。

② （汉）董仲舒、（清）苏舆撰，钟哲点校：《春秋繁露义证》卷12《天道无二》，第345页。

③ （汉）董仲舒、（清）苏舆撰，钟哲点校：《春秋繁露义证》卷11《为人者天》，第319页。

④ （汉）董仲舒、（清）苏舆撰，钟哲点校：《春秋繁露义证》卷12《阴阳义》，第341页。

⑤ （汉）董仲舒、（清）苏舆撰，钟哲点校：《春秋繁露义证》卷8《必仁且智》，第259页。

⑥ （汉）董仲舒、（清）苏舆撰，钟哲点校：《春秋繁露义证》卷4《王道》，第101页。

记载"汉兴推阴阳言灾异者，孝武时有董仲舒、夏侯始昌，昭、宣则眭孟、夏侯胜，元、成则京房、翼奉、刘向、谷永，哀、平则李寻、田终术"①。谷永将天人感应解释得更为清晰：

> 王者躬行道德，承顺天地，博爱仁恕……则卦气理效，五征时序，百姓寿考，庶虫蕃滋，符瑞并降，以昭保右。失道妄行，逆天暴物，穷奢极欲，湛湎荒淫……上天震怒，灾异娄降，日月薄食，五星失行，山崩川溃，水泉踊出……终不改寤，恶洽变备，不复谴告，更命有德。②

王者躬行其道，则上天保佑，五征时序，符瑞并降；失道妄行，则上天震怒，灾异频出。如果不改不寤，不听谴告，天将更命有德之人取而代之。③这就是《诗经》中所说的"乃眷西顾，此惟予宅"。④

表现在赦令文书中，吕后朝开始出现因星变而赦的情形。《汉书·高后纪》："六年春，星昼见。夏四月，赦天下。"⑤值得注意的是，同一次赦，司马迁在《史记》中只简单地记作"夏，赦天下"⑥，未提及星变事，也可以侧面反映司马迁的天命观⑦。后来文帝因"日有蚀之"⑧、景帝因"大蝗"⑨各颁赦一次。直到董仲舒天的哲学构建完成，并被主流意识形态吸纳后，因天

---

① 《汉书》卷 75《李寻传·赞》，第 3194—3195 页。
② 《汉书》卷 85《谷永传》，第 3467 页。
③ 关于祥瑞灾异与再受命说，汉代除了《汉书·谷永传》提及的诸位，尚有刘向、王嘉、鲍宣、杜钦、丙吉等，详见《汉书》各本传。王健文：《奉天承运——古代中国的"国家"概念及其正当性基础》，东大图书公司，1995。第七章"国家正当性的消逝与转移"，第四节"祥瑞与灾异"，梳理了天人感应的各家观点。天子受命于天、天人合一，自然征象影响人事兴衰的信仰，应是时代风尚。
④ 《汉书》卷 85《谷永传》，第 3467 页。
⑤ 《汉书》卷 3《高后纪》，第 99 页。
⑥ 《史记》卷 9《吕太后本纪》，第 403 页。
⑦ 侯旭东：《逐鹿或天命：汉代眼中的秦亡汉兴》，《中国社会科学》2015 年第 4 期。论及司马迁对于秦亡汉兴的历史解释，是天命还是人力，呈现的是思想上的矛盾。
⑧ 《汉书》卷 4《文帝本纪》，第 119 页。《史记》未载此赦。
⑨ 《史记》卷 11《孝景本纪》，第 445 页。

象、灾异、祥瑞而行赦的次数才渐行增多。武帝朝，因地震颁赦 1 次，星孛于东方 1 次，祥瑞有 5 次。据笔者统计，终西汉一朝因日食等天象颁赦有 8 次，地震、山崩、火灾、蝗灾等灾异 11 次，生芝九茎、神光现、群鹤留、凤皇集、甘露降、黄龙登等祥瑞①15 次。若加上减赎诏，西汉一朝共行赦 37 次。王莽时期日食、地震、蝗、大雨雪共 4 次。东汉一朝，日食等 5 次，地震、蝗、久旱、大水、海水溢、疫疠、兵灾等灾异 32 次②，黄鹄、五色大鸟 2 次，共颁赦 43 次。两汉相比较，东汉一朝祥瑞远少于西汉，而西汉又集中在武帝、宣帝时期。尤其是宣帝在位 25 年，颁赦 15 次，仅祥瑞就 8 次。如果说武帝朝天人感应的理念刚刚进入主流意识形态，以祥瑞示天命所佑是理论的实践。那么，宣帝为卫太子之后，非父死子继的帝王。其祥瑞之多，不能不说跟"天命所归"的昭示密切相关。

祥瑞之赦，赦书中强调的是天的福佑。宣帝诏"承天顺地""屡获天福""上帝嘉向，海内承福"③"娄蒙嘉瑞，获兹祉福"，成帝诏"皇天报应，神光并见"等都是此意。举宣帝神爵四年（前 58 年）诏：

诏曰："乃者凤皇甘露降集京师，嘉瑞并见。修兴泰一、五帝、后土之祠，祈为百姓蒙祉福。鸾凤万举，蜚览翱翔，集止于旁。斋戒之暮，神光显著。荐鬯之夕，神光交错。或降于天，或登于地，或从四方来集于坛。上帝嘉向，海内承福。其赦天下，赐民爵一级，女子百户牛酒，

---

① 刘令舆：《中国大赦制度》，第 165 页，将"五谷丰登""永旱时和"归于祥瑞。笔者认为，所谓汉代祥瑞，多为时人信仰中吉祥的征兆，诸如神光、凤凰、黄龙等。

② 有日食或星变与灾异同时发生而行赦者，为免重复计数，计入灾异。安帝元初三年（116 年）"郡国十地震。三月辛亥，日有食之。丙辰，赦苍梧、郁林、合浦、南海吏人为贼所迫者"（《后汉书》卷 5《孝安帝纪》，第 225 页）。质帝本初元年（146 年）"五月……海水溢。戊申，使谒者案行，收葬乐安、北海人为水所漂没死者，又禀给贫羸。庚戌，太白犯荧惑。六月丁巳，大赦天下，赐民爵及粟帛各有差"（《后汉书》卷 6《孝质帝纪》，第 281—282 页）。桓帝延熹元年（158 年）"甲戌晦，日有食之。京师蝗。六月戊寅，大赦天下，改元延熹"（《后汉书》卷 7《孝桓帝纪》，第 303 页）。

③ 陈直：《汉书新证》，中华书局，2008，第 45 页。"向"是"飨"的通假字。

鳏寡孤独高年帛。"①

灾异之赦,皇帝多强调自己的过失,"盖灾异者,天地之戒也"②,以罪己的形式颁诏。宣帝诏"皇天见异,以戒朕躬,是朕之不逮",元帝诏"天惟降灾,震惊朕师。治有大亏,咎至于斯""不烛变异,咎在朕躬",成帝诏"天著厥异,辜在朕躬",顺帝诏"朕秉事不明,政失厥道,天地谴怒,大变仍见",等等。举元帝初元二年(前47年)诏:

> 诏曰:"……今朕恭承天地,托于公侯之上,明不能烛,德不能绥,灾异并臻,连年不息。乃二月戊午,地震于陇西郡,毁落太上皇庙殿壁木饰,坏败豲道县城郭官寺及民室屋,压杀人众。山崩地裂,水泉涌出。天惟降灾,震惊朕师。治有大亏,咎至于斯……郡国被地动灾甚者无出租赋。赦天下。"③

为了永保天命,皇帝需要时时自省,"思昭天地,内惟自新"④,还让群臣条陈帝王过失,建言献策,赦令诏书中宣帝诏"有以应变,辅朕之不逮,毋有所讳",成帝、哀帝诏"陈朕之过失,无有所讳",元帝诏"悉意陈朕过失,靡有所讳"⑤,顺帝诏"群公百僚其各上封事,指陈得失,靡有所讳"等。皇帝罪己的同时,更要与士大夫共同努力,以求自新:

> 武帝元朔三年诏:"夫刑罚所以防奸也,内长文所以见爱也;以百姓

---

① 《汉书》卷8《宣帝纪》,第263页。
② 《汉书》卷8《宣帝纪》,第245页。
③ 《汉书》卷9《元帝纪》,第281页。
④ 《汉书》卷6《武帝纪》,第185页。
⑤ 《汉书》卷75《翼奉传》,第3172页。《元帝纪》中初元二年(前47年)赦诏则记作"有可蠲除减省以便万姓者,条奏,毋有所讳。丞相、御史、中二千石举茂材异等直言极谏之士,朕将亲览焉"。

之未洽于教化，朕嘉与士大夫日新厥业，祗而不解。其赦天下。"①

武帝元封元年诏："朕以眇眇之身承至尊，兢兢焉惧弗任……遂登封泰山，至于梁父，而后禅肃然。自新，嘉与士大夫更始，赐民百户牛一酒十石，加年八十孤寡布帛二匹。复博、奉高、蛇丘、历城，毋出今年租税。其赦天下。"②

宣帝元康二年春正月诏："书云'文王作罚，刑兹无赦'，今吏修身奉法，未有能称朕意，朕甚愍焉。其赦天下，与士大夫厉精更始。"③

章帝元和二年丙子诏："朕巡狩岱宗，柴望山川，告祀明堂，以章先勋……历数既从，灵耀著明，亦欲与士大夫同心自新。其大赦天下。诸犯罪不当得赦者，皆除之。"④

自新，改过自新；更始，除旧布新，重新开始。《吕氏春秋·季冬纪》："数将几终，岁将更始。"⑤汉人喜说"新"，好言"更始"。刘玄即帝位年号"更始"，王莽建国国号为"新"，汉帝不停地重新纪年、改元，都与天人感应的政治模式有直接联系。⑥体现在赦令中，为了彻底地除旧布新，除了与士大夫厉精更始、同心自新外，还要"与民更始"，武帝元朔元年（前128年）春三月甲子立皇后卫氏诏是最早提及的：

朕闻天地不变，不成施化；阴阳不变，物不畅茂……其赦天下，与

---

① 《汉书》卷6《武帝纪》，第171页。
② 《史记》卷12《孝武本纪》，第476页。
③ 《汉书》卷8《宣帝纪》，第255页。
④ 《后汉书》卷3《肃宗孝章帝纪》，第149—150页。
⑤ （战国）吕不韦编，许维遹集释，梁运华整理：《吕氏春秋集释》卷12《季冬纪》，中华书局，2009，第260页。
⑥ 参见廖伯源《说新——兼论年号之起源》，《秦汉史论丛（增订本）》，中华书局，2008，第1—23页。

民更始。诸逋贷及辞讼在孝景后三年以前，皆勿听治。①

　　与民更始，也有的赦令诏书表述为"与吏民更始"②"与人更始"③，都是荡涤宿恶、重新开始之意。还有范围更广的表述"与海内更始"或"与海内自新"。顺帝阳嘉三年（134 年）五月戊戌诏：

　　　　五月戊戌，制诏曰："昔我太宗，丕显之德……朕秉事不明，政失厥道，天地谴怒，大变仍见。春夏连旱，寇贼弥繁，元元被害，朕甚愍之。嘉与海内洗心更始。其大赦天下，自殊死以下谋反大逆诸犯不当得赦者，皆赦除之。赐民年八十以上米，〔人〕一斛，肉二十斤，酒五斗；九十以上加赐帛，人二匹，絮三斤。"④

　　赦免的对象比以往更广，即使常赦所不原的，自殊死以下谋反大逆诸犯不当得赦者，皆赦除之。同时还赐高年酒肉、帛絮。永建四年（130 年）正月丙寅赦令"嘉与海内洗心自新，其赦天下"，"阎显、江京等知识婚姻禁锢，一原除之"。十日后的丙子日，帝加元服，赐王公贵族等"金帛各有差"，赐男子爵、鳏寡孤独等帛。上至皇帝、贵族公卿，下至普通吏民、罪囚徒隶，全民性洗心自新。

　　还有更深刻、更彻底的是"与天下更始""与天下自新"。

　　元帝时地震山崩、连年饥馑、灾异不息，翼奉进言"故臣愿陛下因天变而徙都，所谓与天下更始者也……今汉道未终，陛下本而始之，于以永世延

① 《汉书》卷 6《武帝纪》，第 169 页。
② 《后汉书》卷 4《殇帝纪》，第 197 页。
③ 《后汉书》卷 6《顺帝纪》，第 252 页。
④ 《后汉书》卷 6《顺帝纪》，第 264 页。

祚，不亦优乎"①。主张以迁都应天变，由此天下更始，汉祚延长。成帝时甘
忠可则言"汉家逢天地之大终，当更受命于天"②，李寻、夏贺良等也皆言
"汉历中衰，当更受命"之事，加之哀帝久寝疾，于是"与天下自新"的大
赦令出台：

> 汉兴二百载，历数开元。皇天降非材之佑，汉国再获受命之符，朕
> 之不德，曷敢不通！夫基事之元命，必与天下自新，其大赦天下。以建
> 平二年为太初元将元年。号曰陈圣刘太平皇帝。漏刻以百二十为度。③

汉家皇帝更号曰"陈圣刘太平皇帝"，以示重获天命。大赦天下，改元太
初元将，甚至改漏刻计时，来实现彻底的全天下自新。

对比两汉的赦令诏书，我们还发现西汉赦令多强调天命、天意，像前文
提到的祥瑞赦令中"上帝嘉向""屡获天福""皇天报应"，以及灾异赦令中
"天地之戒""皇天见异""天惟降灾""天著厥异"，等等。而东汉的赦令和
减赎诏书更多的则是体现奉承祖宗大业，像明帝诏"予末小子，奉承圣业"、
章帝诏"祖宗功德，延及朕躬"、殇帝皇太后诏"皇帝幼冲，承统鸿业"、顺
帝诏"朕奉承大业，未能宁济"等。可见经过两汉之际刘秀重获天命、登基
为帝，"天命在汉"的理念已深入人心，政权的正当性合法性已毋庸置疑④，
已无须在各种场合来显示"天命"所在。如果说西汉的赦令是"奉天"，东汉
则更多的是"承运"，如班固述汉德所说的"当天之正统，受克让之归运"⑤。

---

①《汉书》卷75《翼奉传》，第3177页。
②《汉书》卷75《李寻传》，第3192页。
③《汉书》卷11《哀帝纪》，第340页。
④ 参见陈苏镇《汉代政治与〈春秋〉学》，中国广播电视出版社，2001，第400—409页；龚留柱、张
信通《"汉家尧后"与两汉之际的天命之争——兼论中国古代的政治合法性问题》，《史学月刊》2013年第
10期；冯渝杰《从"汉家"神化看两汉之际的天命争夺》，《历史研究》2015年第1期。
⑤《后汉书》卷40下《班固列传》，第1377页。

不论是"奉天"，还是"承运"，强调的都是汉家天下是天命所归，帝王们要承顺天命、永葆天命，就要重视上天的警戒，重视日食灾异，百姓疾苦，时时自寤反省，并与士大夫、与民、与海内、与天下共同更始、除旧布新。"夫赦令者，将与天下更始"①，大赦令的颁布，赦罪人、赐吏民，除了经济上的恩惠，更重要的是推动吏民社会身份秩序由下至上的流动，实现全民自新。

二　赦罪人与"殊死以下"

赦，一般来说是指赦罪。《说文·支部》："赦，置也。"段注曰："赦与舍音义同。非专谓赦罪也。后舍行而赦废。赦专为赦罪矣。"② 赦罪，是对罪徒的一种恩典型宽宥。赦宥的方式既可以是赦免，也可以是有条件的减死、减等、赎罪，而录囚、出系囚，则是通过检录狱囚后根据犯罪程度给予赦免或降罪③。不管哪一类都会推动罪徒身份由下及上的提升，实现"改行劝善""使得自新"④ 的意图。

1. 赦免与减赎

赦免罪人，即赦除或减轻罪徒之罪，免除或提高罪徒身份。在赦令、律文或其他记述性材料中多表述为"赦除""赦为庶人""以赦令免""会赦，免"等。但是赦免罪人，并不是所有的罪人都可以无条件被免为庶人。赦，是有制限的。徐式圭在《中国大赦考》"大赦之制限"一章中提道："其制限

---

① 《汉书》卷 12《平帝纪》，第 348 页。
② （清）段玉裁撰：《说文解字注》，中华书局，2013，第 125 页下栏。
③ 参见刘令舆《中国大赦制度》，《中国法制史论文集》，第 149 页；陈俊强《中国古代恩赦制度的起源、形成与变化》，张中秋编《中华法系国际学术研讨会文集》，第 185 页。
④ 《汉书》卷 8《宣帝纪》，第 246 页。

之种类，以实质言之，有罪人制限，罪名制限，罪质制限之分；以形式言之，又有特别制限，与附带制限二者。"① 像《汉书·王莽传下》"更始到长安，下诏大赦，非王莽子，他皆除其罪"② 为罪人制限；悬泉汉简"非杀人盗宗庙服御物，它皆赦除之（简ⅡT0216②：437B）"③ 为罪名制限等。有的赦免则看不出制限，像《史记·秦本纪》所记载的"孝文王元年，赦罪人，修先王功臣，褒厚亲戚，弛苑囿"，"庄襄王元年，大赦罪人，修先王功臣，施德厚骨肉而布惠于民"④。从现在我们掌握的简牍材料来看，秦时诸如此类"赦罪人"也不是无条件地释放罪人为庶人。岳麓秦简《田与市和奸案》：

> ·覆之：市仁（认）与田和奸，隶臣毋智捕校上。田不服，而毋（无）以解市、毋智言。其气（乞）鞫不审。田毄（系）子县。（简206正）当毄（系）城旦十二岁，遝己巳赦（赦）。其赦（赦）除田，复为隶臣。（简207正）⑤

岳麓秦简《猩、敞知盗分赃案》：

> ·廿三年四月，江陵丞文敢谳（谳）之：廿三年九月庚子，令下，劾：禄（录）江陵狱：上造敞、士五（伍）（简044正）猩智（知）人盗叔冢，分臧（赃）。得。敞当耐鬼薪，猩黥城旦。遝戊午赦（赦），为庶人。鞫（简045正）审，谳（谳）。（简046正）⑥

睡虎地秦简《法律答问》：

---

① 徐式圭：《中国大赦考》，第5页。
② 《汉书》卷99下《王莽传下》，第4193页。
③ 张俊民：《悬泉汉简所见赦令文书初探》，《简帛研究（二〇一一）》。
④ 《史记》卷5《秦本纪》，第219页。
⑤ 朱汉民、陈松长主编：《岳麓书院藏秦简》（叁），第210—211页。
⑥ 朱汉民、陈松长主编：《岳麓书院藏秦简》（叁），第119页。

·群盗赦为庶人，将盗戒（械）囚刑（简125）罪以上，亡，以故罪论，斩左止为城旦，后自捕所亡，是谓"处隐官"。·它辠（罪）比群盗者皆如此。（简126）②

《田与市和奸案》田与市和奸，被判为隶臣；田乞鞫不实，又判系城旦十二岁。田的身份应为隶臣系城旦，其完整的罪名应是"隶臣系城旦十二岁"。因逢己巳赦，赦除了田"系城旦十二岁"，仍为隶臣的徒隶身份。可见秦王政时己巳赦是有制限的，并不是把所有徒隶免为庶人。《猩、敱知盗分赃案》（见图2-1）中"敱当耐鬼薪，猩黥城旦"，遇戊午赦，都赦免为庶人。因材料不完整，我们不知道不同罪徒身份的敱和猩，免为庶人的附带条件是什么。而睡虎地秦简反映的本应被斩为城旦的"群盗赦为庶人"后，是居作于官府的，负责监管"盗械囚刑罪以上"。所以，秦时赦免罪人的"赦"是有制限的，并不是将罪人不论轻重、不论对社会安定是否仍有严重危害，就统统免为庶人放

简045正

图2-1　岳麓秦简"戊午赦"①

---

① 朱汉民、陈松长主编：《岳麓书院藏秦简》（叁），第119页。此简为《为狱等状四种》第一类，长约27.4—27.5厘米，宽约0.6—0.7厘米。

② 睡虎地秦墓竹简整理小组编：《睡虎地秦墓竹简》，第123页。

归乡里社会。只是因材料的限制，我们尚不能知道其具体的规定。

汉代，随着帝国法制的完善，赦免罪人的制限有了明确的规定。悬泉汉简有一条律文，似后世的律注，对"诸以赦令免者"作了解释：

> ·铸伪金钱、奴婢犯贼杀伤主主適妻以上，律皆不得赦。在蛮夷中得毋用，期赦前有罪后发觉勿治，奏当上勿上。诸以赦令免者，其死罪令作县官三岁，城旦春以上二岁，鬼新白粲一岁。（Ⅱ90DXT0216②：615）①

以赦令获免者，犯死罪的人要在官府劳作三年，城旦春及以上的二年，鬼薪白粲一年。这些人劳作期间的身份不是庶人，而是"复作"：

> 三年闰月乙丑论髡钳城旦，作尽四年三月己卯积作二月十六日，未满日岁九月十日。会二月丙辰赦令当复作二岁。三月庚辰赦②作尽五凤二年三月乙丑积作二岁七日。书到，如律令。（简Ⅱ90DXT0114④：339）③

髡钳城旦，遇二月丙辰赦，免徒复作两年。不同身份的人，赦免复作的适用肯定是不一样的。居延新简《建武五年八月甲渠言府下赦令诏书毋应书》简册，有上赦者人数时"罪别之"的规定：

> 甲渠言府下赦令
> ·
> 诏书·谨案毋应书（简 EPF22：162）

---

① 陈玲：《汉代"复作"探微》，《中国社会科学报》2017年8月1日第8版。
② 笔者怀疑此"赦"字为误释，未见到照片，不知为何字。
③ 陈玲：《汉代"复作"探微》。同一条赦令，在《汉书·宣帝纪》中记载为"其赦天下，赐民爵一级，女子百户牛酒，鳏寡孤独高年帛"（《汉书》卷8《宣帝纪》，第263页），与简牍材料相比只是范式的存在。

建武五年八月甲辰朔　甲渠鄣候　敢言之府下赦令（简 EPF22：163）

诏书曰其赦天下自殊死以下诸不当得赦者皆赦除之上赦者人数罪别

之（简 EPF22：164）

会月廿八日·谨案毋应书敢言之（简 EPF22：165）①

赦令下达后，下级部门要根据赦令要求上报符合条件的具体人数，同时
须将赦免者根据罪行轻重、具体身份等区别上报。② 相似的还有 EPF22：68
"承书从事下当用者上赦者人数罪别之，如诏书"③。

再举一条肩水金关汉简鬼薪徒遇赦的（见图2-2）：

永光四年六月己酉朔癸丑，仓啬夫勃敢言之：徒故颍川郡阳翟宜昌
里陈犬，永光三年十二月中坐伤人论鬼薪。会二月乙丑赦令，免罪复作，
以诏书赎免为庶人。归故县，谒移过所河津关，毋苛留止，县次赎食。
（简 73EJT37：526）④

汉元帝时鬼薪徒陈犬，遇永光四年（前40年）二月乙丑赦令，免罪复
作。后来陈犬复作四个月，通过"赎"的方式，成为庶人，归故县。这一条

---

① 张德芳主编：《居延新简集释》（七），第469—470页。
② 毋应书，整理者认为是"甲渠候官遵照都尉府传送文件的要求，对本候官所辖人员进行了认真细致的甄别核实以后，认为没有符合诏令所言的罪徒，所以没有按罪行的不同上报应该赦免的人员"［张德芳主编：《居延新简集释》（七），第471页］。
③ 简册全文："及赍乘传者南海七郡、牂柯、越巂、益州、玄菟、乐浪，至旁近郡。以县廄置驿骑行。稽首请（简 EPF22：69）大司空罪别之。州牧各下所部如诏书，书到言（EPF22：67）八月戊辰，张掖居延城司马武以近秩次行都尉文书事，以居延仓长印封，丞邯下官县。承书从事下当用者上赦者人数罪别之，如诏书。书到言，毋出廿八。掾阳、守属恭、书佐况（EPF22：68）。"［参见张德芳主编《居延新简集释》（七），第452页］毋应书，就是指即甲渠候官没有符合赦免条件的人。悬泉汉简也有赦令下达要求"罪别之"上报的文书，如简 ⅠT0110④：4、ⅡT0115②：16、ⅡT0115③：207等。
④ 甘肃简牍博物馆、甘肃省文物考古研究所等编：《肩水金关汉简》（肆）（下册），第49页。

简73EJT37：526

图2-2　肩水金关"二月
乙丑赦令"①

赦令在《汉书·元帝纪》中记作"其赦天下，所贷贫民勿收责"②。简牍材料，鲜活而具体地让我们知道了赦令真实的执行情况。而西北汉简中"复作大男"身份的很多，诸如：

神爵四年八月壬辰朔丁酉甲渠临☒
复作大男张未央五月旦苦作俱亡☒（简EPT52：452）③
糱得复作骊靬当利里冯奉世　☒（简73EJT24：964）④
复作二岁大男孙得　☒（简73EJT29：70）⑤

正如任仲爀和陈玲所言，汉时"复作"是罪因成为庶人的过渡阶段身份。⑥

当然，也有少数赦令明确提到可以不用复作，直接免为庶人。

悬泉汉简有两条：

丞相臣定国、御史大夫臣万年昧死言

制　日兴故吏一人自☐☐☐诸犯法不当得赦者，

　　① 甘肃简牍博物馆、甘肃省文物考古研究所等编：《肩水金关汉简》（肆）（中册），第86页。完整简。无尺寸数据。
　　② 《汉书》卷9《元帝纪》，第291页。
　　③ 张德芳主编：《居延新简集释》（三），甘肃文化出版社，2016，第718页。
　　④ 甘肃简牍博物馆、甘肃省文物考古研究所等编：《肩水金关汉简》（叁）（下册），第28页。
　　⑤ 甘肃简牍博物馆、甘肃省文物考古研究所等编：《肩水金关汉简》（叁）（下册），第96页。
　　⑥ 参见［韩］任仲爀《秦汉律的庶人》，《简帛研究（二〇〇九）》，第274—314页；陈玲《汉代"复作"探微》，《中国社会科学报》2017年8月1日第8版。

皆赦除之。毋有复作。具为令。臣请正月癸亥以前（简ⅡT0215④：8）①

□□三年租赋口钱，赦天下殊死罪以下，诸不当得赦而非□□□□□

廷若它赦除之，毋有复作。具为令（简ⅤT1812③：7）②

什么样的赦，可以不用复作？从上述这两条简并不能推算出准确时间③，只能根据于定国和臣万年任丞相和御史大夫的时间，大体确定在甘露三年（前51年）至永光元年（前43年）之间。而八年间行赦6次，"大赦天下"只有初元元年（前48年）。但是我们检索文献材料，像孝惠四年（前191年）"三月甲子，赦，无所复作"④；汉武帝封禅泰山时"其赦天下，如乙卯赦令。行所过毋有复作"⑤。不用复作的赦令表述却是"赦""赦天下"。所以，据现在材料我们还不能确定"毋有复作"的赦是什么性质。

从上述赦免材料可以看出，秦时重罪以赦令免者，居作于官府。西汉时大多数情况下需"复作"。复作是徒隶到庶人之间的过渡身份。值得注意的是，所有提及"复作"或"毋用复作"的，都是西汉时期的材料，东汉的材料中尚未见到"复作"。只有长沙五一广场东汉简提到"复闭"⑥的身份，周

---

① 张俊民：《悬泉汉简所见赦令文书初探》，《简帛研究（二〇一一）》。
② 张俊民：《悬泉汉简所见赦令文书初探》，《简帛研究（二〇一一）》。
③ 张俊民据《汉书·表》推出定国任丞相的时间在甘露三年（前51年）五月至初元五年（前44年）十一月。陈万年任御史大夫的时间是甘露三年（前51年）五月至初元五年（前44年）六月。《表》为永光元年（前43年）。参见张俊民《敦煌悬泉汉简所见人名综述（四）》，《简帛研究（二〇〇七）》。
④ 《史记》卷22《汉兴以来将相名臣年表》，第1123页。
⑤ 《史记》卷12《孝武本纪》，第476页。
⑥ 长沙市文物考古研究所等编：《长沙五一广场东汉简牍》（壹），中西书局，2018，第230页，编号二八九，木牍2010CWJ1③：127，有"复闭二人"：

正面：

	凡囚徒卌七人	凡囚徒……
簿丞旦 簿	其卌人徒	之之之之之必
	拘系二人	
·十二月一日司空臧簿	复闭二人	守丞梁集与守啬夫旻臧坚 之 之
	□□□人	

背面：
忠勿禄问旦贳□

海峰疑其为"复作之别称"①。但西北汉简和文献材料中"徒复作"② 多见连用，而简2010CWJ1③：127 中"复闭二人"与"其卌人徒"是并列关系。所以，唯恐还不能据此断定东汉存在"复作"身份。从光武诏令"其令中都官、三辅、郡、国出系囚，罪非犯殊死一切勿案，见徒免为庶人"③，和帝诏"刑虽未竟，皆免归田里"④ 这样的表述中推测，东汉之赦免、诏免或直接为庶人。五一广场东汉简中有一个亡命遇赦"出"为庶人的实例：

> 月廿日叔责且钱，且不与。争言斗，且以业刀刺叔右手创一所，发觉，亡命归江陵。会今年正月乙巳赦令，出。五月不处日，与素所知南阳宛男子王伯俱来，行道伯从且贷钱六千，其月廿二日到临湘（木两行2010CWJ1③：263-9）⑤

正月乙巳赦令（见图2-3），文献材料没有记载。称赦令，在文献材料中应当表述为"赦天下""大赦天下"之类。但是从现已知的赦令来看，除了顺帝永建元年（126年）春正月甲寅赦诏提道"坐法当徙，勿徙；亡徒当传，勿传"⑥ 外，其余赦令并未提及。简牍赦例反映的是名字为且的人，因刺伤他人而亡命江陵，遇赦，结束亡命，出为庶人。由此可见，赦令所包含的内容比我们已知的要丰富得多。

---

① 周海峰：《〈长沙五一广场东汉简牍【壹】〉选读》，简帛网，http://www.bsm.org.cn/？hanjian/8008.html，2018年12月26日。
② 《史记》卷30《平准书》，第1419页："及徒复作，得输粟县官以除罪。"《汉书》卷8《宣帝纪》，第235页："邴吉为廷尉监，治巫蛊于郡邸，怜曾孙之亡辜，使女徒复作淮阳赵征卿、渭城胡组更乳养，私给衣食，视遇甚有恩。"简牍整理小组编：《居延汉简》（壹），第104页："山隥得二人送囚昭武☒☒四月旦见徒复作三百七十九人。（简34.9+34.8A）"
③ 《后汉书》卷1上《光武帝纪上》，第39页。
④ 《后汉书》卷4《孝和帝纪》，第169页。
⑤ 长沙市文物考古研究所等编：《长沙五一广场东汉简牍》（贰），中西书局，2018，第215页。标点为笔者所加。
⑥ 《后汉书》卷6《孝顺帝纪》，第252页。

东汉时期赦罪人，诏令中出现"赦"字的"赦天下""大赦天下""赦徒"的次数比西汉略少。据附表3《秦汉赦令表》的数据显示，西汉自高帝至平帝约200年，颁赦123次；东汉自光武至献帝也是约200年的时间，包含上述五一广场东汉简的正月乙巳赦令，共颁赦98次。但这不能说明东汉赦宥少。因为东汉赦宥的突出特点是以减赎、减死戍边等形式的赦徒，而不是赦天下。附表3显示的数据，东汉的减赎有66次，而西汉仅有8次，在基本相同的时长中东汉是西汉的8倍多。由此也体现出东汉律法相对宽和。

减赎，即减等和赎罪。比较典型的，涵盖减与赎的诏书，我们举章帝建初七年（82年）九月辛卯诏书：

木两行2010CWJ1③263-9

图2-3　长沙五一广场东汉简"正月乙巳赦令"①

九月甲戌，幸偃师，东涉卷津，至河内……进幸邺，劳飨魏郡守令已下，至于三老、门阑、走卒，赐钱各有差。劳赐常山、赵国吏人，复

---

① 长沙市文物考古研究所等编：《长沙五一广场东汉简牍》（贰），第144页。长23.4厘米，宽2.9厘米。

元氏租赋三岁。辛卯，车驾还宫。诏天下系囚减死一等，勿笞，诣边戍；妻子自随，占著所在；父母同产欲相从者，恣听之；有不到者，皆以乏军兴论。及犯殊死，一切募下蚕室；其女子宫。系囚鬼薪、白粲已上，皆减本罪各一等，输司寇作。亡命赎：死罪入缣二十四，右趾至髡钳城旦舂十四，完城旦至司寇三匹，吏人有罪未发觉，诏书到自告者，半入赎。①

减罪一等，分死罪和死罪以下。死罪者，除殊死罪男子"募下蚕室，女子宫"外，皆减死一等戍边。死罪以下，减本罪一等输司空作。② 东汉以赦令免，往往罪囚直接免为庶人。而减死戍边，或输司空作，"使恩赦与维持必要的刑徒劳动两相结合"③，无疑对于国家边政或徒隶役作是有益的。

减死戍边，并不是东汉皇权所独创的。早在秦王朝时，就见到多例"赦罪人"徙边地的举措，像《史记·秦本纪》记载秦昭襄王时多次赦罪人徙新占地：

> 二十一年，错攻魏河内。魏献安邑，秦出其人，募徙河东赐爵，赦罪人迁之……二十六年，赦罪人迁之穰……二十七年，错攻楚。赦罪人迁之南阳……二十八年，大良造白起攻楚，取鄢、邓，赦罪人迁之。④

这种情形在秦代可能叫作"赦戍"。里耶秦简中有这样一条：

赦戍上造武陵康乐樛（简9-1583）⑤

---

① 《后汉书》卷3《肃宗孝章帝纪》，第143页。
② 《后汉书》中"输司寇作"，误。
③ ［日］宫宅洁：《中国古代刑制史研究》，杨振红等译，第187页。
④ 《史记》卷5《秦纪》，第212—213页。
⑤ 杨先云：《里耶秦简所见"赦戍""屯卒"》，简帛网，http://www.bsm.org.cn/？qinjian/7855.html，2018年5月22日。

目前见到的赦戍仅此一条，而且身份还是二级爵上造。所以，可能现实生活中赦罪人徙新占地的情况比较复杂。西汉时有大量的弛刑徒前往西北边地的记录，简文中作施刑，诸如：

> 乃元康二年五月癸未以使都护檄书遣尉丞赦，将施刑士五十人送□将车□□ （简 118.17）①
>
> 右五人施刑屯士 （简 308.5+308.19）②
>
> 二月尉簿，食施刑屯士四人为谷小石 （简 464.3+464.1）③
>
> 右受府施刑一十一人□ （简Ⅱ T0114④：16）
>
> 凡徒施刑五十人 凡徒施刑五十人戍边□ （简Ⅱ T0114③：443）
>
> 其二人施刑会赦，免 （削衣） （简Ⅱ T0115①：37）④

尽管施刑徒在身份上是否改变原有的罪徒等级身份不能确定⑤，但是因诏"解钳釱赭衣"⑥ 为学界认同。这一点可能跟东汉减死戍边"勿笞，诣边戍"有一定渊源。我们能检索到的减赎有 66 次，其中仅减死戍边就有 20 次⑦，占到总数的近三分之一。举几例：

> 明帝永平八年（65 年）冬十月丙子诏："诏三公募郡国中都官死罪

① 简牍整理小组编：《居延汉简》（贰），第 33 页。
② 简牍整理小组编：《居延汉简》（叁），第 266 页。
③ 简牍整理小组编：《居延汉简》（肆），第 97 页。
④ 以上几条引自张俊民《西北汉简所见"施刑"探微》，《石河子大学学报》2015 年第 2 期。
⑤ 居延汉简中有施刑来源的记录，未能见到是否减刑 [《居延汉简》（叁），第 50 页]：
　髡钳城旦孙敞坐贼伤人，初元五年七月庚寅论。初元五年八月戊申以诏书施刑。故骑士居延广利里完城旦□万年坐兰渡塞，初元四年十一月丙申论。初元五年八月戊申以诏书施刑。故戍卒居延广甲渠候官初元五年谨延袤□ [隧] 簿
　　　□延袤二百十里九十三步 （简 227.8）
⑥ 《汉书》卷 8《宣帝纪》，第 260 页注引"李奇曰"。
⑦ 桓帝建和元年（147 年）四月丙午"诏郡国系囚减死罪一等，勿笞"，减死诏书"勿笞，诣某地"或"勿笞，徙边"是惯用文例。推测，丙午诏书也是减死戍边。

系囚，减罪一等，勿笞，诣度辽将军营，屯朔方、五原之边县；妻子自随，便占著边县；父母同产欲相代者，恣听之。"①

章帝建初七年（82 年）九月辛卯诏："诏天下系囚减死一等，勿笞，诣边戍；妻子自随，占著所在；父母同产欲相从者，恣听之；有不到者，皆以乏军兴论。"②

章帝章和元年（87 年）秋七月："死罪囚犯法在丙子赦前而后捕系者，皆减死，勿笞，诣金城戍。"③

安帝元初二年（115 年）冬十月："诏郡国中都官系囚减死一等，勿笞，诣冯翊、扶风屯，妻子自随，占著所在；女子勿输。"④

　　汉代有一岁而更的行戍制度。这一制度在西汉前中期基本稳定，后期出现松动。东汉时行戍制未见明文废止，但名存实亡。⑤ 应募之士、罪人等发往边地的越来越多。这一方面与汉代政治经济形势的变迁有关，另一方面也应与东汉西北边防线收缩有一定关系。募士，对国家来说无疑是需要成本的，如东汉明帝时"募士卒戍陇右，赐钱人三万"⑥；质帝时广陵张婴等反，朝廷"广开赏募，钱、邑各有差"⑦。所以，对国家来说利用减死罪人戍边，是最经济的一种方式。最值得注意的是，减死者不仅本人诣边，国家还要求"妻子自随"。最初妻子儿女随徙，不是强制性的，还可以父母或同产代替而行。甚至有鼓励性措施，如永平九年（66 年）辛丑诏："诏郡国死罪囚减罪，与妻子诣五原、朔方占著，所在死者皆赐妻父若男同产一人复终身；其妻无父

① 《后汉书》卷 2《显宗孝明帝纪》，第 111 页。
② 《后汉书》卷 3《肃宗孝章帝纪》，第 143 页。
③ 《后汉书》卷 3《肃宗孝章帝纪》，第 157 页。
④ 《后汉书》卷 4《孝安帝纪》，第 224 页。
⑤ 参见黄今言《秦汉军制史论》，江西人民出版社，1993，第 49—82 页；熊铁基《秦汉军事制度史》，广西人民出版社，1990，第 96—109 页。
⑥ 《后汉书》卷 2《显宗孝明帝纪》，第 99 页。
⑦ 《后汉书》卷 38《滕抚列传》，第 1279 页。

兄独有母者，赐其母钱六万，又复其口算。"① 但是政策稳定后，妻子自随成为强制性要求，"有不到者，皆以乏军兴论"②。减死戍边，家人跟随徙边的制度，不仅保全了死罪徒的性命，还可以充实边地人口，繁荣边地。正如郭躬所言"以全人命，有益于边"③。

东汉时期，赎罪诏书见于记录的有 25 次，光武帝 1 次，明帝 4 次，章帝 3 次，和帝 2 次，安帝 3 次，顺帝 4 次，桓帝 1 次，灵帝 7 次。东汉早期见到的赎罪诏书，主要是针对亡命者。诸如"天下亡命殊死以下，听得赎论"④"亡命者赎，各有差"⑤ 等。亡命者，因犯罪而逃亡，多为寇盗，必定对社会秩序产生严重危害，崔寔所说"亡命蓄积，群辈屯聚，为朝廷忧"⑥ 应不是危言耸听。和帝以后系囚也成为赎罪诏书所涉及的对象，"郡国中都官系囚死罪赎缣，至司寇及亡命，各有差"⑦ "诏死罪以下及亡命赎，各有差"⑧ 这样的语句时常出现在诏书中。西汉时也有罪徒输粟县官除罪，或入钱减罪的记载：

> 孝景时，上郡以西旱，亦复修卖爵令，而贱其价以招民；及徒复作，得输粟县官以除罪。⑨

武帝时也曾两次"入赎钱五十万减死一等"⑩，贡禹曾评判说：

> 孝文皇帝时……亡赎罪之法……武帝始临天下，尊贤用士，辟地广

① 《后汉书》卷 2《显宗孝明帝纪》，第 112 页。
② 《后汉书》卷 3《肃宗孝章帝纪》，第 143 页。
③ 《后汉书》卷 46《郭躬列传》，第 1545 页。
④ 《后汉书》卷 2《显宗孝明帝纪》，第 98 页。
⑤ 《后汉书》卷 3《肃宗孝章帝纪》，第 147 页。
⑥ （汉）崔寔撰，孙启治校注：《政论校注》，中华书局，2012，第 159 页。
⑦ 《后汉书》卷 4《孝和帝纪》，第 171 页。
⑧ 《后汉书》卷 5《孝安帝纪》，第 208 页。
⑨ 《史记》卷 30《平准书》，第 1419 页。
⑩ 《汉书》卷 6《武帝纪》，第 205、206 页。

境数千里……用度不足，乃行壹切之变，使犯法者赎罪，入谷者补吏，是以天下奢侈，官乱民贫，盗贼并起，亡命者众。①

所以，东汉允许系囚或系囚未决以缣赎，跟财政状况应密切相关。灵帝在位 22 年，8 次减赎，赎罪诏书就高达 7 次。这必与汉末内忧外患，朝廷经用严重不足有直接关系。

2. 赦"殊死以下"

汉代的赦令诏书中，常见有"赦殊死以下"这样的习惯用语。殊死，就罪名来说学界一般认为是大逆不道等重罪。比较有代表性的观点如宋杰认为"殊死代表谋反大逆等特殊、尤重的死罪""平时少被赦除"②。魏道明更是果断地认为"殊死专指律有明文的大逆不道罪，主要包括谋反、谋大逆、谋叛、恶逆等，此类死罪，性质严重，绝不赦免"③。陶安认为殊死为"死罪之明白者"即"不得赦者"④。研究赦免的学位论文，也有多篇提及汉代赦宥，认为"赦殊死以下"即"殊死之罪是不被赦免的"⑤。但是，结合古汉语和汉简文例，以及悬泉汉简赦令文书与传世文献中赦殊死的诏书及案例，我们发现"殊死"跟大逆不道恐怕不能划等号。

---

① 《汉书》卷 72《贡禹列传》，第 3077 页。按，汉代的赎罪应不是诸罪均可赎，《汉书》卷 78《萧望之传》第 3275 页载宣帝时西羌反，京兆尹张敞上书言："国兵在外，军以夏发，陇西以北，安定以西，吏民并给转输，田事颇废，素无余积，虽羌虏以破，来春民食必乏。穷辟之处，买亡所得，县官谷度不足以振之。愿令诸有罪，非盗、受财、杀人及犯法不得赦者，皆得以差入谷此八郡赎罪。务益致谷以豫备百姓之急。"提到了赎罪的限制。尽管此次赎罪提议未被采纳，但赎罪限制是存在的。各帝本纪所载，应为从略。

② 宋杰：《汉代"弃市"与"殊死"辨析》，《中国史研究》2015 年第 3 期。

③ 魏道明：《汉代"殊死"考》，《青海民族大学学报》2018 年第 1 期。

④ ［德］陶安：《殊死考》，《中华法系国际学术研讨会文集》，中国政法大学出版社，2007，第 146—160 页。其原文表述为："殊死概念将死罪罪名分成'死罪之明白者'即'不得赦者'与'死罪之情轻者'即'得赦者'。"

⑤ 宋学斌：《明代大赦研究》，硕士学位论文，东北师范大学，2014。另外宋黎黎《论"常赦不原"——兼谈中国古代赦免制度的功能》，硕士学位论文，中国政法大学，2006，认为殊死是斩刑，"赦殊死以下就是赦免了除被判除斩刑以外的所有罪犯"。

首先，"殊死以下"的含义。《汉语大词典》中关于"以下"的解释比较含糊，"表示位置、品第、级别、数量等在某一点之下"①，没有明确说明是否包含"某一点"。实例中还列举了《论语·雍也》："子曰：'中人以上，可以语上也；中人以下，不可以语上也。'"② 让本来就没有说清的词义更加混乱。事实上，在我国古汉语中，据王明仁的研究，"以上""以下"表示范围时，"N 以上或 N 以下，就是自 N 推而上之和自 N 推而下之，也就是从 N 往上数和从 N 往下数，一律包括范围的起点 N 在内"③。文章列举了从先秦至明清 9 个事例来说明。我们选取汉代的实例：

《新书·数宁》："臣闻之：自禹以下五百岁而汤起，自汤已下五百余年而武王起。"④

《汉书·王莽传中》："自九以下，降杀以两，至于一成。"⑤

"以下"与"已下"在古汉语中通用。《新书》所言为夏和商的积年，禹为夏的开国之君、汤为商的开国之君，所以"禹以下""汤已下"必然包括禹和汤。"自九以下"，递减以"两"，最小为"一"。"以下"是包括"九"的，要么最小也不能称为"一"。因为王明仁原文举例很多，我们不再赘举。简牍材料跟文献材料相似，我们列举能一目了然的张家山汉简的例子：

《二年律令·傅律》："大夫以上年七十，不更七十一，簪袅七十二，

①　《汉语大词典》，汉语大词典出版社，1986，第 1083 页。
②　杨伯峻：《论语译注》，中华书局，1963，第 66 页。翻译这句话为："中等水平以上的人，可以告诉他高深学问；中等水平以下的人，不可以告诉他高深学问。"王明仁：《孔子的"中人以上"和"中人以下"》，《宁夏大学学报》2017 年第 2 期，认为这里"上"和"下"是动词，而不是方位词，是提高或降低之意。
③　王明仁：《"以上"、"以下"传统的规范用法》，《宁夏大学学报》2011 年第 4 期。
④　（汉）贾谊撰，阎振益、钟夏校注：《新书校注》，中华书局，2000，第 30 页。
⑤　《汉书》卷 99 中《王莽传中》，第 4128 页。

上造七十三，公士七十四，公卒、士五（伍）七十五，皆受杖（仗）。（简355）大夫以上年五十八，不更六十二，簪褭六十三，上造六十四，公士六十五，公卒以下六十六，皆为免老。（简356）"①

《二年律令·传食律》："使非吏，食从者，卿以上比千石，五大夫以下到官大夫比五百石，（简236）大夫以下比二百石；吏皆以实从者食之。（简237）"②

二十等爵及准爵位，从卿的身份开始③，往下依次是：五大夫—公乘—公大夫—官大夫—大夫—不更—簪褭—上造—公士—公卒—士伍。从爵的排序可以看出，简355"大夫以上年七十"必然包括五级爵"大夫"，因为下面列举的就是四级爵"不更"、三级爵"簪褭"。简356"公卒以下六十六"，也是包含"公卒"的，因为上一级列举的是一级爵"公士"。同样的道理，简236"五大夫以下"包含了"五大夫"，简237"大夫以下"必然也包含了"大夫"。

回到"殊死以下"，举几个实例：

《汉书·高帝纪下》："兵不得休八年，万民与苦甚，今天下事毕，其赦天下殊死以下。"④

《后汉书·光武帝纪下》："有犯法不道者，自殊死以下，皆赦除之。"⑤

---

① 张家山二四七号汉墓竹简整理小组编著：《张家山汉墓竹简〔二四七号墓〕》（释文修订版），第57页。
② 张家山二四七号汉墓竹简整理小组编著：《张家山汉墓竹简〔二四七号墓〕》（释文修订版），第40页。
③ 《二年律令·赐律》："不为吏及宦皇帝者，关内侯以上比二千石，卿比千石，五大夫比八百石，公乘比六百石，公大夫、官大夫比五百（简291）石，大夫比三百石，不更比有秩，簪褭比斗食，上造、公士比佐史。"显示卿即是二十等爵中的大庶长、驷车庶长、大上造、少上造、右更、中更、左更、右庶长、左庶长。
④ 《汉书》卷1下《高帝纪下》，第51页。
⑤ 《后汉书》卷1下《光武帝纪下》，第48页。

《后汉书·显宗孝明帝纪》："天下亡命殊死以下，听得赎论：死罪入缣二十四，右趾至髡钳城旦舂十四，完城旦舂至司寇作三匹。其未发觉，诏书到先自告者，半入赎。"①

诸如此类所言"殊死以下"，都是包含"殊死"的。所以，研究者所论汉代殊死之罪绝不赦免，究其原因，应是对古汉语"以下"的含义没有很好地把握。②

其次，"殊死"指称什么罪名。在秦汉时代现有的材料中，我们发现殊死基本上都是表示罪名。即使是提到"殊死之刑"或"殊死刑"指的也是罪名：

《后汉书·梁统列传》："臣窃见元哀二帝轻殊死之刑以一百二十三事，手杀人者减死一等，自是以后，著为常准，故人轻犯法，吏易杀人。"③

《东观汉记·梁统》："元帝初元五年，轻殊死刑三十四事，哀帝建平元年，轻殊死刑八十一事，其四十二事手杀人者减死一等。"④

尽管出处不同，记载的殊死之刑数量不同，但"殊死之刑以一百二十三事""殊死刑三十四事"这样的表述，明确表示此处的殊死为殊死之罪。因为刑名或磔，或斩，或弃市，数量上没有这么多。从这两条史料中，我们还

---

① 《后汉书》卷 2《显宗孝明帝纪》，第 98 页。

② 另外还可参见李斗石《中日关于"以上"和"以下"等概念的界定》，《日本学论坛》2008 年第 3 期。提及现代日语沿用古汉语的文例，"以上""以下"均包含所示的基准本身。如果是基准是数字，"以上"就相当于"≥"，"以下"相当于"≤"。

③ 《后汉书》卷 34《梁统列传》，第 1166 页。

④ （汉）刘珍等撰，吴树平校注：《东观汉记校注》卷 15《梁统》，中华书局，2008，第 605 页。另外《晋书》卷 30《刑法志》，中华书局，1974，第 917—918 页："梁统乃上疏曰：'臣窃见元帝初元五年，轻殊刑三十四事，哀帝建平元年尽四年，轻殊死者刑八十一事，其四十二事，手杀人皆减死罪一等，著为常法。自是以后，人轻犯法，吏易杀人，吏民俱失，至于不羁。'"

能够确定的是"手杀人"是殊死之一。

另外，悬泉汉简中有几十条赦令文书，尽管有残断或不可识别文字，但我们仍可看到传世文献没有见到的记录，分辨出几种殊死之罪，比如：

　　□意其臧天下□钱赦天下自殊死以下非手杀人盗宗庙服御物及吏盗受赇直金十斤（简ⅡT0115③：90）①

前文已述"自殊死以下"是包含殊死的，那面简文所列举的"非"之后的无疑都是殊死罪，即手杀人、盗宗庙服御物、吏盗受赇直金十斤等。相似的还有：

　　□□宗庙□□天下非杀人盗宗庙服御物它皆赦除之具为令·臣请五月乙卯以前诸市□（简ⅡT0216②：437B）②

但是，殊死罪毕竟是重罪，汉代见于赦免的次数不是很多。赦令诏中明确提出赦殊死的有 11 次，减赎诏中提到有 9 次，约为总赦减次数比例的 6.43%。也可能正是因为汉代赦殊死较少，三国时陈群才评论道："汉律所杀殊死之罪，仁所不及也。"③ 据此我们推测，悬泉汉简所述的"律皆不得在赦"的罪名，"铸伪金钱""奴婢犯贼杀伤主、主適妻以上"应该也是殊死之罪：

　　·铸伪金钱奴婢犯贼杀伤主主適妻以上律皆不得赦在蛮夷中得毋用

期赦前有罪后发觉

----

① 张俊民：《悬泉汉简所见赦令文书初探》，《简帛研究（二○一一）》。臧，应释为"减"。
② 张俊民：《悬泉汉简所见赦令文书初探》，《简帛研究（二○一一）》。
③ 《三国志》卷 22《魏书·陈群传》，中华书局，1982，第 634 页。

勿治奏当上当上勿上诸以赦令免者其死罪令作县官三岁城旦春以上二岁鬼新白粲一岁（简ⅡT0216②：615）①

但是，诸如谋反、大逆、大逆不道此类，是不是殊死？先看史料：

《后汉书·光武帝下》："（建武六年）秋九月庚子，赦乐浪谋反大逆殊死已下。"②

《后汉书·显宗孝明帝纪》："（永平二年春正月）其令天下自殊死已下谋反大逆，皆赦除之。"③

《后汉书·显宗孝明帝纪》："（永平八年冬十月）诏三公募郡国中都官死罪系囚，减罪一等……其大逆无道殊死者，一切募下蚕室。"④

《后汉书·孝顺帝纪》："（阳嘉三年五月）其大赦天下，自殊死以下谋反大逆诸犯不当得赦者，皆赦除之。"⑤

各帝纪史料表述形式分两种，一种是谋反大逆殊死已下，一种是殊死已下谋反大逆。可见"谋反大逆"与"殊死已下"是并列关系，而不是包含关系。周天游点校本《汉旧仪》，即据《初学记》卷20、《太平御览》卷652在"殊死以下"和"谋反大逆不道"之间补出一个"及"字：

践祚、改元、立皇后、太子，赦天下。每赦，自殊死以下，〔及〕谋反大逆不道诸不当得赦者，皆赦除之。⑥

----

① 张俊民：《悬泉汉简所见赦令文书初探》，《简帛研究（二〇一一）》。
② 《后汉书》卷1下《光武帝下》，第49页。
③ 《后汉书》卷2《显宗孝明帝纪》，第100页。
④ 《后汉书》卷2《显宗孝明帝纪》，第111页。
⑤ 《后汉书》卷6《孝顺帝纪》，第264页。
⑥ （清）孙星衍等辑，周天游点校：《汉官六种》，中华书局，1990，第103页。

由上，殊死在汉代多指罪名，"手杀人""盗宗庙服御物""吏盗受赇直金十斤""铸伪金钱""奴婢犯贼杀伤主、主適妻以上"都是殊死之罪。谋反大逆不道，并不是殊死罪。殊死之罪是死罪中的重罪，平时少被赦免。史料中见到的赦殊死，除了西汉及光武帝时笼统地称作"赦天下殊死以下"之外，东汉时最常见的是"诏亡命自殊死以下赎"和"及犯殊死，一切募下蚕室"。不管是哪一种形式，都使殊死之人得以活命，能够改过迁善，重新纳于社会。这一点也与主流思想倡导的更始自新高度一致。正如武帝时石庆所言"赦殊死，无禁锢，咸自新，与更始"①。

表2-1　　　　　　　　　　　　　前三史赦"殊死"汇表

帝号	年号	史料	性质	赐	出处	备注
高祖	五年（前202年）春正月	曰："兵不得休八年，万民与苦甚。今天下事毕，其赦天下殊死以下。"	赦诏		《汉书》卷1下《高帝纪下》	《史记》未记载
	九年（前198年）春正月	春正月，废赵王敖为宣平侯。徙代王如意为赵王，王赵国。丙寅，前有罪殊死以下，皆赦之	赦诏		《汉书》卷1下《高帝纪下》	《史记》未记载
武帝	元封六年（前105年）三月	三月，行幸河东，祠后土。诏曰："朕礼首山，昆田出珍物，化或为黄金。祭后土，神光三烛。其赦汾阴殊死以下，赐天下贫民布帛，人一匹。"	赦诏	赐贫民布帛	《汉书》卷6《武帝纪》	
	太初二年（前103年）夏四月	夏四月，诏曰："朕用事介山，祭后土，皆有光应。其赦汾阴、安邑殊死以下。"	赦诏		《汉书》卷6《武帝纪》	

① 《汉书》卷46《石奋传》，第2198页。

续表

帝号	年号	史料	性质	赐	出处	备注
宣帝	五凤三年（前55年）三月	三月，行幸河东，祠后土。诏曰："往者匈奴数为边寇，百姓被其害……单于称臣，使弟奉珍朝贺正月，北边晏然……甘露降，神爵集……减天下口钱。赦殊死以下。赐民爵一级，女子百户牛酒。大酺五日。加赐鳏寡孤独高年帛。"	赦诏	减天下口钱 赐民爵、牛酒、大酺等	《汉书》卷8《宣帝纪》	
	甘露二年（前52年）春正月	二年春正月，立皇子嚣为定陶王。诏曰："乃者凤皇甘露降集，黄龙登兴，醴泉滂流，枯槁荣茂，神光并见，咸受祯祥。其赦天下。减民算三十。赐诸侯王、丞相、将军、列侯、中二千石金钱各有差。赐民爵一级，女子百户牛酒，鳏寡孤独高年帛。"	赦诏	减民算、赐诸侯王等金钱、赐民爵，百户牛酒等	《汉书》卷8《宣帝纪》	《史记》称作赦殊死
		赦殊死，赐高年及鳏寡孤独帛，女子牛酒	赦诏	赐帛、牛酒	《史记》卷22《汉兴以来将相名臣年表》	《史记》所记比《汉书》简略
光武	建武六年（30年）五月己未	五月己未、至自长安……辛丑，诏曰："惟天水、陇西、安定、北地吏人为隗嚣所诖误者，又三辅遭难赤眉，有犯法不道者，自殊死以下，皆赦除之。"	赦诏		《后汉书》卷1下《光武帝纪下》	
	建武六年（30年）秋九月庚子	秋九月庚子，赦乐浪谋反大逆殊死已下。丙寅晦，日有食之	赦诏		《后汉书》卷1下《光武帝纪下》	
	建武十八年（42年）秋七月	秋七月，吴汉拔成都，斩史歆等。壬戌，赦益州所部殊死已下	赦诏		《后汉书》卷1下《光武帝纪下》	
	建武二十九年（53年）夏四月乙丑	夏四月乙丑，诏令天下系囚自殊死已下及徒各减本罪一等，其余赎罪输作各有差	减赎诏		《后汉书》卷1下《光武帝纪下》	

续表

帝号	年号	史料	性质	赐	出处	备注
	中元二年（57年）十二月	十二月甲寅，诏曰："方春戒节，人以耕桑……天下亡命殊死以下，听得赎论……"	减赎诏		《后汉书》卷2《显宗孝明帝纪》	申敕
	永平二年（59年）春正月辛未	二年春正月辛未，宗祀光武皇帝于明堂……使尚书令持节诏骠骑将军、三公曰："今令月吉日，宗祀光武皇帝于明堂，以配五帝。……其令天下自殊死已下，谋反大逆，皆赦除之。百僚师尹，其勉修厥职，顺行时令，敬若昊天，以绥兆人。"	赦诏		《后汉书》卷2《显宗孝明帝纪》	申敕
明帝	永平八年（65年）冬十月	冬十月，北宫成。丙子，临辟雍，养三老、五更。礼毕，诏三公募郡国中都官死罪系囚，减罪一等，勿笞，诣度辽将军营，屯朔方、五原之边县；妻子自随，便占著边县；父母同产欲相代者，恣听之。其大逆无道殊死者，一切募下蚕室。亡命者令赎罪各有差。凡徙者，赐弓弩衣粮	减赎诏	徙者，赐弓弩衣粮	《后汉书》卷2《显宗孝明帝纪》	
	永平十五年（72年）春二月辛丑	十五年春二月庚子，东巡狩。辛丑，幸偃师。诏亡命自殊死以下赎：死罪缣四十匹，右趾至髡钳城旦春十四，完城旦至司寇五匹；犯罪未发觉，诏书到日自告者，半入赎	减赎诏		《后汉书》卷2《显宗孝明帝纪》	
	永平十八年（75年）春三月丁亥	十八年春三月丁亥，诏曰："其令天下亡命，自殊死已下赎：死罪缣三十匹，右趾至髡钳城旦春十四，完城旦至司寇五匹；吏人犯罪未发觉，诏书到自告者，半入赎。"	减赎诏		《后汉书》卷2《显宗孝明帝纪》	

续表

帝号	年号	史料	性质	赐	出处	备注
章帝	建初七年（82年）九月辛卯	九月甲戌，幸偃师……己酉①，进幸邺，劳飨魏郡守令已下……辛卯，车驾还宫。诏天下系囚减死一等，勿笞，诣边戍；妻子自随，占著所在；父母同产欲相从者，恣听之；有不到者，皆以乏军兴论。及犯殊死，一切募下蚕室；其女子宫……	减赎诏		《后汉书》卷3《肃宗孝章帝纪》	
	元和元年（84年）八月癸酉	癸酉，诏曰："朕道化不德，吏政失和，元元未谕，抵罪于下……其改建初九年为元和元年。郡国中都官系囚减死一等，勿笞，诣边县；妻子自随，占著在所。其犯殊死，一切募下蚕室；其女子宫。系囚鬼薪、白粲以上，皆减本罪一等，输司寇作。亡命者赎，各有差。"	减赎诏		《后汉书》卷3《肃宗孝章帝纪》	
	章和元年（87年）九月壬子	九月庚子，幸彭城，东海王政、沛王定、任城王尚皆从。辛亥，幸寿春。壬子，诏郡国中都官系囚减死罪一等，诣金城戍；犯殊死者，一切募下蚕室；其女子宫……	减赎诏		《后汉书》卷3《肃宗孝章帝纪》	
顺帝	阳嘉三年（134年）五月戊戌	五月戊戌，制诏曰："昔我太宗，丕显之德……朕秉事不明，政失厥道，天地谴怒，大变仍见。春夏连旱，寇贼弥繁，元元被害，朕甚愍之。嘉与海内洗心更始。其大赦天下，自殊死以下谋反大逆诸犯不当得赦者，皆赦除之……"	赦诏	赐高年米肉酒帛	《后汉书》卷6《孝顺帝纪》	
	汉安二年（143年）冬十月辛丑	冬十月辛丑，令郡国中都官系囚殊死以下出缣赎，各有差；其不能入赎者，遣诣临羌县居作二岁	减赎诏		《后汉书》卷6《孝顺帝纪》	

---

　　① 陈垣：《二十史朔闰表》，第30页，建初七年九月乙丑朔。甲戌为初十，辛卯为二十七。己酉日，不在九月。所以笔者认为"己酉"或为"乙酉"之误。

三　赦令中的赐吏民爵

赦令，以奉天承运的形式，昭示着国家政治的正当性，是帝王颁布的重大诏书。因此，历代大赦，不仅仅是赦免罪人①，它们也承载着国家重大政策信息的发布，是国家政治运行机制的重要内容。② 早期帝国的秦汉时代，赦令的目的是实现全民性更始自新，除了赦徒、赦罪人，使负身份的罪囚一步步升为正身份的庶人，返回社会重新做人外，还注重普通正身份社会民众的爵制身份提升，达到全天下的除旧布新。

赦令+赐爵，我们见到的最早的材料是秦昭襄王二十一年（前286年），魏献安邑后，秦将原土著民移出，"募徙河东赐爵，赦罪人迁之"③。这是在新占地区域性的赐爵、赦罪人。因史载的简略，我们不能确定赐爵与赦令是否在一份诏书中。而汉代相比与秦代，史料相对丰富，赦令诏书中同时赐爵的情形比较清楚：

《史记·孝文本纪》："皇帝即日夕入未央宫……于是夜下诏书曰：'间者诸吕用事擅权，谋为大逆……皆伏其辜。朕初即位，其赦天下，赐民爵一级，女子百户牛酒，酺五日。'"④

《汉书·宣帝纪》："四年春二月，诏曰'乃者凤皇甘露降集京师，嘉瑞并见……上帝嘉向，海内承福。其赦天下，赐民爵一级，女子百户

① 参见刘令舆《中国大赦制度》，《中国法制史论文集》，中国法制史学会，1981，第250页："历代大赦，亦不以专以赦为恶人地也。"
② 参见戴建国《唐宋大赦功能的传承演变》，《云南社会科学》2009年第4期；魏斌《唐代赦书内容的扩展与大赦职能的变化》，《历史研究》2006年第4期。
③ 《史记》卷5《秦本纪》，第212页。
④ 《史记》卷10《孝文本纪》，第417页。

牛酒，鳏寡孤独高年帛。'"①

《后汉书·孝安帝纪》："三年春正月庚子，皇帝加元服。大赦天下。赐王、主、贵人、公、卿以下金帛各有差；男子为父后，及三老、孝悌、力田爵，人二级，流民欲占者人一级。"②

减赎诏书也存在这种情形，如西汉惠帝元年（前194年）冬十二月"民有罪，得买爵三十级以免死罪。赐民爵，户一级"③。东汉和帝永元三年（91年）春加元服，例赐诸侯、宗室等黄金、帛，还"赐民爵及粟帛各有差，大酺五日"，同时令"郡国中都官系囚死罪赎缣，至司寇及亡命，各有差"④。一方面对罪囚减等赎免；另一方面又给普通民众赐爵，皆大欢喜。

除了赐民爵，赦令诏书中也有赐吏爵的记载。汉初燕王绾谋反，高祖诏曰："燕吏民非有罪也，赐其吏六百石以上爵各一级。与绾居，去来归者，赦之，加爵亦一级"⑤，此为特殊时期出于笼络燕地官吏的临时举措。宣帝地节三年（前67年）立皇太子，大赦天下，"赐御史大夫爵关内侯，中二千石爵右庶长，天下当为父后者爵一级"。颜师古认为这是适逢立皇太子之大庆，特赐御史大夫及中二千石爵，"非常制也"⑥，是临时性赐吏爵。但是梳理赦令材料，我们发现宣元时期"赦令+赐吏爵+赐民爵"并不是偶然现象。宣帝本始元年（前73年）和元康元年（前65年）以祥瑞赦天下，赐民爵的同时，都有赐吏二千石至六百石爵各有差的相关规定。元帝永光元年（前43年）和永光二年（前42年）以灾异罪己赦天下，也是吏爵、民爵皆赐。举本始元年和永光元年诏两例来说明：

① 《汉书》卷8《宣帝纪》，第263页。
② 《后汉书》卷5《孝安帝纪》，第212页。
③ 《汉书》卷2《惠帝纪》，第88页。
④ 《后汉书》卷4《孝和帝纪》，第171页。
⑤ 《汉书》卷1下《高帝纪下》，第77页。
⑥ 《汉书》卷8《宣帝纪》，第249页。

《汉书·宣帝纪》："五月，凤皇集胶东、千乘。赦天下。赐吏二千石、诸侯相、下至中都官、宦吏、六百石爵，各有差，自左更至五大夫。赐天下人爵各一级，孝者二级，女子百户牛酒。租税勿收。"①

《汉书·元帝纪》："……其赦天下，令厉精自新，各务农亩。无田者皆假之，贷种、食如贫民。赐吏六百石以上爵五大夫，勤事吏二级，民一级，女子百户牛酒，鳏寡孤独高年帛。"②

史书记史均有所取舍，并不是每一份诏书都会被详细记录。从简记述的赦令诏书，只笼统地称作"赐吏民爵"。如哀帝初即位绥和二年（前7年）四月丙午赦，赐"吏民爵，百户牛酒"③。汉成帝永始四年（前13年）赦诏亦如是。赐吏爵，这一现象在魏晋以后继续发展，赦书中出现的官僚层普遍泛级、进位，不能不说跟汉代的吏爵赐予有直接继承关系。④

传世文献，经作者取舍、世代传习，相对简省。简牍材料，尽管也是传抄而来，残断严重，但毕竟是时代的产物，可以与传世文献对比使用。赦令诏书的简牍较少，主要集中在西北汉简中，"赦令+赐爵"的有这样两条：

永光二年二月甲辰赦令赐男子爵一级

□□［毋害赐］爵三级　　　（简217.3)⑤

永光二年（前42年）二月，元帝大赦天下，文献材料未记录具体日期，简牍材料明确说明是"甲辰赦"，即二月十二日。⑥爵的赐予文献材料为"赐

① 《汉书》卷8《宣帝纪》，第242页。
② 《汉书》卷9《元帝纪》，第287页。
③ 《汉书》卷11《哀帝纪》，第334页。
④ 参见魏斌《唐代赦书内容的扩展与大赦职能的变化》，《历史研究》2006年第4期。
⑤ 简牍整理小组编：《居延汉简》（叁），第29页。
⑥ 参见陈垣《二十史朔闰表》，第19页。永光二年二月为癸巳朔。

民爵一级"，"吏六百石以上爵五大夫，勤事吏各二级"②。简文所述为"男子爵一级""毋害赐爵三级"。男子爵，应为汉代习惯表述，与文献材料"民爵"意思一样。③ 毋害，指处事公正。《墨子·号令》："守之所亲，举吏贞廉忠信、无害可任者。"④ 这里应是毋害吏的简称。《后汉书·百官志》："秋冬遣无害吏案讯诸囚，平其罪法，论课殿最。"⑤ 从"中研院"红外扫描的图版看（见图2-4），"三级"之"三"是比较清晰的。如果无误，那么文献材料可能简省了赐毋害吏爵三级的文字。

悬泉汉简也有赦赐同时的，上文已引用过简文的第一行，为了清楚理解，录全文如下：

图2-4 居延汉简
"二月甲辰赦令"①

☐意其减天下☐钱赦天下自殊死以下非手杀人

盗宗庙服御物及吏盗受赇直金十斤

☐赦除之免官徒隶为令赐天下男子爵人一级女子百户牛一酒十石加赐

① 图片采自简牍整理小组编《居延汉简》（叁），第29页。长8.2厘米，宽0.8厘米。
② 《汉书》卷9《元帝纪》，第288页。原文："二年春二月，诏曰：'盖闻唐虞象刑而民不犯，殷周法行而奸轨服。今朕获承高祖之洪业，托位公侯之上，夙夜战栗，永惟百姓之急，未尝有忘焉。然而阴阳未调，三光暗昧。元元大困，流散道路，盗贼并兴。有司又长残贼，失牧民之术。是皆朕之不明，政有所亏。咎至于此，朕甚自耻。为民父母，若是之薄，谓百姓何！其大赦天下，赐民爵一级，女子百户牛酒，鳏寡孤独高年、三老、孝弟力田帛。'又赐诸侯王、公主、列侯黄金，中二千石以下至中都官长吏各有差，吏六百石以上爵五大夫，勤事吏各二级。"
③ ［日］西嶋定生：《中国古代帝国的形成与结构——二十等爵制研究》，武尚清译，第155页。按：汉简中"男子爵"多见；民爵，未见；吏民爵，1见。肩水金关汉简简73EJT26：32："爵左庶长，中都官及宦者吏千石以下至六百石爵五大夫，孝者爵人二级，吏民爵人一级。四年以前吏☐☐"［甘肃简牍博物馆、甘肃省文物考古研究所等编：《肩水金关汉简》（叁）（下册），第50页］。
④ （清）孙诒让撰，孙启治点校：《墨子闲诂》卷15《号令第七十》，中华书局，2001，第608页。
⑤ 《后汉书》志第28《百官志五》，第3621页。

鳏寡孤独者（简ⅡT0115③∶90）①

查汉代赦令内容，只有宣帝五凤三年（前55年）赦书有"减天下口钱"。与文献材料对比，简牍材料中赦殊死以下是有制限的，即"手杀人、盗宗庙服御物及吏盗受赇直金十斤"三款不赦。赦除的范围还有"免官徒隶"。女子百户牛酒，有具体数字"牛一酒十石"。赦令诏书的内容更加具体。这可能与简牍材料所记赦令，是为了传达给下级部门执行，与史家书事记言的目的不同吧。

遇赦赐爵，这种现象前辈史家已注意过②，甚至有认为汉代"民人逢赦即爵一或二级"③。笔者综合文献和简牍材料，统计两汉包括莽新王朝的赦减例，赦与减赎共310次，其中有赐爵举措的为49次，重合比例约为15.8%。

当然，因为史家记事的侧重与取舍，事实上赦与赐重合的比例，比我们实际见到的要高。下面我们举几个例子。

景帝四年（前153年）赦天下：

> 《史记·孝景本纪》∶"四年夏，立太子。立皇子彻为胶东王。六月甲戌，赦天下。"④
>
> 《汉书·景帝纪》"夏四月己巳，立皇子荣为皇太子，彻为胶东王。

---

① 张俊民通过与文献材料对比，认为此简为汉宣帝五凤三年（前55年）赦（《悬泉汉简所见赦令文书初探》，《简帛研究（二○一一）》）。五凤三年赦诏原文∶"往者匈奴数为边寇，百姓被其害……单于称臣，使弟奉珍朝贺正月，北边晏然，靡有兵革之事。朕饬躬齐戒，郊上帝，祠后土，神光并见，或兴于谷，烛耀齐宫，十有余刻。甘露降，神爵集。已诏有司告祠上帝、宗庙。三月辛丑，鸾凤又集长乐宫东阙中树上，飞下止地，文章五色，留十余刻，吏民并观。朕之不敏，惧不能任，娄蒙嘉瑞，获兹祉福。书不云乎？'虽休勿休，祗事不怠。'公卿大夫其勖焉。减天下口钱。赦殊死以下。赐民爵一级，女子百户牛酒。大酺五日。加赐鳏寡孤独高年帛。"（《汉书》卷8《宣帝纪》，第267页）

② ［日］西嶋定生∶《中国古代帝国的形成与结构——二十等爵制研究》，武尚清译，第372—374页；刘会舆∶《中国大赦制度》，《中国法制史论文集》，第178—179页。

③ 刘会舆∶《中国大赦制度》，《中国法制史论文集》，第178页。

④ 《史记》卷11《孝景本纪》，第442页。

六月，赦天下，赐民爵一级。"①

《史记》没有记载赐民爵一事，而《汉书》则记载了。同样的，景帝三年（前154年）赦吴楚七国反者，《汉书》与赦同时的还有"立皇子端为胶西王，胜为中山王。赐民爵一级"②。《史记》则只有"立皇子端为胶西王，子胜为中山王"③，无赐爵一事。

汉宣帝甘露二年（前52年）春正月之赦：

《史记·汉兴以来将相名臣年表》："赦殊死，赐高年及鳏寡孤独帛，女子牛酒。"④

《汉书·宣帝纪》："其赦天下。减民算三十。赐诸侯王、丞相、将军、列侯、中二千石金钱各有差。赐民爵一级，女子百户牛酒，鳏寡孤独高年帛。"⑤

同一个赦，《史记》曰"赦殊死"，《汉书》曰"赦天下"。《史记》内容简省，《汉书》表述丰富。

武帝元封元年（前110年）改元之赦：

《史记·孝武本纪》："天子从封禅还，坐明堂，群臣更上寿。于是制诏御史：'朕以眇眇之身承至尊……自新，嘉与士大夫更始，赐民百户牛一酒十石，加年八十孤寡布帛二匹。复博、奉高、蛇丘、历城，毋出

---

① 《汉书》卷5《景帝纪》，第143页。
② 《汉书》卷5《景帝纪》，第143页。
③ 《史记》卷11《孝景本纪》，第441页。
④ 《史记》卷22《汉兴以来将相名臣年表》，第1150页。
⑤ 《汉书》卷8《宣帝纪》，第269页。

今年租税。其赦天下，如乙卯赦令。行所过毋有复作。事在二年前，皆勿听治。'"①

《汉书·武帝纪》："夏四月癸卯，上还，登封泰山，降坐明堂。诏曰：'朕以眇身承至尊……自新，嘉与士大夫更始，其以十月为元封元年。行所巡至博、奉高、蛇丘、历城、梁父，民田租逋赋贷，已除。加年七十以上孤寡帛，人二匹。四县无出今年算。赐天下民爵一级，女子百户牛酒。'"②

我们看同一个事件二者记录表述有多处不同，跟论题相关的，《史记》记录有"其赦天下"，《汉书》记录有"赐天下民爵一级"。所以，据已知材料统计出来的数据，只是一个大体情况，不能复原历史本身。

还有赦令、赐爵前后相隔数日，像汉成帝绥和元年（前8年），春正月"大赦天下"，二月癸丑，即二月初九，立定陶王刘欣为皇太子，"赐天下当为父后者爵"③。大赦颁布、赐为父后者爵，时间间隔不长，不能不让人怀疑大赦天下，普天同庆，是为立皇太子做的前期准备。还有光武皇帝二十九年（53年）二月丁巳朔，日食。遣使者举冤狱，出系囚，以应天象之异。"庚申，赐天下男子爵，人二级。"④ 庚申，即初四。录囚与赐爵时间仅相隔4日，显然均是应对"日食"之异。也有先赐爵，后赦天下者。明帝永平十五年（72年），夏四月庚子日赐天下男子爵，每人三级。乙巳，大赦天下，谋反大逆及诸不应宥者，皆赦除之。⑤ 四月为丙申朔，⑥ 庚子日是初五，乙巳日是初十，相隔5日。相似的事例很多，

---

① 《史记》卷12《孝武本纪》，第476页。另《史记》卷28《封禅书》，第1398页，与本纪记载大致相同。
② 《汉书》卷6《武帝纪》，第191页。
③ 《汉书》卷10《成帝纪》，第328页。
④ 《后汉书》卷1下《光武帝纪》，第80页。
⑤ 参见《后汉书》卷2《显宗孝明帝纪》，第119页。
⑥ 参见陈垣《二十史朔闰表》，第29页。

不再赘举。因此，逢赦赐爵的情形比我们现在已知的要多很多。

除了逢赦而赐，秦汉社会也有很多单独的赐吏民爵。统计现有史料，两汉 426 年，赐爵 95 次，除了与行赦重合的 49 次，单独赐爵也有 46 次。平均每年 0.22 次。而行赦和减赎 310 次，平均每年 0.72 次。而且，如我们上文所分析的，因史官记事侧重不同，行赦、赐爵都会有遗漏。现有数据只能是相对数据，而不是绝对。总之，秦汉社会是一个身份社会，有爵者、无爵者、徒隶，自上而下构成一个爵刑一体的身份序列。为了实现全社会的更始自新，皇帝或赦罪人，或赐爵，推动全民身份自下而上流动。

四　余论：赦之仪式

值得注意的是，赦罪人、赐爵位，一定是帝制皇权的专利，① 他人是没有资格的。诸侯王行赦，被认为有不臣之心，贾谊提议削藩时曾提道："若此诸王，虽名为臣，实皆有布衣昆弟之心，虑亡不帝制而天子自为者。擅爵人，赦死罪，甚者或戴黄屋，汉法令非行也。"② 一个"擅"字，说明诸侯王颁赦的非法性。

行赦，既是帝制皇权的特权，每一次颁赦自然都是对天命皇权理念的强化。因此，历代都很重视颁赦的程序和仪式。就汉代社会来说，《汉旧仪》这样记述：

> 每赦，自殊死以下，〔及〕谋反大逆不道诸不当得赦者，皆赦除之。
> 令下丞相御史，复奏可，分遣丞相御史乘传驾行郡国，解囚徒，布诏书。

---

① 参见［日］根本诚《唐代の大赦に就いて》，《早稻田大学大学院文学研究科纪要》1960 年第 6 期；陈俊强《中国古代恩赦制度的起源、形成与变化》，张中秋编《中华法系国际学术研讨会文集》，第 180 页，提到"专制皇权"和"赦宥思想"是大赦的两个客观条件。

② 《汉书》卷 48《贾谊传》，第 2234 页。

郡国各分遣吏传厩车马行属县，解囚徒。①

丞相御史乘传驾、行郡国，是不可能的。② 估测是丞相、御史派出的人，分行郡国传诏书、解囚徒，郡国再派人乘厩车到各属县传诏解囚。悬泉汉简有"行赦使者"的字样：

　　　　　　　☑以食行赦使者☑（简ⅤT1510②：23）③

行赦使者，应该是文献材料所说解囚徒、布诏书的人。布诏书，也不是宣读完毕即万事大吉，而是要"明白布告"，西北汉简中有不少这样的记录，举悬泉汉简赦书下行：

　　　四月丙寅丞相玄成下小府车骑将军将军中二千石二千石部刺史郡大守诸侯相承书从事下当用者书到
　　　　　明白布告令亡人命者尽知之上赦者人数丞相御史罪别之以符各一致合置署第数入署所符　　（简ⅡT0115③：207）④

明白布告的方式，应该是"明白大扁书"或"明白扁书"（见图2-5），悬泉简中有"诏书必明白大书，以两行著故恩泽诏书（ⅡT0114③：404）"⑤的规定。事实上出土简牍材料中用语并不完全一致：

---

① （清）孙星衍等辑，周天游点校：《汉官六种》，第103—104页。
② 参见刘令舆《中国大赦制度》，《中国法制史论文集》，第247页。
③ 张俊民：《悬泉汉简所见赦令文书初探》，《简帛研究（二〇一一）》。
④ 张俊民：《悬泉汉简所见赦令文书初探》，《简帛研究（二〇一一）》。
⑤ 胡平生、张德芳编撰：《敦煌悬泉汉简释粹》，第2页。

（1）五月甲戌居延都尉德库丞登兼
行丞事下库城仓居☐

用者书到令长丞候尉明白大扁书乡市
里门亭显见☐（简139.13）②

（2）移书到明白扁书乡官亭里市里
谒善令吏民尽知之督遣部吏……

（简73EJT21：114）③

（3）闰月己亥张掖肩水都尉政丞下
官承书从事下当用者书到明扁书显见处令
吏民尽知之（简73EJT31：64）④

（4）十一月丁亥☐☐☐大保☐☐以
秩次行大尉事☐☐下官县丞书从事……当
用者明白扁

乡亭市里显见处令吏民尽知之具上壹
功蒙恩勿治其罪人名所坐罪别之如诏书
（简2000ES9SF4：1）⑤

（5）五月壬辰敦煌大守强长史章丞敞
下使都护西域骑都尉将田车师戊已校尉部

都尉小府官县承书从事下当用者书到白大扁书乡亭市里高显处令亡人命者
尽知之上赦者人数大守府别之如诏书　（简ⅡT0115②：16）⑥

简139.13

图2-5　居延汉简"明白大扁书"①

①　简牍整理小组编：《居延汉简》（贰），第92页。长13.4厘米，宽2.0厘米。
②　简牍整理小组编：《居延汉简》（叁），第92页。
③　甘肃简牍保护研究中心、甘肃省文物考古研究所等编：《肩水金关汉简》（贰）（下册），第19页。
④　甘肃简牍博物馆、甘肃省文物考古研究所等编：《肩水金关汉简》（叁）（下册），第130页。
⑤　孙家洲主编：《额济纳汉简释文校本》，文物出版社，2007，第82页。
⑥　张俊民：《悬泉汉简所见赦令文书初探》，《简帛研究（二〇一一）》。

扁书，是国家向基层吏民发布政令、进行宣谕的一种文告样式。① 有的写作"明白大扁书乡市里门亭显见"，有的写作"明白扁书"或"明扁书""明白扁""白大扁书"于乡亭市里高显处。② 它可能是书写于人出入较多、较密集的乡、市、里、亭、置等高显处的墙壁，似后世的公告栏，③ 也可能是书写于长简制作而成的大型简册，④ 或者宽牍木板，⑤ 悬挂在高显处。《太平御览》卷593引应劭《风俗通义》"光武中兴以来，五曹诏书题乡亭壁，岁补正，多有阙误。永建中。兖州刺史过翔笺撰卷别，改著板上，一劳而久逸"⑥，提到兖州书于壁与著于板的改变。无论以何种方式宣告，明白大书于交通要道、人口密集的地方，达到吏民尽知、晓谕天下的目的是肯定的。

伴随着行赦使者传车驿马分赴全国各地颁告赦令诏书，与赦同行的还有见赐女子或民户牛酒，赐鳏寡孤独、高年帛、大酺五日等活动。比较典型的是宣帝五凤三年（前55年）祥瑞赦诏：

> ……三月辛丑，鸾凤又集长乐宫东阙中树上，飞下止地，文章五色，留十余刻，吏民并观。朕之不敏，惧不能任，娄蒙嘉瑞，获兹祉福。书不云乎？"虽休勿休，祗事不怠。"公卿大夫其勖焉。减天下口钱。赦殊死以下。赐民爵一级，女子百户牛酒。大酺五日。加赐鳏寡孤独高年帛。⑦

赐女子百户牛酒，《集解》引苏林曰："男赐爵，女子赐牛酒。"⑧ 章怀太

---

① 马怡：《扁书试探》，孙家洲主编《额济纳汉简释文校本》，第170—183页。

② 徐燕斌：《汉代扁书辑考——兼论汉代法律传播的路径》，《华东政法大学学报》2013年第2期。辑录扁书19则，可参看。

③ 胡平生：《"扁书"、"大扁书"考》，《胡平生简牍文物论稿》，中西书局，2012，第307—313页。

④ 马怡：《扁书试探》，孙家洲主编《额济纳汉简释文校本》，第170—183页。

⑤ 陈直：《汉书新证》，中华书局，2008，第288页，认为居延汉简所见扁书，如后代之匾额。悬泉汉简ⅡT0114③：404中关于诏书必明白大书的规定尚有"以便宜从事"字样。恐赦书下行布告方式，并不完全一致。

⑥ （清）严可均编：《全后汉文》卷36《风俗通义》，中华书局，1958，第1350页。

⑦ 《汉书》卷8《宣帝纪》，第267页。

⑧ 《史记》卷10《孝文本纪》，第417页。

子李贤则认为是女户："臣贤案：此女子百户，若是户头之妻，不得更称为户；此谓女户头，即今之女户也。天下称庆，恩当普洽，所以男户赐爵，女子赐牛酒。"① 目前学界的观点也不相同。② 西嶋定生认为这里女子是一般女性的用语，百户牛酒是以里为单位的赏赐。③ 笔者赞同西嶋定生关于女子的解释。文献材料和出土材料凡提及赐"女子百户牛酒"相对的必是赐"男子爵"或"民爵"或"人爵"，而提及"吏民百户牛酒"时就没有男子赐爵的情形。比如汉昭帝始元元年（前86年）"秋七月，赦天下，赐民百户牛酒"④，成帝鸿嘉元年（前20年）"壬午，行幸初陵，赦作徒。以新丰戏乡为昌陵县，奉初陵，赐百户牛酒"⑤。所以，女子只能是相对于"男子"的编户女性。至于是否以里为单位，从内黄三杨庄聚落遗址反映的汉时民居形式的多样性来看⑥，则不好断言。

　　值得注意的是，普赐民牛酒、羊酒，只存在于西汉和新莽王朝，共23次，东汉只1见⑦，即章帝元和二年（85年）五月戊申因祥瑞赐爵，"加赐河南女子百户牛酒"⑧。东汉一朝大赦天下时更多地见到的是对高年、鳏寡孤独、贫不能自存等赐米肉、絮帛等。就普通女性来说，只针对特殊的群体"贞妇"。以顺帝时的两次大赦为例：

---

① 《后汉书》卷3《肃宗孝章帝纪》，第152页。

② 西嶋定生认为这里女子"近于一般女性的用语，不应解释为家长之妻或女户主"（［日］西嶋定生：《中国古代帝国的形成与结构——二十等爵制研究》，武尚清译，第393页），邬文玲《汉代赦免制度研究》，第53页，据张家山汉简得出的观点，与西嶋定生相似。于琨奇、李俊然认为是女户主［于琨奇：《"赐女子百户牛酒"解——兼论秦汉时期妇女的社会地位》，《中国历史文物》（现《中国国家博物馆馆刊》）1999年第1期。李俊然：《汉代赐牛酒现象探析》，《北方论丛》2016年第6期］。

③ ［日］西嶋定生：《中国古代帝国的形成与结构——二十等爵制研究》，武尚清译，第394—396页。

④ 《汉书》卷7《昭帝纪》，第219页。

⑤ 《汉书》卷10《成帝纪》，第316页。

⑥ 孙家洲：《从内黄三杨庄聚落遗址看汉代农村民居形式的多样性》，《中国人民大学学报》2011年第1期。

⑦ 于琨奇统计西汉时期赐"女子百户牛酒"有22次，东汉有1次［参见氏著《"赐女子百户牛酒"解——兼论秦汉时期妇女的社会地位》，《中国历史文物》（现《中国国家博物馆馆刊》）1999年第1期］。检索文献，王莽时期尚有1次"赐女子百户羊酒"。两汉赐女子牛酒、羊酒共24次。

⑧ 《后汉书》卷3《肃宗孝章帝纪》，第152页。

阳嘉三年（134 年）五月戊戌："其大赦天下，自殊死以下谋反大逆诸犯不当得赦者，皆赦除之。赐民年八十以上米，人一斛，肉二十斤，酒五斗；九十以上加赐帛，人二匹，絮三斤。"①

永建元年（126 年）春正月甲寅："其大赦天下。赐男子爵，人二级，为父后、三老、孝悌、力田人三级，流民欲自占者一级；鳏、寡、孤、独、笃癃、贫不能自存者粟，人五斛；贞妇帛，人三匹。"②

赦令推恩对象的不同，也可以体会两汉社会风尚和主流意识的差异。但是牛酒之资不论是赐予女子、高年，还是全体或区域性的吏民，是以什么形式赐予都是皆大欢喜之事。

在颁赦的同时也偶见赐酺。酺，《说文》："王德布，大饮酒也。从酉甫声。"《正义》曰："古者祭酺，聚钱饮酒，故后世听民聚饮，皆谓之酺。"③《集解》文颖曰："汉律三人已上无故群饮，罚金四两。今诏横赐得令会聚饮食五日。"④ 这里所说汉律，未必是两汉通行的，但肯定是在某个时期存在的。居延新简有一枚禁止群饮的简简号 EPT59：40A "·甲日初禁酤酒群饮者□"⑤（见图 2-6）。检索两汉历史上的赐酺，共有 15 次。⑥ 与行赦、减赎或赐爵相关的共有 8 次。⑦ 后人所说"《汉书》每有嘉庆，令民大酺五日"⑧，不免言过其实。西嶋定生所说"凡是赐爵，每每伴有赐牛酒及赐酺"⑨ 不知

① 《后汉书》卷 6 《孝顺皇帝纪》，第 264 页。

② 《后汉书》卷 6 《孝顺皇帝纪》，第 252 页。

③ （宋）司马光编著，（元）胡三省注：《资治通鉴》卷第 15 《汉纪七·太宗孝文皇帝下》，中华书局，1956，第 502 页。

④ 《史记》卷 10 《孝文本纪》，第 417 页。

⑤ 张德芳主编：《居延新简集释》（五），第 123 页。

⑥ ［日］西嶋定生：《中国古代帝国的形成与结构——二十等爵制研究》，武尚清译，第 397 页，统计有 13 次。遗漏景帝后二年（前 142 年）"酺五日"、和帝永元三年（91 年）二月庚辰"赐京师民酺"。李俊方：《汉代的赐酺与养老礼》，《兰州学刊》2008 年第 4 期，统计也为 13 次。

⑦ 与行赦或减赎同时的有 6 次，与赐爵同时的有 7 次。其中行赦和赐爵重合 5 次。

⑧ （宋）王应麟著，张三夕、杨毅点校：《汉制考》，中华书局，2011，第 95 页。

⑨ ［日］西嶋定生：《中国古代帝国的形成与结构——二十等爵制研究》，武尚清译，第 410 页。

所据为何。毕竟两汉赐爵有95次，而同时见到赐酺的仅有7次；两汉行赦及减赎共310次，同时见赐酺的只有6次，而且颁赦和赐爵还有重合。即使考虑到记载的疏漏，但其数字相差如此悬殊，"每有嘉庆，令民大酺"的描述还是有失客观。何况，汉代帝王对于民众"赘聚"是忌讳的。居延新简（见图2-7）：

简EPT59：40A

图2-6　居延新简"禁酤酒群饮"①

简EPF22：63A

图2-7　居延新简"民不赘聚"②

① 张德芳主编：《居延新简集释》（五），第123页。断简。
② 张德芳主编：《居延新简集释》（七），第228页。简完整。无具体尺寸数据。

除天下必贡所当出半岁之直，以为牛酒之资。民不赘聚，吏不得容奸。便臣秩郎从官

及中人各一等，其奉共养宿卫常乐官者又加一等。郎从官秩下大夫以上得食卿录员（简 EPF22：63A）①

民不赘聚，不要让民众会聚领取牛酒。《汉书·武帝纪》载赐三老、孝者、高年等米帛，"县乡即赐，毋赘聚"，如淳曰："赘，会也。令勿擅征召赘聚三老孝弟力田也。"师古曰："即，就也。各遣就其所居而赐之，勿会聚也。"② 如果说赐高年、孝者等县吏亲自到居所行赐，有敬老扬孝之意，那么对普通民众的牛酒米帛等赐予，强调"民不赘聚"，不能不让人从深层次上考虑到社会控制。可能这也是汉代历时 400 余年，只有十余次赐酺记录的原因。

后世《隋书·刑法志》提到的"赦日，则武库令设金鸡及鼓于阊阖门外之右。勒集囚徒于阙前，挝鼓千声，释枷锁焉"③，这种声势浩大的场面此时未有见到④。宋金以降赦书下行到郡国，地方"迎诏仪"隆重而复杂，可谓举国欢腾、率土延庆⑤。而汉帝国这种情形也较难见到，反而是皇帝所下恩泽诏书，"吏不奉宣"⑥"拘系郡县者逢赦而后出"⑦，或"闻赦诏书未下部"⑧

---

① 张德芳主编：《居延新简集释》（七），第446页。
② 《汉书》卷6《武帝纪》，第174页。
③ （唐）魏征、（唐）令狐德棻撰：《隋书》卷25《刑法志》，中华书局，1973，第706页。
④ 魏斌：《唐代赦书内容的扩展与大赦职能的变化》，《历史研究》2006年第6期，提到的唐代皇帝颁赦"南郊礼毕，皇帝一行浩浩荡荡地穿过朱雀大街，到御楼发布大赦，这种万众喧腾的场面，足以衬出皇帝的权威"。
⑤ 沈厚泽：《试析中国古代的赦》，《中外法学》1998年第2期；伍操：《中国古代赦免制度及其历史沿革》，《重庆社会科学》2008年第6期；郭艳艳：《宋代赦书研究》，博士学位论文，河南大学，2011。
⑥ 《汉书》卷89《循吏传·黄霸》，第3629页。
⑦ 《汉书》卷99中《王莽传》，第4140页。
⑧ 张德芳主编：《居延新简集释》（七），第506页。"史将军发羌骑百人，司马新君将。度后三日到居＝延＝流民亡者皆已得度。今发遣之居延。它未有所闻·何尉在酒泉但须召耳·闻赦诏书未下部·月廿一日守尉刺白掾·甲渠君有恙未来趋之莫府。（简 EPF22：325B）"

的事情时有出现。帝制早期之大赦，与后期帝国成熟时期大赦之不同由此可见一斑。

小　结

早期帝国的秦及汉初，尚有战国时代精神的延续，赦令颁布的目的是具有实用性的。随着汉帝国统治的稳定，"天命在汉"理念逐渐形成，天人感应成为社会主流意识。灾异，为天地之戒；祥瑞，为上帝嘉向。王者敬奉天命，躬行道德，以承顺天地。赦之奉天承运，永葆天命的意图渐渐凸显。天著厥异，皇帝自己要内惟自新，同时还要与士大夫日新、与民更始、与海内更始、与天下更始，在整个帝国荡涤宿恶、除旧布新，以承天命。因此，秦汉时代的赦令不仅仅是对徒隶有罪者的赦免减刑，更是一种全民性的"更始""自新"，通过赐吏民爵推动整个社会身份序列自下而上的流动。

赦，秦汉时代方式有多种，赦免、减死、减等、赎罪，录囚、出系囚都是赦宥的范围。赦免罪人是有制限的。秦时重罪以赦令免者，需居作于官府。汉时大多数情况下"诸以赦令免者"需要"复作"。"赦殊死以下"是汉代赦令中常见的。从时人的用语习惯来看，"殊死以下"包含"殊死"，殊死也是赦免的对象。悬泉汉简显示"手杀人""盗宗庙服御物""吏盗受赇直金十斤""铸伪金钱""奴婢犯贼杀伤主"都是殊死之罪。两汉相比较，西汉以"赦"字出现的"赦天下""大赦天下"次数较多，东汉赦宥的突出的特点是减等、赎免、减死戍边。遇赦赐爵，是秦汉赦令的一大特色。除了赐民爵，吏爵的赐予也不绝于史。简牍材料尽管有残断，但其目的在于赦令的执行，赦与赐的记录翔实而具体。传世文献，为载事记言，笼统简省。同一次赦令，有的载有赐爵，有的无载。所以事实上"赦令+赐爵"的事例，比我们已知的要多。

赦罪人、赐爵位，是帝制皇权的专利，他人没有资格行赦赐。因此每一次颁赦都是对天命皇权理念的强化，历代"圣王重焉"。汉代社会赦书每下，行赦使者乘传驾、行郡国、解囚徒、布诏书。督察郡国候官将赦令诏书"明白大书"于交通要道、人口较密集的"高显处"，使吏民尽知、晓谕天下。同时，还有经济上的惠政推恩，如赐女子或吏民百户牛酒，赐鳏寡孤独、高年米肉絮帛，也偶见赐天下大酺的庆祝活动。但"民不赘聚"是早期帝国社会控制的一项重要内容，因此后世声势浩大的"挝鼓千声"，万众喧腾的"楼前宣赦万人看"，在此时都未有见到，在一定程度上说这也是大赦在帝国早期的特点吧。

表2-2　　　　　　　　　　两汉颁赦、减赎、赐爵次数汇表

帝号	在位时间（年）	颁赦（次）	减赎（次）	赐爵（次）	赦赐同时（次）
高帝	12	14	0	3	2
惠帝	7	3	2	3	2
高后	8	3	0	1	0
文帝	23	7	0	2	1
景帝	16	8	1	8	6
武帝	54	27	2	5	3
昭帝	13	8	1	2	0
宣帝	25	15	2	14	6
元帝	15	12	0	8	5
成帝	26	15	1	7	4
哀帝	6	5	0	2	1
平帝	5	6	0	3	1
西汉合计		123	8	58	31

续表

帝号	在位时间（年）	颁赦（次）	减赎（次）	赐爵（次）	赦赐同时（次）
王莽	17	15	0	1	1
光武	33	13	7	4	1
明帝	18	4	11	6	3
章帝	13	3	7	5	1
和帝	17	5	6	4	1
殇帝	8 月	1	0	0	0
安帝	19	14	7	7	4
顺帝	19	9	7	5	3
冲帝	5 月	0	1	0	0
质帝	1	2	2	2	2
桓帝	21	14	7	1	1
灵帝	22	20	8	1	1
少帝	5 月	2	0	0	0
献帝	31	11	2	1	0
东汉合计		98	66	36	17
总计	426	236	74	95	49
平均		0.72 次／年		0.22 次／年	

表 2-3 两汉赐酺表

帝号	时间	史料	原因	出处
文帝	高后八年（前 180 年）	朕初即位，其赦天下，赐民爵一级，女子百户牛酒，酺五日	即位赦天下赐爵	《史记》卷 10《孝文本纪》
	十六年（前 164 年）	秋九月，得玉杯，刻曰"人主延寿"。令天下大酺，明年改元	得人主延寿杯	《汉书》卷 4《文帝纪》

帝号	时间	史料	原因	出处
景帝	后元元年（前143年）	三月，赦天下，赐民爵一级，中二千石诸侯相爵右庶长。夏，大酺五日，民得酤酒	赦天下赐爵	《汉书》卷5《景帝纪》
	后元二年（前142年）	后二年正月，地一日三动。郅将军击匈奴。酺五日	出师	《史记》卷11《孝景本纪》
武帝	元光二年（前133年）	秋九月，令民大酺五日	不详	《汉书》卷6《武帝纪》
	元朔三年（前126年）	秋，罢西南夷，城朔方城。令民大酺五日	罢西南夷，城朔方城	
	元鼎元年（前116年）	元鼎元年夏五月，赦天下，大酺五日	赦天下	
	太初二年（前103年）	三月，行幸河东，祠后土。令天下大酺五日，腰五日，祠门户，比腊	祠后土	
	太始三年（前94年）	二月，令天下大酺五日。行幸东海，获赤雁，作朱雁之歌	不详	
昭帝	元凤四年（前77年）春正月丁亥	四年春正月丁亥，帝加元服，见于高庙。赐诸侯王、丞相、大将军、列侯、宗室下至吏民金帛牛酒各有差。赐中二千石以下及天下民爵。毋收四年、五年口赋。三年以前逋更赋未入者，皆勿收。令天下酺五日	帝加元服赐爵	《汉书》卷7《昭帝纪》
宣帝	五凤三年（前55年）三月	三月，行幸河东，祠后土。诏曰："……三月辛丑，鸾凤又集长乐宫东阙中树上，飞下止地，文章五色，留十余刻，吏民并观……减天下口钱。赦殊死以下。赐民爵一级，女子百户牛酒。大酺五日。加赐鳏寡孤独高年帛。"	祥瑞赦殊死赐爵	《汉书》卷8《宣帝纪》
明帝	永平十五年（72年）夏四月庚子	夏四月庚子……封皇子恭为巨鹿王，党为乐成王……赐天下男子爵，人三级；郎、从官〔视事〕二十岁已上帛百匹，十岁已上二十匹，十岁已下十匹，官府吏五匹，书佐、小史三匹。令天下大酺五日。乙巳，大赦天下，其谋反大逆及诸不应宥者，皆赦除之	封皇子为王赐爵大赦天下	《后汉书》卷2《显宗孝明帝纪》

续表

帝号	时间	史料	原因	出处
章帝	元和二年（85年）五月戊申	五月戊申，诏曰："乃者凤皇、黄龙、鸾鸟比集七郡……其赐天下吏爵，人三级；高年、鳏、寡、孤、独帛，人一匹……加赐河南女子百户牛酒，令天下大酺五日。赐公卿已下钱帛各有差；及洛阳人当酺者布，户一匹，城外三户共一匹。赐博士员弟子见在太学者布，人三匹。令郡国上明经者，口十万以上五人，不满十万三人。"	祥瑞赐吏爵	《后汉书》卷3《肃宗孝章帝纪》
和帝	永元三年（91年）正月甲子	三年春正月甲子，皇帝加元服，赐诸侯王、公、将军、特进、中二千石、列侯、宗室子孙在京师奉朝请者黄金，将、大夫、郎吏、从官帛。赐民爵及粟帛各有差，大酺五日。郡国中都官系囚死罪赎缣，至司寇及亡命，各有差	帝加元服赐民爵减赎	《后汉书》卷4《孝和帝纪》
	永元三年（91年）二月庚辰①	庚辰，赐京师民酺，布两户共一匹	帝加元服	

---

① 陈垣：《二十史朔闰表》，第31页。永元三年正月为丙午朔，甲子是正月十九。庚辰是二月初五。

中编　爵的身份、剖分与变迁

第三章
秦及汉初二十等爵与"士下"准爵层的剖分

二十等爵是秦汉史学界长期关注的一个课题，研究成果丰硕。睡虎地秦简和张家山汉简的公布，更是将爵制研究推进了一大步。[①] 以往研究成果证实，二十等爵自商鞅至汉初有一个逐渐完善的过程。成熟的二十等爵，其位阶等序为一级爵公士、二级爵上造，直至二十级爵彻侯。[②] 在这个身份序列

---

① 日本学界富有成效的研究，早期以镰田重雄、栗原朋信、守屋美都雄、西嶋定生等为代表，其中西嶋定生《中国古代帝国的形成与结构——二十等爵制研究》（东京：东京大学出版会，1961），将爵制秩序作为国家秩序的理论研究影响最为深远。睡虎地秦简和张家山汉简问世后，先后有古贺登、籾山明、富谷至、堀敏一、石冈浩、宫宅洁、椎名一雄等进行探索。楯身智志曾撰文《日本秦简研究现状·爵制、身份制度》[《简帛》（第六辑），上海古籍出版社，2011]作过较为详细的说明。中国廖伯源《汉代爵位制度试释（上、下）》（《新亚学报》第10—1卷，1973，第93—184页，《新亚学报》第12卷，1977，第183—242页）、高敏《论两汉赐爵制度的历史演变》，（《文史哲》1978年第1期，收入氏著《秦汉史论集》，中州书画社，1982，第33—57页）、朱绍侯《军功爵制试探》（上海人民出版社，1980）、《军功爵制考论》（商务印书馆，2008）则加入张家山汉简出土后所成论文，杨光辉《汉唐封爵制》（学苑出版社，2002）、阎步克《从爵本位到官本位——秦汉官僚品位结构研究》（生活·读书·新知三联书店，2009）、李均明《张家山汉简所反映的二十等爵制》（《中国史研究》2002年第2期）、张鹤泉《〈二年律令〉所见二十等爵对西汉初年国家统治秩序的影响》（《吉林师范大学学报》2005年第3期）、杨振红《秦汉官僚体系中的公卿大夫士爵位系统及其意义——中国古代官僚政治社会构造研究之一》（《文史哲》2008年第5期）、邢义田《张家山汉简〈二年律令〉读记》（《地不爱宝：汉代的简牍》，中华书局，2011，第144—199页）、凌文超《汉初爵制结构的演变与官、民爵的形成》（《中国史研究》2012年第1期）等是代表性著述。杨眉《秦汉爵制问题研究综述》（《中国史研究动态》2010年第1期）对此前中国爵制研究进行了分类梳理。

② 传世文献多称二十等爵。《汉旧仪》"汉承秦爵二十等，以赐天下"[（清）孙星衍等辑，周天游点校：《汉官六种》，第84页]。《汉书·百官公卿表》："爵：一级曰公士，二上造，三簪袅……十九关内侯，二十彻侯。皆秦制。"（《汉书》卷19上《百官公卿表上》，第739—740页）。刘劭《爵制》曰："商君为政，备其法品为十八级，合关内侯、列侯凡二十等，其制因古义。"（《后汉书》志第28《百官志五》，第3631页注），等。朱绍侯称军功爵制，认为"称二十等爵制，在秦汉时期是合适的，但上推至商鞅变法以前的战国时期，就不够准确"（朱绍侯：《军功爵制考论》，第3页）。高敏则称为赐爵制，"赐爵制度，又称为二十等爵制，近人还有称之为'军功爵制'的。实则仍以名为赐爵制比较适宜"（高敏：《秦的赐爵制度试探》，《秦汉史论集》，第1—57页）。

中，不同的功赏权益及义务附于不同的爵级。爵级序位，调整的不仅仅是身份秩序，更重要的是国家秩序和社会秩序。

值得注意的是，张家山汉简及与近年公布的里耶秦简、岳麓书院藏秦简中出现了一个紧靠一级爵"公士"的新名词——公卒。而且在身份序列相关权益的按等分配中"公卒"无一例外地排在"公士"之后，"士伍""庶人"之前。我们知道"无爵为士伍"①是汉代社会的共识，那么排在"士伍"之前的"公卒"是不是秦汉爵制系统中的一级爵位？跟二十等爵是什么关系？二十等爵之外，是不是存在一个不同于庶人的身份阶层？下面试从简牍材料入手，结合传世文献，对这些问题进行探讨，祈请指正。

一　简牍中的"公卒"简

"公卒"作为一个身份性术语在秦汉传世文献中未见，仅出现在 21 世纪公布的秦汉简牍材料中。张家山汉简最早见到"公卒"简。《奏谳书》第 22 例记载秦王政六年（前 241 年）盗伤案，提到了一个叫"公卒瘛"的人：

（1）□□□□遍（？）□□及（？）隶妾每等晨昧里，訮（研）诇谦（廉）问不日作市贩，贫（简 210）急穷困，出入不节，疑为盗贼者，公卒瘛等②偏（徧）令人微随视为谓、出入、居处状，数（简 211）日，乃收讯其士伍武，曰：将阳亡而不盗伤人。（简 212）③

---

① （清）孙星衍等辑，周天游点校：《汉官六种》，第 85 页。

② "公卒瘛等" 4 字，原释文为上读，学习院大学汉简研究会改作下读，参见《秦代密通、盗伤事件——读江陵张家山汉简〈奏谳书〉》，《学习院史学》2001 年第 39 号，转引自彭浩、陈伟、〔日〕工藤元男主编《二年律令与奏谳书——张家山二四七号汉墓出土法律文献释读》，第 281 页注。暂从。

③ 张家山二四七号汉墓竹简整理小组编著：《张家山汉墓竹简〔二四七号墓〕》（释文修订版），第 110 页。

　　这是一个盗伤女子婢的案例，在官府调查的过程中公卒瘛、士伍武、走马仆、公士孔等或参与案例调查，或被怀疑或被传讯，最终查明是公士孔所为。通过这个案件我们首次知道，公卒与士伍、走马、公士一样是秦时的一个身份用语。

　　近年来，随着里耶古城出土的秦简和岳麓书院藏秦简相继公布，在这两批简牍中我们又发现了活生生的公卒的实例。

　　里耶秦简出土于秦洞庭郡迁陵县官署所在地。这批简牍主要是迁陵县与上级洞庭郡府和下属的司空、仓、田官等诸官曹以及都乡、启陵、贰春三乡的往来文书和各种簿籍[①]，是现实社会生活的反映，不是冥世文化。目前公布的里耶秦简中有"公卒"简 8 枚（见图 3-1）：

　　（2）☐公卒☐☐Ⅰ

　　　　☐为蘭、枝☐Ⅱ（简 8-113）[②]

　　（3）丹阳公卒外里弈。☐（简 8-430）[③]

　　（4）屯卒公卒胸忍固阳失自言：室遗廿八年衣用未得。今固陵（简 8-445）[④]

　　（5）廿八年七月戊戌朔癸卯，尉守窃敢之：洞庭尉遣巫居贷公卒Ⅰ安成徐署迁陵。今徐以壬寅事，谒令仓贳食，移尉以展约日，敢言之Ⅱ（简 8-1563）[⑤]

　　（6）径詹粟米四石。卅一年七月辛亥朔朔日，田官守敬、佐壬、稟人

---

①　陈伟主编：《里耶秦简牍校释》（第一卷），第 2 页。
②　陈伟主编：《里耶秦简牍校释》（第一卷），第 65 页。
③　陈伟主编：《里耶秦简牍校释》（第一卷），第 147 页。
④　陈伟主编：《里耶秦简牍校释》（第一卷），第 151 页。
⑤　陈伟主编：《里耶秦简牍校释》（第一卷），第 361 页；里耶秦简博物馆、出土文献与中国古代文明研究协同创新中心中国人民大学中心编著：《里耶秦简博物馆藏秦简》，中西书局，2016，第 26 页，此简编号为 8-1571a。

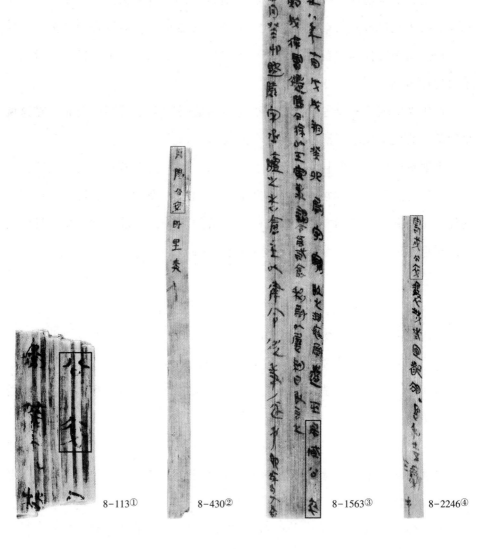

图 3-1　里耶秦简中的"公卒"

①　湖南省文物考古研究所编著：《里耶秦简》（壹），第 8 页。
②　湖南省文物考古研究所编著：《里耶秦简》（壹），第 64 页。
③　湖南省文物考古研究所编著：《里耶秦简》（壹），第 205 页。完整，长约 23 厘米。
④　湖南省文物考古研究所编著：《里耶秦简》（壹），第 265 页。原简完整，截取下段。

娊出稟罚戍公卒襄城武宜都胅、长利士五（伍）甗。I（简8-2246）①

（7）卅三年四月辛丑朔丙午，司空腾敢言之阳陵□里公卒广有赀钱千三百卅四……（简9-12正）②

（8）钱三百六十。卅二年九月甲戌朔丁酉，少内殷、佐处出稟家为占入钱居县受偿署所均佐临邛公卒奇里召吾卅二年冬、夏衣。（简12-2301）③

（9）径詹粟一石泰半斗。卅一年五月壬子朔己未，田官守敬、佐郤、稟人娊出貣罚戍公卒襄武宜都胅。I（简9-763+9-775）④

简（2）中的"公卒"在里耶秦简中出现在第八层，尽管残断严重，校释者仍给出意见："公卒，身份用语。"⑤ 甚是。简（3）—简（7）相对较为完整，公卒的身份特征更为明显，公卒弈、公卒失、公卒徐、公卒胅、公卒广，都是在迁陵戍守服役的人员。简（8）公卒召吾⑥是在迁陵出任"均佐"的。⑦ 简（9）与简（6）相似。如果说里耶秦简中出现的公卒，因无迁陵县本地人，尚不够具体的话，再来看岳麓秦简中的"公卒"简：

（10）《芮盗卖公列地案》："·敢瀻（讞）之：江陵言：公卒芮与大夫材共盖受棺列，吏后弗鼠（予）。芮买（卖）其分肆士（简062正）五（伍）朵，地直（值）千，盖二百六十九钱。以论芮。（简063正）"⑧

---

① 陈伟主编：《里耶秦简牍校释》（第一卷），第450页。
② 郑曙斌、张春龙等编著：《湖南出土简牍选编》，岳麓书社，2013，第97页。
③ 郑曙斌、张春龙等编著：《湖南出土简牍选编》，第129页。
④ 陈伟主编：《里耶秦简牍校释》（第二卷），第202页。
⑤ 陈伟主编：《里耶秦简牍校释》（第一卷），第65页。
⑥ 召吾，在《里耶秦简博物馆藏秦简》第204页，释作"吕吾"。
⑦ 均佐：里耶秦简牍校释小组认为"似为身份描述"。参见里耶秦简牍校释小组《新见里耶秦简牍资料选校（三）》，简帛网，http://www.bsm.org.cn/？qinjian/6449.html，2015年8月7日。
⑧ 朱汉民、陈松长主编：《岳麓书院藏秦简》（叁），第129页。

（11）《识劫𡟰案》："【敢谳（谳）】之：十八年八月丙戌，大女子
𡟰自告曰：七月为子小走马义占家訾（赀），义当□大夫建、公卒（简
108 正）昌、士五（伍）積、喜、遗钱六万八千三百，有券，𡟰匿不占吏
为訾（赀）。（简 109 正）"①

（12）《善等去作所案》："去，之杨台苑中除芝徒所。闻士五（伍）
善、公士定、公卒良□【……】（简 208 正）"②

此三例来源于《为狱等状四种》。《为狱等状四种》是秦司法文书集成，
与张家山汉简《奏谳书》体例相类。这些"公卒"都是在叙述案例的过程中
出现的。简（10）中的公卒芮与大夫材和士伍朵等有财产纠纷；简（11）中
的公卒昌与大夫建、士伍積、士伍喜、士伍遗共同借了大夫沛 68300 钱做买
卖而亏损；简（12）记述的是公卒良与士伍善、公士定等去杨台苑作所。从
这些鲜活的实例中我们看到，"公卒"在当时的社会生活中，与大夫、大夫
寡、不更、走马、上造、公士、士伍、司寇等身份的人，一起生活在居民里
中，共同构成了时人的生活画卷。③

我们知道秦汉社会是一个身份社会，那么，公卒在秦汉社会的身份秩序中处
于什么样的位置？来看律令简中提到的"公卒"。先看岳麓秦简中的身份序列：

（13）·戍律曰：城塞陛郭多陕（决）坏不修……尽旬不足以寠

---

① 朱汉民、陈松长主编：《岳麓书院藏秦简》（叁），第 153 页。
② 朱汉民、陈松长主编：《岳麓书院藏秦简》（叁），第 214 页。
③ 户籍简中至今未能发现公卒身份的家庭，像记录身份比较复杂的里耶秦简 8-19，出现了大夫、大夫
寡、不更、小上造、小公士、士伍、司寇、小男子、大女子这样身份的人，未见公卒。陈伟主编：《里耶秦
简牍校释》（第一卷），第 32—33 页。
　　□□二户。AⅠ大夫一户。AⅡ大夫寡三户。AⅢ不更一户。AⅣ小上造三户。AⅤ小公士一户。AⅥ
士五（伍）七户。□BⅠ司寇一【户】。□BⅡ小男子□□BⅢ大女子□□BⅣ·凡廿五□BⅤ（简 8-19）
不过，既然有公卒的个人身份，公卒的户籍户人身份，也必然是存在的。

（索）缮之，言不足用积徒数属所尉，毋敢令公士、公卒、士五（伍）为它事，必与缮城塞。（简188正-189正）①

修缮城塞，徒隶不足，则用公士、公卒、士伍。"公卒"排在"公士"之后，"士伍"之前。张家山汉简中此类排序的材料更多些，如《二年律令·傅律》：

（14）大夫以上［年］九十，不更九十一，簪袅九十二，上造九十三，公士九十四，公卒、士五（伍）九十五以上者，禀鬻米月一石。（简354）②

（15）大夫以上年七十，不更七十一，簪袅七十二，上造七十三，公士七十四，公卒、士五（伍）七十五，皆受杖（杖）。（简355）

（16）不更年五十八，簪袅五十九，上造六十，公士六十一，公卒、士五（伍）六十二，皆为睆老。（简357）③

（17）不更以下子年廿岁，大夫以上至五大夫及小爵不更以下至上造年廿二岁，卿以上子及小爵大夫以上年廿四岁，皆傅之。公士、（简364）公卒及士五（伍）、司寇、隐官子，皆为士五（伍）。畴官各从其父畴，有学师者学之。（简365）④

---

① 陈松长主编：《岳麓书院藏秦简》（肆），上海辞书出版社，2015，第130页。
② 张家山二四七号汉墓竹简整理小组编著：《张家山汉墓竹简〔二四七号墓〕》（释文修订版），第57页。其中"鬻"，据彭浩、陈伟、［日］工藤元男主编《二年律令与奏谳书——张家山二四七号汉墓出土法律文献释读》，第230页校订。
③ 张家山二四七号汉墓竹简整理小组编著：《张家山汉墓竹简〔二四七号墓〕》（释文修订版），第57页。
④ 张家山二四七号汉墓竹简整理小组编著：《张家山汉墓竹简〔二四七号墓〕》（释文修订版），第58页。从内容上来看，简364和简365所说的并不是一回事。前者所说为傅籍的情况，后者说的内容跟职业有关，不知从事什么样的职业的情况下公卒、士伍、司寇、隐官之子可以为士伍。

　　稟米、受杖、睆老，我们发现所有的"公卒"简都出现在按爵制序列排序时享有权益者的最末一等，并且都出现在"公士"之后。公士为二十等爵中的一级爵称，显然，公卒当不在二十等爵范围之内。① 值得注意的是，上举简文中所有"公卒"都与"士伍"并举。那么，弄清"士伍"一词至关重要。何谓士伍？旧说大体有三种：一是无爵身份说②，二是有罪者夺爵说③，三是刑罚说。④ 20 世纪 70 年代睡虎地秦简出土，进一步推动了对士伍问题的探讨⑤，批驳了旧说之有罪夺爵说和刑罚说。⑥ 刘海年认为士伍有三个基本特征：一是傅籍之后至六十岁免老前的男性；二是无爵或曾有爵而被夺爵者；三是非刑徒和奴婢。⑦ 郑有国在总括前人研究成果的基础之上，提出士伍就是秦的无爵之"耕战之士"，其"务农的身份特征是比较明确的，绝对不是从末之人"⑧。朱绍侯对睡虎地秦简 28 处士伍进行了考证，认为"秦汉时期的士伍，就是居住在里伍或什伍中的没有官职、没有爵位，在户籍上有名的成年男子"⑨。但是从近年来出土的简牍材料来看，士伍的身份有必要进一步

---

① 参见李均明《张家山汉简所反映的二十等爵制》，《中国史研究》2002 年第 2 期。
② 以东汉卫宏为代表，参见《汉官旧仪》："无爵为士伍"，据（清）孙星衍等辑，周天游点校《汉官六种》，第 85 页。
③ 以汉末魏时如淳和唐代颜师古为代表。参见《汉书》卷 44《淮南王传》，第 2142 页提及士伍开章，如淳曰："律，有罪失官爵，称士伍也。开章，名。"《汉书》卷 74《丙吉传》，第 3149 页提及长安士伍尊，师古曰："先尝有爵，经夺免之，而与士卒为伍，故称士伍，其人名尊。"
④ 以明代董说和清末沈家本为代表。《七国考》卷 12《秦刑法》，中华书局，1956，第 349 页"士伍"条。董说未直接说士伍是刑罚，但将"士伍"直接放入秦各类刑罚条目中，像"弃市、腰斩、戮尸、枭首……赐死、士伍、黥、刖、宫……"足以显示其将"士伍"归类于秦刑罚之一。沈家本：《历代刑法考·刑制总考二》，中华书局，1985，第 15 页"士伍"条，与董说相似，直接与各类刑罚条目相并列，如"夷三族、士伍、斩、迁、戮尸、枭首……"
⑤ 刘海年：《秦汉"士伍"身份及阶级地位》，《文物》1978 年第 2 期；罗开玉：《秦"什伍""伍人"考》，《四川大学学报》1981 年第 2 期；秦进才：《秦汉"士伍"异同论》，《中华文化史论丛》第 2 辑；郑有国：《秦汉"士伍"身份及特征》，《福建论坛》1991 年第 6 期；周厚强：《秦士伍的身份及阶级属性辨析》，《求索》1991 年第 4 期；施伟青：《也论秦"士伍"的身份——与周厚强同志商榷》，《中国社会经济史研究》1993 年第 1 期。
⑥ 刘海年、郑有国等认为第三种旧说为刑徒说，参见刘海年《秦汉"士伍"身份及阶级地位》，《文物》1978 年第 2 期；郑有国：《秦汉"士伍"身份及特征》，《福建论坛》1991 年第 6 期。
⑦ 参见刘海年《秦汉"士伍"身份及阶级地位》，《文物》1978 年第 2 期。
⑧ 郑有国：《秦汉"士伍"身份及特征》，《福建论坛》1991 年第 6 期。
⑨ 朱绍侯：《士伍身份考辨》，《军功爵制考论》，第 405—416 页。

认识。一是士伍是否成丁的问题。张家山汉简有"小爵"①，里耶秦简有"小上造"②"小公士"③，尽管至今尚未发现"小士伍"的简，但我们不能说没有"小士伍"存在的可能。而且历史的遗存也不容忽视，比如三国吴简有"士伍济年二岁（简壹 2602）"④"士伍蒴年一岁（简贰 1609）"⑤ 等，王子今认为可以读作"小士伍"⑥。二是士伍的务农身份。岳麓书院藏秦简《芮盗卖公列地案》中买"分肆"的士伍朵⑦、《识劫𡟍案》中贷钱以"市贩"的士伍積、士伍喜、士伍遗⑧等都显示了士伍身份不仅仅是耕战之士，末业之人同样称士伍。三是士伍的任职问题。里耶秦简中士伍有为尉史者、少内守者。⑨ 朱绍侯本人后来在对汉简的研究中又指出居延简中有两例士伍任燧长的事例。⑩ 由此也可以看出"士伍"作为一种历史现象的复杂性。

综上分析，几十年来的学术探索，的确厘清了关于士伍身份的不少疑问，尤其是对士伍阶级属性和阶级地位的探索具有强烈的时代意义，但是，终均未超出东汉卫宏的"无爵为士伍"说。

士伍无爵，公卒也是无爵者。岳麓书院藏秦简《尉卒律》：

（18）置典、老，必里相谁（推），以其里公卒、士五（伍）年长而

---

① 张家山二四七号汉墓竹简整理小组编著：《张家山汉墓竹简〔二四七号墓〕》（释文修订版），第58 页。

② 湖南省文物考古研究所编著：《里耶发掘报告》，岳麓书社，2007，第 203—208 页。

③ 陈伟主编：《里耶秦简牍校释》（第一卷），第 32 页。

④ 长沙市文物考古研究所、中国文物研究所、北京大学历史学系、走马楼简牍整理组编著：《长沙走马楼三国吴简·竹简》（壹），文物出版社，2003，第 984 页。

⑤ 长沙简牍博物馆、中国文物研究所、北京大学历史学系、走马楼简牍整理组编著：《长沙走马楼三国吴简·竹简》（贰），第 750 页。

⑥ 王子今：《秦汉称谓研究》，中国社会科学出版社，2014，第 93 页。

⑦ 朱汉民、陈松长主编：《岳麓书院藏秦简》（叁），第 129 页。

⑧ 朱汉民、陈松长主编：《岳麓书院藏秦简》（叁），第 153 页。

⑨ 陈伟主编：《里耶秦简牍校释》（第一卷），第 316 页："尉史士五（伍）郢小莫刭般，毋它坐（简 8-1364）"；第 334 页："少内守谢，士五（伍），胊忍成都归休𡟍（简 8-1469）"。

⑩ 朱绍侯：《从居延汉简看汉代民爵八级的政治地位》，《南都学坛》2012 年第 4 期。

毋害（简 143 正）者为典、老……毋爵者不足，以公士……（简 144
正-145 正）①

由此显见公卒无爵。但简牍材料中"公卒"无一例外地出现在"士伍"
之前，这种排序让我们不得不考虑"公卒"可能会在某些方面优于"士伍"。
那么，"公卒"优于"士伍"体现在什么地方？河南大学曹骥曾尝试解释这
个问题。通过比较秦汉简，以及《二年律令·傅律》："不为后而傅者，关内
侯子二人为不更，它子为簪袅……公乘、公大夫子二人为上造，它子为公士；
官大夫及大夫子为公士；不更至上造子为公卒。（简 360）"② 认为"公卒"
与"士伍"都处于编户齐民的最底层，不同的是公卒"产生于上造以上有爵
之家……他们唯一能对士伍炫耀的地方可能就是他们的出身了"③。强调了
"公卒"在出身上的优越性。但是，如果说由"不更至上造子为公卒"一句
可以得出"公卒"出身于上造以上之家，那么这句话的前一句是"官大夫及
大夫子为公士"，我们能不能得出"公士"产生于大夫以上之家这样的结论？
答案是否定的。

事实上，从目前已有的材料看，除了身份排序的不同，我们的确很难辨
析二者权益的差异。但作为两个不同的身份术语，其最初的差异肯定是存在
的。我们知道，秦爵的产生源于军职，卫宏《汉旧仪》这样记载，公士"谓
为国君列士也"，上造"乘兵车也"，不更"主一车四马"，大夫"主一车，
属三十六人"。④ 刘劭《爵制》："一爵曰公士者，步卒之有爵为公士者。二爵
曰上造……皆步卒也。三爵曰簪袅，御驷马者……四爵曰不更……为车

---

① 陈松长主编：《岳麓书院藏秦简》（肆），第 115—116 页；周海峰：《〈岳麓书院藏秦简〉（肆）的内
容与价值》，《文物》2015 年第 9 期。
② 张家山二四七号汉墓竹简整理小组编著：《张家山汉墓竹简〔二四七号墓〕》（释文修订版），第
58 页。
③ 曹骥：《秦汉简中的"公卒"与"庶人"》，《唐都学刊》2013 年第 4 期。
④ （清）孙星衍等辑，周天游点校：《汉官六种》，第 84 页。

右……五爵曰大夫……在车左者也"①。阎步克、西嶋定生等也作如是解。②
在全民皆兵的战国时期，我们可以想见"公卒""士伍"的身份名称也产生
于军队，其差别在于军事分工的不同。后来，在爵位调整的身份秩序超越军
层，变成全社会秩序的调整位阶时，二者的差异才不明显。从商鞅爵制的情
况来看，在爵制形成的过程中，最初的"公卒"和"士伍"与"公士"一
样，处于爵制序列的下层。

二　商鞅爵制中的爵层剖分

《商君书·境内》有一段文字，对我们理解"公卒"有重要的价值，但
历来各家由于断句的不同，对于原文的理解也不同，现摘录几家主要观点
如下：

第一，朱师辙《商君书解诂定本》：

> 四境之内。丈夫女子皆有名于上。[生]者著。死者削。其有爵者。
> 乞无爵者以为庶子。级乞一人。其无役事也，其庶子役其大夫。月六日。
> 其役事也。随而养之。军爵自一级已下至小夫。命曰校徒操。出公爵。
> 自二级已上至不更。命曰卒。③

朱师辙按："秦以爵赏战功，故云军爵。自公士已下至小夫，名曰校徒
操。校徒操三者，皆军爵。"出公爵，"谓在军爵之外"。杜正胜的断句与朱

<hr />

① 《后汉书》志第28《百官志五》，第3631页注。
② 参见阎步克《从爵本位到官本位——秦汉官僚品位结构研究》，第58页："二十等爵的爵称大多来
自军职之名。"[日] 西嶋定生：《中国古代帝国的形成与结构——二十等爵制研究》，武尚清译，第77页：
"二十等爵制，在秦代初制定时，是跟军职相对应的。"
③ 朱师辙：《商君书解诂定本》，古籍出版社，1956，第71页。

师辙同，但认为"校、徒和操这三种军人包含一级公士与无爵的小夫，他们之爵位是秦公颁授的，不必一定靠战功"，所以才称作"出公爵"①。

第二，蒋礼鸿《商君书锥指》：

> 四境之内，丈夫女子皆有名于上，[生]者著，死者削。其有爵者乞无爵者以为庶子，级乞一人。其无役事也，其庶子役其大夫，月六日；其役事也，随而养之军。
>
> 爵，自一级已下至小夫命曰校徒操出公。爵，自二级已上至不更命曰卒。②

蒋礼鸿认为秦汉爵总称为爵，"未有军爵、公爵之分。且一级以下明包公士在内，二级已下明包上造在内，岂有割二十级之一别称军爵者？"将"军""公"二字上读。清代俞樾《诸子平义·商子》认为"出字，当疑作士，古书士出字多互误"③。这一点蒋礼鸿赞同，并进一步认为"出公"二字，应是"公士"之讹倒。

张觉《商君书校注》"军、公"二字也是从上读，但最后一句这样断句：

> 爵自一级已下至小夫，命曰校、徒、操，出公；爵自二级已上至不更，命曰卒。④

张觉以《韩非子·解老》"始之谓出"来释此句中的"出"。认为公即公士，出公即是始于公士，以公士为起点之意。商君之法赏爵一级，"并无半级

---

① 杜正胜：《编户齐民——传统政治社会结构之形成》，联经出版事业股份有限公司，1993，第336页。

② 蒋礼鸿：《商君书锥指》，中华书局，1986，第114页。

③ （清）俞樾：《诸子平议》卷20《商子》，中华书局，1956，第402页。

④ 张觉：《商君书校注》，岳麓书社，2006，第147页。

之类的爵位”，公士一级之下无爵。①

第三，高亨《商君书注译》：

> 四境之内，丈夫女子皆有名于上，[生] 者著，死者削。其有爵者乞
> 无爵者以为庶子，级乞一人。其无役事也，其庶子役其大夫月六日；其
> 役事也，随而养之。
>
> 军爵，自一级已下至小夫命曰校徒操出。公爵，自二级已上至不更
> 命曰卒。②

高亨将“军”“公”二字属下，认为爵有“军爵”和“公爵”之分。③
公爵是“对军爵而言，如行政官吏的爵位与不任官职人的爵位等是”。“小
夫”，俞樾认为“军爵自一级已下至小夫，则当时自有小夫名目”④，高亨则
将小夫视为军队中地位最低者。“出”为“士”之误，校徒操士，都是指教
育操练的士兵。

三种断句及其理解的不同，在于三个关键字：“军”“出”“公”，其中已
用着重号标出。笔者认为朱师辙断句最为妥当。

首先，“军”和“公”的上读问题。蒋礼鸿将这两字上读，其主要原因
是认为秦汉无军爵、公爵之称。现今随着简牍材料的出土，证实秦爵确实本
称“军爵”。睡虎地秦简《秦律十八种》中有《军爵律》（简 154、156）⑤，
是对拜爵、以爵免人等的规定。只不过，入汉后军爵更名（也许更早）。张家

---

① 参见张觉《商君书校注》，第 148 页。
② 《商君书·境内》，高亨注译《高君书注译》，中华书局，1974，第 147 页。陈启天校释：《商君书校
释》，商务印书馆，1935，第 123 页，也是这样断句，认为“出”为“士”之误，且正文中直接写作“校徒
操士”。
③ 高敏也主此说。参见高敏《秦的赐爵制度试探》，《秦汉史论集》，第 1—32 页。
④ （清）俞樾：《诸子平议》卷 20《商子》，第 403 页。
⑤ 睡虎地秦墓竹简整理小组编：《睡虎地秦墓竹简》，第 55 页。

图 3-2　张家山汉简"爵律"①

山汉简《二年律令》中有《爵律》（见图 3-2）②，是与爵有关的法律条文。《军爵律》更名为《爵律》，这一方面显示了秦汉爵本身与军制、军职、军功赏爵密不可分；另一方面也显示了爵的发展历程中，其所调整和规范的身份秩序已超越军层，成为一种更广泛的社会性身份品位。杜正胜称"军爵塑造新社会"③，贴切地指出了军爵的革命性意义，爵的更名正是适应这一重大社会变革的法律体现。

其次，"出"字。笔者不否认"出"与"士"互误在古书中的存在，但此处不易理解为误。"校徒操"在《境内》篇后文中也有出现，像"吏自操及校以上大将""以徒校分积尺而攻之……内通则积薪，积薪则燔柱"④ 之语，都从侧面显示校、徒、操是在军阵中，从事攻城的丈量、穿洞、积薪等军杂事务的人员，这三类名称，应理解为军吏。或许与现代军队当中工兵有相类之处。

最后，"出公爵"。三字当连读。此句之"公"与"功"当通用。《后汉纪·孝桓皇帝纪》建和三年（149 年）诏引《诗经·大雅·江汉》"肇敏戎功，用锡尔祉"，周天游校注"'功'今本作'公'，古通用"⑤。出公爵，即

---

①　图片采自张家山二四七号汉墓竹简整理小组编著《张家山汉墓竹简〔二四七号墓〕》，第 39 页。简 395 为完整简。为了节约版面，只截取了有文字部分。

②　张家山二四七号汉墓竹简整理小组编著：《张家山汉墓竹简〔二四七号墓〕》（释文修订本），第 62 页。

③　杜正胜：《编户齐民——传统政治社会结构之形成》，第 358 页。

④　朱师辙：《商君书解诂定本》，第 72、74 页。

⑤　（晋）袁宏撰，周天游校注：《后汉纪校注》，天津古籍出版社，1987，第 566 页。

"出功爵"。功爵,商鞅爵制"得[甲]首一者,赏爵一级"①,是谓传统的
"上首功"逐级晋爵的军功爵。出功爵,就是指不在军功斩首赏爵范围之内。
《秦律十八种·军爵律》中有"从军当以劳论及赐(简154)"②,劳,整理
小组释为"劳绩"。《秦律杂抄》有《中劳律》,整理小组:"中劳律,应为关
于从军劳绩的法律。"③ 于振波将《中劳律》视为"满足法定标准而获得
'劳'的法律"④。也就是说,秦军爵既可得甲首赏爵,也可依劳得爵。军
爵在一级及以下至小夫,从事校、徒、操军务工作的这些人,主要靠积劳
得爵。

上引《商君书·境内》这句话断句标点如下:

> 军爵自一级已下至小夫,命曰校、徒、操,出公爵;自二级已上至
> 不更,命曰卒。

至此可见,商鞅军爵分作两个层次。一层为军功斩首授爵,一层以积劳
得爵,一级和二级是两个分层临界爵。一级爵下靠,二级爵上靠。而这个一
级,在没有其他材料来佐证的情况下,暂只能认为是"公士"。《境内》篇后
段有这样一段描述:

> 爵自二级以上,有刑罪则贬。爵自一级以下,有刑罪则已。⑤

高亨注译:二级爵位以上的人犯了刑罪,就降低他的等级,一级爵位以

---

① 《商君书·境内》,高亨注译《高君书注译》,第152页。
② 睡虎地秦墓竹简整理小组编:《睡虎地秦墓竹简》,第55页。
③ 睡虎地秦墓竹简整理小组编:《睡虎地秦墓竹简》,第83页。
④ 于振波:《简牍所见汉代考绩制度探讨》,《简牍与秦汉社会》,湖南大学出版社,2012,第202—
237页。
⑤ 《商君书·境内》,高亨注译《高君书注译》,第152页。

下的人犯了刑罪，就取消他的爵位。

类似的表述，在《七国考》中是这样的：

> 自二级以上有刑罚则贬爵，自一级以下有刑罚则削矣。①

事实上，结合《汉书·刑法志》和已公布的秦汉简有关刑罚的规定来看，"刑罪"并不是指广义上的犯罪，而是指肉刑，包括黥、劓、刖（斩）②。能用爵位减免的"刑罪"，往往是肉刑③，所以《七国考》的表述是有道理的。由此，一级公士在商鞅爵制的分层中属下靠爵，公士之下，当时很有可能还有"小夫"④ 爵称。依《商君书·境内》的表述，作表如下：

表3-1 商鞅爵制低爵爵层剖分

爵级	二级以上	一级以下
爵名	……←不更←簪袅←上造	公士→……小夫
途径	军功斩首	积劳（出功爵）

《商君书》为商鞅及后来者所著⑤，战国末曾广泛流传，韩非曾说"今境

---

① （明）董说撰：《七国考》卷12《秦刑法》，第349页。

② 《汉书》卷23《刑法志》，第1098页："今法有肉刑三，而奸不止"，孟康注曰："黥、劓二，刖左右趾合一，凡三也。"

③ ［日］富谷至：《秦汉刑罚制度研究》，柴生芳、朱恒晔译，广西师范大学出版社，2006，第213页。

④ 清代俞樾提道"当时自有小夫名目"，至于是什么名目，则未言明。参见《诸子平议》卷20《商子》，第403页。朱绍侯将小夫视为一个爵位，说秦爵"一级公士之下还有个小夫爵"，是"赐给军队中勤杂人员的爵位"。参见《对刘劭〈爵制〉的评议》，《南都学坛》2008年第4期。

⑤ 高亨认为此书为商鞅及以后别位法学家作品，《垦令》《靳令》《外内》《开塞》《耕战》为商鞅遗作。参见高亨注译《商君书注译》，第1、10页。郭沫若主张除《境内》篇"殆系当时功令，然亦残夺不全者外，其余均非商鞅所作"，参见《十批判书》，东方出版社，1996，第339页。张觉主张此书为秦国主管图书档案的御史所编，除《徕民》《弱民》《更法》和《定分》非商鞅本人所作，其他大部分篇章为商鞅遗著。参见《商君书校注》，第6—12页。

内之民皆言治,藏《商》《管》之法者家有之"①。尽管郭沫若曾断定《境内》为商鞅本人所作,但今本《境内》明显错乱,商鞅爵制在商鞅时代具体实施情况已不能详知。不过,商鞅爵制对百余年后秦爵的影响是不容忽视的。除了爵称、爵级、爵的权益等方面,商鞅军爵低爵分层的原则,在后来秦军爵及汉初爵位系统中也有体现,只不过临界爵发生了变化,爵层出现了新剖分。

三 秦及汉初的"士下"准爵层

秦王政时期和汉初的爵位系统与商鞅军爵相比照,最突出的变化在于"一级已下至小夫"的"一级"爵成了上靠爵,优越性明显高于下爵。比如对有爵者犯罪的优待上,以公士、公士妻为界:

> 吏民亡,盈卒岁,耐;不盈卒岁,戮(系)城旦舂;公士、公士妻以上作官府,皆偿亡日。(简157)②

"女子比其夫爵(简372)"③,公士的爵位特权,其妻同样享有。上引《商君书·境内》提到的免于"刑罪"的爵,在秦王政时期和汉初的法律规定中,也上升到公士爵,先来看睡虎地秦简《秦律杂抄》:

> 游士在,亡符,居县赀(简4)一甲;卒岁,责之。·有为故秦人

---

① 《韩非子·五蠹》,(清)王先谦撰,钟哲点校《韩非子集解》,中华书局,1998,第451页。
② 张家山二四七号汉墓竹简整理小组编著:《张家山汉墓竹简〔二四七号墓〕》(释文修订本),第30页。
③ 张家山二四七号汉墓竹简整理小组编著:《张家山汉墓竹简〔二四七号墓〕》(释文修订本),第59页。

出，削籍，上造以上为鬼薪，公士以下刑为城旦。(简 5)①

睡虎地秦简并不是秦律的全部内容，只是摘抄。这条律文应不是完整的，张家山汉简中有一条同时期的规定，可以补充说明：

故律曰……不孝者弃市。弃市之次，黥为城旦春。当黥公士、公士妻以上，完之。(简 182)②

这是出自《奏谳书》第 21 例 "杜泸女子甲和奸案"。关于这个案例的时间，大家颇有争议。李学勤和蔡万进认为是汉初案例③，彭浩认为属秦代④，陈治国总结各家之言认为此案秦时发生，至汉代汇编入册。⑤ 比照现岳麓书院藏秦简《为狱等状四种》的奏谳文书格式，以及张家山汉简《奏谳书》22 例文书的编联顺序，此案当属秦。而且作为法律汇编的参考文书，案例时间不会太远，应为秦王政时期。

结合这两条秦律文，秦公士爵有当刑者，"完之"。张家山汉简《二年律

---

① 睡虎地秦墓竹简整理小组编：《睡虎地秦墓竹简》，第 80 页。
② 张家山二四七号汉墓竹简整理小组编著：《张家山汉墓竹简〔二四七号墓〕》（释文修订本），第 108 页。
③ 李学勤：《〈奏谳书〉解说（下）》，《文物》1995 年第 3 期。李先生认为是汉初案例。一是案例中的廷尉及其属官，均见于西汉。二是廷尉正之 "正" 字不避讳，尤不合于秦始皇制度。蔡万进：《张家山汉简〈奏谳书〉研究》，广西师范大学出版社，2006，第 41 页。蔡先生认为西汉时期的案例其特征是首末句有 "敢谳之"，文中有 "疑罪" 字样。完整的奏谳文书，还皆有告劾、讯、诘、问、鞫等程序。此案有 "疑甲罪" 之语。
④ 彭浩：《谈〈奏谳书〉中秦代和东周时期的案例》，《文物》1995 年第 3 期。彭先生将此案归入秦。认为《奏谳书》22 例法律文书，大致按照年代编排，年代较晚在前，较早的在后。16 件为西汉初在前，4 件秦代和 2 件春秋时期的在后。这种编排与西汉时期的司法需要是相适应的。
⑤ 陈治国：《张家山汉简〈奏谳书〉"杜泸女子甲和奸" 案年代探析》，《中国历史文物》2009 年第 5 期。此文从两方面对李学勤汉初说进行了驳议，一是《通典》明确记载秦时已有廷尉正。清人黄本骥编撰的《历代职官表》也谈到秦时有廷尉正和廷尉监。二是秦时避讳不甚严格。像睡虎地秦简《编年记》王赢政七年时，记有 "正月甲寅，鄢令史"，王政十八年 "正月，恢生"。按：里耶秦简中，也有大量 "正月" 字样，也可以佐证这个观点。像简 8-157 "卅二年正月戊寅朔甲午"、简 8-197 "卅四年正月丁卯朔辛未"，等等。

令·具律》与此规定相同：

> 公士、公士妻及□□行年七十以上，若年不盈十七岁，有罪当刑者，皆完之。(简 83)①

完，《汉书·惠帝纪》"民年七十以上若不满十岁有罪当刑者，皆完之"，孟康注曰："不加肉刑髡剃也。"② 免于断残肢体、刺青面部或被剃去头发的刑罚③，使有爵位的人保持尊严，不受戮辱。正如瞿同祖所说"这种容貌上的无法掩饰的残毁，受者终身不齿于人，奇耻大辱莫过于此，自非君子所能堪"④，能够免于戮辱刑，无疑是法律对特权者权益的保障。这一点与传统观念中"刑不逮于君子，礼不逮于小人""刑不上大夫，礼不下庶人"有相通之处。⑤ 由此也可看出公士爵权益的重大飞跃。

与此同时，下靠的临界爵成为"公卒"。岳麓书院藏秦简《绾等畏㬥还走案》和张家山汉简《二年律令·傅律》的材料：

> (19) 有（又）取卒畏㬥宷（最）先去、先者次（？）十二人，完以

---

① 张家山二四七号汉墓竹简整理小组编著：《张家山汉墓竹简〔二四七号墓〕》（释文修订本），第20页。

② 《汉书》卷2《惠帝纪》，第88页。

③ 关于完的处刑方式，主要有几种说法：第一种是沈家本主张剃须发和鬓发，与耐刑同。参见沈家本撰《历代刑法考》，中华书局，1985，第301—303页；第二种是程树德主张只剃鬓发，不施髡刑。参见程树德《九朝律考》，中华书局，2003，第45页；第三种是堀毅的剃去头发说。认为日语中"完"与"丸"音同，是剃光头发的意思。参见［日］堀毅《秦汉法制史论考》，法律出版社，1988，第163页；第四种是冨谷至认为不剃去头发，使之保存完好的意思。参见［日］冨谷至《秦汉刑罚制度研究》，柴生芳、朱恒晔译，第16页。由张家山汉简《二年律令·具律》简82"上造、上造妻以上，及内公孙、外公孙、内公耳玄孙有罪，其当刑及当为城旦舂者，耐以为鬼薪白粲"来看，上造和上造妻的爵免是由"刑"降为"耐"，或沈家本说为妥。

④ 瞿同祖：《瞿同祖法学论著集》，中国政法大学出版社，1998，第224页。

⑤ 参见瞿同祖《瞿同祖法学论著集》，第224页；李衡梅《"刑不上大夫"之"刑"为"肉刑"说补证》，《河南大学学报》1986年第1期；刘信芳《"礼不下庶人，刑不上大夫"辨疑》，《中国史研究》2004年第1期；等等。

为城旦、鬼薪。有（又）取其次（?）十四人，耐以（简 244 正）为隶臣。其余皆夺爵以为士五（伍）；其故上造以上，有（又）令戍四岁，公士六岁，公卒以下八岁。[简 244（2）正]①

（20）大夫以上年五十八，不更六十二，簪袅六十三，上造六十四，公士六十五，公卒以下六十六，皆为免老。（简 356）②

简（19）是秦王政二十六年（前 221 年）的案例，在提到将畏愞怯战者"夺爵以为士伍"后，再行罚戍，"故上造以上，有（又）令戍四岁，公士六岁，公卒以下八岁"。简（20）为汉初吕后二年（前 186 年）实施的法律。有关免老的年龄规定，爵位越高免老的年龄越低，大夫以上爵 58 岁，不更 62 岁，簪袅 63 岁，上造 64 岁，公士 65 岁，"公卒以下六十六"。从这两个例子可以看出，在罚戍、免老的规定方面，公卒都成为下靠的临界爵。

那么，"公卒以下"包含什么？为了能一目了然，我们再次将《二年律令·户律》引文如下：

（21）关内侯九十五顷……五大夫廿五顷，公乘廿顷，公大夫九顷，官大夫七顷，大夫五顷，不（简 311）更四顷，簪袅三顷，上造二顷，公士一顷半顷，公卒、士五（伍）、庶人各一顷，司寇、隐官各五十亩。（简 312）

（22）……宅之大方卅步，彻侯受百五宅，关内侯九十五宅……五大夫廿五宅，公乘廿宅，公大夫九宅，官大夫七宅，大夫（简 315）五宅，不更四宅，簪袅三宅，上造二宅，公士一宅半宅，公卒、士五（伍）、庶

---

① ［德］陶安：《〈岳麓书院藏秦简〉（叁）校勘记》，复旦大学出土文献与古文字研究中心编《出土文献与古文字研究》（第六辑），第 537—574 页。
② 张家山二四七号汉墓竹简整理小组编著：《张家山汉墓竹简〔二四七号墓〕》（释文修订版），第 57 页。

人一宅，司寇、隐官半宅。（简 316）①

　　这是名田宅制中依爵位高低名田宅的律文，自彻侯、关内侯直至大夫、不更、簪袅、上造、公士，共二十等，不同的爵等名有不同的田与宅，正体现了"夫爵以建事，禄以食爵"②的精神。值得注意的是，二十等之下，公卒、士伍、庶人单列为一等。如前所述，公卒、士伍无爵，在爵的演变过程中二者的权益差别不甚明了。就士伍与庶人而言，其差别比较明显。我们知道有爵者犯罪夺爵，在文献和简牍材料中多称"夺爵为士伍"或"削爵为士伍"。举两个西汉中期以前的例子：

　　　　《汉书》卷 5《景帝纪》："吏迁徙免罢，受其故官属所将监治送财物，夺爵为士伍，免之。无爵，罚金二斤，令没入所受。"③
　　　　《汉书》卷 44《衡山王传》："论国吏二百石以上及比者，宗室近幸臣不在法中者，不能相教，当免，削爵为士伍，毋得官为吏者。"④

　　"夺爵为士伍，免之"，李奇作注曰："有爵者夺之，使为士伍，有位者免官也。"⑤夺的是爵，免的是官。岳麓书院藏秦简牍材料中也有两例这样的记载，像简（19）"夺爵以为士五（伍）"以及《为狱等状四种》的第 5 例《多小未能与谋案》：

　　　　多初亡时，年十二岁，今廿二岁，巳（已）削爵为士五（伍）。它

---

① 张家山二四七号汉墓竹简整理小组编著：《张家山汉墓竹简〔二四七号墓〕》（释文修订版），第 52 页。
② 徐元诰撰，王树民、沈长云点校：《国语集解》，中华书局，2002，第 436 页。
③ 《汉书》卷 5《景帝纪》，第 140 页。
④ 《汉书》卷 44《衡山王传》，第 2152 页。
⑤ 《汉书》卷 5《景帝纪》，第 141 页注。

如辟 （辞）。（简 091 正）①

　　简 （19）是对战争中畏葸逃跑者的法律惩治。最先逃跑的 12 人，完为城旦、鬼薪；其后的 14 人耐为隶臣。其他人则全部夺爵为士伍。士伍是为无爵者，但相对于秦汉社会身份序列中之庶人、徒隶、奴婢等却仍然是荣耀的，这一点应是学界主流观点。② 我们知道秦汉社会是一个身份社会，自有爵者、无爵者、司寇、徒隶有一个自上而下的身份序列。③ 我们查证史料，不能发现一起既 “夺爵为士伍”，又 “免为庶人” 的例证。庶人、士伍只能是秦汉社会身份序列当中的两个点。

　　《孟子·万章下》提及的周室班爵禄，叙周之内爵 “君一位，卿一位，大夫一位，上士一位，中士一位，下士一位，凡六等”，爵等不同，禄秩也不同。有关士之禄这样表述，“上士倍中士，中士倍下士，下士与庶人在官者同禄，禄足以代其耕也”④。张家山汉简授田宅 “公卒、士伍、庶人” 同为 “一宅” “一顷”，不正与 “下士与庶人在官者同禄” 高度相似？可见秦及汉初的 “公卒、士伍” 其地位应与周室之 “下士” 相当，高于庶人。而且需要强调的是与庶人不在同一个身份层面。

---

　　① 朱汉民、陈松长主编：《岳麓书院藏秦简》（叁），第 142 页。
　　② 参见 ［韩］任仲爀《秦汉律中的庶人》，《简帛研究（二〇〇九）》，第 274—314 页；［韩］林炳德《秦汉时期的庶人》，《简帛研究（二〇〇九）》，第 315—326 页；曹旅宁《秦汉法律简牍中的 “庶人” 身份及法律地位问题》，《咸阳师范学院学报》2007 年第 3 期；吕利：《“庶人” 考论》，《社会科学家》2010 年第 10 期；［日］椎名一雄《关于秦汉时代的庶人要旨》，“出土资料与战国秦汉社会转型研究” 国际学术研讨会，杭州，2013 年 11 月 23 日。
　　③ 张家山汉简《二年律令》的《具律》《户律》《赐律》《傅律》等多处显示汉初身份序列，比较典型的如《赐律》：“赐不为吏及宦皇帝者，关内侯以上比二千石，卿比千石，五大夫比八百石，公乘比六百石，公大夫、官大夫比五百（简 291）石，大夫比三百石，不更比有秩，簪褭比斗食，上造、公士比佐史。毋爵者，饭一斗、肉五斤、酒大半斗、酱少半升。（简 292）司寇、徒隶，饭一斗、肉三斤、酒少半斗、酱廿分升一。（简 293）” ［参见《张家山汉墓竹简〔二四七号墓〕》（释文修订本），第 49 页］近年来，更有研究者尝试将刑罚性身份序列和爵制性身份序列相衔接。将司寇、隶臣妾、城旦舂视为准爵位身份指标（参见 ［日］鹰取祐司《秦汉时代的刑罚与爵制性身份序列》，周东平、朱腾主编《法律史译评》，北京大学出版社，2013，第 1—27 页）。
　　④ （汉）赵歧注，（宋）孙奭疏：《孟子注疏》，北京大学出版社，1999，第 272 页。

前引岳麓书院藏秦简《尉卒律》提及官府任命“典、老”，“必里相谁（推），以其里公卒、士五（伍）年长而毋害者”，“毋（无）年长者令它里年长者”。即使用它里的公卒、士伍，也不任命本里的庶人。另外，《置吏律》也有相似的规定：

　　（23）县除小佐毋（无）秩者，各除其县中，皆择除不更以下到士五（伍）史者为佐，不足，益除君子子、大夫子、小爵（简210正）及公卒、士五（伍）子年十八岁以上备员。（简211正）①

小佐无秩者，其任职资格的最下限为士伍或士伍子。另外与此条简文相邻的简209显示抓捕盗贼的宪盗，也是“除不更以下到士五（伍）”②。庶人及以下身份的人，在法律上是没有资格的。

　　值得注意的是，妇人无爵的规定也适用于“士伍”这个身份。《礼记·效特牲》曰：“妇人无爵，从夫之爵，坐以夫之齿。”③《二年律令·置后律》也有这样的律文：“女子比其夫爵。（简372）”④（见图3-3）尽管秦汉社会有少许女性是有爵位的，但绝大部分女性没有爵位。而“士伍”身份，我们也没有见到有女性获得。前引刘海年和朱绍侯的文章也都提及士伍的身份为男性。岳麓秦简的有关隶臣和隶妾放免时的律文，更加补充了这样的认知：

　　寺车府、少府、中府、中车府、泰官、御府、特库、私官隶臣，免

---

① 陈松长主编：《岳麓书院藏秦简》（肆），第137—138页。
② 陈松长主编：《岳麓书院藏秦简》（肆），第137页。
③ 《礼记·效特牲》，据（汉）郑玄注，（唐）孔颖达疏：《礼记正义》，北京大学出版社，1999，第815页。
④ 张家山二四七号汉墓竹简整理小组编著：《张家山汉墓竹简〔二四七号墓〕》（释文修订本），第59页。

图 3-3　张家山汉简"女子
比其夫爵"①

为士五（伍）、隐官，及隶妾（简 033 正）以巧劳
免为庶人，复属其官者，其可亡盈三月以上而得及
自出，耐以为隶（简 034 正）臣妾。（简 035 正）②

隶臣免为士伍和隐官，隶妾则免为庶人。当然
女性庶人嫁与士伍，则成为士伍妻③，嫁与大夫，
则成为大夫妻④。

从秦汉社会序列的视角来看，庶人的特殊性还
表现在它的枢纽作用。庶人既可以是有爵者、有官
者"免为庶人"，也可以是徒隶、奴婢"免为庶
人"，前一个"免"应是罢免，后一个"免"应是
"赎免""赦免""放免"之意。略举几则文献和简
牍材料中的例子：

《汉书》卷 11《哀帝纪》："秋，曲阳侯王根、
成都侯王况皆有罪。根就国，况免为庶人，归
故郡。"⑤

《汉书》卷 99 上《王莽传上》："丞相朱博奏：'莽前不广尊尊之义，
抑贬尊号，亏损孝道，当伏显戮，幸蒙赦令，不宜有爵土，请免为庶

_____

① 张家山二四七号汉墓竹简整理小组编著：《张家山汉墓竹简〔二四七号墓〕》，第 38 页。原简完整，
截取上段。
② 陈松长主编：《岳麓书院藏秦简》（肆），第 49—50 页。
③ 参见里耶秦简牍校释小组《里耶秦简牍资料选校（二）》，《简帛》（第十辑），上海古籍出版社，
2015，第 202 页："东成户人士五（伍）夫。☑Ⅰ妻大女子沙。☑Ⅱ（简 9-2064）"。
④ 参见岳麓书院藏秦简《识劫婉案》中关于婉为大夫妻，还是庶人的争议。朱汉民、陈松长主编《岳
麓书院藏秦简》（叁），第 153—162 页。
⑤ 《汉书》卷 11《哀帝纪》，第 337 页。

人。'上曰：'以莽与太皇太后有属，勿免，遣就国。'"①

　　岳麓书院藏秦简《猩、敞知盗分赃案》："敞当耐鬼薪，猩黥城旦。遝戊午赦，为庶人。鞫（简045正）审，澉（谳）。（简046正）"②

　　睡虎地秦简《秦律十八种》："欲归爵二级以免亲父母为隶臣妾者一人，及隶臣斩首为公士，谒归公士而免故妻隶妾一（简155）人者，许之，免以为庶人。（简166）"③

　　张家山汉简《二年律令·置后律》："死毋后而有奴婢者，免奴婢以为庶人。（简382）"

　　前两例提到的成都侯王况、新都侯王莽都为有封爵、封土者，犯罪后夺爵、夺土、免官，身份下降为庶人。后几例简牍材料则是由徒隶或奴婢经过赦免、赎免或放免，身份上升而成为庶人。

　　处在身份序列枢纽位置中的庶人，未必如学者所言要受到国家的"持续控制"④，但从上述分析可以看出其阶级身份一定低于士伍，二者的身份分层为两个层次。

　　沿着二十等爵的思路，如果我们将爵制身份序列和刑罚身份序列的连接点"庶人"定为"0"级，那么爵制身份序列就是正数，刑罚身份序列应是负数。考虑到二十等爵的习惯用法，若公士为1，庶人上下几个身份序列可标识为：

$$公士1 \rightarrow 公卒\frac{2}{3} \rightarrow 士伍\frac{1}{3} \rightarrow 庶人0 \rightarrow 司寇-1 \rightarrow 隶臣妾-2 \rightarrow 鬼薪白粲-3 \rightarrow 城旦舂-4。$$

① 《汉书》卷99上《王莽传上》，第4042页。
② 朱汉民、陈松长主编：《岳麓书院藏秦简》（叁），第119页。
③ 睡虎地秦墓竹简整理小组编：《睡虎地秦墓竹简》，第55页。
④ 参见第一章相关内容，以及［韩］任仲爀《秦汉律中的庶人》，《简帛研究（二〇〇九）》，第274—314页。

由此，我们看上述"公卒以下"，应不包括庶人。在爵位系统中，这一时期低爵自大夫之下的排序应该是：不更→走马（簪袅）[1]→上造→公士→公卒→士伍。公士以上为二十等爵，公卒和士伍我们暂以准爵层命名。另刘劭《爵制》有这样一句话："列侯者，依古列国诸侯之义也。然则卿大夫士下之品，皆放古。"[2]如果我们将公卒以下称作"士下"，可作表3-2：

表3-2　　　　　　　　　　　秦及汉初低爵及准爵层剖分

爵级	公士以上	公卒以下
爵名	……←不更←簪袅←上造←公士	公卒→士伍
爵档	士	士下
分层	二十等爵	准爵层

一般认为，二十等爵在入汉后的发展演变过程中渐分出官爵和民爵，官爵的起始爵为五大夫，民爵的最高爵为公乘。[3]而从秦及汉初的情况来看，爵制系统的结构性分野则表现在"二十等爵"和"士下"准爵层的分层上。颜师古注一级爵"公士"时说："言有爵命，异于士卒。"[4]如果说二十等爵的身份为"官"，那士下准爵的身份则为"兵"。

小　结

综上，秦军爵爵层剖分由来已久，在商鞅爵制中就有"出公（功）

---

①　参见王勇、唐俐《"走马"为秦爵小考》，《湖南大学学报》2010年第4期。主要观点，走马、簪袅二名在秦代可能通用，汉初整理爵位时对同爵异称的情况进行了规范，废止了爵称走马。

②　《后汉书》志第28《百官志五》，第3631页引刘劭《爵制》。

③　钱大昭："自公士至公乘，民之爵也……自五大夫至彻侯，则官之爵也。"参见王先谦《汉书补注》，书目文献出版社，1995，第285页上栏引。另可参见〔日〕西嶋定生《中国古代帝国的形成与结构——二十等爵制研究》，武尚清译，第84—89页；朱绍侯《军功爵制考论》，第368—377页。

④　《汉书》卷19上《百官公卿表上》，第740页。

爵"之低爵层。后在爵制演进的过程中，公士爵权益有了重大飞跃，进入二十等爵。低爵层中的"小夫"消失，仅有公卒和士伍成为"士下"之品。公卒和士伍在最初为军爵时应在作战分工上有所区别，且公卒略高于士伍。后来随着爵调整和规范的身份秩序超越军层，成为一种更广泛的社会性身份品位时，二者的差别逐渐缩小，以至于在爵所带来的诸多权益的表述中多见公卒与士伍并列。与商鞅爵制有因功得爵与因劳得爵两个爵层相一致，秦及汉初的爵位系统中有两大层次，一层是传统的二十等爵，一层为公卒、士伍构成的"士下"准爵层，这个准爵层不包括庶人。

另外，入汉后爵制渐行式微，附于爵的身份权益也呈减弱趋势，食邑、比地为伍、免役等特权的享有爵等越来越高。比如在秦时大夫爵享有"不当伍及人"[①]的权益，汉初则上升至五大夫[②]，西汉中期，甚至比地为伍的爵到了关内侯。[③]而随着爵的权益的弱化，爵制系统也呈简化趋势，三国吴简户籍口食简中只存"公乘""士伍"两个相关称号[④]，就是一个有力的说明。而"公卒"在爵位系统中作为"士下"准爵称，被简化的时间应该更早。从居延汉简、肩水金关汉简、敦煌汉简、悬泉汉简、玉门关汉简等材料来看，公乘以下的公大夫、官大夫、大夫、不更、簪袅、上造、公士、士伍等身份的戍卒都有发现，唯独没有公卒。因此，"公卒"作为第一个被裁并的身份，应发生在西汉前期。这可能也是"公卒"在汉代文献材料不见记载的原因。

---

① 睡虎地秦墓竹简整理小组编：《睡虎地秦墓竹简》，第129页："大夫寡，当伍及人不当？不当。（简156）"

② 张家山二四七号汉墓竹简整理小组编著：《张家山汉墓竹简〔二四七号墓〕》（释文修订本），第51页："自五大夫以下，比地为伍。（简305）"

③ 王利器校注：《盐铁论校注》，中华书局，1992，第584页："故今自关内侯以下，比地于伍，居家相察，出入相司。"

④ 参见沈刚《走马楼吴简所见公乘、士伍述论》，中国魏晋南北朝史学会、武汉大学中国三至九世纪研究所编《魏晋南北朝史研究：回顾与探索》，湖北教育出版社，2009，第717—723页。

第四章

西北汉简所见民爵分布与变迁

赐爵与承袭，是汉帝国统一后民爵获得的主要途径。[1] 有罪，爵则被减免或削夺。[2] 在赐与夺、加与减的过程中，我们估测民爵的数量分布应大体均衡，尤其是在民爵有节制赐予的西汉时期。但是，不论文献材料，还是简牍材料，都反映了爵称数量的分布与想象的不相合。西嶋定生整理元康四年（前62年）诏复家者爵称时发现"公士、大夫、公乘特多，官大夫、公大夫特少"[3]，并将其原因归于民爵赐予的不定期进行。朱绍侯从居延汉简的统计中也发现公大夫、官大夫很少，但"至于为什么这样少，暂时还无法作出正确解释"[4]。近几年，肩水金关汉简分批公布，其中所涉及爵称的汉简数量，

---

① 早期有代表性的观点是普赐民爵为汉代普通民众获取爵位的主要途径。如〔日〕西嶋定生：《中国古代帝国的形成与结构——二十等爵制研究》，武尚清译，第138页，认为汉代民爵赐与是"使秦汉时代广大普通庶民成为有爵者的决定性机会"。高敏：《论两汉赐爵制度的历史演变》，《文史哲》1978年第1期，收入氏著《秦汉史论集》，第33—57页。杨眉：《秦汉民爵获得途径略论》，《伊犁教育学院学报》2004年第4期等。张家山汉简公布后，爵位继承也进入研究者的视野。参见李均明《张家山汉简所反映的二十等爵制》，《中国史研究》2002年第2期，收入氏著《耕耕录——简牍研究丛稿》，人民美术出版社，2015，第112—120页；刘敏《秦汉时期的"赐民爵"及"小爵"》，《史学月刊》2009年第11期；〔日〕宫宅潔《汉初の二十等爵制—民爵に付帯する特权とその继承》，转引自〔日〕楯身智志《日本秦简研究现状·爵制、身份制度》，《简帛》（第六辑），上海古籍出版社，2011，第178—182页；等等。

② （清）孙星衍等辑，周天游点校：《汉官六种》，第85页，"男子赐爵一级以上，有罪以减。"《汉书》卷1上《高帝纪上》，第33—34页，"施恩德，赐民爵"，臣瓒注曰："爵者，禄位。民赐爵，有罪得以减也。"史载事例甚多，不赘举。

③ 〔日〕西嶋定生：《中国古代帝国的形成与结构——二十等爵制研究》，武尚清译，第277页。王玉喜：《爵制与秦汉社会研究》，博士学位论文，山东大学，2014，第125页，则将公士、大夫、公乘爵的高突，视为"民爵的三个波峰"。

④ 朱绍侯：《从居延汉简看汉代民爵八级的政治地位》，《南都学坛》2012年第4期。

也是前所未有的，这为我们进一步研究汉代民爵及相关问题提供了可能。本章试以肩水金关汉简为基础，结合张家山汉简、居延汉简、汉末东牌楼汉简、三国吴简及相关文献材料，对汉代民爵的动态分布及变迁作初步探讨。

一　"爵不过公乘"与"移爵"的思考

《后汉书·明帝纪》李贤注："汉制，赐爵自公士已上不得过公乘，故过者得移授也。"[①] 这是在明帝即位之初中元二年（57 年）颁诏"爵过公乘"条所注。因东汉明帝、章帝、安帝、顺帝时多次颁布"爵过公乘""得移与子或同产、同产子"这样的诏书[②]，那么，这个"汉制"不少人理所当然地理解为东汉之制。事实上，早在 20 世纪 80 年代，朱绍侯在与杨际平争议的文章中就提出过西汉存在"爵不过公乘"规定的可能，之所以没有在赐爵诏令中见到，应估计到下面两种情况：一是西汉的诏令中没有提到民爵不得过八级，不等于西汉就没有这样的规定[③]；二是西汉赐爵次数相对来说少于东汉，而且每次赐爵的级数也较少，一般为一级。爵级累积，不易或不大可能超过八级，因此没有必要在诏书中申明。东汉则多见一次赐爵二级、三级，一般吏民经三次累积，就能达到八级，因此诏书中多见。[④] 朱先生的推论符合历史常识，但未能引起足够的重视。

---

① 《后汉书》卷 2《明帝纪》，第 96 页。

② 《后汉书》卷 2《明帝纪》，第 96 页："爵过公乘，得移与子若同产、同产子。"《后汉书》卷 3《章帝纪》，第 129 页："爵过公乘得移与子若同产子。"《后汉书》卷 5《安帝纪》，第 220 页："爵过公乘得移与子若同产、同产子。"《后汉书》卷 6《顺帝纪》，第 259 页："爵过公乘得移与子若同产、同产子。"

③ 按：朱绍侯论及这个观点提出"上孙家寨汉墓木简中有军功'爵不得过左庶长'，'拜爵皆毋过公乘'的规定，可以想见在非军功赐爵中关于'爵不得过公乘'的规定也是情理之中的"（参见朱绍侯《关于汉代的吏爵和民爵》，《河南大学学报》1984 年第 4 期），但是笔者检索上孙家寨汉墓木简，只见到"毋过左庶长"（简 68、375）、"毋过五大夫"（简 356、243、340），未见"毋过公乘"的字样。参见青海文物考古研究所《上孙家寨汉晋墓》，文物出版社，1993，第 187—194 页。

④ 参见朱绍侯《关于汉代的吏爵和民爵》，《河南大学学报》1984 年第 4 期。收入《军功爵制考论》，第 368—377 页。

事实上，从对居延汉简和居延新简爵称的统计来看，"爵不过公乘"应已存在。笔者据已有版本的居延汉简和居延新简统计所有爵称，汇表如下：

表 4-1　　　　　　　　　　居延汉简、居延新简爵称汇表①

爵称	彻侯	关内侯	大庶长	驷车庶长	大上造	少上造	右更	中更	左更	右庶长	左庶长	五大夫	公乘	公大夫	官大夫	大夫	不更	簪袅	上造	公士	公卒	士伍	总计
居延汉简													102	1	3	33②	7	5	13	40	0	6	
居延新简		0③										1④	75	2	0	34⑤	1	0	21	3⑥	0	5	

① 简牍整理小组编：《居延汉简》（壹、贰、叁、肆），"中研院"史语所，2014—2017。谢桂华、李均明、朱国炤：《居延汉简释文合校》，文物出版社，1987。张德芳主编：《居延新简集释》（一—七），甘肃人民出版社，2016。马怡、张荣强主编：《居延新简释校》，天津古籍出版社，2013。

② 本表统计为大夫爵。居延汉简提及"御史大夫""光禄大夫""侍中谏大夫"等官职名，未录入。"诸大夫"泛指官职的也未录入。简 76.61，《居延汉简释文合校》未释，"中研院"史语所《居延汉简》（壹），释为"□□□　［御史大夫］"，"中研院"简帛金石资料全文检索系统释为"□□□　□里大夫"（参见 http：//saturn.ihp.sinica.edu.tw/cgi-bin/hangais），从图片来看，简帛金石资料库释文正确，今从。

③ 简 EPF22：45A："建武四年五月辛巳朔戊子甲渠塞尉放行候事敢言之诏书曰吏三百石庶民嫁娶毋得过万五千关内侯以下至宗室及列侯子婣娶各如令犯者没入所裔奴婢财物县宫有无"，为律令简，未计入。列侯简，同。

④ 简 EPT 51：224A："谨请邑大夫官仄中功仄君都谢敖等三人同食五大夫幸临"，不是指称个人。未计入，简 EPT 52：364："□□一□□□□□五大夫□"，意义不明，未计入。

⑤ 本表统计为大夫爵。未统计诸如"御史大夫""司马右大夫""大司空右大夫"的官职名称，"秩上大夫""秩下大夫""大夫位"此类"禄位"名称，以及王莽时期的特殊职官"六遂大夫"。另外有二枚简不太明朗，"谨请邑犬夫官仄中功仄君都谢敖等三人同食五大夫幸临（EPT 51：224A）"和"□幸甚幸甚为胜叩头多请二兄同亭大夫（EPS4T2：114A）"，其中邑大夫、亭大夫，不知与县邑侯、亭侯有何关联。因是孤例，不好判断，也未收入表中。习字简 EPT6：113B"大夫夫夫夫夫夫夫夫"也未计入。

⑥ "□功曹私仆使民及客子田癸不给公土上事者案致如法（EPT58：38）"，甘肃省文物考古研究所、甘肃省博物馆等：《居延新简·甲渠候官与第四燧》，文物出版社，1990，第 351 页，"公土"误作"公士"。此句与爵位"公士"无关。未计入表中。

续表

爵称	彻侯	关内侯	大庶长	驷车庶长	大上造	少上造	右更	中更	左更	右庶长	左庶长	五大夫	公乘	公大夫	官大夫	大夫	不更	簪袅	上造	公士	公卒	士伍	总计
合计												1	177	3	3	67	8	5	34	43		11	352
分段	1												351										352

所有有关爵称的统计中，除去律令简和习字简，能明确表明为个例的共有 352 枚。高爵者简只有五大夫简 1 枚，占不到 0.3%。而且因漫漶，这枚五大夫简"……淳于□五大夫（简 EPT52：364）"[1] 信息量过少，不能明确具体职位。西北汉简所反映的主要是西北戍卒、戍吏的军事屯戍情形，由此也可从侧面证实文帝以后，免役的界爵为五大夫。这一点与文献材料所反映的情形是相一致的。[2] 服役的普通吏民爵都在公乘及以下。

居延汉简的断代，陈直据月朔干支及郡国的建置沿革等信息，得出可系年的居延简自武帝太初二年（前 103 年），至和帝永元十年（98 年），有近 200 年。[3] 居延新简据郝树声、张德芳的研究最早为西汉昭帝始元二年（前 85 年），最晚为东汉安帝永初五年（111 年），前后也跨越 200 年之久。[4]

如果说居延简有东汉时期的简，对于"爵不过公乘"的说服力还不足。再来看肩水金关汉简。肩水金关汉简为 1972—1974 年在肩水金关遗址所获，

---

[1]　张德芳主编：《居延新简集释》（三），第 695 页。

[2]　《汉书》卷 24 上《食货志上》，第 1134 页："令民入粟受爵至五大夫以上，乃复一人耳。"王云度《秦汉史编年》，凤凰出版社，2011，第 325 页，将此条系于文帝十二年（前 168 年）。武帝时出现了因五大夫爵增多，致服役人数减少的情形。《史记》卷 30《平准书》，第 1428 页："兵革数动，民多买复及五大夫，征发之士益鲜。于是除千夫五大夫为吏，不欲者出马。"《汉书》卷 24 下《食货志下》，第 1165 页："兵革数动，民多买复及五大夫、千夫，征发之士益鲜。于是除千夫、五大夫为吏，不欲者出马。"

[3]　参见陈直《居延汉简系年》，《居延汉简研究》，中华书局，2009，第 689—789 页。

[4]　郝树声、张德芳：《悬泉汉简研究》，甘肃文化出版社，2009，第 360 页。

有 11000 多枚①，其所反映的年代应为西汉中后期。目前已出版 5 册，笔者统计了所有带爵称的简。为了能一目了然，可见表 4-2。

表 4-2   肩水金关汉简爵称及数量汇表②

爵称	彻侯	关内侯	大庶长	驷车庶长	大上造	少上造	右更	中更	左更	右庶长	左庶长	五大夫	公乘	公大夫	官大夫	大夫	不更	簪袅	上造	公士	公卒	士伍	总计
肩壹													105③	4	2	25④	27⑤	9⑥	8	5		6	
肩贰												1	48⑦	0	1	20⑧	9⑨	4	13	3		2	

---

① 参见张德芳《西北汉简一百年》，《光明日报》2010 年 6 月 17 日第 10 版。

② 甘肃简牍保护研究中心、甘肃省文物考古研究所等编：《肩水金关汉简》（壹）。甘肃简牍保护研究中心、甘肃省文物考古研究所等编：《肩水金关汉简》（贰）。甘肃简牍博物馆、甘肃省文物考古研究所等编：《肩水金关汉简》（叁）。甘肃简牍博物馆、甘肃省文物考古研究所等编：《肩水金关汉简》（肆）。甘肃简牍博物馆、甘肃省文物考古研究所等编：《肩水金关汉简》（伍）。

③   尹自为年廿二岁╯
淮阳西猛里公乘   长七尺二寸黑色╱
     史刑年廿八岁╯   （简 73EJT10：190）
按：从简 73EJT10：190 的书写格式来看，淮阳西猛里公乘为尹自为和史刑二人。

④ 本表统计为大夫爵。官职名称如简 73EJT10：114 "丞相臣衡御史大夫臣谭昧死言执金吾章兼大"，未统计在内。泛指如简 73EJT5：106 "□□常户籍在官者爵大夫年（削衣）"，未计入。习字简如简 73EJT10：46："□大大大夫大□（削衣）"，未计入。

⑤ 简 73EJT2：103："□□里不更朱舍人年廿四 庸同县东阳里不□（削衣）"显示，庸的爵位也应为不更。计入。

⑥ "齐郡临菑吉辛里簪弱王光年廿三 长七尺三寸黄色疾 字子叔□（简 73EJT9：3）"，"簪弱"疑为"簪袅"之误。计入表中。

⑦ "□□阳被里公乘大夫庄广年卅四□（简 73EJT22：127）"，此简中庄广不知爵为公乘还是大夫。

⑧ 简 73EJT24：339B："□赐记部中大夫愿中叔……□"，"大夫"意义不好断定，暂列入大夫爵。

⑨ 简 73EJT23：260 "□爵庶更年十桼岁毋官狱征事当□"，此处之 "庶更" 不能确定是否为爵称，未统计在内。此外，敦煌汉简中也有 "庶更"，简 278："大煎都候长☒里庶更李凤年三十五"。暂无解。参见吴礽骧、李永良、马建华释校《敦煌汉简释文》，甘肃人民出版社，1991，第 27 页。

续表

爵称	彻侯	关内侯	大庶长	驷车庶长	大上造	少上造	右更	中更	左更	右庶长	左庶长	五大夫	公乘	公大夫	官大夫	大夫	不更	簪袅	上造	公士	公卒	士伍	总计
肩叁											0①	0②	50③	4	1	26④	40⑤	3	9	3		4	
肩肆												1⑥	126	3	2	52⑦	21	3	5	8		12	
肩伍												1	58	0	3	7⑧	3	2⑨	10	5		1	
合计												3	387	11	9	130	100	21	45	24		25	755
分段	3											752											755

表 4-2 中排除律令简和习字简中的爵称，肩水金关汉简中有爵称的个例简共有 755 枚，高爵称仅有五大夫简 3 枚，占 0.4%，与居延汉简和新简的统

---

① 简 73EJT26：32 中的左庶长，出现在律简中，"爵左庶长中都官及宦者吏千石以下至六百石爵五大夫者爵人二级吏民爵人一级四年以前吏囗囗囗"。未计入。

② 简 73EJT26：32 中的五大夫，出现在律简中，"爵左庶长中都官及宦者吏千石以下至六百石爵五大夫者爵人二级吏民爵人一级四年以前吏囗囗囗"。未计入。

③ 简 73EJT24：520："乘田清东里程亘年廿六　长七尺二寸囗"，本简简端完整，"乘"前无字，不能断为公乘爵，未计入。

④ 简 73EJT30：68，"地节三年四月丁亥朔庚戌御史大夫相承书从事下当用者如诏书"，御史大夫，不计入。简 73EJT32：43，同。

⑤ 简 73EJT24：972 "囗更晋广年卅二囗"，从肩水金关汉简的文例来看，"更"前应为"不"。计入不更爵。

⑥ 简 73EJH1：24 "囗囗主五大夫子长者为王次囗囗"，从其内容表述来看，是对"五大夫子长者"权益的规定，非个例。未统计在内。

⑦ 习字简，如简 73EJT33：71B "博博伏伏伏地大夫夫奉奉奉奉奉"，未计入。御史大夫简，如简 73EJT37：1309 "囗御史大夫吉下扶风厩承书囗"，未计入。

⑧ 王莽时期的官职，如简 73EJF3：344 "前遂大夫鲁阳尚里庞道"未计入。

⑨ 简 73EJD：6 "建始四年十一月癸卯朔己酉令史昌敢言之遣丞从史法昌为丞取衣用縢得与葆鉼庭里簪……谒移过所……"简的左半边残，依文例，应为簪袅爵。

计比例基本一致。三位五大夫中二位是茂陵人士，一位是平陵人士。其中简 73EJT22：109 "□茂陵息众里五大夫□□……☑" 只显示籍贯和爵称。简 73EJT37：805B "肩水候茂陵息众里五大夫□□□未得神爵三年四月☑"，可以得知这位五大夫 "□□" 在神爵三年（前 59 年）任肩水候。简 73EJC：652 中的五大夫则为广地候，"广地候平陵获福里五大夫任晏年卌四 诣府"。

从肩水金关汉简的纪年简分布来看，主要为昭、宣、元、成、哀、平、孺子婴、王莽时期。最早的纪年简为昭帝元凤二年（前 79 年），最晚为建武三年（27 年）。① 由公乘及以下爵称简能占到 99.6% 的高比例，可以说 "爵不过公乘" 在西汉中后期也已事实存在。

当然，不管是居延汉简、居延新简，还是肩水金关汉简，目前发现的西北汉简都存在大量没有爵称记录的吏卒。诸如：

襄泽隧长昭武宜众里阎乐成　本始三年九月辛酉除　　（简 10.36）②
戍卒汝南郡召陵仓里宋猜　年廿五　　（竹简）　（简 73EJT1：8）③
觻得骑士万年里李喜　　　　　　　　　　（简 73EJT1：10）④
田卒赵国襄国长宿里庞寅年廿六　　　　　（简 73EJT1：13）⑤

西嶋定生在研究居延汉简时就曾提到这种情况应考虑两点：一是这些人

---

① 参见黄艳萍《〈肩水金关汉简〉（壹）纪年简校考》，《敦煌研究》2014 年第 2 期；黄艳萍《〈肩水金关汉简〉（贰）纪年简校考》，《简帛研究（二〇一三）》，广西师范大学出版社，2014，第 188—200 页；黄艳萍《〈肩水金关汉简〉（叁）纪年简校考》，《敦煌研究》2015 年第 2 期。另外，侯旭东：《西汉张掖郡肩水候系年初编——兼论侯行塞时的人事安排与用印》，甘肃简牍博物馆、西北师范大学历史文化学院编《简牍学研究》（第五辑），甘肃人民出版社，2014，第 180—198 页，对五任肩水候，六位代行肩水候事者及二位守候进行了考证与编年，所考证时间跨度为地节二年（前 68 年）到始建国元年（9 年），近 80 年。《肩水金关汉简》（肆）发现一枚建武三年（27 年）的简，简 73EJF1：25。
② 简牍整理小组编：《居延汉简》（壹），"中研院"史语所，2014，第 38 页。
③ 甘肃简牍博物馆、甘肃省文物考古研究所等编：《肩水金关汉简》（叁）（中册），第 3 页。
④ 甘肃简牍博物馆、甘肃省文物考古研究所等编：《肩水金关汉简》（叁）（中册），第 4 页。
⑤ 甘肃简牍博物馆、甘肃省文物考古研究所等编：《肩水金关汉简》（叁）（中册），第 4 页。

本来就无爵；二是当时人名的记载方法在某些场合可以省略爵称。① 除了这两个原因，爵在当时社会生活中权益的弱化，恐怕也是吏卒名籍这类重要档案材料爵称缺省的重要原因。如果我们认为由于有相当数量无爵称简的存在，会影响数据统计的准确。那么，再来看一组全部带有爵称，并且时间节点定在元康四年（前62年）这一年的数据。

表4-3　　　　　　　宣帝元康四年（前62年）"诏复家"爵位汇表②

爵称	五大夫	公乘	公大夫	官大夫	大夫	不更	簪袅	上造	公士	公卒	士伍	官首	秉铎	总计
数量	1	29	3	2	21	9	12	13	31		2	1	1	125
分段	1	122										2		125

本组数据来源于《汉书·王子侯表》和《汉书·高惠高后文功臣表》。汉帝国开国功臣后裔"故逮文、景四五世间……子孙骄逸，忘其先祖之艰难，多陷法禁，陨命亡国，或云〔亡〕子孙。迄于孝武后元之年，靡有孑遗，耗矣"③。于是"孝宣皇帝愍而录之，乃开庙臧，览旧籍，诏令有司求其子孙"，经过几年调查，于元康四年将这些"咸出庸保之中"的功臣子孙"复除，或加以金帛，用章中兴之德"④。这就是文献材料中著名的"诏复家"。可能这项工作需辨别真伪，政府重视程度高，档案材料身份登记细致，每一位都录有世系、县邑、爵称和名姓。这里官首、秉铎为武帝武功爵的第五级和第六级，低于可以免役的第七级千夫。⑤ 五大夫爵只有一位，占所统计总数125位的0.8%。也就是处于"庸保之中"的普通庶民的功臣子孙，99%以上为公乘

① ［日］西嶋定生：《中国古代帝国的形成与结构——二十等爵制研究》，武尚清译，第284页。
② 本表来源于《汉书》卷15上《王子侯表上》和《汉书》卷16《高惠高后文功臣表》。两表合计为125人，大夫21人。［日］西嶋定生：《中国古代帝国的形成与结构——二十等爵制研究》，武尚清译，第277页，总计为124人，其中大夫为20人。与笔者统计差别1人。因西嶋定生著作没有附表，不知具体差别在哪里。
③ 《汉书》卷16《高惠高后文功臣表》，第528页。
④ 《汉书》卷16《高惠高后文功臣表》，第528页。
⑤ 《汉书》卷24下《地理志下》，第1159页："千夫如五大夫。"

及以下爵。"诏复家"的诏令下达于元康元年（前65年），《汉书·宣帝纪》"元康元年……复高皇帝功臣绛侯周勃等百三十六人家子孙，令奉祭祀，世世勿绝。其毋嗣者，复其次"①。由此可见，至少在汉宣帝元康元年（前65年）"爵不过公乘"就已为社会现实。

如前述，一般来说，汉代普通吏民获取爵位的途径主要有因功授爵、赐爵、承袭得爵。② 西汉时期有没有产生"爵过公乘"的可能？

据研究者统计，西汉朝（包括王莽时期）共赐爵54次③，仅以宣帝朝为例，自本始元年（前73年）即位第一次赐爵，至甘露三年（前51年）最后一次赐爵，22年间赐爵13次④，其中地节三年（前67年）、五凤元年（前57年）为赐爵为父后者爵一级，甘露三年（前51年）为赐爵新蔡民爵二级外，其余10次为普赐民爵。尽管赐爵多为一次一级，但一般吏民还是容易达到八级公乘爵，除了因罪夺免外。

那么，达到公乘爵后，国家再赐予爵位时怎么办？西汉的文献材料中没有记述，结合汉帝国爵位移授的传统，以及制衡社会的统治之术，应是"移授"。

张家山汉简《二年律令·捕律》显示汉初就有爵移的规定：

> 捕从诸侯来为间者一人，捧（拜）爵一级，有（又）购二万钱。不当捧（拜）爵者，级赐万钱，有（又）行其购。数人共捕罪人而当购赏，欲（简150）相移者，许之。（简151）⑤

① 《汉书》卷8《宣帝纪》，第254页。
② 刘敏：《秦汉时期的"赐民爵"及"小爵"》，《史学月刊》2009年第11期。
③ ［日］西嶋定生：《中国古代帝国的形成与结构——二十等爵制研究》，武尚清译，第151—172页。
④ 《汉书》卷8《宣帝纪》，第242—272页。记载赐爵13次，分别为本始元年（前73年）、本始二年（前72年）、地节三年（前67年）、元康元年（前65年）、元康二年（前64年）、元康三年（前63年）、元康四年（前62年）、神爵元年（前61年）、神爵四年（前58年）、五凤元年（前57年）、五凤三年（前55年）、甘露二年（前52年）、甘露三年（前51年）。
⑤ 张家山二四七号汉墓竹简整理小组编著：《张家山汉墓竹简〔二四七号墓〕》（释文修订本），第29页。

此处"相移"，应包括爵相移和钱相移。① 当然，如果没有共捕罪人，想将罪人转给他人，帮助别人套取爵位，是要受法律制裁的。睡虎地秦简《秦律杂抄·捕盗律》"捕人相移以受爵者，耐（简38）"②。

武帝元朔六年（前123年）将士们因征匈奴斩首虏"咸蒙厚赏"，但北方未安，将士们军功不断，于是下诏"受爵赏而欲移卖者，无所流阤。其议为令。"应劭注曰："阤，音移。言军吏士斩首虏爵级多，无所移与；今为置武功赏官，爵多者分与父兄子弟及卖与他人也。"③《说文·贝部》"重次弟物也。从贝也声"。段注采用《汉书·武帝纪》应劭，"应劭训阤为移。《上林赋》说果树曰：阤丘陵，下平原。郭朴曰：阤、犹延也。按卖爵者展转与人。蔓莚丘陵者层叠兹长。皆重次弟之意也"④。指爵级按次第移赠、转卖他人。

既然"移爵"在汉中前期有惯例，那么"爵过公乘"得移与兄弟、子侄，甚至转卖他人也在情理之中。⑤

二　"公大夫""官大夫"反映的爵制变迁

上面我们通过西北汉简分析了西汉中后期"爵不过公乘"的现实存在，以及由于赐爵的频次，产生的"爵过公乘"及"移授"可能。那么，移授他人会在爵位分布上产生什么后果？

一般情况下，政府不断地赐爵，达到公乘爵的人不断增加，又不断地移爵他人，爵级的累积必然会产生公乘、公大夫、官大夫、大夫这类高爵人数

---

① 李均明：《耕耘录——简牍研究丛稿》，第117页，认为此处为爵位转移以转移权益的形式见存。意义不明。

② 陈伟主编：《秦简牍合集》（壹），武汉大学出版社，2014，第189页。

③ 《汉书》卷6《武帝纪》，第173页。

④ （汉）许慎撰，（清）段玉裁注：《说文解字注》，上海古籍出版社，1981，第281页上栏。

⑤ 刘敏认为爵可以买卖是秦汉封爵与周代封爵的差别之一，可从。参见刘敏《承袭与变异：秦汉封爵的原则和作用》，《南开学报》2002年第3期。

越来越多。但是从我们所统计的元康四年（前62年）"诏复家"和肩水金关汉简、居延汉简和新简的情况来看，现实情况远比我们想象的复杂。下面将我们所统计的爵级分布按年代顺序以柱状图的形式直观表达。

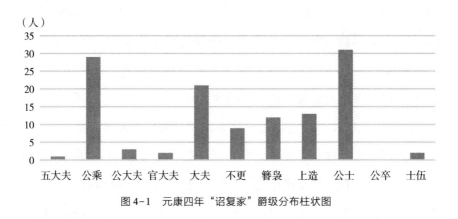

图 4-1　元康四年"诏复家"爵级分布柱状图

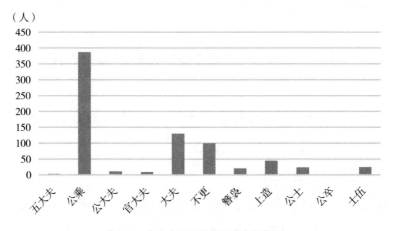

图 4-2　肩水金关汉简爵级分布柱状图

　　图 4-1 至图 4-3 三幅柱状图，有规律的共性有两个：一是公乘的数量突出的多，二是公大夫和官大夫数量突出的少。先来看第一个共性。图 4-1 诏复家公乘有 29 人，公乘及以下爵共有 124 人，公乘的比例为 23.4%。图 4-2 肩水金关汉简公乘及以下爵共有 752 位，公乘 387 位，占到 51.5%。图 4-3

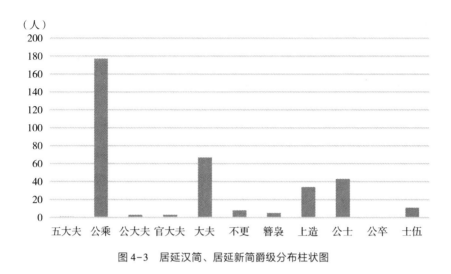

图4-3　居延汉简、居延新简爵级分布柱状图

居延汉简和居延新简公乘及以下爵共350位，公乘177位，占到50.6%。公乘爵人数比例高，是"爵不过公乘"实施的必然结果，而且时间段越往后，比例越高，这跟西汉中后期宣、元、成、哀时期不间断赐爵有直接关系。

再来看第二个共性，公大夫与官大夫的人数极少。诏复家公大夫3人，占公乘及以下爵2.42%；官大夫2人，占1.61%；肩水金关汉简公大夫11人，占1.5%；官大夫9人占1.2%；居延汉简和居延新简公大夫3人，占0.9%，官大夫3人，占0.9%。时间越往后，比例越低。

从理论上讲，由于"爵不过公乘"及"移授"的实行，爵级仅次于公乘的公大夫和官大夫人数也应仅次于公乘。事实上，人数却是异常之少。这就不得不让我们考虑公大夫与官大夫爵濒临消失的可能性。

《汉书·百官公卿表上》记录爵二十等，颜师古注一级公士"言有爵命，异于士卒"，二级上造"言有成命于上也"，三级簪袅"以组带马曰袅。簪袅者，言饰此马也"，四级不更"言不豫更卒之事也"，五级大夫"列位从大夫"，六级和七级官大夫、公大夫"加官、公者，示稍尊也"，八级公乘"言其得乘公家之车也"。① 每一级爵都有其具体释义，只有官大夫、公大夫，稍尊于大夫，没有指出具体来源及意义，似与大夫爵级等差不够明显。实际上，在汉初张家山汉简中我们就发现有公大夫与官大夫上从下靠的律文，《二年律令·傅律》提及不为父后者在傅籍时的爵位承袭：

> ……五大夫子二人为簪袅，（简 359）它子为上造；公乘、公大夫子二人为上造，它子为公士；官大夫及大夫子为公士；不更至上造子为公卒。（简 360）②

公乘、公大夫为一级，官大夫和大夫为一级，公大夫与官大夫有被分割、爵级呈模糊化的倾向。有的律文中，直接将两个爵称合并起来述及权益。如《二年律令·赐律》：

> 赐不为吏及宦皇帝者，关内侯以上比二千石，卿比千石，五大夫比八百石，公乘比六百石，公大夫、官大夫比五百（简 291）石，大夫比三百石，不更比有秩，簪袅比斗食，上造、公士比佐史。毋爵者，饭一斗、肉五斤、酒大半斗、酱少半升。（简 292）③

爵与秩之间的对等关系，公大夫与官大夫合并，比五百石。其他五大夫、公乘、大夫、不更等大多数爵级单独开列。二者爵级差等的弱化趋势已显示出来。

柱状图采用的几组材料中公大夫、官大夫数量较少，我们可以单独列出

---

① 《汉书》卷 19 上《百官公卿表上》，第 739 页。
② 张家山二四七号汉墓竹简整理小组编著：《张家山汉墓竹简〔二四七号墓〕》（释文修订本），第 58 页。
③ 张家山二四七号汉墓竹简整理小组编著：《张家山汉墓竹简〔二四七号墓〕》（释文修订本），第 49 页。

进一步考察，如表4-4和表4-5所示。

表4-4　　　　　　　　　　　史料所见宣帝及以后公大夫爵

序号	县里	姓名	年龄	身份	简号或出处	备注
1	除平陵归□里①				73EJT6：40	肩水金关汉简
2	长安新里	张骏	35		73EJT9：98	
3	东郡西邑利里	□□	29	田卒	73EJT9：116	
4	氐池广汉里	徐齐	27	戍卒	73EJT10：401	
5	居延诚敖里	蔡午	20		73EJT25：55	
6		孙长生		令史	73EJT30：89	
7	（屋兰）福至里②	徐熊	35	仓佐	73EJT30：168	
8	（居延）始至里③	张延年	15	从者	73EJT30：185	
9	居延利上里	王外人		从者	73EJT37：28A	
10	𪨰得始乐里	封贤	15	葆	73EJT37：745	
11		陈得	35		73EJT37：1328	
12	陈留郡雍丘邑中……庆里	爰禄	31		EPT56：111A	居延新简
13	（居延）昌里④	马□	38	隧卒	EPT65：453	
14	氐池宜药里	奚路人	47	隧长	179.4	居延汉简
15	茂陵	缯赐			《汉书》卷16《高惠高后文功臣表》	诏复家
16	长安	周赐			《汉书》卷16《高惠高后文功臣表》	
17	南陵	吕得			《汉书》卷16《高惠高后文功臣表》	

①　除平陵，史书中未见。平陵，昭帝陵。《汉书·地理志上》隶属右扶风。
②　福至里，推测应属屋兰县。肩水金关汉简73EJT30：168"屋兰仓佐福至里公大夫徐熊年卅五黄色□"。
③　始至里，推测应属居延县。肩水金关汉简73EJT3：102"车一乘·囚大男陈路等四人·居延始至里梁削等四人"。简73EJT9：125"居延始至里女子高襄年十八岁□"等。
④　昌里，西北汉简中较多见。大多为富昌里、广昌里、益昌里、大昌里、安昌里、始昌里、西昌里、东昌里、宜昌里等，昌里少见，为居延县昌里。居延新简EPT4：5"□戍卒居延昌里石恭三年署居延代田亭三年署武□"。EPT40：148"居延昌里徐威□"。肩水金关汉简73EJT8：5"□居延昌里梁辅年廿五　□"。73EJT37：935"……三月辛酉朔丙子□□敢言之遣西乡佐喜收流民张掖金城陇西郡中与从者昌里"。

表 4-5　　　　　　　　　　　　史料所见宣帝及以后官大夫爵

序号	县里	姓名	年龄	身份	简号或出处	备注
1	东郡东阿增野里	驹明		田卒	73EJT5：19	肩水金关汉简
2	东郡东阿当夏里	丁虒	26	田卒	73EJT9：90	
3	济阴郡冤句亭里	爰圣	29	戍卒	73EJT24：41	
4	□□里	□□	30		73EJT25：204A	
5	居延杂里			从者	73EJT37：393	
6	京兆新丰西宫里	被长寿	21	葆	73EJT37：1002	
7	□市阳里	潘收	15		73EJF2：8	
8	济阴郡定陶漆里	丁☑		戍卒	73EJD：207	
9	氐池安民里	赵寿	58		73EJC：414	
10		夏氏		故民	10.10	居延汉简
11	东郡东阿昌国里	孙寿①	28	田卒	43.24	
12	□□里	□武	28		116.53	
13	长安	其益寿			《汉书》卷16《高惠高后文功臣表》	诏复家
14		戚常		郎	《汉书》卷16《高惠高后文功臣表》	

从汉宣帝及以后秦汉史料中共收集到 17 例公大夫，14 例官大夫。有意思的是，这些人有籍贯记录的，除了不能显示县里名称的，其余都集中在长安及三辅奉陵邑、东郡、济阴郡、陈留郡、张掖郡。

长安及三辅奉陵邑 7 例。

东郡、济阴、陈留，为梁国故地。② 另外，官大夫戚常，临辕坚侯戚鳃玄孙，师古曰："仕梁为郎而有官大夫之爵也。"③ 仕梁为郎，是因为梁？抑或是因为郎？意义不明。与梁有关的有 7 例。

张掖郡，《汉书·地理志下》载："故匈奴昆邪王地……县十：觻得、昭

---

① 简牍整理小组编：《居延汉简》（壹），第 143 页。
② 周振鹤：《西汉政区地理》，人民出版社，1987，第 54—63 页。
③ 《汉书》卷 16《高惠高后文功臣表》，第 604—605 页。

武、删丹、氐池、屋兰、日勒、骊靬、番和、居延、显美。"① 上述有 10 例属张掖郡。

在西北屯戍的吏卒来源于全国 20 多个郡国 130 多个县②。公大夫与官大夫爵称仅出现在上述几地，让我们不得不质疑这两个爵称的在西汉中后期的全国性授予是否存在。当然，也不排除官府遣戍本身的区域性限制。

众所周知，二十等爵有一个渐行形成和完善的过程，也有一个渐行式微和衰落的过程。在这个衰落过程中，现在已知的爵称变化是"公卒"在西汉早期的消失。③ 公卒，作为一个身份性术语，传世文献没有见到，只出现在里耶秦简、岳麓书院秦简和张家山汉简中，并且在律令简的身份序列中无一例外排在公士之后、士伍之前。但在西汉中后期的简牍材料中却未见到一例（见表 4-1 至表 4-5 和图 4-1 至图 4-3），由此也可看出爵式微的表现之一是爵称的简化。

综上，我们可以得出在爵制变迁的过程中，公大夫与官大夫爵等差别弱化，附于爵的权益呈现上从下靠之势，汉中期以后或在爵的授予中有区域性规定，最终，成为继"公卒"之后，被裁并的第二和第三个爵称。时间大约在东汉中期或更早。因为章帝时人王充在《论衡·谢短篇》曾发问文吏："赐民爵八级，何法？名曰簪袅、上造，何谓？"④ 从侧面反映了当时爵八级的概念是存在的，也还有簪袅、上造这样的称谓，只不过爵的含义文吏们却不知道了。稍后，约在和帝和安帝时期，还能见到"公士"爵，长沙五一广场东汉简牍：

年卅四，爵公士，谨移人名如牒。（木两行 CWJ1③：313）⑤

案：辟都、南、中乡，未言。雄、俊、循、竟、赵舜皆有名数，爵

①　《汉书》卷 28 下《地理志下》，第 1613 页。
②　赵宠亮：《行役戍备——河西汉塞吏卒的屯戍生活》，科学出版社，2012，第 27 页，统计有 22 个郡国，138 个县。何双全：《汉代戍边士兵籍贯考述》，《西北史地》1989 年第 2 期，统计有 24 个郡，130 个县。
③　参见贾丽英：《秦及汉初二十等爵与士下之爵的剖分》，《中国史研究》2018 年第 4 期。
④　黄晖：《论衡校释》（第二册），中华书局，1990，第 572 页。
⑤　长沙市文物考古研究所等编：《长沙五一广场东汉简牍选释》，第 146 页。

公士以上。癸酉赦令后以来，无它犯坐罪耐以上，不当请。（木牍CWJ1
③：201-1）①

·具律公士以上有籍笞 二百至鬼新罪
减一等（竹简2010CWJ1③：283-48）③

2600 竹简 2010CWJ1③：283-48②

图4-4 长沙五一广场东汉简牍"公士爵"

犯罪的五人都是"爵公士以上"，未言明每人的爵级。而汉初的案件在叙述时会将每一人的爵级都交代得清清楚楚。④ 但是，爵的减刑功能还是存在的，后文提及"以劾律爵咸（减）论"。

东汉中期以后，随着动辄二级、三级地赐爵，以及"爵过公乘"可以移授给兄弟子侄，普通编户民得到公乘爵轻而易举，甚至在承袭与移授并举的情况下，我们怀疑有些人可能尚在襁褓已为公乘。东汉末年王粲《爵论》所言"今爵事废矣，民不知爵者何也。夺之，民亦不惧；赐之，民亦不喜"⑤，恐就是当时爵制的现实写照。

事实上，断代为汉末的东牌楼东汉简牍

---

① 长沙市文物考古研究所等编：《长沙五一广场东汉简牍选释》，第221页。

② 长沙市文物考古研究所等编：《长沙五一广场东汉简牍》（陆），第128页。长23.3厘米、宽1.4厘米。

③ 长沙市文物考古研究所等编：《长沙五一广场东汉简牍》（陆），第198页。

④ 张家山二四七号汉墓竹简整理小组编著：《张家山汉墓竹简〔二四七号墓〕》（释文修订本），第96页，《奏谳书》："··蜀守谳（谳）：大夫犬乘私马一匹，无传，谋令大夫武窬舍上造熊马传，著（着）其马职（识）物，弗身（简58）更，疑罪。·延报：犬与武共为伪书也。（简59）"此类案例陈述，多见于秦时和汉初案例，不多举。可参见睡虎地秦简、岳麓书院秦简等。

⑤ 《全上古三代秦汉三国六朝文》（第二册），河北教育出版社，1997，第850页。

中确实也只见到了"公乘"简：

建宁四年⬚成里户人公乘其卅九算卒笃⬚子⬚⬚⬚……（简79）

⬚⬚子⬚⬚⬚年卅口⬚卒九十复（简80）①

　　如果说东牌楼简牍数量少，残断严重，显示爵称的简过少，那么承继东汉法统的孙吴简的出土，则在很大程度上弥补了不足。走马楼吴简有10万余枚，目前已出到第九册。② 对大量带有爵称的简，王子今称此为"秦汉社会爵制的后期遗音"③。值得注意的是，吴简中只存在两种与爵位相关的名称，一是公乘，二是士伍。④ "公乘"是汉代前期所形成的民爵八级的最高级，"士伍"是"士下"准爵层的最低级，即普通人能够获取的正身份的上限和下限。

三　爵称年龄透视的社会制衡

　　西嶋定生在《中国古代帝国的形成与结构——二十等爵制研究》中提出，"军功赐爵、纳粟赐爵及卖爵、移民之际的赐爵，都是各具特性的问题"，秦汉时代广大普通庶民成为有爵者的决定性机会是"民爵赐与"⑤，并由赐爵形

---

① 长沙市文物考古研究所、中国文物研究所编：《长沙东牌楼东汉简牍》，文物出版社，2006，第107页。
② 《长沙走马楼三国吴简·竹简》（壹、贰、叁、肆、伍、陆、柒、捌、玖），文物出版社，2003、2007、2008、2011、2013、2018、2017、2015、2019。陆、柒出版较晚，分别为2018年和2017年。
③ 王子今：《走马楼吴简所见未成年"公乘"、"士伍"》，《湖南省博物馆馆刊》（第四辑），岳麓书社，2007，第318—324页。
④ 参见沈刚《长沙走马楼三国吴简研究》，社会科学文献出版社，2013，第188—199页，认为士伍是编户民一生就具有的身份。
⑤ ［日］西嶋定生：《中国古代帝国的形成与结构——二十等爵制研究》，武尚清译，第138页。另外，刘敏：《秦汉时期的"赐民爵"及"小爵"》，《史学月刊》2009年第11期，提出"民爵赐与"不等于"赐民爵"。

成乡里秩序及国家秩序。西嶋定生的观点影响甚远。但毕竟20世纪五六十年代材料有限，秦汉史的重要史料睡虎地秦简和张家山汉简都未发现，西嶋没有意识到民爵当中爵位继承这一途径。[①] 现今通过对肩水金关汉简有爵者爵称与年龄的统计，我们发现民爵获取或更加复杂，汉帝国的制衡之术也颇值得探研。

与其他西北汉简一样，并不是每一条带有爵称的肩水金关汉简都有年龄的计录。表4-6中有年龄计数的共搜集到284位公乘，14位公大夫和官大夫，94位大夫，70位不更，16位簪袅，35位上造，16位公士和17位士伍，共546位。现将每一级爵称都算出其平均年龄，为了更加直观，如图4-5所示：

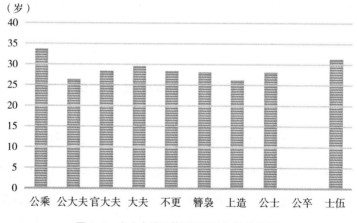

图4-5　肩水金关汉简民爵爵称年龄柱状图

① ［日］宫宅潔《汉初の二十等爵制—民爵に付带する特权とその继承》，提出秦汉时期民众可以继承爵位，并不只是通过赐民爵获得爵位。当时的乡村社会也不一定要通过"爵制秩序"重组。否定西嶋定生的观点。转引自［日］楯身智志《日本秦简研究现状·爵制、身份制度》，《简帛》（第六辑），上海古籍出版社，2011，第178—182页。

表4-6

肩水金关汉简民爵爵称及年龄汇表

爵称	公乘		公大夫		官大夫		大夫		不更		簪袅		上造		公士		公卒		士伍	
	计数	均龄	计数	均龄	计数	均龄	计数	均龄	计数	均龄	计数	均龄	计数	均龄	计数	均龄	计数	均龄	计数	均龄
肩壹	74	33.9	3	30.3	1	26.0	17	28.7	17	25.3	6	34.2	6	31.2	3	29.0			4	29.5
肩贰	32	30.5	0		1	29.0	10	30.8	6	30.0	4	29.3	12	32.0	3	34.3			1	28.0
肩叁	29	34.3	3	23.3	1	30.0	17	29.6	30	30.1	2	27.5	4	24.3	2	25.0			3	28.0
肩肆	103	33.0	2	25.0	1	21.0	45	31.5	14	29.9	3	25.0	4	18.8	4	29.5			9	33.7
肩伍	46	36.7	0		2	36.5	5	28.0	3	27.0	1	25.0	9	25.1	4	23.0			0	
合计	284	33.7	8	26.4	6	28.5	94	29.7	70	28.5	16	28.2	35	26.3	16	28.2			17	31.4

如图 4-5 所示，肩水金关汉简所反映的带有爵称的平均年龄大体均衡。数据最高的公乘爵平均为 33.7 岁，数据最低的上造平均为 26.3 岁。

首先，公乘爵的平均年龄最高。我们知道赐爵的直接后果是爵级的累积增高，"爵不过公乘"如上文所述既为西汉已有的制度，那么公乘作为民爵的最高级，其平均年龄最高，充分说明赐民爵确为普通民众获取爵位的重要途径。居延汉简有历经八次赐爵至公乘①，或老或卒的例子，试举两例：

豆□□□　公乘邺池阳里解清　老　故小男丁未丁未丙辰戊寅乙亥癸巳癸酉令赐各一级丁巳令赐一级　（简 162.10）

豆卌七　公乘邺宋里戴通　卒　故小男丁未丁未丙辰戊寅乙亥癸巳癸酉令赐各一级丁巳令赐一级　（简 162.14）②

其次，各爵称年龄分布的大体均衡。一般情况下，如果赐爵是普通民众获取爵位的决定性机会的话，那么，累积的结果就是爵级越高，年龄越大。而我们通过对表 4-6 肩水金关 546 枚爵称与年龄二者兼具的简的统计发现，事实并不是这样，反而是平均年龄的高低与爵称没有直接的关系。所以，汉代普通民众得爵的途径除了赐爵之外，必有其他经常性的获取方式。从简牍材料来看，有以下两种。

一是承袭。子辈的爵级是由父亲的爵级而定。张家山汉简中有对汉初爵位继承的规定，共涉及四种情况下的爵位继承，列举如下：

①　［日］西嶋定生：《中国古代帝国的形成与结构——二十等爵制研究》，武尚清译，第 222 页，将此八次赐爵据干支比定为昭帝始元五年（前 82 年）、元凤四年（前 77 年）、宣帝本始元年（前 73 年）、本始二年（前 72 年）、元康元年（前 65 年）、元康二年（前 64 年）、元康三年（前 63 年）、元康四年（前 62 年），凡二十年间的赐爵。其中地节三年（前 67 年），还有一次"当为父后者"赐爵。

②　《居延汉简》（贰），第 157 页。简 162.2＋162.19＋162.7、162.6、162.16＋162.8＋162.11、162.9、162.10、162.17＋162.12、162.13、162.14、162.15、162.18、162.20，据"中研院"的缀合，均为内容相关简。

（1）《二年律令·置后律》：疾死置后者……公乘后子为官（简367）大夫，公大夫后子为大夫，官大夫后子为不更，大夫后子为簪袅，不更后子为上造，簪袅后子为公士。（简368）①

（2）《二年律令·傅律》：不为后而傅者……公乘、公大夫子二人为上造，它子为公士；官大夫及大夫子为公士；不更至上造子为公卒。（简360）②

（3）《二年律令·置后律》：□□□□为县官有为也……皆为死事者，令子男袭其爵。毋爵者，其后为公士。（简369）③

（4）《二年律令·置后律》：☑及（？）爵，与死事者之爵等，各加其故爵一级，盈大夫者食之。（简373）④

第（1）为父死袭爵，第（2）为傅籍时承爵，这两种情况是普通民众都会涉及的。父死置后所涉及的只有"后子"，即继承人。其原则是降级承袭。律令中只规定了簪袅及以上爵，推测上造及以下的继承人承爵只能为公卒。岳麓书院藏秦简《识劫𡢊案》中大夫沛死后，他的儿子义承袭为小走马⑤，与汉初律令规定相同。第（3）和第（4）种情况为因公殉职或相似境况下的袭爵，不具有普遍性。

二是移授。西汉时期已实行爵不过公乘的政策，爵至公乘者可以移爵给兄弟子侄。而移授，也是造成各爵级平均年龄复杂化的原因之一。

---

① 张家山二四七号汉墓竹简整理小组编著：《张家山汉墓竹简〔二四七号墓〕》（释文修订本），第59页。

② 张家山二四七号汉墓竹简整理小组编著：《张家山汉墓竹简〔二四七号墓〕》（释文修订本），第58页。

③ 张家山二四七号汉墓竹简整理小组编著：《张家山汉墓竹简〔二四七号墓〕》（释文修订本），第59页。

④ 张家山二四七号汉墓竹简整理小组编著：《张家山汉墓竹简〔二四七号墓〕》（释文修订本），第60页。

⑤ 秦时走马为汉初簪袅。参见王勇、唐俐《"走马"为秦爵小考》，《湖南大学学报》2010年第4期。主要观点，走马、簪袅二名在秦代可能通用，汉初整理爵位时对同爵异称的情况进行了规范，废止了爵称走马。

事实上，西汉中后期爵称与平均年龄的均衡状态，并不是某一种获爵方式而致，而应是多种获爵途径合力的结果。举几例肩水金关汉简中 15 岁以下的公乘、大夫简：

（1）☐公乘张光年十四　七月丁未南（简 73EJT10：270）①

（2）爵得寿贵里公乘朱奉亲年十四岁长七尺二寸（简 73EJT37：971）②

（3）从者居延肩水里大夫盖常年十三长六尺三寸黑色　皆以四月壬戌出（简 73EJT10：130）③

（4）☐居延广地里大夫白长寿年十二长五尺二寸黑色轺车一乘马一匹☐（简 73EJT37：17+384）④

（5）子大夫可年十四长六尺黑色　　（简 73EJT3：101）⑤

这几例公乘和大夫都是 12 岁、13 岁、14 岁。如果我们说 15 岁以下的大夫爵，有可能是靠单一疾死置后的降级原则获取的话，那么 14 岁的公乘显然应该是承袭、赐爵、移授两种或三种方式合力的结果。值得注意的是，肩水金关汉简中小于 15 岁的有爵称的人，爵称前都不再冠以"小"字，秦时和汉初的"小爵"此时已不见记录，与长沙走马楼吴简中未出现"小公乘"和"小士伍"联系起来看，恐西北汉简还反映了小爵变迁的轨迹，这也应视为整个爵制变迁中的重要一环。

在表 4-6 统计的平均年龄中还有一点值得注意，就是士伍的平均年龄达

---

① 甘肃简牍保护研究中心、甘肃省文物考古研究所等编：《肩水金关汉简》（壹）（中册），第 283 页。
② 甘肃简牍博物馆、甘肃省文物考古研究所等编：《肩水金关汉简》（肆）（中册），第 151 页。
③ 甘肃简牍保护研究中心、甘肃省文物考古研究所等编：《肩水金关汉简》（壹）（中册），第 260 页。
④ 甘肃简牍博物馆、甘肃省文物考古研究所等编：《肩水金关汉简》（肆）（中册），第 32 页。
⑤ 甘肃简牍保护研究中心、甘肃省文物考古研究所等编：《肩水金关汉简》（壹）（中册），第 74 页。

到 31.4 岁，仅次于公乘。士伍无爵，已为学界共识。其年龄偏大应该有这样两个原因可以考虑：一个是犯罪者夺爵而为士伍。像《汉书·景帝纪》："吏迁徙免罢，受其故官属所将监治送财物，夺爵为士伍，免之。"①《汉书·衡山王传》："论国吏二百石以上及比者，宗室近幸臣不在法中者，不能相教，当免，削爵为士伍，毋得官为吏者。"② 这部分被夺爵者的年龄应比没有犯罪记录的其他低爵者年龄大。另一个是士伍还有可能是犯罪者通过赦免而来的。岳麓书院藏秦简"寺车府、少府、中府、中车府、泰官、御府、特库、私官隶臣，免为士五（伍）（简 033 正）"③，直接将隶臣免为士伍。这种情形在汉代的史料中未见，汉代史料中常见到的是"免为庶人"。梳理文献材料中的赐爵，研究者发现与赐爵基本同时颁布的往往还有赦令，这样的情况占赐爵场合的约半数。④"其赦天下，与民更始"⑤，赦免强调的不仅是对犯罪者的宽宥，更重要的是鼓励他们改过自新，将他们从刑罚身份序列提升上来，免为庶人。而庶人又可以通过国家赐爵，重新回归爵制身份序列，升为士伍。这些阅历丰富的士伍年龄必是偏大的。

肩水金关汉简主要反映是汉代西北屯戍吏卒的情形，爵称与平均年龄的均衡带有明显的军事性和地域性。但是，从这个均衡状态我们也可以看出，汉帝国对国家秩序的制衡。通过承袭、赐爵、移授等爵的授予调整爵制身份序列，又通过夺爵、赦免等调整刑制身份序列。民众遵纪守法，爵级步步上升，但也不可高枕无忧，否则触犯刑律则被夺爵，沦为徒隶；同时身在徒隶中的人，也不是没有出头之日。只要在官府监控下劳作服役，不再犯律不再

---

① 《汉书》卷 5《景帝纪》，第 140 页。
② 《汉书》卷 44《衡山王传》，第 2152 页。
③ 陈松长主编：《岳麓书院藏秦简》（肆），上海辞书出版社，2015，第 49 页。
④ ［日］西嶋定生：《中国古代帝国的形成与结构——二十等爵制研究》，武尚清译，第 373 页，统计为 38 次。邬文玲：《汉代赦免制度研究》，博士学位论文，中国社会科学院研究生院，2003，第 50 页，统计为 31 次。
⑤ 《汉书》卷 6《武帝纪》，第 169 页。

加刑，也可因劳、因巧①、因赦等各种途径免为庶人或免为士伍，重新获取爵位，返回居民里中，成为荣耀的爵制身份序列中的一员。"民赐爵则喜，夺爵则惧"②，反映的正是汉帝国通过"爵"的夺赐之法实现的社会制衡。

当然，"爵"强调的是身份制，一个社会的进步不可能只靠身份，而不讲功绩。"秩"则为功绩制，强调的是贡献。这一点由西北汉简"爵"与"职"表现出来的疏离则可证实。③ 关于"爵—秩体制"，阎步克已有高论④，兹不赘言。不过，从肩水金关汉简、长沙五一广场东汉简牍、长沙走马楼三国吴简的情况来看，"爵"对汉代社会秩序的调整，恐比我们以往所认知的要更为深远。

小　结

通过对居延汉简、居延新简、肩水金关汉简及"诏复家"等文献材料有关爵级爵称数量的数据统计，发现有这样两个共性：一是公乘的数量突出的多；二是公大夫和官大夫数量突出的少。前者公乘数量突出的多，表明"爵不过公乘"在西汉中后期，至少在元康元年（前65年）已事实存在。爵过公乘可以移授、移卖他人。移爵的累积，使民爵的最高级公乘爵数量在各爵级中最多。后者，公大夫与官大夫人数之少，不是移爵的结果。理论上，爵位的移授，爵级仅次于公乘的公大夫和官大夫人数也应仅次于公乘。但事实上，人数却是异常之少。从爵制变迁的轨迹中探寻，公大夫和官大夫爵在汉

---

① 岳麓书院藏秦简："内官、中官隶臣（简007正）妾、白粲以巧及劳免为士五（伍）、庶人、工、工隶隐官而复属内官、中官者（简008正）"，参见陈松长主编《岳麓书院藏秦简》（肆），第41页。

② 《全上古三代秦汉三国六朝文》（第二册），河北教育出版社，1997，第850页。

③ 参见朱绍侯《从居延汉简看汉代民爵八级的政治地位》（《南都学坛》2012年第4期）："当官凭本人才能，与爵位无关"；于振波《居延汉简中的燧长与候长》（《简牍与秦汉社会》，湖南人民出版社，2012，第74—92页）认为不存在"什么级别的官吏与哪一级有爵位相配"的规定；苑苑《居延汉简所见"士级爵"的任职问题》（《咸阳师范学院学报》2016年第1期），考证"士级爵"担任的职务有9种，也可佐证。

④ 阎步克：《从爵本位到官本位：秦汉官僚品位结构研究》，生活·读书·新知三联书店，2009。

初已出现爵等差别弱化、权益上从下靠的趋势，汉中期以后二者更是有区域性分布的倾向。所以，"公大夫""官大夫"两个爵称应该是爵制变迁时，在继"公卒"之后，被裁并的第二个和第三个爵称，时间大约在东汉中期。

从肩水金关汉简民爵的年龄统计看，除公乘年龄略大外，各爵称年龄分布大体均衡。爵称年龄的均衡状态所反映的是汉帝国对国家秩序的制衡。国家通过承袭、赐爵、移授等爵的授予调整爵制身份序列，又通过夺爵、赦免等方式调整刑制身份序列。普通民众安分守己，爵的身份会越积越高，可是一旦触犯刑律，荣耀的爵制身份会被剥夺，甚至沦为徒隶；而徒隶身份也不是永久性的，可以上下流动，有机会成为庶人，重返居民里中，重新获取爵位。"民赐爵则喜，夺爵则惧"，反映的正是汉帝国通过"爵"的夺赐之法实现的社会制衡。

第五章
告地书中“关内侯寡”“五大夫”身份论考

告地书是西汉时期的一种丧葬用文书，目前只见于简牍材料。从 20 世纪 70 年代凤凰山 10 号汉墓出土告地书以来，已有数牍出土并公布。学者已就告地书的名称由来、性质、行文格式、用语等做了较充分的讨论，[①] 但对告地书中的身份却有争议。比如江陵高台 18 号墓提到的“新安户人大女燕关内侯寡”，发掘简报从墓的规模判定，大女燕可能为“某关内侯封邑内的住户，并且是一名寡妇”；[②] 黄盛璋则认为此墓“一棺一椁，漆器 20 件。有奴有婢侍奉，以一妇女而有此规模，且作为户主，不能否认她为关内侯配偶，即使非正妻，也可为配定姬妾”[③]。再如，江陵凤凰山 10 号墓，告地书中的墓主为“平里五大夫张偃”，有研究者认为其生前身份为汉代的第九级爵五大夫；[④] 也有学者认为这座墓规模小、随葬品少，“五大夫”不应是被授予的，

① 黄盛璋：《江陵凤凰山汉墓简牍及其在地理研究上的价值》，《历史地理与考古论丛》，齐鲁书社，1982，第 166—193 页；黄盛璋：《江陵高台汉墓新出“告地策”、遣策与相关制度发复》，《江汉考古》1994 年第 1 期；陈松长：《告地策的行文格式与相关问题》，《湖南大学学报》2008 年第 5 期；[德] 傅敏怡：《论马王堆三号汉墓“告地书”》，《湖南大学学报》2010 年第 7 期；刘国胜：《谢家桥一号汉墓〈告地书〉牍的初步考察》，《江汉考古》2009 年第 3 期；王贵元：《谢家桥一号汉墓“告地策”字词考释》，《古汉语研究》2010 年第 4 期；汪桂海：《汉代简牍中的告地策资料》，《简帛研究（二〇〇六）》，广西师范大学出版社，2008，第 242—247 页；等等。近见蒋鲁敬《郢城周边西汉墓出土告地书汇释》，《简帛研究（二〇一七）》（秋冬卷），广西师范大学出版社，2018，第 99—112 页，通过对郢城周边 5 枚告地书的梳理，利用告地书确切年代，建立了郢城周边西汉初年至文景时期汉墓的年代序列；利用告地书所记地名，推进西汉江陵县乡里建置研究，很有意义。

② 湖北省荆州地区博物馆：《江陵高台 18 号墓发掘简报》，《文物》1993 年第 8 期。

③ 黄盛璋：《江陵高台汉墓新出“告地策”、遣策与相关制度发复》，《江汉考古》1994 年第 1 期。

④ 弘一：《江陵凤凰山十号汉墓简牍初探》，《文物》1974 年第 6 期。

而是纳粟买来的。① 造成分歧的原因，盖在于墓葬的规格和告地书中的身份似有一定距离。作为冥世文书，告地书是否为墓主生前状况的真实反映呢？

一　出土告地书概况

目前，我们知道的标注有身份的告地书有 9 件，已公布 8 件。湖北有 7 件，其中 5 件在荆州，2 件在随州；江苏有 1 件。荆州印台西汉墓告地书木牍，似有几块，内容尚未公布。② 下面按时间顺序将已公布内容作一简单介绍。

1. 荆州谢家桥 1 号汉墓，据简报应为吕后五年（前 183 年）。有竹牍三枚，较宽大的一枚竹牍长 23.65 厘米，宽 2.80—2.85 厘米，厚 0.35 厘米，其他两枚略小。

> 牍一：五年十一月癸卯朔庚午，西乡虎敢言之：郎中【五】大夫昌自言，母大女子恚死，以衣器、葬具及从者子、妇、偏下妻、奴婢、马、牛，物、人一牒，牒百九十七枚。昌家复，毋有所与，有诏令。谒告地下丞以从事，敢言之。
>
> 牍二：十一月庚午，江陵丞虒移地下丞，可令吏以从事。ノ臧手。
>
> 牍三：郎中五大夫昌母家属当复毋有所与。③

2. 江陵高台 18 号汉墓。汉文帝七年（前 173 年）。出木牍四块。牍甲上部书"安都"，下端书"江陵丞印"。牍丁为遣策。中间的两块木牍正面相合叠放，背

---

① 黄盛璋：《江陵凤凰山汉墓简牍及其在地理研究上的价值》，《历史地理与考古论丛》，第 186 页；陈振裕：《湖北汉墓初析》，《文博》1988 年第 2 期。

② 郑忠华：《印台出土大批西汉简牍》，《荆州重要考古发现》，文物出版社，2009，第 204—208 页。文中提及"九座西汉墓共出竹、木简 2300 余枚，木牍 60 余方，内容分为文书、卒簿、历谱、编年记、日书、律令以及遣策、器簿、告地书等"，后文又有"有的告地书记载了墓主下葬的绝对年代"。

③ 荆州博物馆：《湖北荆州谢家桥一号汉墓发掘简报》，《文物》2009 年第 4 期；杨开勇：《谢家桥 1 号汉墓》，《荆州重要考古发现》第 188—197 页，文物出版社，2009；刘国胜：《谢家桥一号汉墓〈告地书〉牍的初步考察》，《江汉考古》2009 年第 3 期。

面有丝绸捆缚痕迹。这种叠放方式应该是出于公文的保密性要求。牍乙长 23.0 厘米，宽 3.7 厘米，厚 0.4 厘米。牍丙长 23.2 厘米，宽 4.5 厘米，厚 0.4 厘米。

　　牍乙：七年十月丙子朔庚（子），中乡起敢言之新安大女燕自言，与大奴甲、乙、大婢妨徙安都，谒告安都，受（名）数，书到为报，敢言之。

　　十月庚子，江陵龙氏丞敬移安都丞。亭手（正面）产手（背面）

　　牍丙：新安户人大女燕关内侯寡

　　大奴甲

　　大奴乙

　　大婢妨

家复不算不颗①

　　3. 江陵毛家园 1 号墓，汉文帝十二年（前 168 年）。木牍，长 22.1 厘米，宽 4.2 厘米。

　　十二年八月壬寅朔己未，□乡畴敢告地下主，泗（?）阳关内侯寡大女精死，自言以家属马牛徙。今牒书所具（?）徙者□牒移此，家复不事。可令史□路（?）以从事，它如律令。敢告主。②

　　4. 江陵凤凰山 168 号墓，汉文帝十三年（前 167 年）。竹牍，长 23.2 厘米，宽 4.1—4.4 厘米，厚 0.3 厘米。

---

　　①　湖北省荆州地区博物馆：《江陵高台 18 号墓发掘简报》，《文物》1993 年第 8 期；湖北省博物馆：《荆州高台汉墓》，科学出版社，2000，第 222—229 页；黄盛璋：《江陵高台汉墓新出"告地策"、遣策与相关制度发复》。

　　②　杨定爱：《江陵县毛家园 1 号西汉墓》，《中国考古学年鉴·1987》，第 204 页；湖北省博物馆编：《书写历史——战国秦汉简牍》，文物出版社，2007，第 77 页。1987 年年鉴原释文为："十二年八月壬寅朔己未，建卿畴敬告地下主：泗阳关内侯官大夫精死自言以家属臣牛从今牒书所具……"这里采用的是 2007 年释文。

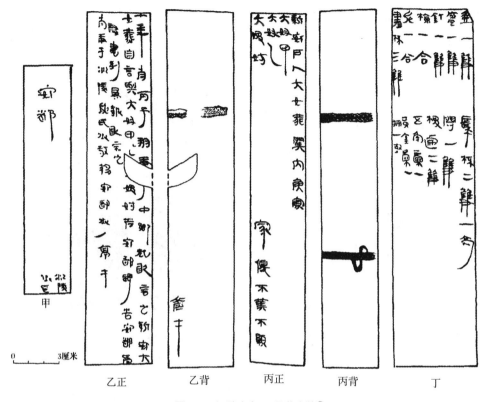

图5-1　江陵高台18号墓木牍①

十三年五月庚辰，江陵丞敢告地下丞：市阳五大夫遂自言：与大奴良等廿八人，大婢益等十八人，轺车二乘，牛车一两，骑马四匹，騩马二匹，骑马四匹。

可令吏以从事。敢告主。②

5. 江陵凤凰山10号汉墓，汉景帝四年（前153年）。木牍，简报与其他几块牍统计在一起，长23.0—23.5厘米，宽4.6—5.8厘米，厚0.3—0.4厘

---

① 采自湖北省博物馆《荆州高台秦汉墓》，第223页。
② 湖北省文物考古研究所：《江陵凤凰山一六八号汉墓》，《考古学报》1993年第4期。

米。木牍正面为随葬物，背面为告地书，第一行还是遣策的一部分。因原图过于模糊，仅截一张描摹图以示意（见图 5-2）。

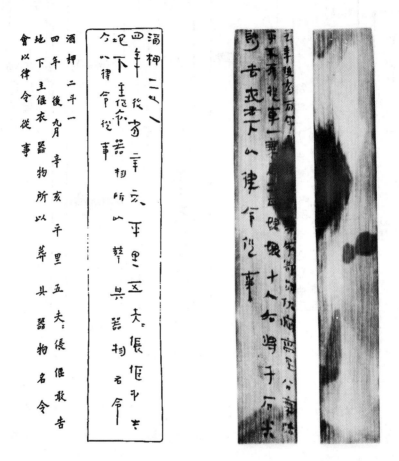

图 5-2　湖北江陵凤凰山 M10 汉墓、随州周家寨 M8 告地书①

　　四年后九月辛亥，平里五大夫张偃敢告地下主：偃衣器物，所以□（撰）具器物，可令吏以律令从事。②

---

　　①　分别采自湖北省文物考古研究所编《江陵凤凰山西汉简牍》，中华书局，2012，第 91 页；湖北省文物考古研究所、随州市曾都区考古队《湖北随州市周家寨墓地 M8 发掘简报》，《考古》2017 年第 8 期。
　　②　黄盛璋：《江陵凤凰山汉墓简牍及其在地理研究上的价值》，《历史地理与考古论丛》，第 176—177 页；长江流域第二期文物考古工作人员训练班：《湖北江陵凤凰山西汉墓发掘简报》，《文物》1974 年第 6 期。

6. 随州孔家坡 8 号汉墓，汉景帝后元二年（前 142 年）。木牍，长 23.4 厘米，宽 4.7 厘米，厚 1.5 厘米。

　　二年正月壬子朔甲辰，都乡燕、佐戎敢言之：库啬夫辟与奴宜马、取、宜之、益众，婢益夫、末众，车一乘，马三匹。正月壬子，桃侯国丞万移地下丞，受数勿报。

　　定手（背面）①

7. 湖北随州周家寨 8 号汉墓。墓葬年代发掘简报推测为武帝建元元年（前 140 年）或元光元年（前 134 年）。木牍 1 块（M8：66）。置于竹笥内，四边平直，上下两端修平，呈长方形。长 25.5 厘米，宽 3.5 厘米。一面有墨书文字，字体为隶书，书写较随意（见图 5-2）。

　　元年后九月丙戌，桃侯国丞寿成、都乡佐疕："高里公乘路平不幸，从车一乘、马二匹、奴婢十人，各将千石米，谒告地丞。"下，以律令从事。②

8. 江苏邗江胡场 5 号汉墓，汉宣帝本始四年（前 70 年）。木牍 2 件，长 23 厘米，宽约 3.5 厘米。

　　卅七年十二月丙子朔辛卯，广陵宫司空长前、丞眂敢告土主：广陵石里男子王奉世有狱事，事已，复故郡乡里，遣自致移棺穴。卅八年，

---

① 湖北省文物考古研究所等：《随州孔家坡汉墓简牍》，文物出版社，2006，第 197 页。
② 湖北省文物考古研究所、随州市曾都区考古队：《湖北随州市周家寨墓地 M8 发掘简报》，《考古》2017 年第 8 期；陈伟：《周家寨 8 号墓〈告地书〉中的"不幸"》，简帛网，http://www.bsm.org.cn/？hanjian/7977.html，2018 年 11 月 13 日。"下"还有一种可能，即"地下丞"，顺序写错了。陈伟已经在文中指出。

狱计承书从事如律令。①

江苏邗江的告地书，长度与其他告地书大体一样，约为汉代一尺牍，内容涉及刑狱，涉及的身份是"男子"，牍上书写"广陵石里男子王奉世有狱事"②。从告地下主者为主徒的"宫司空长""宫司空丞"以及"狱计承书从事如律令"来看，与隶囚相关。且墓主夫妇，男主人在 30 岁以内，头骨异常，为受刑或长期重压所致。本节只对涉及普通人身份的 7 件告地书做论说，江苏这 1 件暂不讨论。

此外，有学者认为马王堆三号墓木牍是告地书③，但陈松长从行文格式、傅敏怡从用语角度，均否定其为告地书④，此枚也暂不作讨论。

二　移户文书的判定

从上述 7 件告地书牍的"敢告""敢言之""自言""如律令""以律令从事"等文书格式，我们可以看出这类文书主要是模拟人世间公文书形式，

① 释文综合参考扬州博物馆、邗江县图书馆：《江苏邗江胡场五号汉墓》，《文物》1981 年第 11 期；刘昭瑞：《记两件出土的刑狱木牍》，《古文字研究》第 24 辑，中华书局，2002，第 440—443 页；梁勇：《江苏邗江胡场五号汉墓木牍、铜印及相关问题再考》，《东南文化》2011 年第 2 期；田天：《江苏邗江胡场五号汉墓木牍的再认识》，《出土文献》（第三辑），中西书局，2012，第 291—304 页。

② 参见扬州博物馆、邗江县图书馆《江苏邗江胡场五号汉墓》，《文物》1981 年第 11 期；刘昭瑞《记两件出土的刑狱木牍》，《古文字研究》第 24 辑，中华书局，2002，第 440—443 页；梁勇：《江苏邗江胡场五号汉墓木牍、铜印及相关问题再考》，《东南文化》2011 年第 2 期 "卅七年十二月丙子朔辛卯，广陵宫司空长前、丞眦敢告土主：广陵石里男子王奉世有狱事，事已，复故郡乡里，遣自致移棺穴。卅八年狱计承书从事，如律令"。

③ 湖南省博物馆、湖南省文物考古研究所：《长沙马王堆二、三号墓》（第一卷　田野考古发掘报告），文物出版社，2004，第 43 页："十二年，二月乙巳朔戊辰，家承（丞）奋移主藏（藏）郎中，移赗（藏）物一编，书到先选（撰），具奏主藏（藏）君。" Anna Seidel、王贵元等均认为此木牍为告地书（参见［德］傅敏怡《论马王堆三号汉墓"告地书"》、王贵元《谢家桥一号汉墓"告地策"字词考释》）。

④ 陈松长：《告地策的行文格式与相关问题》；［德］傅敏怡：《论马王堆三号汉墓"告地书"》。

由地上官吏向地下官吏移交。① 而这类文书模拟的对象，应该就是现实社会中的移户文书。

首先从内容来看，告地书向地下官吏呈报的内容主要有以下两方面：一是亡者名数，即姓名、籍贯、身份等信息；二是随行家属、奴婢、马牛等人员财物。而这两点应是汉代户籍的主要构成部分。

关于户籍中的名数，随着里耶户籍简和三国吴户籍简的公布，已无异议。只是户籍中是否登载资产，学界看法不一。高敏据秦简《封诊式》中《封守》爰书认为"家庭财产和类别，也可能要记入户口册"；② 张荣强据吴简更明确提出汉代的户籍是家口籍和财产簿的结合。③ 杨际平则认为"汉代户籍的主要内容是吏民家口名年，不包括赀产"④。那么，汉代的户籍究竟有没有资产？

汉代的户籍实物至今尚未见到，但居延简中有两枚记录家口和家庭财产的简牍，早就引起了研究者的注意，这就是徐宗简和礼忠简。不过，早年由于条件所限大家引用都是劳榦释文，后来永田英正据图版之墨色浓淡，重新考释了两简，删除了认为是习字的部分，试图恢复原简面貌。这项成果非常值得借鉴。现将永田英正释文录于下：

（1）三堆燧长居延西道里公乘徐宗年五十

妻	宅一区直三千
子男一人	田五十亩直五千
男同产二人	用牛二直五千

---

① 陈松长从行文格式入手，认为所谓告地策的行文程式，实际上是秦代官府文书的一种照搬（《告地策的行文格式与相关问题》）。

② 高敏：《秦汉的户籍制度》，《求索》1987年第1期。

③ 参见张荣强《孙吴简中的户籍文书》，《历史研究》2006年第4期。

④ 杨际平：《秦汉户籍管理制度研究》，《中华文史论丛》（总第八十五辑）2007年第1期。

女同产二人

（2）侯长羸得广昌里公乘礼忠年卅

小奴二人直三万	用马五匹直二万	宅一区万
小婢一人二万	牛车二两直四千	田五顷五万
轺车二乘直万	服牛二六千	·凡訾直十五万①

徐宗简长 22.3 厘米，宽 3.7 厘米；礼忠简长 22.0 厘米，宽 1.1 厘米。考虑到残缺，原应都是汉代的一尺牍。从图版上来看，格式上均分栏书写，这一点同秦里耶户版实物相似。内容上先录户主，次录家口奴婢，再次是家产。《二年律令·户律》："民欲先令相分田宅、奴婢、财物，乡部啬夫身听其令，皆参辨券书之，辄上如户籍（简 334－335）。"② 张荣强释"如"为"入"。③ 二简将家口奴婢、车马牛、田宅录在一起，不正是律文提及的"辄上如户籍"？事实上，早在 20 世纪 50 年代，陈槃就视这两枚简为军吏户籍，"按此汉代军吏名籍，其为用，同于民人之有户籍"。而且将户籍与上计制度相结合，认为"汉世吏民户籍，必著录资产，故上计之簿得有所依据"。④ 这是个很值得重视的观点。而录入户籍的财产正是汉政府以訾征赋的依据。⑤

告地书亦是如此，多录有奴婢、轺车、牛车、马、牛等，其他衣物、器皿等则用遣策作为附件，详列清单，一同呈报地下主。⑥

不过，告地书不管正文还是附件均没有田宅一项，或田宅是不动产，不

---

① ［日］永田英正：《居延汉简研究》，张学锋译，广西师范大学出版社，2007，第 421—423 页。

② 张家山二四七号汉墓竹简整理小组编著：《张家山汉墓竹简〔二四七号墓〕》（释文修订本），第 54 页。

③ 张荣强：《孙吴简中的户籍文书》。

④ 陈槃：《由汉简中之军吏名籍说起》，大陆杂志社编印《秦汉史及中古史前期研究论集》（第一辑第四册），大陆杂志社，1960，第 88 页。

⑤ 参见朱德贵《汉简与财政管理新证》，中国财政经济出版社，2006，第 97 页；贾丽英《秦汉至三国吴的"訾税"变迁》，《历史研究》2019 年第 2 期。

⑥ 附有遣策的有：谢家桥 1 号汉墓、江陵高台 18 号汉墓、江陵毛家园 1 号汉墓、江陵凤凰山 168 号汉墓、江陵凤凰山 10 号汉墓。

可随户迁移。东汉时期冥世文书中兴起了向地下鬼神购买田地的买地券，这可能是告地书所反映的地下世界观的进一步演化和发展。

其次，从一些关键性词语，像"徙""徙者""受数勿报""受数书到为报"来看，与移户徙居吻合。睡虎地秦简《法律答问》有关于徙居的规定：

> 甲徙居，徙数谒吏，吏环，弗为更籍，今甲有耐、赀罪，问吏可（何）论？耐以上，当赀二甲。（简147）①

《二年律令·户律》也有这样的用语：

> 恒以八月令乡部啬夫、吏、令史相襍案户籍，副臧（藏）其廷。有移徙者，辄移户及年籍爵细徙所，并封。（简328）②

"封"，整理组解释为"用印封缄"。江陵高台18号汉墓出木牍四块，上下叠放。牍甲上部书"安都"，下端以印缄的样式书写"江陵丞印"。可与法律文书相印证。而居延简的封检像"甲渠候官"也以这样的样式出现。③

现实社会中的移户文书我们尚未见到。里耶秦简倒是有一例查问移户手续不全的文书：

> 廿六年五月辛巳朔庚子，启陵乡□敢言之：都乡守嘉言渚里□□
> 劾等十七户徙都乡，皆不移年籍。令曰移言，今问之劾等徙□
> 书告都乡，曰户陵乡未有枼（牒），毋以智劾等初产至今年数，□

---

① 睡虎地秦墓竹简整理小组编：《睡虎地秦墓竹简》，第127页。
② 张家山二四七号汉墓竹简整理小组编著：《张家山汉墓竹简〔二四七号墓〕》（释文修订本），第54页。
③ 张俊民：《江陵高台18号墓木牍释文浅析》，《简帛研究（二〇〇一）》，广西师范大学出版社，2001，第290页。

□□□谒令，都乡具问劾等年数。敢言之。　　　　［简 J1（16）9 正］

□迁陵守丞敦狐告都乡主以律令从事。建手

甲辰水十一刻［刻］下十刻，不更成里午以来。　　牂手

［简 J1（16）9 背］①

秦始皇帝十六年（前 231 年），"初令男子书年"②。文书时间为秦始皇帝二十六年（前 221 年），提及"令曰"移户时需提供年籍，但劾等无年籍。同一考古地址所出秦的户籍木牍实物，缀合完整的 10 枚，残 14 枚，不管是"户人"还是家口，也均没有年龄一项。③ 说明此时在全国范围内秦的户籍管理制度或正处于严格推行的过程之中。

目前所公布的告地书也均没有年龄一项，推测原因或为两个：一是沿袭或照搬秦户籍制度严格之前的移户文书；二是冥世文书的书写规则。东汉的买地券也没有一例书写年龄。

三　告地书中的身份

户籍，对国家来说是"民之大纪，国之治端"，④ 因为户口是国家征发赋役的基础。而秦汉时期来源于"丁口的赋敛，比以田亩产量为准的田租重得多"，是国家财政的支柱。"而租、赋、役三者相比，又以徭役征剥尤为苛重。"⑤ 因此，秦汉社会对人口控制非常严格。秦王国早在商鞅变法之时就提出"四境之内，丈夫女子皆有名于上，生者著，死者削"⑥。百姓如若迁移，

---

① 湖南省文物考古研究所：《里耶发掘报告》，岳麓书社，2007，第 194 页。
② 《史记》卷 6《秦始皇本纪》，第 232 页。
③ 湖南省文物考古研究所：《里耶发掘报告》，第 203—209 页。
④ 《南齐书》卷 34《虞玩之传》，第 608 页。
⑤ 黄今言：《秦汉赋役制度研究》，江西教育出版社，1988，第 229、342 页，
⑥ 《商君书·境内》，蒋礼鸿《商君书锥指》，第 114 页。

必须要移户更籍。如果不按法律要求更籍，则本人处耐刑和罚赀的双重处罚，负责官吏则要"赀二甲"（上引《法律答问》简147）。汉初的规定更详于秦律，有关官吏像乡部啬夫、吏、令史等如果不按规定办理移户，"留弗移，移不并封，（简328）及实不徙数盈十日，皆罚金四两；数在所正、典弗告，与同罪；乡部啬夫、吏主及案户者弗得，罚金（简329）各一两（简330）"①。

尽管有国家的严密控制，秦汉社会"亡人"现象仍很多。简牍和文献材料中常见到"亡人""亡人越塞"的内容。"亡人"形成一定的规模，还导致严重影响社会秩序的流民运动。② 法律也专门设有《亡律》，对吏民、奴婢、城旦舂、隶臣妾、收人等各种犯罪主体的逃亡行为进行法律制裁。③ 而考诸"亡人"现象最重要的原因是赋税繁重和徭役频发。④

那么，为什么生时为避赋役脱离国家户籍而"亡"，死后却又主动地向地下官吏报到著籍？

审视7件告地书的内容，我们发现这样几个关键性字眼：谢家桥1号汉墓"昌家复，毋有所与，有诏令"，"昌母家属当复毋有所与"；江陵高台18号汉墓"家复不算不题"；江陵毛家园1号墓"家复不事"。

问题的核心找到了。原来由地上官吏向地下官吏发送的移户文书，表面上是死者向地下主报到著籍书，实质上是死者手持的免赋免役书。尽管有的告地书没有明确写着可以不算不徭，其目的却与明确书写者并无二致，只是用一种时人都明白的方式表达出来，即墓主们都拥有一个免赋役的身份。我们来看这几块告地书的身份：

---

① 张家山二四七号汉墓竹简整理小组编著：《张家山汉墓竹简〔二四七号墓〕》（释文修订本），第54页。

② 参见王子今《论西汉北边"亡人越塞"现象》，《秦汉边疆与民族问题》，中国人民大学出版社，2011，第83—95页；张功《秦汉逃亡犯罪研究》，湖北人民出版社，2006；余谦《两汉流民问题探微》，《江西师范大学学报》1994年第3期。

③ 参见《二年律令·亡律》，张家山二四七号汉墓竹简整理小组编著《张家山汉墓竹简〔二四七号墓〕》（释文修订本），第30—32页。

④ 阎晓君：《张家山汉简〈亡律〉考论》，《法律科学（西北政法大学学报）》2009年第1期。

表 5-1　　　　　　　　　　　　　　告地书的身份

墓葬	谢家桥 1 号汉墓	江陵高台 18 号汉墓	江陵毛家园 1 号墓	江陵凤凰山 168 号墓	江陵凤凰山 10 号墓	随州孔家坡 8 号汉墓	随州周家寨 8 号汉墓
墓主身份	五大夫母	关内侯寡	关内侯寡	五大夫	五大夫	库啬夫	公乘

7 件告地书中，五大夫或五大夫母 3 件，关内侯寡 2 件，公乘 1 件，库啬夫 1 件。

五大夫，是官（吏）爵和民爵之间的一个临界爵，① 属汉初二十等爵的第九级。在惠帝吕后之时属于高爵。惠帝初即位时诏："爵五大夫、吏六百石以上及宦皇帝而知名者，有罪当盗械者，皆颂系。"② 《二年律令》中也有不少这样的内容，《贼律》："所殴詈有秩以上，及吏以县官事殴詈五大夫以上，皆黥为城旦舂（简 47）"③；《赐律》有关赐衣者的规定："五大夫以上锦表，公乘以下缦表，皆帛里；司寇以下布表、里（简 283）。"④ 不管是在社会地位还是刑律规定上都突出了高爵的特点，显示着五大夫爵的优越。公乘爵在汉初也是高爵，高祖八年（前 199 年）令"爵非公乘以上毋得冠'刘氏冠'"⑤，显然公乘以上可以戴刘氏冠，应是对高爵者的一种优遇。

在赋役方面，汉初至西汉中期公乘爵可以免役，是一个界爵。《二年律令·徭律》"补缮邑院，除道桥，穿波（陂）池，治沟渠，斩奴苑，自公大夫以下，☐勿以为繇（徭）（简 413-414）"⑥，"公大夫以下"，整理小组认为"下，疑为'上'字之误"。公大夫的上一级爵即为公乘，公乘是这一时

---

① 朱绍侯：《关于汉代的吏爵和民爵问题》，《军功爵制考论》，商务印书馆，2008，第 368—377 页；[日]西嶋定生：《中国古代帝国的形成与结构——二十等爵制》，武尚清译，第 62—65 页。

② 《汉书》卷 2《惠帝纪》，第 85 页。

③ 张家山二四七号汉墓竹简整理小组编著：《张家山汉墓竹简〔二四七号墓〕》（释文修订本），第 15 页。

④ 张家山二四七号汉墓竹简整理小组编著：《张家山汉墓竹简〔二四七号墓〕》（释文修订本），第 48 页。

⑤ 《汉书》卷 1 下《高帝纪下》，第 65 页。

⑥ 彭浩、陈伟、[日]工藤元男主编：《二年律令与奏谳书——张家山二四七号汉墓出土法律文献释读》，第 248 页。

期免役的一个分界爵，详见下章。

五大夫及其家有复除特权。高祖五年（前 202 年）诏："其七大夫以上，皆令食邑，非七大夫以下，皆复其身及户，勿事。"师古注曰："复其身及一户之内皆不徭赋也。"① 《二年律令·复律》提到"复"，即"勿算徭赋"。② 因七大夫为二十等爵的第七级，朱绍侯推论，比七大夫高两级的五大夫在汉初甚至还享有食邑权。③ 后来随着爵制的变化，高爵上移，特权减少。但五大夫的复除权一直存在，不过文帝时纳粟买来的五大夫仅能复一人。《汉书·食货志》："令民入粟受爵至五大夫以上，乃复一人耳。"④ 武帝时，因百姓多买爵至五大夫，连兵役的征发也成了问题。"法既益严，吏多废免。兵革数动，民多买复及五大夫，征发之士益鲜。"⑤ 而从西北地区出土的汉简士兵名籍中，的确没有一例爵至五大夫身份的，想来这种情形与爵的复除是吻合的。⑥

关内侯是军功爵制的第十九级，是贵族爵和官爵之间的一个临界爵。⑦ 其权益远大于五大夫。不仅食邑、复家，还有"侯爷的头衔，世袭的特权"⑧，兹不作赘述。

秦简《日书》中有"生子北首西乡，必为上卿，女子为邦君妻（简248）"⑨ 的说法。五大夫有诸多权益，关内侯如此荣耀，想来即使男子不能成为上卿，女子不能为邦君妻，能爵封五大夫，或能嫁给关内侯也应该是汉初百姓梦寐以求的事情吧。

---

① 《汉书》卷 1 下《高帝纪下》，第 54—55 页。
② 张家山二四七号汉墓竹简整理小组编著：《张家山汉墓竹简〔二四七号墓〕》（释文修订本），第 47 页。
③ 朱绍侯：《军功爵制考论》，第 118 页脚注①。
④ 《汉书》卷 24 上《食货志上》，第 1134 页。
⑤ 《史记》卷 30《平准书》第 1428 页。
⑥ 参见李天虹《居延汉简簿籍分类研究》，科学出版社，2003，第 1—24 页。
⑦ 朱绍侯：《军功爵制考论》，第 378—387 页。
⑧ 朱绍侯：《军功爵制考论》，第 387 页。
⑨ 睡虎地秦墓竹简整理小组编：《睡虎地秦墓竹简》，第 254 页。

然而，让人不解的是从墓葬的实际发掘情况来看，"五大夫"或"关内
侯寡"们的生活状况却并不都是与富足联系在一起的。即使同一区域，基本
同一时代，他们的生活境遇差别也很大。我们先来看"五大夫"诸墓，
见表5-2。

表 5-2   "五大夫"及"五大夫母"墓葬情况对比

名称	时间	墓葬结构	随葬器物	材料来源
谢家桥 M1	吕后五年（前183年）	墓口 6.08 米×4.06 米，墓底 5.16 米×3.20 米，深 4.9 米。葬具一椁一棺	489 件①，分为陶器、铜礼器、铁器、漆木器、竹简牍、棕麻制品和丝织品。其中竹简牍 211 枚	《湖北荆州谢家桥一号汉墓发掘简报》，《文物》2009 年第 4 期
江陵凤凰山 M168	汉文帝十三年（前167年）	长方形的坑竖穴墓，由墓道、墓坑、墓室三部分组成。墓口 6.2 米×4.8 米，墓底 5.4 米×3.8 米，深 8.4 米。葬具一椁二棺（外棺与内棺）	563 件。主要是生活用具，文具简册，服饰品，权衡器，奴婢木俑，车船模型器和食物，其质料包括漆、竹、木、陶、铜、玉、丝麻织物等。其中竹简牍 67 枚	《江陵凤凰山一六八号汉墓》，《考古学报》1993 年第 4 期
江陵凤凰山 M10	汉景帝四年（前153年）	墓口 3.15 米 × 1.50 米，3.00 米×1.48 米，深 3.22 米；葬具一椁一棺	漆器、木俑、木器、竹器、陶器、丝寇囊，共 56 件②。另有简牍 170 余枚	《湖北江陵凤凰山西汉墓发掘简报》，《文物》1974 年第 6 期

表 5-2 所列三墓，谢家桥 M1，西北距楚纪南城遗址 5.5 千米。江陵凤凰
山 M168 和 M10，在江陵县纪南乡。三墓基本属同一地域。M1 为吕后五年
（前183 年），M168 为文帝十三年（前167 年），M10 是景帝四年（前153
年），最早和最晚的相差 30 年。然而通过对比我们却看到，不管是墓葬规格，

---

① 此为发掘简报的数据。另参见杨开勇《谢家桥 1 号汉墓》，《荆州重要考古发现》，文物出版社，
2009，第 194 页："随葬品丰富，计 860 件。"

② 弘一：《江陵凤凰山十号汉墓简牍初探》，则记载为 70 余件。

还是随葬物品,凤凰山 M10 明显逊于谢家桥 M1 和凤凰山 M168。我们知道汉人有"谓死如生……以为死人有知,与生人无以异"① 的观念,所以从随葬情况我们有理由认为在现实生活中,M10 墓主与另两位墓主生活贫富境况差别很大。

同样的情况也存在于"关内侯寡"的墓葬中,见表 5-3。

表 5-3　　　　　　　　　　　　"关内侯寡"墓葬情况对比表

名称	时间	墓葬结构	随葬器物	材料来源
江陵高台 M18	汉文帝七年(前 173 年)	土坑竖穴木椁墓。现存墓坑口 3.30 米×2.18 米,底 3.00 米×2.06 米,深 1.80 米。葬具为一椁一棺	陶器、漆木器 30 余件,木牍 4 块	《江陵高台 18 号墓发掘简报》,《文物》1993 年第 8 期
毛家园 M1	汉文帝十二年(前 168 年)	土坑竖穴木椁墓。墓口 5.73 米×3.60 米。底 4.91 米×2.96 米,深 7.34 米。葬具一椁一棺	漆、木、竹、陶、铜、骨器等共计 150 余件,其中一件大漆盘,制作精细实为罕见。另有竹简 74 枚,木牍 1 枚	杨定爱:《江陵县毛家园 1 号西汉墓》,《中国考古学年鉴·1987》,第 204 页

这两座墓相隔年代更近,仅五年之差。地理位置上离得也非常近。江陵高台 M18,在江陵纪南城东墙外 100 米。毛家园 M1,在纪南城东南部,距南城垣 190 米。同一地域,同一时代,墓葬规格和随葬品数量和质量相差这样大,只能说明这两位女性在现实生活中也过着贫富不同的生活。而"女子比其夫爵",② 她们夫君的爵位、地位也不会相同。我们不禁会问,江陵高台 M18 的墓主人燕,是一位关内侯的寡妻吗?

同样的疑问在发掘报告之初就提了出来,整理者认为"根据该墓的规模,

---

① 《论衡·薄葬》,黄晖《论衡校释》,中华书局,1990,第 962 页。
② 《二年律令·置后律》,张家山二四七号汉墓竹简整理小组编著《张家山汉墓竹简〔二四七号墓〕》(释文修订本),第 59 页。

燕不可能为关内侯配偶"，而应该是"某关内侯封邑内的住户"①。

其实，之所以提出质疑并得出推论，是我们把告地书当成了一件普通的文书，相信它所传递给我们的信息是真实信息，而忽略了它冥世文书的性质。事实上我们知道，尽管模仿了现行人世间公文书，但告地书本身并不是现实社会中的文书，而是随死者到地下世界，给地下官吏看的特殊丧葬文书。

冥世文书最重要的目的，是为死者在地下世界谋求幸福美好的生活，换一句话也可叫作祈求冥福。而在祈福的过程中，采用夸大、虚拟的方式，是此类文书通用的特点。

比如东汉时期的买地券所载冢地面积、价格多虚夸。以平民身份墓地广及三至六亩、地价动辄成千上万，研究者认为不符合汉代社会现实，非真实情况。② 晋至唐的衣物疏，在其逐渐发展过程中，也由写实的衣物清单，演变为带有极度虚拟夸大的财物，像"黄金千两""黄今（金）千斤，白银百斤，细绵（锦）百张，钱财万匹"③。买地券强调的是对土地的占有，衣物疏强调的是对财物的占有，表达方式不相同，但目的相同，都是希望死者在地下生活美好，永享富贵。

相应地，告地书强调的则是免赋役特权。"五大夫""关内侯寡"具有免赋役特权，这一点在汉代是众所周知的。让墓主拥有这样的身份，在地下世界全家不算不徭，永远过着安逸舒适的生活，正是告地书的书写目的。因此，告地书中提到的身份并不会是墓主在现实生活中的身份，它只是死者本人或在世的人对死者地下生活的希冀。

当然，地上众所周知的事情，理所当然的，人们认为地下官吏也应该很清楚。因此，有的告地书只书写墓主身份，让地下官吏"可令吏以从事"。

---

① 湖北省荆州地区博物馆：《江陵高台18号墓发掘简报》。
② 鲁西奇：《汉代买地券的实质、渊源与意义》，《中国史研究》2006年第1期。
③ 侯灿：《吐鲁番晋——唐古墓出土随葬衣物疏综考》，《高昌楼兰研究论集》，新疆人民出版社，1990，第168页。

另外，我们从巫术宗教观念分析。晚出的买地券、衣物疏等丧葬文书，在发展过程中逐渐显示出宗教观念。像早期买地券中的卖地人、见证人为有具体姓名的亡人，至汉末魏晋演变为"山公""东王公""西王母""洛阳金僮子"等①；衣物疏则兼具道教与佛教的双重影响，充当证人的有"青龙、白虎、朱雀、玄武"，还有"张坚固、李定度"等，也有"书者观世音，读者维摩大士"等语。② 告地书虽然未见如此明显的宗教色彩，但宗教观念的形成非一朝一夕之事。原始道教产生的主要源头是巫术。③ 告地书在很大程度上是巫术适应世人求福避祸观念的一个体现。这一点应与先秦时期的巫鬼观念有渊源。④ 据林富士的研究，汉代料理丧葬事宜，书写冥世文书的正是"巫"⑤。

而巫者所书告地书、买地券等⑥，其内容应该主要取决于"巫"的方术规则，而不是死者的现实生活状况。习俗上认为巫者能通鬼神，了解死人如何可以由"生籍"转入"死籍"，如何使死人避免地下官吏的压迫，在地下世界获得较好的生活和社会待遇。⑦

从荆州出土的 5 件告地书看，死者为男性，书其身份为"五大夫"；死者为女性，书其身份为"关内侯寡"或"五大夫母"。此或为当地巫者为死者祈福的书写规则。⑧

---

① 鲁西奇：《汉代买地券的实质、渊源与意义》。另参见黄景春《王当买地券的文字考释及道教内涵解读》，《南阳师范学院学报》2003 年第 1 期。

② 孟宪实：《吐鲁番古墓出土随葬衣物疏的性质与发展》，《新疆地方志》1993 年第 1 期；党燕妮、翁鸿涛：《从吐鲁番出土随葬衣物疏看民间宗教观念的变化》，《敦煌学辑刊》2001 年第 1 期等。

③ 孙家洲：《汉代巫风巫术探幽》，《社会科学战线》1994 年第 5 期。

④ 参见晏昌贵《巫鬼与淫祀——楚简所见方术宗教考》，武汉大学出版社，2010。

⑤ 林富士：《汉代的巫者》，稻乡出版社，1999，第 84 页。

⑥ 在佛教渗入衣物疏之后，衣物疏的书写者是比丘。参见孟宪实《吐鲁番古墓出土随葬衣物疏的性质与发展》；党燕妮、翁鸿涛《从吐鲁番出土随葬衣物疏看民间宗教观念的变化》等。

⑦ 林富士：《汉代的巫者》，第 84 页。

⑧ 1991 年河南偃师挖掘了一座东汉灵帝建宁二年（169 年）的墓葬，发现一通石碑——肥致碑。碑文中有"功曹五大夫洛阳东乡许幼仙师事肥君"（参见邢义田《东汉的方士与求仙风气》，《天下一家》，中华书局，2011，第 580 页）。笔者怀疑此"五大夫"或为西汉告地书书写习惯的沿袭。

最后来看湖北随州孔家坡和周家寨汉墓的两件告地书。这两座汉墓距离很近，相差不足 500 米。① 年代上也基本是同时代，前者为景帝后元二年（前 142 年），后者最晚是武帝元光元年（前 134 年）。两枚告地书均是桃侯国丞写与地下丞的移户文书。周家寨汉墓墓主路平，其身份是"公乘"。孔家坡告地书，没有墓主籍贯、爵位，仅书写死者身份为"库啬夫辟"，只有官职和名字。但从"受数勿报""地下丞"及其行文格式来看，仍属于冥世移户文书。三国吴简中也有一类名籍，只书吏职、姓名、年龄，如：

尚书吏刘露年廿八　　（简壹 8416）

尚书吏吕不年卅六　　（简壹 8639）

郡吏唐□年□一　　　（简壹 8904）

民男子□□年□十一　（简壹 8905）

民大女李婢年七十一　□　（简壹 8933）②

这种记录格式与其他写明籍贯、户人、爵位、姓名的户籍③一样，都是顶格书写。

随州距离荆州江陵约 300 千米，如果冥世文书为巫者所书这个认识没有错误，那么可以肯定的是随州地区书写告地书的巫与荆州地区的巫应不是出自同一个方术师承。④ 孔家坡这块告地书时间上也有错乱，原文"二年正月

①　湖北省文物考古研究所、随州市曾都区考古队：《湖北随州市周家寨墓地 M8 发掘简报》，《考古》2017 年第 8 期。

②　长沙市文物考古研究所、中国文物研究所、北京大学历史学系、走马楼简牍整理组编著：《长沙走马楼三国吴简·竹简》（壹），第 1069—1079 页。

③　比如简壹 14："富贵里户人公乘胡礼年六十踵两足"；简 3271："宜阳里户人大女胡口年五十七"。

④　事实上现今不同的阴阳先生写冥世文书或采用的镇墓方式也不相同。参见黄景春《西北地区买地券、镇墓文使用现状调查与研究》，《民俗研究》2006 年第 2 期。作者对陕北地区 12 位阴阳先生作了调查，由于师承不同，他们写镇墓文的方式也不相同。有的 40 岁以下死者写，40 岁以上不写，尤其是有子孙的人更不可用；有的用五色石镇五方，有的用砖券和瓦券，也有的用柏木槲；有的画符；有的不画符；等等。

壬子朔甲辰",按照干支记日法,朔日为壬子的月份不可能会有甲辰这一日,发掘报告认为应当是"二年正月甲辰朔壬子"。① 由此可见,这个书写者对待冥世文书的态度,在他眼中或许地下官吏或比地上官吏好糊弄。

库啬夫,从出土器物和简牍材料来看,职掌兵戎器械、钱财,还利用罪囚制造生产兵器、车器和漆器等。② 秩级约为百石小吏。③ 因是拿国家秩禄的现任官吏,享有免赋役的权利。④

那么,"库啬夫"身份是真实的还是虚拟的?因只有一例,无从比较,我们不能断定。⑤ 而周家寨 M8 告地书中所写"奴婢十人,各将千石米",与凤凰山 M167"素繡橐一盛万九千金(简 56)""缯笥合中缯直二千万(简57)"⑥ 遣册相似,明显带有虚浮性质。但据发掘报告披露的墓坑长约 4 米,宽约 3.1 米,残深 1.4 米,葬具一椁一棺,遗物 77 件(套)⑦ 来看,与"公乘"的身份也不能说不完全相符。因为尽管"公乘"为高爵,但同时也是民爵,与"关内侯""五大夫"的高爵相比差距还是很大(详见下章)。相信随着其他告地书的公布,我们对这个问题的认识会进一步加深。

---

① 《随州孔家坡汉墓简牍》,第 33 页。

② 参见裘锡圭《啬夫初探》,《云梦秦简研究》,中华书局,1981,第 226—301 页。

③ 裘锡圭《啬夫初探》认为:汉代的啬夫都是百石以下的小吏。但从《二年律令·秩律》来看,似应为"百廿石",是国家官吏中秩级最低的一等。参见廖伯源《汉初县吏之秩级——张家山汉简研究之一》,《社会科学战线》2003 年第 3 期。

④ (汉)郑玄注,(唐)贾公彦疏:《周礼注疏》,北京大学出版社,1999,第 295 页,提到周代赋役之征:"其舍者,国中贵者、贤者、能者、服公事者、老者、疾者皆舍。"郑司农注:"舍者,谓有复除舍不收役事也……服公事者,谓若今吏有复除也。"

⑤ 1978 年河南唐河发掘了一座王莽时期的郁平大尹冯孺人的画像石墓,大门南柱有刻后朱描的题记,裘锡圭释为"鬱平大尹秩上大[夫]冯孺[久]复无有所与"。显然"复无有所与"的免赋役目的与告地书相似。只是其中渊源有待进一步探讨。而这里的鬱平大尹,目前学界多认为是实有身份[参见裘锡圭《读考古发掘所得文字资料笔记(二则)》,《古文字论集》,中华书局,1992,第 636 页;南阳地区文物队、南阳博物馆《唐河汉郁平大尹冯君孺人画象石墓》,《考古学报》1980 年第 2 期]。

⑥ 湖北省文物考古研究所编:《江陵凤凰山西汉简牍》,中华书局,2012,第 171—172 页。

⑦ 湖北省文物考古研究所、随州市曾都区考古队:《湖北随州市周家寨墓地 M8 发掘简报》,《考古》2017 年第 8 期。

小　结

截至目前，标注有身份的告地书有 9 件，已公布的有 8 件。告地书主要出现在西汉前期，流行于原楚国故地，现湖北荆州和随州一带。其性质属于冥世移户文书，即将死者的户籍由地上移徙地下，格式模仿秦代现实世界行政公文书，由料理丧事的巫者所写。冥世文书最重要的目的，是为死者在地下世界谋求幸福美好的生活。而在祈福的过程中，采用夸大、虚拟的方式，是此类文书通用的特点。

荆州地区告地书将男性墓主书写为"五大夫"，女性墓主书写为"关内侯寡"或"五大夫母"，主要有以下两个原因：一是"关内侯"和"五大夫"两个爵级为秦及汉初二十等爵中难以获取的高爵，具有免赋役、减刑等特权。二是书写有"五大夫"和"关内侯"相关爵称的告地书均出土于秦汉时代南郡江陵县郢城周边，应为当地巫者方术师承规则的反映。因此，荆州地区告地书中的"五大夫""关内侯寡"与墓主现实生活状况无关，不是墓主的真实身份。

随州地区告地书已公布的 2 件，1 件墓主身份为"公乘"，1 件为"库啬夫"。从墓葬规模与随葬物品不能断定身份的虚拟。可以肯定的是，随州地区书写告地书的巫与荆州地区的巫不是出自同一个方术师承。

第六章
论秦汉爵制身份权益之变迁

爵制研究是秦汉史学界长期关注的一个课题，研究成果丰硕，前文已提及，此不罗列。其中仅就秦汉爵制之演变就有高敏、杨一民、朱绍侯、柳春藩、李开元、凌文超等各位学者相继探讨。[①] 从目前的研究成果来看，二十等爵自商鞅爵制，历经两汉至三国，有一个逐渐式微的过程，已是学界共识。但是，尽管论者几乎穷尽了相关史料，关于爵制式微的具体表现和特征仍语焉不详。近年来，里耶秦简、岳麓书院秦简，以及张家山汉简《二年律令》《奏谳书》的公布，为我们研究这个问题提供了新的珍贵材料。下面试结合传世文献与出土简牍，从食邑的界限、比地为伍的界限、免役的界限三个方面来探讨爵这一身份系统式微的具体情形。

一　食邑的界限

食邑，是秦汉时期附丽于爵的特权之一，它与《国语·晋语四》"公食

---

① 高敏：《论两汉赐爵制度的历史演变》，氏著《秦汉史论集》，第33—57页；杨一民：《战国秦汉时期爵制和编户民称谓的演变》，《学术月刊》1982年第9期；朱绍侯：《军功爵制在西汉的变化》，《河南师大学报》1983年第1期；朱绍侯：《从三组汉简看军功爵制的演变》，《史学集刊》1992年第2期；柳春藩：《秦汉封国食邑赐爵制度》，辽宁人民出版社，1984；李开元：《汉帝国的建立与刘邦集团——军功受益阶层研究》，生活·读书·新知三联书店，2000，第37—43页；凌文超：《汉初爵制结构的演变与官、民爵的形成》，《中国史研究》2012年第1期；等等。

贡，大夫食邑"① 所说的宗法分封不同，是指高爵者拥有一定数额民户的赋税之权。《商君书·境内》提到商鞅时大夫及以上爵受邑的情形：

> 吏自操及校以上，大将尽赏行间之吏也。
>
> 故爵公士也，就为上造也。故爵上造，就为簪裹。故爵簪裹，就为不更。故爵不更，就为大夫。爵吏而为县尉，则赐虏六加五千六百。爵大夫而为国尉，则税邑三百家。故爵大夫，就为官大夫。故爵官大夫，就为公大夫。故爵公大夫，就为公乘。故爵公乘，就为五大夫。故爵五大夫，就为大庶长；故大庶长，就为左更。故三更也，就为大良造。皆有赐邑三百家，赐税三百家。爵五大夫有税邑六百家者，受客卿。②

《商君书》错漏、脱误之处很多，明清以来多有校注。这里采用的是蒋礼鸿据俞樾、孙诒让及长孺之说校补文。"爵大夫而为国尉，则税邑三百家"与"爵吏而为县尉，则赐虏六加五千六百"，文例相同，我们认为蒋礼鸿校正是有道理的。③ 尽管就现有材料我们尚不能断定《商君书·境内》为商鞅本人所作④，但《境内》篇中所体现的厚赏重爵精神，与《史记·商君列传》反映的"有军功者，各以率受上爵""明尊卑爵秩等级，各以差次名田宅，臣妾衣服以家次"⑤ 的商鞅变法精神相吻合，所以视《境内》篇所反映的为商鞅爵制的内容，应该是没有问题的。由此，我们看出商鞅爵制中拥有食邑的最低爵为大夫。

税邑三百家，即可以享受三百户的赋税。食邑中的赋税是个什么概念？

---

① 徐元诰撰，王树民、沈长云点校：《国语集解》，第 350 页。
② 蒋礼鸿：《商君书锥指》，第 117 页。
③ 也有将"皆有赐邑三百家，赐税三百家"，视为"税邑三百家"的重文，认为从五大夫始受食邑（参见朱绍侯《商鞅变法与秦国早期军功爵》，《军功爵制考论》，第 175—189 页）。
④ 高亨注译：《商君书注译》，第 11 页。
⑤ 《史记》卷 68《商君列传》，第 2230 页。

学界说法不一。有认为以地域为界，按田租、算赋、口赋征纳[1]；也有认为以户计，按每户耕种田地征税[2]。其中冯辉还主张"全租"说，朱绍侯和杜绍顺主张"半税"说。不过，封君之衣食租税，与单纯的"食邑"应有所区别，正如柳春藩所言封君"'户''邑''都''城''郡''县'，都是征收赋税的范围和根据"[3]。既然食邑、税邑以"户"或"家"为授，其征纳便不会以地域为界，应是以某一地区划出的"户"为准。其所缴纳赋税从吴简反映临湘侯国的情况来看，至少有"户税"一项：

　　模乡郡吏何奇故户上品出钱一万二千临湘侯相　见　嘉禾五年十二月十八日模乡典田掾烝若白　　（简贰 8259）[4]

　　都乡大男郑□新户中品出钱九千侯相　□　　嘉禾六年正月十二日典田……（简贰 2911）[5]

按故户、新户，以及上品、中品、下品，以户为单位向临湘侯相缴纳数额不等的户税。另外，尚有不太明朗的缴纳项目：

　　□□六升为稟斛米六斛给侯相　　（简叁 2635）[6]

　　① 冯辉：《汉代封国食邑制度的性质》，《求是学刊》1983 年第 6 期；朱绍侯：《汉代封君食租税制蠡测》，《松辽学刊》1985 年第 1 期；杜绍顺：《汉代震封君"衣食租税"辨》，《华南师范大学学报》1989 年第 3 期。
　　② 王彦辉：《张家山汉简〈二年律令〉与汉代社会研究》，中华书局，2010，第 45 页。
　　③ 柳春藩：《秦汉封国食邑赐爵制度》，第 13 页。
　　④ 长沙简牍博物馆、中国文物研究所、北京大学历史学系、走马楼简牍整理组编著：《长沙走马楼三国吴简·竹简》（贰），第 885 页。
　　⑤ 长沙简牍博物馆、中国文物研究所、北京大学历史学系、走马楼简牍整理组编著：《长沙走马楼三国吴简·竹简》（贰），第 776 页。
　　⑥ 长沙简牍博物馆、中国文物研究所、北京大学历史学系、走马楼简牍整理组编著：《长沙走马楼三国吴简·竹简》（叁），第 777 页。

事实上，尽管各家观点有所不同，无疑有一点却是共通的，即食邑者阶层是一个特权阶层，获封食邑，所获得的就是一张很"优厚的长期饭票"①。大夫为商鞅军功爵制第五级，大夫食邑，由此足见秦人附于爵的身份上的待遇之重。

秦爵升迁以累进。"商君之法：'斩一首者爵一级，欲为官者为五十石之官；斩二首者爵二级，欲为官者为百石之官。'"② 随着秦的统一战争，以及军功授爵的常态实施，尽管有所谓的"盈论"之说，但达到大夫爵的人越来越多。岳麓书院秦简《为狱等状四种》中的"大夫建""大夫沛""大夫驩""大夫材"等出现在各类以县廷为主体上报的司法文书中，里耶秦简中"今见一邑二里：大夫七户，大夫寡二户，大夫子三户，不更五户，□□四户，上造十二户，公士二户，从廿六户☒（简 8-1236+8-1791）"③ 则更加显示出大夫爵的平民化。可以想见，此时能够享受到食邑的爵级，必然相应地提高。《汉书·高祖本纪》提到"异日秦民爵公大夫以上，令丞与亢礼"④，公大夫为第七级爵，应劭注"亢礼者，长揖不拜"⑤。据《二年律令·秩律》，令秩禄为六百石，丞三百石。能与六百石长吏亢礼，显然此时"公大夫"已取代"大夫"成为秦高爵之始。

汉初，从文献材料看，高爵之始为"七大夫"。高帝五年（前 202 年）诏第一诏：

> 诸侯子在关中者，复之十二岁。其归者半之。民前或相聚保山泽，不书名数。今天下已定，令各归其县，复故爵田宅，吏以文法教训辨告，勿笞辱。民以饥饿自卖为人奴婢者，皆免为庶人。军吏卒会赦，其亡罪

① 阎步克：《品位与职位：秦汉魏晋南北朝官阶制度研究》，中华书局，2009，第 123 页。
② 《韩非子·定法》，据王先慎撰，钟哲点校《韩非子集解》，中华书局，1998，第 399 页。
③ 陈伟主编：《里耶秦简牍校释》（第一卷），第 297 页。
④ 《汉书》卷 1 下《高祖本纪下》，第 54 页。
⑤ 《汉书》卷 1 下《高祖本纪下》，第 55 页。

而亡爵及不满大夫者，皆赐爵为大夫。故大夫以上赐爵各一级，其七大夫以上，皆令食邑，非七大夫以下，皆复其身及户，勿事。①

七大夫，师古注曰："公大夫也，爵第七，故谓之七大夫。"② 学界关于七大夫是秦爵，还是楚爵，颇有争议。③ 事实上，刘邦在统一战争中主要采用楚爵，后来更融合秦爵，形成汉爵。从里耶秦简爵名的更名来看，至少张家山汉简反映的汉爵之关内侯与彻侯非秦爵名：

内侯为轮（伦侯）。BⅩ

彻侯为【死〈列〉】侯。BⅪ（简8-461）④

所以，与其说七大夫是秦爵或楚爵名称，不如说其为汉爵更合理。"汉承秦爵二十等，以赐天下"⑤，承袭的或是秦之重爵之风和赏罚精神。七大夫，在爵级上应高于普赐的五级爵大夫，同时又低于九级爵五大夫。像曹参，先是因军功"赐爵七大夫"，后来又立功"迁为五大夫"。⑥ 并且高帝五年（前202年）诏第二诏"七大夫、公乘以上，皆高爵也"⑦，七大夫在公乘之前的

① 《汉书》卷1下《高祖本纪下》，第54页。
② 《汉书》卷1下《高祖本纪下》，第55页。
③ 认为是秦爵者：朱绍侯：《军功爵制考论》，第97页："刘邦在诏书中所提到的军功爵称号，与秦二十级军功爵制完全一致。"李开元：《汉帝国的建立与刘邦集团——军功受益阶层研究》。刘敏：《重释"高帝五年诏"中的爵制问题》，《史学月刊》2005年第11期："将'七大夫'与'公乘'并提，说明二者等次相近，而七大夫的等次又明确低于五大夫……七大夫应该就是第七级公大夫，就是秦爵。"认为是楚爵者：[日]西嶋定生：《中国古代帝国的形成与结构——二十等爵制研究》，武尚清译，第320页："这里所说的七大夫，是汉初所行的楚爵爵称，这应该与二十等爵制的哪一阶相比定？还有问题。"董平均：《出土秦律汉律所见封君食邑制度研究》，黑龙江人民出版社，2007，第138页："诏令中提到的'七大夫'应该为楚爵而不是秦爵的'公大夫'。因为，刘邦从起兵反秦到高五年的'复故爵田宅'，一直延用的是楚制，改制后爵名的混杂也在所难免。将'七大夫'解释为二十等爵的'公大夫'，难免似是而非，有附会之嫌。"
④ 陈伟主编：《里耶秦简牍校释》（第一卷），第156页。
⑤ 孙星衍等辑：《汉官六种》，中华书局，1990，第84页。
⑥ 《汉书》卷39《曹参传》，第2013页。
⑦ 《汉书》卷1下《高帝纪下》，第54页。

用语方式，说明七大夫应在公乘之下，且爵级紧相邻。公乘为汉八级爵，所以，刘邦爵制中的七大夫，应相当于商鞅爵制和张家山汉简中的第七级爵公大夫。名称的前后更改，或与里耶简反映的情况相似。

七大夫食邑，应是汉初重爵的体现。臣瓒注高帝五年诏曰："秦制，列侯乃得食邑，今七大夫以上皆食邑，所以宠之也。"① 所说秦制未必可信，但七大夫食邑以示恩宠，倒是有道理的。刘邦自己也说"吾于爵非轻也"②。统一战争中，为了笼络人心，权设班宠，以军功累进授爵，必然出现高爵者多的情况。像樊哙"斩首十五级，赐爵国大夫""斩首二十三级，赐爵列大夫""斩首十六级，赐上闲爵""斩者十四级，捕虏十一人，赐爵五大夫""斩侯一人，首六十级，捕虏二十七人，赐爵卿""斩首八级，捕虏四十四人，赐爵封号贤成君"③。张家山汉简《奏谳书》第 16 例提到新郪县长吏信，爵大庶长，"故右庶长，以坚守荥阳，赐爵为广武（简 88）君，秩六百石（简89）"④。大庶长，爵之第十八级。值得注意的是，这个案件中有四人"爵皆大庶长"。据此，朱绍侯认为"这都是虚封，仅有名号和荣誉头衔，并没有实际待遇。因为刘邦当时的地位尚不稳定，实际控制地区也时有变化，所以也就不可能有固定的土地和食邑赐给他的功臣"⑤。战争形势的变化，土地和食邑不能保证，是有可能的。但朱先生又进一步认为"汉五年诏书所提出的提高有爵者待遇的诺言，并没有认真贯彻执行，没有完全落实"⑥，这一结论是有问题的。因论题关系，我们仅说食邑一项。其一，食邑不同于名田宅，并非土地的实际授予。从前述食邑的赋税征收内容来看，主要是"户税"一

① 《汉书》卷 1 下《高帝纪下》，第 55 页注。
② 《汉书》卷 1 下《高帝纪下》，第 54 页。
③ 《史记》卷 95《樊哙列传》，第 2651—2652 页。
④ 彭浩、陈伟、[日] 工藤元男主编：《二年律令与奏谳书——张家山二四七号汉墓出土法律文献释读》，第 354—355 页。
⑤ 朱绍侯：《〈奏谳书〉新郪信案例爵制释疑》，《军功爵制考论》，第 231 页。
⑥ 朱绍侯：《从〈奏谳书〉看汉初军功爵制的几个问题》，《军功爵制考论》，第 222 页。

项，这实际上是将本应纳入国家的赋税的一部分，转入食邑享用者手中，涉及不到国有土地是否充足、小吏是否背公立私不给授予的问题。其二，刘邦行赐食邑，最早是在汉元二年（前205年），即还定三秦，有了自己的地盘以后。这年封曹参食邑宁秦、周勃食怀德、傅宽食雕阴、樊哙食杜之樊乡，所食均为三秦之地，为刘邦实际控制区，并非虚封。而高帝五年（前202年）诏中的七大夫食邑，是统一战争结束后的事情，更不会为虚。

随着社会的稳定，新的社会秩序的建立，以及赐爵的增多，食邑的爵级在惠帝和吕后时期可能发生了变化。仅看惠帝至吕后二年（前186年）之间的赐爵诏，惠帝初即位（前195年）诏"赐民爵一级"①，时隔几个月惠帝元年（前194年）又"赐民爵，户一级"②，五年（前190年）"赐民爵，户一级"③，高后元年（前187年）"赐民爵，户一级"④。《汉书·惠帝纪》："爵五大夫、吏六百石以上及宦皇帝而知名者，有罪当盗械者，皆颂系。"⑤ "五大夫"与"六百石"对等权益的提出，与秦爵中"公大夫"与"令丞"亢礼的表述方式何其相似。高敏认为以五大夫为高爵起点的制度，"有可能始于惠帝此诏"⑥ 显然是有道理的。

从《二年律令》来看，此时五大夫为临界爵，有时存在上靠于卿爵层的权益，像殴骂量刑及有关赐衣的规定：

　　《二年律令·贼律》："吏以县官事殴詈五大夫以上，皆黥为城旦舂。（简46）"⑦

---

① 《汉书》卷2《惠帝纪》，第85页。
② 《汉书》卷2《惠帝纪》，第88页。
③ 《汉书》卷2《惠帝纪》，第91页。
④ 《汉书》卷3《高后纪》，第96页。
⑤ 《汉书》卷2《惠帝纪》，第85页。
⑥ 高敏：《论两汉赐爵制度的历史演变》，《秦汉史论集》，第41页。
⑦ 张家山二四七号汉墓竹简整理小组编著：《张家山汉墓竹简〔二四七号墓〕》（释文修订本），第15页。

《二年律令·赐律》："五大夫以上（简282）锦表，公乘以下缦表，皆帛里；司寇以下布表、里。（简283）"①

有时则下靠于大夫爵层，像有关传食待遇、赐棺椁钱、比地为伍等：

《二年律令·传食律》："使非吏，食从者，卿以上比千石，五大夫以下到官大夫比五百石（简236），大夫以下比二百石。（简237）"②

《二年律令·赐律》："赐棺享（椁）而欲受赍者，卿以上予棺钱级千、享（椁）级六百；五大夫以下棺钱级六百、享（椁）级三百；毋爵者棺钱三百。（简289）"③

《二年律令·户律》："自五大夫以下，比地为伍。（简305）④

……右庶长七十六顷，左庶长七十四顷，五大夫廿五顷，公乘廿顷（简311）

……右庶长七十六宅，左庶长七十四宅，五大夫廿五宅，公乘廿宅（简315）"⑤

我们注意到，上靠的多是礼法名分，下靠的多为具体权益。尤其是从名田宅的数额可以看出，左庶长与五大夫之间的爵层剖分极其突出。如果说食邑是一项长期的经济特权的话，我们认为此时的五大夫尽管可以视作高爵起

① 张家山二四七号汉墓竹简整理小组编著：《张家山汉墓竹简〔二四七号墓〕》（释文修订本），第48页。

② 张家山二四七号汉墓竹简整理小组编著：《张家山汉墓竹简〔二四七号墓〕》（释文修订本），第40页。

③ 张家山二四七号汉墓竹简整理小组编著：《张家山汉墓竹简〔二四七号墓〕》（释文修订本），第49页。

④ 张家山二四七号汉墓竹简整理小组编著：《张家山汉墓竹简〔二四七号墓〕》（释文修订本），第51页。

⑤ 张家山二四七号汉墓竹简整理小组编著：《张家山汉墓竹简〔二四七号墓〕》（释文修订本），第52页。

点，有其他特殊权益（见后文），却未必有食邑资格。

从汉初至西汉末，从简牍材料中我们见到的食邑爵级有两个，一个是少上造，另一个是左庶长。敦煌酥油土汉代烽燧遗址出土木简有"击匈奴降者赏令"，提到"少上造"食邑之事：

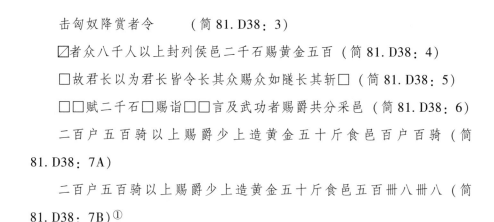

击匈奴降赏者令　　（简81.D38：3）

☑者众八千人以上封列侯邑二千石赐黄金五百（简81.D38：4）

□故君长以为君长皆令长其众赐众如隧长其斩□（简81.D38：5）

□□赋二千石□赐诣□□言及武功者赐爵共分采邑（简81.D38：6）

二百户五百骑以上赐爵少上造黄金五十斤食邑百户百骑（简81.D38：7A）

二百户五百骑以上赐爵少上造黄金五十斤食邑五百册八册八（简81.D38：7B）①

"击匈奴降者赏令"大体应为武帝与匈奴开战过程中颁布的。② 简多残断，断句上不太容易把握。内容应该是对击获匈奴降者的爵赏法令，有关食邑的，大意可以理解为获得二百户五百骑以上者，赐爵为少上造，奖励黄金五十斤，食邑。少上造，军功爵第十五级，属卿爵层。

---

① 甘肃省文物工作队等：《汉简研究文集》，甘肃人民出版社，1984，第9页。

② 关于"击匈奴降者赏令"的时间，学界看法不一。多数认为产生于汉武帝时期，如朱绍侯：《文帝至武帝前期的军功爵制》，《军功爵制考论》，第122—132页："它是在武帝初期，即在反击匈奴战开始时制定的，此时'武功爵'还没有出炉，它反映的是西汉早中期军功爵制的实施情况。"［日］大庭脩：《汉简研究》，广西师范大学出版社，2001，第172页："从内容上看，不能认为其时汉势力弱于匈奴，因此当产生于匈奴与汉势力发生逆转以后。如此看来，元狩二年（前121年）秋，匈奴浑邪王率众四万来降，汉为此设置五属国时期，很有可能就是该令的产生年代。"也有认为始于汉初，如阎盛国：《再论"击匈奴降者赏令"及其颁布时间》，《宁夏大学学报》2010年第3期："'击匈奴降者赏令'应是刘邦在白登山之围后所颁布的招降匈奴的律令，而不是普遍所认为的该律令是产生在汉武帝时期"。有再提出质疑者，如崔建华：《也谈"击匈奴降者赏令"的颁布时间——与阎盛国先生商榷》，《内蒙古社会科学》2011年第3期："'击匈奴降者赏令'是在匈奴降人大批出现，且汉朝对匈政策发生根本转变的形势下颁布的，时间不早于汉武帝元光年间（前134—129年）。"

比敦煌酥油土汉简时代稍晚的，有青海上孙家寨汉代 M115 墓出土简牍。这批简牍大多已残断，主要为兵法、军法、军令等内容，可能抄录的是当时军事人员的必读本子①，其中斩首捕虏论功拜爵简非常珍贵。涉及食邑的有一条：

　　　　　□长以上　　食邑二百户 ［斩］ □（简 147、302）②

"□长"当为一爵称，二十等爵制中带"长"字的有四个：大庶长、驷车庶长、右庶长、左庶长。关于拜爵的规定中，简文多次出现"毋过左庶长（简 68、375）""毋过五大夫（简 356、243、340）"。既然左庶长是一标志性爵级，推测"□长"当为"左庶长"。③ 即因功所封左庶长食邑为二百户。左庶长，军功爵第十级，属卿爵层。

上孙家寨墓，从墓内铜钱、土圹木椁结构，以及铜车马饰、明器等情况来看，属西汉晚期墓。④ 此墓有私印"马良"字样，有也研究者结合文献与西汉晚期反羌相关记载认为"上孙家寨——五号汉墓主人马良，与神爵元年赵充国用兵西羌有关"⑤。赵充国，宣帝时为后将军，本始元年（前 73 年）封营平侯。如果上述推测正确的话，那么从汉初惠帝吕后一直到宣帝时，左庶长以上爵都有资格获封食邑。

不过，除了在与匈奴和西羌战争中有特殊军功者，其他有获封资格者在西汉晚期不一定都能获得食邑。甚至关内侯的食邑也不能保证。《汉书·宣帝纪》：

---

① 参见青海文物考古研究所《上孙家寨汉晋墓》，文物出版社，1993，第 186 页。
② 青海文物考古研究所：《上孙家寨汉晋墓》，第 194 页。
③ 朱绍侯：《西汉中晚期军功爵制的轻滥》，《军功爵制考论》，第 140 页。
④ 青海省文物考古工作队：《青海大通县上孙家寨——五号汉墓》，《文物》1981 年第 2 期。
⑤ 朱国炤：《上孙家寨木简初探》，《文物》1981 年第 2 期。

赐右扶风德、典属国武、廷尉光、宗正德、大鸿胪贤、詹事畸、光禄大夫吉、京辅都尉广汉爵皆关内侯。德、武食邑。①

此诏为本始元年（前73年）颁布，这批赐爵的关内侯有8人，其中只有刘德和苏武2人获食邑。事实上，西汉中期武帝时，就曾见到有关内侯不食邑的例子，如卜式"其赐式爵关内侯，黄金四十斤，田十顷"②。

到了东汉时期，随着官僚制度越来越完善，二十等爵制维持身份体系的能力越来越小，如阎步克所论，"爵"越来越轻，"官"越来越重。③西汉的爵制身份系统中除了列侯和关内侯得到重视外，"大庶长以下至五大夫长期废置不用"④。而作为爵级附丽的权益——食邑，在东汉一朝仅东汉初见过关内侯食邑者，像明帝赐他的老师桓荣"爵关内侯，食邑五千户"⑤，其他关内侯则只能按照斛数享受"租"，举几个例子：

《后汉书·百官志五》："建武六年，初令关内侯食邑者俸月二十五斛。"⑥

《后汉书·宦者列传》："（赵）忠以与诛梁冀功封都乡侯。延熹八年，黜为关中侯，食本县租千斛。"⑦

《后汉书·宦者列传》："（灵帝时）窦太后临朝……余十一人皆为关内侯，岁食租二千斛。"⑧

---

① 《汉书》卷8《宣帝纪》，第240页。
② 《汉书》卷58《卜式传》，第2627页。
③ 参见阎步克《从爵本位到官本位——秦汉官僚品位结构研究》，第225页。
④ 朱绍侯：《东汉时期军功爵制的恢复与没落》，《军功爵制考论》，第160页。
⑤ 《后汉书》卷2《明帝纪》，第102页。
⑥ 《后汉书》志第28《百官志五》，第3631页引《古今注》。
⑦ 《后汉书》卷78《宦者列传》，第2534页。
⑧ 《后汉书》卷78《宦者列传》，第2524页。

第一条显示的是汉初关内侯由食邑转为食租，正体现了关内侯经济地位的下降过程；第二条和第三条分别为汉末桓帝和灵帝时事，时宦者掌权，宦者关内侯食租可能是对宦者的特殊待遇。普通关内侯，尤其是通过钱谷占卖得来的关内侯，估计连食租的经济权益也不复存在了。

二　比地为伍的界限

比地为伍，早在先秦社会的宗族血缘组织中就存在着。《周礼·地官·大司徒》："五家为比，使之相保；五比为闾，使之相受；四闾为族，使之相葬……"① 地缘关系的什伍始于宗法制渐行势弱的春秋战国时期，《管子·立政》："十家为什，五家为伍，什伍皆有长焉"②，《史记·商君列传》："令民为什伍，而相牧司连坐。不告奸者腰斩，告奸者与斩敌首同赏，匿奸者与降敌同罚。"③ 前者强调的是邻里相保，后者强调的是邻里相互监督连坐。

尽管秦律中也能见到伍人相保的律文，像《法律答问》提到有盗贼进入甲家，甲大声呼喊有贼，四邻及里典、伍老不在家，问是否当论。"审不存，不当论；典、老虽不存，当论。（简98）"④ 四邻确实不在家，可以不连坐，里典和伍老却仍应论罪。由此显见"伍人相保"是法律所规定的义务。现有秦律中伍长、伍人相连坐的律文：

> 《秦律十八种·金布律》："贾市居列者及官府之吏，毋敢择行钱、布；择行钱、布者，列伍长弗告，吏循之不谨，皆有罪。（简68）"⑤

① 《周礼注疏》，第264页。
② 黎翔凤：《管子校注》，中华书局，2004，第65页。
③ 《史记》卷68《商君列传》，第2230页。
④ 睡虎地秦墓竹简整理小组编：《睡虎地秦墓竹简》，第116页。
⑤ 睡虎地秦墓竹简整理小组编：《睡虎地秦墓竹简》，第36页。

《秦律杂抄》："匿敖童，及占癃（癃）不审，典、老赎耐，·百姓不当老，至老时不用请，敢为酢（诈）伪者，赀（简32）二甲；典、老弗告，赀各一甲；伍人，户一盾，皆罨（迁）之。（简33）"①

《秦律杂抄》："战死事不出，论其后。有（又）后察不死，夺后爵，除伍人②；不死者归，以为隶臣。（简37）"③

《二年律令》中也有伍人连坐条文：

《二年律令·钱律》："盗铸钱及佐者，弃市。同居不告，赎耐。正典、田典、伍人不告，罚金四两。或颇告，皆相除。（简210）"④

《二年律令·□市律》："市贩匿不自占租，坐所匿租臧（赃）为盗，没入其所贩卖及贾钱县官，夺之列。列长、伍人弗告，罚金各一斤。（简260）"⑤

商贾用钱还是用布、匿租不占，百姓匿敖童、免老诈伪、盗铸钱，以及隐瞒战事未死者等，都要累及伍人。可能此类违法犯罪行为在秦汉律中被视为邻里可以相互监督的行为。

比地为伍，形式上将百姓纳入国家什伍基层组织，实质上伍人相司连坐，这是秦汉时期这一法的核心。但是，秦汉社会同时也是一个等级社会，在爵制所规范的身份系统中，"高爵"者可以享有特殊权益，不用比地为伍，不

① 睡虎地秦墓竹简整理小组编：《睡虎地秦墓竹简》，第87页。
② 整理小组：《考工记·玉人》："以除慝。"注："除慝，诛恶逆也。"认为除伍人即惩治其同伍的人。周群、陈长琦《秦简〈秦律杂抄〉译文商榷》（《史学月刊》2007年第1期）认为除伍人是免为伍人。从上下文的意思来看，是对战事未死被发现后，对其后、伍人、本人的惩治，今从整理小组意见。
③ 睡虎地秦墓竹简整理小组编：《睡虎地秦墓竹简》，第88页。
④ 张家山二四七号汉墓竹简整理小组编著：《张家山汉墓竹简〔二四七号墓〕》（释文修订本），第35页。
⑤ 张家山二四七号汉墓竹简整理小组编著：《张家山汉墓竹简〔二四七号墓〕》（释文修订本），第44页。

简156上部

图 6-1　睡虎地秦简"大夫寡"①

受"伍人"之连坐。

秦律中见到的有这个特权的爵为"大夫"，睡虎地秦简《法律答问》（见图 6-1）：

大夫寡，当伍及人不当？不当。（简156）②

整理小组释"寡"为"少"之意，这是错释。《二年律令·置后律》："女子比其夫爵。（简 372）"③ 大夫寡，当是指大夫死后的遗孀。④ 此简意为"大夫的遗孀户，是否应与他人合编为伍？不当"。当然，不合编为伍，就避免了伍人连坐。从中国古代法"夫妻齐体"的理念考虑，"大夫寡"应与"大夫"享有同等的权益。推测此时爵大夫，可以不用"比地为伍"。里耶户牍中带"伍长""五长"字样的简共 4 枚，除了 1 枚残简不能显示户人身份，其余 3 枚户人均为"荆不更"，或可佐证这个论点。⑤

---

① 睡虎地秦墓竹简整理小组编：《睡虎地秦墓竹简》，第 61 页。简完整，下段空白，截取上部图版。
② 睡虎地秦墓竹简整理小组编：《睡虎地秦墓竹简》，第 129 页。
③ 张家山二四七号汉墓竹简整理小组编著：《张家山汉墓竹简〔二四七号墓〕》（释文修订本），第 59 页。
④ 荆州高台 18 号汉墓木牍"新安户人大女燕关内侯寡"（湖北省荆州地区博物馆：《江陵高台 18 号墓发掘简报》，《文物》1993 年第 8 期；湖北省博物馆：《荆州高台秦汉墓》，第 222—229 页）。江陵毛家园 1 号汉墓木牍"泗（？）阳关内侯寡大女精"（湖北省博物馆编：《书写历史——战国秦汉简牍》，文物出版社，2007，第 77 页）。可对比参看。
⑤ 湖南文物考古研究所：《里耶发掘报告》，岳麓书社，2007，第 203—208 页。

当然，不"比地为伍"仅指刑律上不受牵连，并非不生活在一个邑里。睡虎地秦简《封诊式·黥妾》："某里公士甲缚诣大女子丙，告曰：'某里五大夫乙家吏。'"① 显示秦时五大夫这样的高爵也生活在居民里中。里耶秦简中有这样的总计简，也呈现出大夫以上高爵与低爵者生活在同里的情形：

　　▨▨二户。A Ⅰ

　　大夫一户。A Ⅱ

　　大夫寡三户。A Ⅲ

　　不更一户。A Ⅳ

　　小上造三户。A Ⅴ

　　小公士一户。A Ⅵ

　　士五（伍）七户▨。B Ⅰ

　　司寇一户▨。B Ⅱ

　　小男子▨▨。B Ⅲ

　　大女子▨▨。B Ⅳ

　　·凡廿五▨。B Ⅴ（简 8-19）②

整理者认为整简记录户数以等级为序，A Ⅰ第一栏第一行应为大夫以上爵名及户数。甚是。

汉初，从张家山汉简反映的情况来看，比地为伍的爵级已然上移，《二年律令·户律》第一支简（图 6-2）：

　　自五大夫以下，比地为伍，以辨 券 为信，居处相察，出入相司。有

---

① 睡虎地秦墓竹简整理小组编：《睡虎地秦墓竹简》，第 155 页。
② 陈伟主编：《里耶秦简牍校释》（第一卷），第 32—33 页。

为盗贼及亡者，辄谒吏、典。田典更挟里门钥，以时开；伏闭门，止行及作田者；其献酒及乘置乘传，以节使。救水火，追盗贼，皆得行。不从律，罚金二两。（简305-306）①

简305上部

图6-2　张家山汉简"五大夫以下比地为伍"②

五大夫爵者，与其他有爵、无爵者比地为伍，相互监督。其言外之意，惠帝吕后时期只有第十级左庶长以上的卿爵级和侯爵级，才有不与他人比地为伍的权利。这一点恐与左庶长以上食邑相类似。

从现有史料来看到西汉中期，"比地为伍"的爵层再次上移。《盐铁论·周秦》御史言：

故今自关内侯以下，比地于伍，居家相察，出入相司，父不教子，兄不正弟，舍是谁责乎？③

盐铁会议为汉昭帝时召开，此时关内侯也与百姓一起合编入伍，相察相司，反映了爵本身的大幅度贬值。

　　① 张家山二四七号汉墓竹简整理小组编著：《张家山汉墓竹简〔二四七号墓〕》（释文修订本），第51页。
　　② 张家山二四七号汉墓竹简整理小组编著：《张家山汉墓竹简〔二四七号墓〕》，第32页。简完整，只截取上部。
　　③ 王利器校注：《盐铁论校注》，中华书局，1992，第584页。

当然爵的贬值，一方面与赐爵及买卖爵有关，另一方面也与政府控制力的增强有关。所以，我们估计这个变化在武帝时就已经开始了。

比地为伍，事实上由于城乡居民实际居住情况的多样性，实施起来不会是整齐划一的。[①] 但是作为基层的行政组织，五户为伍直到东汉末年还可见到记录。出土于长沙市五一广场东南侧 7 号古井的长沙东牌楼东汉简牍：

右五户同伍□□（简 83）[②]

关内侯，东汉政府曾多次公开买卖。见于记载的有安帝永初三年（109 年）、桓帝延熹四年（161 年）、灵帝光和元年（178 年）和中平四年（187 年）四次。这种背景下，关内侯比地为伍的情形当与西汉中期以后相一致。

值得注意的是，我们不能因为五大夫和关内侯"比地为伍"就把这些高爵者视为编户齐民，认为会涉及伍人连坐。众所周知，五大夫爵与六百石吏社会地位大体相当，汉代多次对六百石以上吏赐五大夫或以上爵[③]，试想，秦律中"吏从事于官府"还可以不坐于"伍人"[④]，更何况是六百石的吏？关内侯则更加显贵，与普通吏民身份差异更大。成帝绥和二年（前 7 年），曾颁布过限田限奴法，"诸王、列侯得名田国中，列侯在长安及公主名田县道，关

---

①　长沙马王堆三号汉墓《驻军图》注记有几十个里的户数，最多的龙里 108 户，最少的资里 12 户（参见马王堆汉墓帛书整理小组《马王堆三号汉墓出土驻军图整理简报》，《文物》1976 年第 1 期）。内黄三杨庄聚落则庭院独立，互不相连，其比地为伍应更加灵活（参见孙家洲《从内黄三杨庄聚落遗址看汉代农村民居形式的多样性》，《中国人民大学学报》2011 年第 1 期；河南省文物考古研究所、内黄县文物保护管理所《河南内黄三杨庄汉代聚落遗址第二处庭院发掘简报》，《华夏考古》2010 年第 3 期）。

②　长沙文物考古研究所、中国文物研究所编：《长沙东牌楼东汉简牍》，文物出版社，2006，第 108 页。

③　［日］西嶋定生：《中国古代帝国的形成与结构——二十等爵制研究》，武尚清译，第 87 页；杨振红：《秦汉官僚体系中的公卿大夫士爵位系统及其意义——中国古代官僚政治社会构造研究之一》，《文史哲》2008 年第 5 期。

④　睡虎地秦墓竹简整理小组编：《睡虎地秦墓竹简》，第 129 页："吏从事于官府，当坐伍人不当？不当。（简 155）"

内侯、吏民名田，皆无得过三十顷。诸侯王奴婢二百人，列侯、公主百人，关内侯、吏民三十人……犯者以律论。诸名田畜奴婢过品，皆没入县官"①。这里的用语方式是"诸王、列侯""关内侯、吏民"分开列举，可见西汉末年关内侯与吏民的不同。即使是买爵关内侯者，侯的世袭身份也很荣耀，像灵帝中平四年（187 年）"是岁，卖关内侯，假金印紫绶，传世，入钱五百万"②。

三　免役的界限

秦汉社会的赋役征派是一个复合型体系，"以年龄、身高、健康状况为代表的自然身份体系"和"以爵制为代表的社会身份体系"。③ 爵制身份系统自秦至汉再至三国时期有一个渐行式弱的过程，在这个过程中，免役的界限也几度变更。

秦时，爵不更可能不用服更卒之役。更卒之役是秦汉社会成年男子的一种劳役形式，既非徭役又非兵役。④ 文献材料中常见这样的记载，如《汉书·百官公卿表上》述秦爵制"不更"，师古注曰"言不豫更卒之事也"⑤。刘劭《爵制》："……四爵曰不更。不更者，为车右，不复与凡更卒同也。"⑥《后汉书·南蛮西南夷列传》："及秦惠王并巴中，以巴氏为蛮夷君长，世尚秦女，其民，爵比不更，有罪得以爵除。"⑦ 言南郡蛮百姓赐爵不更，可不参与更卒，可以用爵抵罪。⑧ 关于不更不豫更卒之役，黄今言还曾从不更的名

---

① 《汉书》卷 11《哀帝纪》，第 336 页。
② 《后汉书》卷 8《灵帝纪》，第 355 页。
③ 凌文超：《秦汉魏晋"丁中制"之衍生》，《历史研究》2010 年第 2 期。
④ 参见杨振红《徭成为秦汉正卒基本义务说——更卒之役不是"徭"》，《中华文史论丛》2010 年第 1 期；陈伟《简牍资料所见西汉前期的"卒更"》，《中国史研究》2010 年第 3 期。
⑤ 《汉书》卷 19 上《百官公卿表上》，第 740 页。
⑥ 《后汉书》志第 28《百官志五》，第 3632 页。
⑦ 《后汉书》卷 86《南蛮西南夷列传》，第 2841 页。
⑧ 阎步克：《从爵本位到官本位——秦汉官僚品位结构研究》，第 63 页。

称，认为"就'更卒'与'不更'的字义本身也体现了这一点"①，只是我们不曾寻到黄先生所据者何。

西汉初年，免役的爵级为大夫。前引高帝五年（前202年）第一诏："非七大夫以下，皆复其身及户，勿事。"② 此七大夫以下，刘敏认为是官大夫、大夫二级③，这一结论是合理的。因为此诏颁布针对的是四类人，"诸侯子在关中者""民前或相聚保山泽""民以饥饿自卖为人奴婢者""军吏卒"。每一类人都有不同的政策待遇。其中涉及军吏卒的，"军吏卒会赦，其亡罪而亡爵及不满大夫者，皆赐爵为大夫"④，那"非七大夫以下"，就只有官大夫和大夫二级。

高帝诏为特殊时期安抚流亡，优待吏卒，稳定社会的政策，其实施具有过渡性。事实上，大夫及以上爵免役在惠帝吕后时期就不见了。《二年律令·徭律》：

> 免老、小未傅者、女子及诸有除者，县道勿（简412）敢繇（徭）使。节（即）载粟，乃发公大夫以下子未傅年十五以上者⑤，补缮邑院，除道桥，穿波（陂）池，治沟渠，斩奴苑，自公大夫以下，勿以为繇（徭）。（简413-414）⑥

"自公大夫以下"，整理小组："下，疑为'上'字之误。"公大夫在这组

---

① 黄今言：《秦汉赋役制度研究》，第251页。
② 《汉书》卷1下《高祖本纪下》，第54页。
③ 刘敏：《秦汉编户民问题研究——以与吏民、爵制、皇权关系为重点》，中华书局，2014，第230页。
④ 《汉书》卷1下《高祖本纪下》，第54页。
⑤ "乃发公大夫以下子、未傅年十五以上者"，高敏认为应为"乃发公大夫以下子未傅年十五以上者"（《西汉前期的"傅年"探讨——读〈张家山汉墓竹简〉札记之六》，《新乡师范高等学校学报》2002年第3期），今从。
⑥ 彭浩、陈伟、[日]工藤元男主编：《二年律令与奏谳书——张家山二四七号汉墓出土法律文献释读》，第248页。

简中出现了两次。公大夫以下子，年 15 岁未傅籍的要参与载粟之役；公大夫以下要参加修邑里、除道桥等劳役，还不能算作正式徭役。由此可见惠帝、吕后之时公大夫的上一级爵，即第八级爵公乘，是免役的一个最低分界爵，至于免至何种程度，不详。其实公乘的分界作用，在高祖时就显现出来了。如高祖八年（前 199 年）令"爵非公乘以上毋得冠'刘氏冠'"①。刘氏冠，即竹皮冠，为刘邦早年所戴，"楚冠制也"②。可以戴刘氏冠，应是对高爵者的一种优待。所以，汉初高祖至吕后时期，爵的免役应该最低为大夫爵，有时也见有公乘爵，应与实际征发的需求有关。

文帝时（约前 168 年）③，能够免役的最低级爵为第九级爵五大夫。《汉书·食货志上》："令民入粟受爵至五大夫以上，乃复一人耳。"④ 五大夫爵，可以复除一人之役。而在这之前，五大夫爵可以复除一家。荆州谢家桥 1 号汉墓，简报称为吕后五年（前 183 年）。出土有告地书竹牍三枚，为了便于阅读，再次引文如下：

牍一：五年十一月癸卯朔庚午，西乡虎敢言之：郎中【五】大夫昌自言，母大女子恚死，以衣器、葬具及从者子、妇、偏下妻、奴婢、马、牛、物、人一牒，牒百九十七枚。昌家复，毋有所与，有诏令。谒告地下丞以从事，敢言之。

牍二：十一月庚午，江陵丞虎移地下丞，可令吏以从事。ノ臧手。

牍三：郎中五大夫昌母家属当复毋有所与。⑤

---

① 《汉书》卷 1 下《高帝纪下》，第 65 页。
② 《后汉书》志 30《舆服下》，第 3664 页。
③ 王云度：《秦汉史编年》，第 325 页。
④ 《汉书》卷 24 上《食货志上》，第 1134 页。
⑤ 释文据荆州博物馆：《湖北荆州谢家桥一号汉墓发掘简报》，《文物》2009 年第 4 期；杨开勇：《谢家桥 1 号汉墓》，《荆州重要考古发现》，文物出版社，2009，第 188—197 页；刘国胜：《谢家桥一号汉墓〈告地书〉牍的初步考察》，《江汉考古》2009 年第 3 期。

尽管告地书中所示身份不是墓主真实身份①，但告地书作为丧葬文书，主要是模拟人间公文书形式，由地上官吏向地下官吏转呈的移户文书，寄托着死者家属为死者在地下世界谋求可以免赋役的美好愿望。所以，现实世界中惠帝吕后时期五大夫及其以上爵者定是可免复全家的。

五大夫可以免役在文帝后的史料中不乏见。最常被引用的是武帝时民多买复至五大夫，以至服役人数减少之事：

> 《史记·平准书》："兵革数动，民多买复及五大夫，征发之士益鲜。于是除千夫五大夫为吏，不欲者出马。"②
>
> 《汉书·食货志下》："兵革数动，民多买复及五大夫、千夫，征发之士益鲜。于是除千夫、五大夫为吏，不欲者出马。"③

千夫，是武帝颁布的武功爵第七级，与原军功爵之五大夫同。而从居延汉简所体现的服役吏卒爵位来看，确没有五大夫爵者。④ 而从上孙家寨汉墓出土的简文来看，"五大夫"也确实为一个界爵：

> 各二级；斩捕八级拜爵各三级；不满数赐钱级千。斩道捕虏毋过人三级，拜爵皆毋过五大夫。必颇有主以验不从法状（简356、243、340）
>
> 二级当一级；以为五大夫者三级当一级。首虏不满数者藉须复战，军罢而不满数赐钱级（简359、349）
>
> 二千级，若校尉四百级以上，及吏官属不得战者，拜爵各一级，爵

---

① 前文《告地书中"关内侯寡""五大夫"身份论考》，江陵凤凰山168号墓、10号墓告地书中的身份都是"五大夫"。

② 《史记》卷30《平准书》，第1428页。

③ 《汉书》卷24下《食货志下》，第1165页。

④ 参见朱绍侯《文景至武帝前期的军功爵制》，《军功爵制考论》，第122—132页；刘敏《秦汉编户民问题研究——以与吏民、爵制、皇权关系为重点》，第154页。

毋过五大夫☐（简 373）①

"爵毋过五大夫" "以为五大夫者三级当一级"，无疑显示了"五大夫"至西汉末仍具备界爵的功能。如果说我们上文所述"毋过左庶长"是一个食邑特权的标志成立的话，那么"毋过五大夫"就应是免役特权的标志。

当然，此时的爵五大夫免役，仍只免一人。元康元年（前 65 年），宣帝曾诏对高皇帝功臣子孙以复除的权利，"复高皇帝功臣绛侯周勃等百三十六人家子孙，令奉祭祀，世世勿绝。其毋嗣者，复其次"②。奉祭祀当非一人能完成，这次大规模复除，从《汉书·高惠高后文功臣表》体现的都是"诏复家"。其中诏复的最高爵为"五大夫"，如汲绍侯公上不害，"玄孙安陵五大夫常诏复家"③，确证一般情况下五大夫爵并不能复免一家。

至东汉社会，帝国的官僚体制中二十等爵的边缘化和禄秩的中心化渐已形成④，爵的身份所带来的各项权益也随之弱化。兵役体制中由强制义务性的征兵制向有偿职业性的募兵制转化，屯戍体系中更役戍役制度废止⑤。这种情况下，爵的免役功能基本不复存在。中元二年（57 年）明帝诏："爵过公乘，得移与子若同产、同产子。"⑥ 诏令在实施过程中直接导致两个结果：一是普通民众基本无望获取"五大夫"爵⑦；二是随着赐爵的频繁及累积，普通民众又几乎人人都可达到"公乘"爵。由长沙走马楼三国吴简大量的公乘爵可以为证。这种情况下，以爵的身份构建社会秩序的最初意义渐行丧失，

---

① 青海省文物考古研究所：《上孙家寨汉晋墓》，第 192—193 页。
② 《汉书》卷 8《宣帝纪》，第 254 页。
③ 《汉书》卷 16《高惠高后文功臣表》，第 605 页。
④ 阎步克：《从爵本位到官本位——秦汉官僚品位结构研究》，第 225 页。
⑤ 贺昌群：《东汉更役戍役制度的废止》，《历史研究》1962 年第 5 期；臧知非：《汉代兵役制度演变论略》，《山东大学学报》1991 年第 1 期；刘敏：《论汉代的兵和兵役》，《历史教学》2003 年第 12 期。
⑥ 《后汉书》卷 2《明帝纪》，第 96 页。
⑦ 东汉历史上有少数几次见买爵五大夫的记录。《后汉书》卷 5《安帝纪》，第 213 页："三公以国用不足，奏令吏人入钱谷，得为关内侯、虎贲羽林郎、五大夫、官府史、缇骑、营士各有差。"《后汉书》卷 7《桓帝纪》，第 309 页："占卖关内侯、虎贲、羽林、缇骑营士、五大夫钱各有差。"

正像王粲《爵论》所言："古者爵行之时，民赐爵则喜，夺爵则惧，故可以夺赐而法也。今爵事废矣，民不知爵者何也。夺之，民亦不惧；赐之，民亦不喜。"[1] 除了类似于符号化的身份象征外，爵到底有什么用？"赐民爵八级，何法？名曰簪袅、上造，何谓？"[2] 不仅百姓不知，甚至连文吏也不知了。

小　结

二十等爵自秦商鞅爵制，历经西汉至东汉，有一个逐渐完善、又逐渐式微的过程。附于爵的身份的特殊权益也相应变迁。食邑特权，由《商君书·境内》爵大夫"税邑"的记述推测商鞅爵制中最低食邑爵为大夫，由此可见秦人附于爵的身份权益之重。刘邦爵制中食邑的爵级上升至第七级爵七大夫，"七大夫以上，皆令食邑"，爵之身份依然贵重。惠帝吕后直到西汉末逐渐上升至第十级爵左庶长。西汉晚期上孙家寨汉墓出土残简，有左庶长"食邑二百户"的记录。但拥有食邑资格，并不表示就能获封食邑。关内侯在西汉中期以后已经不能尽食邑，东汉则主要以食租为特点。

"令民为什伍，而相牧司连坐"是秦汉时代法的精神，秦汉简牍中有多条"伍人弗告"罪及"伍人"的律文。高爵者，尽管也生活在居民里中，但可以不用纳入什伍，不与伍人相牧司连坐，这也是爵的特权。秦时不纳入编伍的是"大夫"爵，汉初则上升为"五大夫"。《二年律令·户律》中有"五大夫以下，比地为伍，以辨券为信，居处相察，出入相司"的律文。"五大夫以下"以秦汉律的惯例，包含五大夫。西汉中期以后只有列侯才可以不必比地为伍。

免役的特权，秦爵"不更"可免服更卒之役，刘邦爵制中上升到"大

①　《全上古三代秦汉三国六朝文》（第二册），河北教育出版社，1997，第 850 页。
②　黄晖：《论衡校释》（第二册），中华书局，1990，第 572 页。

夫"爵。《二年律令·徭律》有公大夫被征徭的律文，那惠帝吕后时能够免役的应是第八级爵"公乘"。自文帝以后免役的特权进一步升至第九级爵"五大夫"。江陵郢城地区出土的告地书，墓主身份多虚拟为"五大夫"或"五大夫母"，跟免役直接相关。东汉屯戍制度废止，爵的免役功能基本消亡。

下编　徒隶与身份刑

第七章
里耶秦简牍所见"徒隶"身份及主徒官署

从传世文献的记载来看,秦汉时期的主徒机构是司空。《史记·儒林列传》徐广注曰:"司空,主刑徒之官也。"[①]《汉书·百官公卿表上》如淳曰:"律,司空主水及罪人。贾谊曰'输之司空,编之徒官'。"[②] 因这一时期徒隶使用的广泛性,司空也被称作"行役之官"[③]。20 世纪,睡虎地秦简的出土不仅印证了文献记载,而且通过高恒、刘海年等诸位先生的研究,还使我们对秦代县廷司空对徒隶的监管方式、类别、损毁公器的处罚、赎免等有了更深入的了解。[④] 然而,值得注意的是《仓律》也有关于隶臣妾的赎免条文:

> 隶臣欲以人丁粼者二人赎,许之。其老当免老、小高五尺以下及隶妾欲以丁粼者一人赎,许之。赎(简 61)者皆以男子,以其赎为隶臣。女子操敁红及服者,不得赎。边县者,复数其县。(简 62)[⑤]

---

① 《史记》卷 121《儒林列传》,第 3123 页。按秦及汉初之徒隶,与后世刑徒不同。引文录原文,行文使用"徒隶"一词。

② 《汉书》卷 19 上《百官公卿表上》,第 731 页。

③ 《汉书》卷 66《陈万年传附陈咸》,第 2901 页:"豪猾吏及大姓犯法,辄论输府,以律程作司空",师古曰:"司空,主行役之官。"

④ 参见高恒《秦简牍中的职官及其有关问题》,氏著《秦汉简牍中的法制文书辑考》,社会科学文献出版社,2008,第 1—48 页,刘海年《中国古代早期的刑徒及其管理》,氏著《战国秦代法制管窥》,法律出版社,2006,第 259—274 页,吴荣曾《秦的官府手工业》,中华书局编辑部《云梦秦简研究》,中华书局,1981,第 38—52 页。

⑤ 睡虎地秦墓竹简整理小组编:《睡虎地秦墓竹简》,第 35 页。

仓，主仓谷事。① 关于隶臣妾赎免的规定为什么会出现在《仓律》中？因材料的限制，这一点没有引起足够的重视。

21 世纪以来湘西里耶秦简牍陆续公布，《文物》2003 年第 1 期发表了三十余枚简的照片和释文，其中有两枚"传送委输"牍，是洞庭郡下达给迁陵县的公文，大意是要求传送委输甲兵武器之事，应先征乘城卒、隶臣妾、城旦舂、鬼薪白粲、居赀赎债、司寇、隐官、践更县者，如果不是急事，不对百姓兴徭役。此文书下达先由县丞转县尉，再经县尉转发给乡和司空。尉主卒等武事，司空主徒及居赀赎债，因为要征用他们管理的人员，公文下达给他们可以理解，问题是为什么最后由司空转达至仓？或有认为仓是存放军械的。② 我们不排除特殊时期会有这种现象存在，但通常的情况是秦的武器储备是在"库"，或叫作"武库"中。③ 那么，公文传至仓，是否涉及仓所监管的人员？限于材料，我们只能把问题放在推想的层面。而《里耶秦简》（壹）的出版，公布了里耶古井第五、六、八层的图片及释文。尽管简牍断残较严重，数量也仅约为里耶秦简的五分之一，但鲜活的徒隶劳作簿籍以及相关各曹的课志、计录等，可以使我们对这个问题做进一步思考。

一　关于徒隶的身份

徒隶，传世文献和简牍材料中屡见。早年研究者曾结合文献和居延汉简、睡虎地秦简等材料对徒隶、徒、奴婢等的身份进行探讨。④ 相关的隶臣妾及刑期问题，更是讨论得旷日持久。无疑，隶臣妾问题的大讨论推动了我们对

① 《后汉书》志第 24《百官志一》，第 3559 页。
② 王焕林：《里耶秦简校诂》，中国文联出版社，2007，第 109 页。
③ 黄今言：《秦汉时期的武器生产及其管理》，《江西师范大学学报》1993 年第 8 期。
④ 陈直：《关于两汉的徒》，氏著《两汉经济史料论丛》，中华书局，2008，第 269—296 页；陈玉璟：《秦汉"徒"为奴婢说质疑》，《安徽师范大学学报》1979 年第 2 期等。

秦汉法史以及徒隶身份的认识，但是，不可避免地，由于简牍材料本身的局限，以及研究者在利用过程中以偏概全，某些结论背离了历史的真实。

21 世纪初张家山二四七号汉墓竹简及部分里耶秦简的公布，尤其是里耶秦简中"买徒隶"简的出现，使"徒隶"这一身份再次进入人们的研究视野，[①] 也使我们有机会对以往的认识进行反思。

"买徒隶"最早出现在里耶秦简 8-154（见图 7-1）：

> 卅三年二月壬寅朔朔日，迁陵守丞都敢言之：令曰：恒以Ⅰ朔日上
> 所买徒隶数。·问之，毋当令者，敢言之。　　　　　Ⅱ（简 8-154）
> 二月壬寅水十一刻刻下二，邮人得行。　　图手。　（简 8-154 背）[②]

《里耶秦简》（贰）公布后，又有一枚：

> 廿九年少内⊠Ⅰ买徒隶用钱三万三千□⊠Ⅱ少内根、佐之□主⊠Ⅲ
> （简 9-1406）[③]

李学勤指出，什么是徒隶？从 J1（16）5、6 所引洞庭郡文书上下文的对比就可明白"徒隶"就是"隶臣妾、城旦舂、鬼薪白粲"，并举睡虎地秦简《封诊式·告臣》中主人甲将不听话的"骄悍、不田作"的私奴，由官府"斩以为城旦"，并卖给官府的事例来说明。[④] 马怡、曹旅宁持相同

---

① 李力：《论"徒隶"的身份》，中国文物研究所编：《出土文献研究》（第八辑），上海古籍出版社，2007，第 33—42 页；曹旅宁：《释"徒隶"兼论秦刑徒的身份及刑期问题》，《上海师范大学学报》2008 年第 5 期；王健：《从里耶秦简看秦代官府买徒隶问题（论纲）》，秦始皇兵马俑博物馆编《秦俑博物馆开馆三十周年国际学术研讨会暨秦俑学第七届年会论文集》，三秦出版社，2010；等等。

② 陈伟主编：《里耶秦简牍校释》（第一卷），第 93 页。

③ 陈伟主编：《里耶秦简牍校释》（第二卷），第 300 页。

④ 李学勤：《初读里耶秦简》，《文物》2003 年第 1 期。

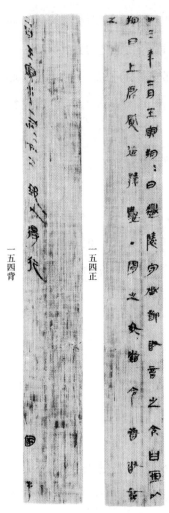

一五四背　　一五四正

简8-154

图 7-1　里耶秦简 "买徒隶" ①

观点。② 王焕林则认为："由于鬼薪、白粲、城旦舂等刑徒不能买卖，故此处仅指隶臣、隶妾两类奴隶。"③ 王健释读里耶秦简存在两种徒隶，此处应指 "私臣妾"。④ 李力认为徒隶这个词是一种泛称，既可指奴隶，也可指城旦舂等几种刑徒。⑤

李学勤提到的里耶秦简 J1（16）5 和 J1（16）6 内容大致相同，我们将 J1（16）5 的部分简文录于下：

廿七年二月丙子朔庚寅，洞庭守礼谓县啬夫、卒史嘉、段（假）卒史谷、属尉：令曰："传送委输，<u>必先悉行城旦舂、隶臣妾、居赀赎责（债）</u>。急事不可留，乃兴繇（徭）。"今洞庭兵输内史及巴、南郡、苍梧，输甲兵当传者多。节（即）传之，必先悉行<u>乘城卒、隶臣妾、城旦舂、鬼薪白粲、居赀赎责（债）、司寇、隐官、践更县者</u>。田时殹（也），不欲兴黔首。嘉、谷、尉各谨案

---

① 图片采自湖南省文物考古研究所编著《里耶秦简》（壹），第36页。简完整。

② 马怡：《里耶秦简选校》，《中国社会科学院历史所学刊》（第四辑），商务印书馆，2007，第161页。曹旅宁：《释 "徒隶" 兼论秦刑徒的身份及刑期问题》。

③ 王焕林：《里耶秦简校诂》，第46页。

④ 王健：《从里耶秦简看秦代官府买徒隶问题（论纲）》。

⑤ 参见李力《论 "徒隶" 的身份》，第36页。

所部县卒、徒隶、居赀赎责（债）、司寇、隐官、践更县者簿，有可令传甲兵，县弗令传之而兴黔首，[兴黔首]可省少弗省少而多兴者，辄劾移县，[县]亟以律令具论，当坐者言名夬泰（太）守府。嘉、谷、尉在所县上书，嘉、谷、尉令人日夜端行。它如律令。①

从画线部分可以看出这里的徒隶所对应的，就是隶臣妾、城旦舂、鬼薪白粲。这一点研究者没有异议。但是，我们不能说洞庭郡的这份传送委输文书中徒隶与隶臣妾、城旦舂、鬼薪白粲相对应，就说任何地方出现的徒隶就是指这几种身份的囚徒，恐怕也不妥当。

为了说明"徒隶"的问题，我们先举里耶秦简中用得更广泛的一个词"吏徒"。《里耶秦简牍校释》（第一卷）：

> 卅五年三月庚寅朔辛亥，仓衔敢言之：疏书吏、徒上事尉府Ⅰ者牍北（背），食皆尽三月，迁陵田能自食。谒告过所县，以县乡次续Ⅱ食如律。雨留不能投宿赍。当腾腾。来复传。敢言之。Ⅲ（简8-1517）
> 令佐温。Ⅰ更戍士五城父阳翟执。Ⅱ更戍士五城父西中痤。Ⅲ臂手。Ⅳ（简8-1517背）②

校释者认为简牍提到"吏、徒"上事尉府者记录在背面，而背面记的是"令佐温"和两位"更戍"，因此，"吏徒"实指军吏与士卒。并以此为据，来重新释读睡虎地简《封诊式·迁子》中"今鋈丙足，令吏徒将传及恒书一封诣令史，可受（简48）代吏徒，以县次传诣成都（简49）"③，以及张家

---

① 马怡：《里耶秦简选校》，《中国社会科学院历史所学刊》（第四辑），第149页；湖南省文物考古研究所：《湘西里耶秦代简牍选释》，《中国历史文物》2003年第1期。
② 陈伟主编：《里耶秦简牍校释》（第一卷），第344—345页。
③ 睡虎地秦墓竹简整理小组编：《睡虎地秦墓竹简》，第155页。

山汉简《二年律令·捕律》中"群盗杀伤人、贼杀伤人、强盗，即发县道，县道亟为发吏徒足以追捕之……吏将徒追求盗贼，必伍之…… （简140-141）"① 中的"吏徒"。②

值得注意的是，公布的这一批里耶简中还有这样一条：

> 卅五年八月丁巳朔己未，启陵乡守狐敢言之：廷下令书曰取鲛鱼与
> Ⅰ山今卢（鲈）鱼献之。问津吏徒莫智（知）。·问智（知）此鱼者具
> 署Ⅱ物色，以书言。·问之启陵乡吏、黔首、官徒，莫智（知）。敢言
> 之。·户Ⅲ（简8-769）曹。Ⅰ八月□□□邮人□以来。/□发。狐手。
> Ⅱ（简8-769背）③

显然，这枚简所提到的"吏徒"，对应的是"吏、黔首、官徒"，与简8-1517提到的"军吏、士卒"并不一致。所以，拿简8-1517的"吏徒"来释读其他简牍中的"吏徒"的做法是有问题的。

"徒隶"也是这样一个词汇，在不同的情况下，指称的群体并不完全一致。就"买徒隶"而言，从目前已公布的秦简中，我们尚未见到城旦舂、鬼薪白粲被买卖的实例。文献材料中刘邦押解囚徒去咸阳，表述为"高祖以亭长为县送徒骊山"④。居延简中提到汉代接送囚徒时，用的是"送""付""迎受"这样的词汇，陈直说"刑徒无买卖的明文"⑤。现所见到的秦代官府与私家之间徒隶的流动（买卖和赏赐），几乎全部是隶臣妾。有以下几种情况：一是买私家的臣妾，如《封诊式·告臣》例；二是官府赏赐隶臣妾，如

① 彭浩、陈伟、[日] 工藤元男主编：《二年律令与奏谳书——张家山二四七号汉墓出土法律文献释读》，第148页。
② 陈伟主编：《里耶秦简牍校释》（第一卷），第3页。
③ 陈伟主编：《里耶秦简牍校释》（第一卷），第222页。
④ 《史记》卷8《高祖本纪》，第347页。
⑤ 陈直：《关于两汉的徒》，《两汉经济史料论丛》，第286—295页。

《法律答问》"有投书，勿发，见辄燔之。能捕者购隶妾二人（简53）"①，购，赏赐之意；三是官府出卖隶臣妾收人，如《法律答问》提到隶臣完城旦者收其妻、子，"子小未可别，令从母为收"，何谓从母为收？"人固买（卖），子小不可别，弗买（卖）子母谓殹（也）（简116）"②，这是法律层面的规定。张家山汉简《奏谳书》提到秦王政二年（前245年），黥城旦讲被误判，乞鞫后，"除讲以为隐官，令自尚……妻子已卖者（简122），县官为赎（简123）"③，则是反映了隶臣妾收人④被卖的事实。

另外，睡虎地秦简中城旦舂、鬼薪白粲等囚徒劳役时要穿囚衣、戴着"枸椟欙杕"的刑具，可见在官府眼中，这些人的社会危害性要远大于隶臣妾，其整体地位也比隶臣妾这个群体要低。也许正如徐鸿修所言"城旦是终身性的罪犯奴隶，身份较普通买卖奴隶更低一等"⑤。总之，"买徒隶"与洞庭郡文书中的"徒隶"不能直接画等号，前者所指应该是隶臣妾。我们赞同王健的观点，"'徒隶'一词在秦简语境中，是一个含义和应用功能上均宽泛而灵活的词组，不同语境下含义各有侧重"⑥。

大约同时期的睡虎地秦简《为吏之道》中也有"徒隶"一词："徒隶攻丈，作务员程（简29叁）"⑦其含义则似乎更广些。不仅包括城旦舂、鬼薪白粲、隶臣妾，还包括为官府劳作的其他人。文献中提到"隶徒"七十余万人治骊山，据袁仲一考证这些人有刑徒、居赀和身份自由的人。⑧而《全秦

---

① 睡虎地秦墓竹简整理小组编：《睡虎地秦墓竹简》，第106页。
② 睡虎地秦墓竹简整理小组编：《睡虎地秦墓竹简》，第121页。
③ 彭浩、陈伟、［日］工藤元男主编：《二年律令与奏谳书——张家山二四七号汉墓出土法律文献释读》，第360页。
④ 关于隶臣妾和收人，《二年律令·金布律》："诸收人，皆入以为隶臣妾。（简435）"曹旅宁：《释"徒隶"兼论秦刑徒的身份及刑期问题》："实际上这两者是同源且名实相符的同类。"此说可从。
⑤ 徐鸿修：《从古代罪人收奴刑的演变看"隶臣妾"、"城旦舂"的身份》，《文史哲》1984年第5期。
⑥ 王健：《从里耶秦简看秦代官府买徒隶问题（论纲）》。
⑦ 睡虎地秦墓竹简整理小组编：《睡虎地秦墓竹简》，第170页。
⑧ 参见袁仲一《秦始皇陵兵马俑研究》，文物出版社，1990，第5—6页。

文》中称作"隶徒"① 的这些人，在其他文献材料中也称作"隐官徒刑者"（《史记·秦始皇本纪》）、"徒"（《史记·黥布列传》《史记·高祖本纪》等）。稍后的材料中也有将"徒隶""徒作者"对称者，像桓帝《减陵工刑徒诏》"比起陵茔，弥历时岁，力役既广，徒隶尤勤。顷雨泽不沾，密云复散，悦或在兹。其令徒作陵者减刑各六月"②。而《汉书·惠帝纪》"发诸侯王、列侯徒隶二万人城长安"③，指的也应是徒作者。里耶秦简中大量的徒簿，这些"徒"均是"徒作者"，与《为吏之道》中的"徒隶"意思相近。《里耶秦简牍校释》认为里耶简中"徒"与"徒隶"似无异，或是"徒隶"的简称④，可从。

至于后世文献中提到的像诸如"见狱吏则头枪地，视徒隶则心惕息"⑤"大臣无乃握重权、大官而有徒隶亡耻之心"⑥ 等，更多的是一种泛称，或许范围更广些。

总之，"徒隶"一语，是一个泛称，不同的时代、不同的语境中，其所指对象并不完全相同。就里耶秦简来说洞庭郡"传送委输"文书中的"徒隶"是指城旦舂、鬼薪白粲、隶臣妾。"买徒隶"指的是隶臣妾。

二　"徒簿"反映的徒隶监管官署

徒隶的监管机构，如本章伊始所言，是司空。更为重要的是，里耶秦简含有大量的簿籍类文书，尤其各官署和各乡向迁陵县呈报徒隶劳作的"徒簿"类文书，除了体现时间、呈报部门及负责人、徒隶总人数，劳作项目及姓名等外，还记录了徒隶的来源。由此，我们发现：除了司空，地方徒隶的

---

① 《全秦文》卷1《李斯》，河北教育出版社，1997，第230页。凌文榘《湘烟录》引《汉仪》。
② 《后汉书》卷7《孝桓帝纪》，第290页。
③ 《汉书》卷2《惠帝纪》，第89页。
④ 陈伟主编：《里耶秦简牍校释》（第一卷），第32页。
⑤ 《汉书》卷62《司马迁传》，第2733页。
⑥ 《汉书》卷48《贾谊传》，第2255页。

监管官署还有一个——仓。

里耶出土的"徒簿"类文书多残断，下面是经过何有祖等校释者缀合，比较完整的一份：

廿九年八月乙酉，库守悍作徒薄（簿）：受司空城旦四人、丈城旦一人、春五人、受仓隶臣一人。·凡十一人。AⅠ

城旦二人缮甲□□。AⅡ

城旦一人治输□□。AⅢ

城旦一人约车：登。AⅣ

丈城旦一人约车：缶。BⅠ

隶臣一人门：负剧。BⅡ

春三人级：姱、□、娃。BⅢ

廿廿年上之□C（简 8-686+8-973）

八月乙酉，库守悍敢言之：疏书作徒薄（簿）牒北（背）上，敢言之。逐手。Ⅰ

乙酉旦，隶臣负解行廷。Ⅱ（简 8-686 背+8-973 背）①

这是一份库上行至迁陵县的文书。所体现的要素与西北汉简有关戍卒从事杂务性劳作的《卒日作簿》②相似。《卒日作簿》多在标题简中体现士卒来源，如《省卒日作簿》《鄣卒日作簿》等，附简中有"第十燧卒史谭（525.4）""第五燧卒高登（27.12）"等字样。《库守悍作徒簿》起始则只显示呈报者，接下来"受司空城旦四人"和"受仓隶臣一人"这样的用语，明显反映的是徒隶来源。而且，这种现象不是孤立的。我们把《里耶秦简》

---

① 陈伟主编：《里耶秦简牍校释》（第一卷），第 203 页。

② 李天虹：《居延汉简簿籍分类研究》，科学出版社，2003，第 130 页。

（壹）中公布的能体现徒隶身份的"徒簿"类文书汇制成表 7-1。

表 7-1　　　　　　　　　　　里耶秦简"徒簿"身份记录汇表①

作徒身份	材料	作徒簿来源	简号
仓隶妾	受仓隶妾三人、司空城☐Ⅱ	都乡守舍	8-142
	受仓隶妾七人。ＣⅤ		8-145
	受仓隶妾三人。☐AⅢ	畜官守丙	8-199+8-688
	受仓隶妾二人☐	田毚	8-179 背
	受仓隶妾一人。ⅡA	贰春乡兹	8-962+8-1087
	受仓大隶妾三人。Ⅱ	启陵乡守逐	8-1278+8-1757
	受仓隶妾☐☐CⅡ	☐央臧	8-1641
	受司空城旦一人、仓隶妾二人。☐Ⅱ	都乡守是	8-2011
	【仓】隶妾【四】☐Ⅱ		8-2097
仓大隶妾	受仓大隶妾三人。☐Ⅱ	启陵☐	8-1759
仓隶臣	受司空城旦四人、丈城旦一人、舂五人、受仓隶臣一人。·凡十一人。AⅠ	库守悍	8-686+8-973
	受司空城旦九人、鬼薪一人、舂三人，受仓隶臣二人·凡十五人。Ⅰ	库武	8-1069+8-1434+8-1520
仓隶☐	受仓隶☐Ⅱ		8-991
仓小隶臣	受仓小隶臣二人☐		8-1713
司空城旦	受仓隶妾三人、司空城☐Ⅱ	都乡守舍	8-142
	受司空城旦四人、丈城旦一人、舂五人、受仓隶臣一人。·凡十一人。AⅠ	库守悍	8-686+8-973
	受司空居责（债）、城旦☐Ⅰ	贰春乡守绰	8-1327+8-787②
	受司空城旦九人、鬼薪一人、舂三人，受仓隶臣二人·凡十五人。Ⅰ	库武	8-1069+8-1434+8-1520
	受司空城旦一人、仓隶妾二人。☐Ⅱ	都乡守是	8-2011

① 此表据陈伟主编《里耶秦简牍校释》（第一卷）。另，本部分内容作为单篇论文发表较早（2014年），而后来出版的《里耶秦简》（贰），其徒簿中"受""付"徒隶情况与《里耶秦简》（壹）相类。此表遵循原文，不再补充。

② 何有祖：《里耶秦简牍缀合（二）》，简帛网，http：//www.bsm.org.cn/？qinjian/5881.html，2012年 5 月 14 日。

续表

作徒身份	材料	作徒簿来源	简号
司空丈城旦	受司空城旦四人、丈城旦一人、舂五人，受仓隶臣一人。·凡十一人。AⅠ	库守悍	8-686+8-973
	受司空仗城旦二人。Ⅱ	启陵乡守高	8-801
	受司空仗城旦一人。BⅠ	启陵乡守逐	8-1278+8-1757
司空舂	受司空城旦四人、丈城旦一人、舂五人，受仓隶臣一人。·凡十一人。AⅠ	库守悍	8-686+8-973
	受司空城旦九人、鬼薪一人、舂三人，受仓隶臣二人·凡十五人。Ⅰ	库武	8-1069+8-1434+8-1520
司空鬼薪	受司空城旦九人、鬼薪一人、舂三人，受仓隶臣二人·凡十五人。Ⅰ	库武	8-1069+8-1434+8-1520
	受司空鬼薪☐Ⅰ	少内守敞	8-2034
司空白粲	受司空白粲一人，病。☐	☐乡守吾	8-1340
	受司空白粲一人，病	贰乡守吾	8-1742+8-1956
司空居赀	受司空居赀一人。☐AⅡ	畜官守丙	8-199+8-688
司空居责	受司空居责（债）、城旦☐Ⅰ	贰舂乡守缚	8-1327+8-787①
隶妾系舂	隶妾墼（系）舂八人。CⅢ		8-145
隶妾居赀	隶妾居赀十一人。CⅣ		8-145
	隶妾居赀五十八人。AⅢ	都乡☐	8-1095
	隶妾居赀☐☐☐CⅠ	☐央臧	8-1641
城旦	城旦、鬼薪积九十人。AⅡ	贰舂乡	8-1143+8-1631
	城旦、鬼薪三人。Ⅱ		8-1279
仗城旦	仗城旦积卅人。AⅢ	贰舂乡	8-1143+8-1631
	丈城旦一人。Ⅲ		8-1279

---

① 何有祖：《里耶秦简牍缀合（二）》，简帛网，http：//www.bsm.org.cn/？qinjian/5881.html，2012年5月14日。

续表

作徒身份	材料	作徒簿来源	简号
城旦春	【城旦春五十八人】。AⅡ	都乡□	8-1095
	春、白粲积六十人。AⅣ	贰春乡	8-1143+8-1631
	春、白粲二人。Ⅳ		8-1279
	☑春十七人Ⅰ		8-2144
鬼薪	城旦、鬼薪积九十人。AⅡ	贰春乡	8-1143+8-1631
	城旦、鬼薪三人。Ⅱ		8-1279
	☑薪廿人，☑Ⅲ		8-2151
	☑鬼薪十九人。☑	【司空】☑	8-2156
白粲	春、白粲积六十人。AⅣ	贰春乡	8-1143+8-1631
	春、白粲二人。Ⅳ		8-1279
大隶臣	大隶臣廿六人Ⅱ	【仓是】	8-736
隶妾	隶妾积五十八人。☑ⅠB	都乡□	8-1095
	隶妾积百一十二人。AⅤ	贰春乡	8-1143+8-1631
	隶妾三人。Ⅴ		8-1279
小隶妾	【付】小隶妾八人。BⅠ		8-444
□隶妾	☑【隶】妾三人☑Ⅱ		8-2171
	☑【隶妾】☑Ⅱ		8-2429
	☑妾一人蓐芋。☑Ⅱ		8-1861
城旦司寇	☑城旦司寇一人，☑Ⅱ		8-2151
	☑城旦司寇一人。☑Ⅱ	【司空】☑	8-2156
□赀责	☑□赀责七☑Ⅰ		8-2429 背
	☑赀责AⅠ		8-1586
□大男子	☑大男子五人。AⅡ		8-1586
	黔首□大男子	司空昌	8-1665

　　表7-1中共汇集了31份"徒簿"类文书，有些不能显示作徒身份的残簿，我们没有统计在内。① 这31份分别是畜官、田官、库、仓、少内及都乡、

---

① 简8-697："□月乙亥，司空□作□□Ⅰ□一人有逮☑Ⅱ□人□兵☑Ⅲ一人吏养□☑Ⅳ（简8-697）卅三年三月辛☑Ⅰ□□□月乙亥旦□□☑Ⅱ（简8-697 背）"。简8-1280："廿八年九月丙寅，贰春乡守畸徒簿（簿）。Ⅰ积卅九人。Ⅱ十三人病。Ⅲ廿六人徹城。Ⅳ（简8-1280）"。

贰春、启陵各乡呈报的，有三枚残断的简牍显示的是司空。另有部分残断简不能显示呈报部门。

以"受"字起始，能明确显示徒隶来源的"仓隶臣""仓隶妾""仓大隶妾""仓小隶臣"字样的共 14 份，约占总数的 45.2%。"受司空"字样的有重复现象，以"徒簿"份数来统计，共有 12 份簿书出现过，占 38.7%。其他身份的简牍要么残断严重，要么是以月作簿的总计方式出现：

> 卅年八月贰春乡作徒薄（簿）。AⅠ
>
> 城旦鬼薪积九十人。AⅡ
>
> 仗城旦积卅人。AⅢ
>
> 舂、白粲积六十人。AⅣ
>
> 隶妾积百一十二人。AⅤ
>
> ·凡积二百九十二人。BⅠ
>
> 卅人甄。BⅡ
>
> 六人佐甄。BⅢ
>
> 廿二人负土。BⅣ
>
> 二人□瓦。BⅤ（简 8-1143+8-1631）①

这样的月作簿没有体现徒隶来源。而"受"字日作簿所体现的，只有仓和司空两个部门，来源于仓的身份都是隶臣妾，来源于司空的则有城旦舂、鬼薪白粲、居赀赎债。

既然有"受"徒隶者，也就有派出者。里耶简称派出徒隶为"付"。我们先看一个能识别呈报部门的"付"字作徒簿：

---

① 陈伟主编：《里耶秦简牍校释》（第一卷），第283页。

二人付□□□。A I

一人付田官。A II

一人付司空：枚。A III

一人作务：臣。A IV

一人求白翰羽：章。A V

一人廷守府：快。A VI

其廿六人付田官。□B I

一人守园：壹孙。□B II

二人司寇守：囚、婢。□B III

二人付库：恬、扰。□B IV

二人市工用：餽、亥。□B V

二人付尉□□。□B VI 8-663

五月甲寅仓是敢言之：写上。敢言之□（简8-663背）①

由简牍背面的"仓是"来看，呈报部门是仓的负责人。应该是仓在五月甲寅这一天分派徒隶的作徒簿。我们看有直接派遣劳作任务的，像"守园""求白翰羽""市工用"之类，也有分派去田官、司空、库、尉等各部门去的。试想，如果没有掌管徒隶，仓有什么权力去给其他部门分派劳动力？

除了这枚简，现公布的里耶简中还有不少用于分派徒隶的徒簿，像比较冗长的简8-145就是一个典型。它除了安排具体的劳作，还显示某部门将徒隶分派至都乡、贰春乡、启陵乡，以及畜官、田官、仓、库、尉、少内等各机构的情况。可惜这枚简是上半部残断，呈报者不详。不过，从此简第三栏"隶妾毄（系）春八人""隶妾居赀十一人""受仓隶妾七人"②，以及把人遣

---

① 陈伟主编：《里耶秦简牍校释》（第一卷），第196页。
② 陈伟主编：《里耶秦简牍校释》（第一卷），第84—85页。

送至仓的情况来看，推测或为司空。里耶简的整理者张春龙提到作徒簿时说
"不少的簿是司空或仓所记录"① 的。

三　《计录》与《课志》的佐证

计，《说文·言部》："计，会也，筹也。"段玉裁注："会，合也。"即总
计、统计之意。课，《说文·言部》："课，试也。"考核、考课之意。录和志
是秦汉的文书形式，② 二者都有记录的意思。

迁陵县各乡和列曹诸官均有计录与课志，各曹官的职责以及常见的事务，
可在《计录》《课志》这样的常规性文书中得到反映。下面我们看司空和仓
的计与课（见表7-2）。

表7-2　　　　　　　　　　　《司空曹计录》与《司空课志》

司空曹计录	司空课志
司空曹计录：AⅠ 船计，AⅡ 器计，AⅢ 赎计，BⅠ 赀责计，BⅡ 徒计，BⅢ 凡五计。CⅠ 史尚主。CⅡ（简8-480）③	司空课志：AⅠ □为□□□AⅡ □课，AⅢ □□□□课，AⅣ 春产子课，AⅤ □船课，BⅠ □□□课，BⅡ 作务□□BⅢ ……BⅣ ……BⅤ（简8-486）④

①　湖南省文物考古研究所编著：《里耶秦简》（壹），第4页。
②　李均明：《秦汉简牍文书分类辑解》，文物出版社，2009，第415页；李均明：《简牍文书学》，广西师范大学出版社，1999，第402—405页。
③　陈伟主编：《里耶秦简牍校释》（第一卷），第164页。
④　陈伟主编：《里耶秦简牍校释》（第一卷），第165—166页。

表 7-3　　　　　　　　　　　《仓曹计录》与《仓课志》

仓曹计录	仓课志
仓曹计录：AⅠ 禾稼计，AⅡ 贷计，AⅢ 畜计，AⅣ 器计，BⅠ 钱计，BⅡ 徒计；BⅢ 畜官牛计，BⅣ 马计，CⅠ 羊计，CⅡ 田官计。CⅢ 凡十计。CⅣ 史尚主。CⅤ（简 8-481）①	仓课志：AⅠ 畜彘鸡狗产子课，AⅡ 畜彘鸡狗死亡课，AⅢ 徒隶死亡课，AⅣ 徒隶产子课，AⅤ 作务产钱课，BⅠ 徒隶行絲（繇）课，BⅡ 畜鹇死亡课，BⅢ 畜鹇产子课。BⅣ ·凡☐C（简 8-495）②

　　表 7-2 司空曹的这份计录共 5 项。其中可能有一些通用性项目，像器计，仓曹和户曹计录也见涉及，推测应该是针对本曹公器物的财务计账。其他各项均为司空曹职掌所在。船计，指公船。里耶秦简 8-135 就是一份迁陵县司空借给一名叫狼的人公船，狼没有如期归还，司空守樛发文追要的公文书。赎计、赀责计，与司空掌居赀赎债直接相关。具体规定可参见睡虎地秦墓竹简《秦律十八种·司空律》简 133-140。徒计，是主徒部门必不可少的一项统计。这一点与《司空课志》对"春产子"③ 的考课相一致，是对徒隶人数增减的把握。不过一般情况下，除了产子课，还应有死亡课，才能对所掌徒隶数量消长有总体的认知。如同《畜官课志》以考核牛羊数量增减为目的的

---

① 陈伟主编：《里耶秦简牍校释》（第一卷），第 164 页。

② 陈伟主编：《里耶秦简牍校释》（第一卷），第 169 页。

③ 里耶秦简的《稟食簿》中常见到有春与小城旦共同稟食的记录。陈伟主编：《里耶秦简牍校释》（第一卷）第 115 页："径廥粟米一石九斗五升六分升五。卅一年正月甲寅朔丁巳，司空守增、佐得出以食春、小城旦渭等卌七人，积卌七日，日四升六分升一。Ⅰ 令史□视平。　得手。Ⅱ 8-212+8-426+8-1632"。第 116 页："□□司空守兹、佐得出以食春、小城旦却等五十二人，积五十二日，日四升六分升一。Ⅰ □令史尚视平。得手。Ⅱ 8-216+8-351" 等，或与春产子有关。

"畜牛死亡课""畜牛产子课"① 一样，司空也应有城旦舂死亡课。但简 8-486 字迹模糊，很难识读，从图片我们看第一栏第四行的第一个字似为"城"。②

表 7-3 所示《仓曹计录》为 10 项。禾稼计，贷计，都与粮草谷物关，属于仓的职掌③。畜计，应为仓自养的家畜。睡虎地秦简《秦律十八种·仓律》简 63，就是对仓畜养鸡、犬、猪的相关规定。钱计，或与畜养家畜的收入④、作务等有关。畜官计和田官计，据王彦辉的研究，畜官、田官两个机构均为都官系统，因远离京师，太仓考课不便，改由县仓考课。因此计录中有此二项顺理成章。⑤《仓课志》"畜鴈死亡课"，"畜鴈产子课"应与此有关。值得我们注意的是，《仓曹计录》中有"徒计"，《仓课志》中有"徒隶死亡课""徒隶产子课""徒隶行繇（徭）课"。显然，这些涉及徒隶人数增减等内容的出现，只能证明仓除了主粮谷，主徒也是其职能之一。里耶简 8-130+8-190+8-193："卻之：诸徒隶当为吏仆养者皆属仓……"⑥ 可证仓掌徒隶之实。而"徒隶行徭课"，正是对仓属徒隶被征派"传送委输"等任务的考核。

小　结

"徒隶"在秦汉时代是一个泛称，不同的语境其所指对象并不完全相同。

---

① 陈伟主编：《里耶秦简牍校释》（第一卷），第 169 页。另《睡虎地秦墓竹简·秦律杂抄》第 87 页："牛大牝十，其六毋（无）子，赀啬夫、佐各一盾。·羊牝十，其四毋（无）子，赀啬夫、佐各一盾。·牛羊课。（简 31）"

② 湖南省文物考古研究所编著：《里耶秦简》（壹），第 72 页图版。何有祖释第四行为"城旦死亡课"，参见《读里耶秦简札记（一）》，简帛网，http：//www.bsm.org.cn/？qinjian/643/.html，2015 年 6 月 17 日。

③ 陈伟主编《里耶秦简牍校释》（第一卷），第 374 页："粟米二石。卅三年九月戊辰乙酉，仓是、佐襄、稟人蓝出贷【更】☐Ⅰ☐今☐Ⅱ（简 8-1660+8-1827）"

④ 睡虎地秦墓竹简整理小组编：《睡虎地秦墓竹简》，第 35 页："猪、鸡之息子不用者，买（卖）之，别计其钱。（简 63）"

⑤ 王彦辉：《〈里耶秦简〉（壹）所见秦代县乡机构设置问题蠡测》，《古代文明》2012 年第 4 期。

⑥ 陈伟主编：《里耶秦简牍校释》（第一卷），第 68 页。

李学勤通过里耶秦简"传送委输"文书的上下文对读，认为"徒隶"所指是隶臣妾、城旦春、鬼薪白粲。这个认识应在秦简牍中大多数情况下是适用的。但是，里耶简中的"买徒隶"从现有的材料来分析，应指的是隶臣妾。而睡虎地秦简"徒隶攻丈，作务员程"与后世文献材料中的"发诸侯王、列侯徒隶二万人城长安"相似，范围更广，指徒作者。

从里耶秦简"徒簿"类文书以及《计录》《课志》等文书中可以看出，秦迁陵县主徒的官署有两个，一个是司空，一个是仓。① 由"受司空城旦""受司空白粲""受司空居赀""受仓隶妾"等用语来看，司空主城旦春、鬼薪白粲和居赀赎债，仓主隶臣妾。沿着这个思路，睡虎地秦简《仓律》中涉及隶臣妾的赎免条文，"传送委输"文书依次下达给尉、乡、司空和仓几个官署就不难理解了。但里耶秦简尚未完全公布，加之残断漫漶，二官署具体监管情况仍不详。

---

① 原刊于《简帛研究（二○一三）》的《里耶秦简牍所见"徒隶"身份及监管官署》一文，认为是"仓曹"。观点有误。参见黎明钊、唐俊峰《里耶秦简所见秦代县官、曹组织的职能分野与行政互动——以课、计为中心》，《简帛》（第十三辑），第 131—158 页；邹水杰《也论里耶秦简之"司空"》，《南都学坛》2014 年第 5 期。

第八章
里耶秦简"产子课"及"徒簿"反映的徒隶生活

课类文书,在里耶秦简中屡见。课,即检验、核定之意。① 里耶秦简中课类文书由诸官制作,之后上报给县廷,县廷"廷主课"负责"课"的具体量化考核。② 目前公布的里耶秦简中见到的课类文书有七种:《田课志》《田官课志》《司空课志》《仓课志》《尉课志》《乡课志》《畜官课志》。"志"为记录之意,是课的集成。③ 我们注意到称作"课志"的公文书中有几条"产子课"的条目(见图8-1)。先来看《畜官课志》:

畜官课志:AⅠ

徒隶牧畜死负、剥卖课,AⅡ

---

① 参见徐世虹《秦"课"刍议》,《简帛》(第八辑),上海古籍出版社,2013,第253页;李均明《里耶秦简"计录"与"课志"解》,《简帛》(第八辑),第149—159页;沈刚《里耶秦简(壹)中的"课"与"计"——兼谈战国秦汉时期考绩制度的流变》,《鲁东大学学报》(哲学社会科学版)2013年第1期,第64—69页。

② 黎明钊、唐俊峰:《里耶秦简所见秦代县官、曹组织的职能分野与行政互动——以计、课为中心》,《简帛》(第十三辑),上海古籍出版社,2016,第157页。里耶秦简中有一条完整的课类文书记录,是对仓和司空有关隶臣妾及黔首居赀赎责作官府的"死亡课",详见何有祖《新见里耶秦简牍资料选校(一)》,http://www.bsm.org.cn/show_article.php?id=2068,2014年9月1日。

廿八年迁陵隶臣妾及黔首居赀赎责作官府课。·秦(大)凡百八十九人。死亡·衡(率)之,六人六十三分人五而死亡一人。Ⅰ

已计廿七年余隶臣妾百一十六人。Ⅱ

廿八年新·入卅五人。Ⅲ

·凡百五十一人,其廿八死亡。·黔道(首)居赀赎责作官卅八人,其一人死。Ⅳ7-304

令拔、丞昌、守丞膻之、仓武、令史上、上逐除,仓佐尚、司空长、史都当坐。7-304背

③ 参见李均明《里耶秦简"计录"与"课志"解》,《简帛》(第八辑),第157页。

徒隶牧畜畜死不请课，A Ⅲ

马产子课，A Ⅳ

☐……A Ⅴ

畜牛死亡课，B Ⅰ

畜牛产子课，B Ⅱ

畜羊死亡课，B Ⅲ

畜羊产子课。B Ⅳ

·凡八课。B Ⅴ（简 8-490+8-501）①

"马产子课""畜牛产子课"和"畜羊产子课"，是对畜官工作审核的项目之一。睡虎地秦简中有"牛羊课"，对牛羊生育率评判有一个标准性量化规范：

牛大牝十，其六毋（无）子，赀啬夫、佐各一盾。·羊牝十，其四毋（无）子，赀啬夫、佐各一盾。·牛羊课。（简 31）②

成年母牛 10 头，生育率在 40% 以下；母羊 10 头，生育率在 60% 以下，赀罚啬夫和佐各一盾。达不到标准，罚；超过标准，也应有奖赏。里耶秦简"漆课"对超过规定数量，即过程者，按超额的比例对各级主管、具体劳作者赏以"衣""酒""肉"等。没有达到规定数量，又对他们"赀"或"笞"来行罚。③ 鉴于

① 陈伟主编：《里耶秦简牍校释》（第一卷），第 168 页。从图版看，"马产子课"后面还有一行，残断。现据图补出。图版参见里耶秦简博物馆、出土文献与中国古代文明协同创新中心中国人民大学中心编著《里耶秦简博物馆藏秦简》，中西书局，2016，第 10 页。

② 睡虎地秦墓竹简整理小组编：《睡虎地秦墓竹简》，第 87 页。

③ 湖南省文物考古研究所（张春龙执笔）：《里耶秦简中和酒有关的记录》，吴荣曾、汪桂海主编《简牍与古代史研究》，北京大学出版社，2012，第 14 页；漆课，得钱过程四分一，赐令、丞、令史、官啬夫、吏各襦，徒人酒一斗、肉少半斗；过四分一到四分二，赐襦、绔，徒酒二斗、肉泰半斗；过四分二，赐衣，徒酒三斗、肉一斗。得钱不及程四分一以下，赀一盾，笞徒人五十；过四分一到四分二，赀一甲，笞徒百；过四分二，赀二甲，笞徒百五十。（简 10-91+9-133）

秦律对 "课" 的赏罚精神的一致性，我们认为其对马牛羊产子课也会赏罚分明。再来看《仓课志》《司空课志》：

仓课志：A I

畜彘鸡狗产子课，A II

畜彘鸡狗死亡课，A III

徒隶死亡课，A IV

徒隶产子课，A V

作务产钱课，B I

徒隶行繇（徭）课，B II

畜鹏死亡课，B III

畜鹏产子课。B IV

·凡□C（简8-495）①

司空课志：A I

□为□□□A II

□课，A III

□□□□课，A IV

春产子课，A V

□船课，B I

□□□课，B II

作务□□B III

……B IV

---

① 陈伟主编：《里耶秦简牍校释》（第一卷），第169页。

……BⅤ（简 8-486）①

简8-493+8-503　　　　　　　　　　　　简8-495

图 8-1　里耶秦简《畜官课志》《仓课志》②

　　我们注意到《仓课志》除了有"畜彘鸡狗产子课""畜鴈产子课"外，还有"徒隶产子课"，《司空课志》有"舂产子课"。我们知道，后世犯罪男

---

①　陈伟主编：《里耶秦简牍校释》（第一卷），第 165—166 页。
②　分别采自《里耶秦简博物馆藏秦简》，第 84 页。缀合后基本完整。湖南省文物考古研究所编著：《里耶秦简》（壹），第 74 页。断简。

女罪囚各自监禁，即 "诸妇人在禁，皆与男夫别所" ①。而秦代官府对徒隶生子的考课，让我们不得不怀疑司空管理的城旦舂、鬼薪白粲，以及仓所管理的隶臣妾，其在秦代社会真实的生活状态究竟是什么样的？他们有没有婚姻与家室？下面尝试依据现有史料对其生活状态进行分析，不当之处敬请指正。

一 徒隶的婚姻与家室

一直以来，包括笔者本人在内一批史学研究者，认为徒隶的家庭是解体的。根据徒隶的身份，大体有两种观点：第一种是所有徒隶，包括隶臣妾和城旦舂都是没有婚姻与家室的。朱红林从睡虎地秦简《军爵律》 "免故妻隶妾" 用语，认为 "隶臣妾是可以随便买卖的，夫妻二人沦为隶臣和隶妾之后，婚姻关系实际上已经不存在了" ②。第二种是隶臣妾有家室，城旦舂没有。代表性的有高敏曾根据睡虎地秦简《秦律十八种》中 "受衣未受，有妻毋（无）有" 提出秦律 "公开承认 '隶臣妾' 可以有其家室"。③ 吴荣曾结合睡虎地秦简与张家山汉简，得出城旦舂 "一旦被判刑，他们的财产、家庭都被法律所剥夺"，而 "隶臣在判刑后，法律允许他们妻室的存在"。④ 孙闻博观点相似，"城旦舂、鬼薪白粲亲属没入官府，原有家庭解体" ⑤。

大家论证过程中除了秦简，多采用张家山汉简《奏谳书》第 17 例 "黥城旦讲乞鞫案"，为了能一目了然，将最终判决引于下：

① 天一阁博物馆、中国社会科学院历史研究所天圣令整理课题组校证：《天一阁藏明钞本天圣令校证》，中华书局，2006，第 335 页。

② 朱红林：《试说睡虎地秦简中的 "外妻"》，张德芳主编《甘肃省第二届简牍学国际学术研讨会论文集》，上海古籍出版社，2012，第 497 页。

③ 高敏：《云梦秦简初探》（增订本），河南人民出版社，1981，第 68—69 页。

④ 吴荣曾：《隶臣妾制度探讨》，吴荣曾、汪桂海主编《简牍与古代史研究》，第 27 页。

⑤ 孙闻博：《秦及汉初的司寇与徒隶》，《中国史研究》2015 年第 3 期。

·二年十月癸酉朔戊寅，廷尉兼谓汧啬夫：雍城旦讲气（乞）鞫曰：故乐人，居汧醴中，不盗牛，雍以讲为（简 121）盗，论黥为城旦，不当。覆之，讲不盗牛。讲繫（系）子县，其除讲以为隐官，令自常（尚），畀其於於。妻子已卖者（简 122）者，县官为赎。它收已卖，以贾（价）畀之。及除坐者赀，赀已入环（还）之。腾书雍。（简 123）①

里耶秦简有"买徒隶用钱三万三千□□（简 9-1406）"②"恒以朔日上所买徒隶数（简 8-154 正）"③ 等"买徒隶"的简文记录，应与此案件在法律适用上有关联。讲被黥为城旦，"妻子已卖者"，是指其妻被收买为隶妾，子女也被收买为隶臣妾或小隶臣妾。④ 但是，沦为社会负身份的徒隶，家室是否都不能保全？近年来公布的岳麓秦简《司空律》中有这样的规定：

黔首为隶臣、城旦、城旦司寇、鬼新（薪）妻而内作（简 266）者，皆勿稟食。（简 267）⑤

简文显示隶臣、城旦、城旦司寇、鬼薪身份的徒隶，都是可以有黔首身份的妻。岳麓秦简《傅律》也有隶臣以庶人为妻的条文：

隶臣以庶人为妻，若羣（群）司寇、隶臣妻怀子，其夫免若冗以免、已拜免，子乃产，皆如其已（简 160 正）免吏（事）之子。（简 161 正）⑥

---

① 张家山二四七号汉墓竹简整理小组编著：《张家山汉墓竹简〔二四七号墓〕》（释文修订本），第 101—102 页。
② 陈伟主编：《里耶秦简牍校释》（第二卷），第 300 页。
③ 陈伟主编：《里耶秦简牍校释》（第一卷），第 93 页。
④ 参见张家山二四七号汉墓竹简整理小组编著《张家山汉墓竹简〔二四七号墓〕》（释文修订本），第 103 页，整理小组注释："妻子已卖者，指罪犯的妻、子被收买的。"从里耶秦简"买徒隶"的记录来看，整理小组的解释是有道理的。
⑤ 陈松长主编：《岳麓书院藏秦简》（肆），第 156 页。
⑥ 陈松长主编：《岳麓书院藏秦简》（肆），第 121 页。

徒隶有"外妻"的情形，在睡虎地秦简《秦律十八种·司空律》隶臣有"外妻者责衣"、《法律答问》隶臣完为城旦"收其外妻、子"等律文中都有体现，孙玉荣在《秦及汉初简牍中的"外妻"》① 一文中有详细的探讨，兹不赘述。我们重点对徒隶内部的婚姻与家室进行讨论。

睡虎地秦简中有关于徒隶责衣的简文，其中提到了隶臣有妻的情形：

> 隶臣妾、城旦春之司寇、居赀赎责（债）毄（系）城旦春者，勿责
> 衣食；其与城旦春作者，衣食之如城旦春。隶臣有妻（简141）
> 及有外妻者，责衣。人奴妾毄（系）城旦春，贰（贷）衣食公，日未备
> 而死者，出其衣食。（简142）②

"隶臣有妻，妻更及有外妻者，责衣"，整理小组译作"隶臣有妻，妻是更隶妾及自由人的，应收取衣服"③。《秦简牍合集》将隶臣有妻后面的逗号去掉，"隶臣有妻妻更及外妻"，认为隶臣有妻是两种情形："有妻妻更"与"有外妻"。④ 这种释义显然是受到隶臣妾都是刑徒的观念的影响，后世的刑徒确实是没有家庭的。但是，徒隶并不等于刑徒。他们是一个社会身份很低的群体，他们因罪、因收，或因父母身份等成为这个群体中的一员。他们不能有年而免，除非被赦免、赎免、爵免等才可以有机会成为庶人。城旦春身份的徒隶在司空的管理之下，隶臣妾则在仓的管理之下，从事"公"或从事"私"的各种劳作活动。从岳麓秦简的律文看，这样的群体，也是有婚姻与家室的：

> □【言及】坐与私邑私家为不善，若为（伪）为不善以有辠者，尽

① 孙玉荣：《秦及汉初简牍中的"外妻"》，《史学月刊》2020年第3期。
② 睡虎地秦墓竹简整理小组编：《睡虎地秦墓竹简》，第52页。
③ 睡虎地秦墓竹简整理小组编：《睡虎地秦墓竹简》，第53页。
④ 参见陈伟主编《秦简牍合集》（壹），第127页。

输其收妻子、奴婢材官、左材官作（简9），终身作远穷山，毋得去。

议：诸隶臣、城旦、城旦司寇、鬼薪坐此物以有辠当收者，其妻子虽隶（简10）臣妾、城旦、城旦司寇、舂、白粲殹（也），皆轮〈输〉材官、左材官作，如令。·九（简11）①

简9-759正

图8-2　里耶秦简"隶妾如为妻"②

隶臣、城旦、城旦司寇、鬼薪坐"此物"有罪当收，他们的妻子不论是黔首还是徒隶都要输材官、左材官劳作，"终身作远穷山"。这里提到男性徒隶的妻之身份有隶妾、舂、白粲，也就是男性徒隶与女性徒隶之间确实存在婚姻关系，否则就不会用"妻"来称呼。简9-759：

　　□隶妾如为妻（正）
　　□择手（背）③

尽管残断严重，但"隶妾如为妻"没有异义（图8-2），可以补充说明。

还有一条跟祠令相关的令文：

令曰：县官所给祠，吏、黔首、徒隶给事祠所斋者，祠未閞（阕）而敢奸，若与其妻、

---

① 陈松长主编：《岳麓书院藏秦简》（伍），第41—42页。
② 湖南省文物考古研究所编著：《里耶秦简》（贰），第98页。断简。
③ 陈伟主编：《里耶秦简牍校释》（第二卷），第200页。

婢并□，皆弃市，其□□（简307）①

　　吏、黔首、徒隶给事祠祀期间，不能与妻、婢有两性关系，从侧面明确反映出徒隶确有妻。反过来看上引睡虎地秦简《秦律十八种·司空律》简141-142提到的"隶臣有妻，妻更及有外妻者，责衣"，隶臣有妻不只有两种情形，而应是三种情形：妻、妻更、外妻。应断句为：

　　隶臣有妻、妻更及有外妻者，责衣。（简141-142）

　　第一种情形"妻"，当指徒隶妻，至于隶臣徒隶之妻的身份是隶妾抑或是舂、白粲，从目前已公布的秦简来看则不能确定。

　　有了徒隶妻，必然还有徒隶子。上述《仓课志》"徒隶产子课"、《司空课志》"舂产子课"，都是对徒隶的管理机构仓和司空官署的考察项目，尽管有"女子怀夫子而有辠"②沦为徒隶而产子的情形，但大多"产子"应是徒隶家庭的子女。对徒隶产子考课，如同乡对其管理的乡户人口"息口"③的考课理念是一致的。

　　除了"产子课"，在已公布的里耶秦简"徒作簿""徒簿""日食簿""稟食簿"等簿籍中还常见到小隶臣妾、小城旦舂等小徒隶的身影。

---

① 陈松长主编：《岳麓书院藏秦简》（伍），第200页。
② 岳麓秦简《傅律》："女子怀夫子而有辠，耐隶妾以上，狱已断而产子，子为隶臣妾，其狱未断而产子，子各（简161）如其夫吏（事）子。收人怀夫子以收，已赎为庶人，后产子，子为庶人。（简162）"陈松长主编：《岳麓书院藏秦简》（肆），第121页。
③ 息口，指人口繁衍。参见彭浩《读松柏出土的西汉木牍（二）》，简帛网，http://www.bsm.org.cn/♀hanjian/5215.html，2009年4月4日。

表 8-1　　　　　　　　　　里耶秦简中的"小徒隶"汇表①

小徒隶	简牍材料原文	简号	备注
隶妾婴儿 （3次）	☑妾婴儿益来。Ⅰ☑感手。Ⅱ	8-521	疑"儿"字衍
	粟米五斗。　卅一年五月癸酉，仓是、史感、禀人堂出禀隶妾婴儿揄。Ⅰ令史尚视平感手。Ⅱ	8-1540	禀食簿
	☑□禀人□出禀隶妾婴儿道十一月、十二月、正月食。Ⅰ☑监。Ⅱ	9-1574+ 9-1976	禀食簿
隶臣婴儿 （1次）	稻四斗八升少半半升。卅一年八月壬寅，仓是、史感、禀人堂出禀隶臣婴自〈儿〉槐廥。Ⅰ令史悍平。　六月食。　感手。Ⅱ	8-217	"自"为"兒" 的坏写②
小隶臣 （2次）	粟米二斗。廿七年十二月丁酉，仓武、佐辰、禀人陵出以禀小隶臣益。Ⅰ令史戎夫监。Ⅱ	8-1551	禀食簿
	卅四年十二月仓徒簿冣。大隶臣积九百九十人，小隶臣积五百一十人，大隶妾积二千八百七十六，凡积四千三百七十六……	10-1170	仓徒簿冣
小隶妾 （1次）	☑之。A【付】小隶妾八人。BⅠ 六人付田官。BⅡ一人收隖，豫。BⅢ	8-444	仓徒簿
使小隶臣 （7次）	☑年三月癸丑，仓守武、史感、禀人堂出禀使小隶臣就。令史狂视平。	8-448+8-1360	禀食簿
	卅一年八月辛丑，仓是、史感、禀堂③出禀未小隶臣□。令史□视平。感手。	8-1153+ 8-1342	▨，未小隶臣，或为使小隶臣④
	□□年正月戊午，仓守武、史感、禀人援出禀使小隶臣寿。Ⅰ令史狂视平。　感手。Ⅱ	8-1580	禀食簿
	径膚粟米一石二斗少半半升。卅一年正月丁丑，仓守武、史感、禀人堂出禀使小隶臣徐。Ⅰ令史狂视平。感手。Ⅱ	9-440+9-595	禀食簿
	☑爰书：吏走使小隶臣适自☑	9-887	
	☑小隶臣□□Ⅰ五年十月☑□Ⅱ	9-2582	
	使小隶□□Ⅰ卅五年☑□Ⅱ	9-529	此简可与9-2582简参看

---

① 除特殊注出处，均来自陈伟主编《里耶秦简牍校释》（第一卷）及《里耶秦简牍校释》（第二卷）。
② 陈伟主编：《里耶秦简牍校释》（第一卷），第116页。
③ 按："禀堂"，漏写，应为"禀人堂"。
④ 8-1580 ▨，使。可以参看。

续表

小徒隶	简牍材料原文	简号	备注
小城旦 （8次）	·小城旦九人：FⅠ其一人付少内。FⅡ六人付田官。FⅢ一人捕羽：强。FⅣ一人与吏上计。FⅤ	8-145	司空作簿
	·小城旦十人。CⅠ其八人付田官。CⅡ二人载粟输。CⅢ	8-162	司空作簿
	径膚粟米一石九斗五升六分升五。 卅一年正月甲寅朔丁巳，司空守增、佐得出以食舂、小城旦渭等卌七人，积卌七日，日四升六分升一。Ⅰ 令史□视平。 得手。Ⅱ	8-212+8-426+8-1632	日食簿
	□□司空守兹、佐得出以食舂、小城旦却等五十二人，积五十二日，日四升六分升一。Ⅰ □令史尚视平。得手。Ⅱ	8-216+8-351	日食簿
	□得出以食舂、小城旦□	8-337	日食簿
	卅年十月辛卯朔乙未，贰春乡守绰敢告司空主，主Ⅰ令鬼薪轸、小城旦乾人为贰春乡捕鸟及羽。羽皆已Ⅱ备，今已以甲午属司空佐田，可定薄（簿）。敢告主。Ⅲ 十月辛丑旦，隶臣良朱以来。/死半。邛手。Ⅲ	8-1515	
	卅年六月丁亥朔甲辰，田官守敬敢言之：疏书日食牍北（背）上。Ⅰ敢言之。Ⅱ 城旦、鬼薪十八人。AⅠ 小城旦十人。AⅡ春廿二人。AⅢ小春三人。BⅠ隶妾居赀三人。BⅡ戊申、水下五刻，佐壬来。/尚手。逐手。Ⅲ背	8-1566	田官日食簿
	·小城旦九人：GⅠ其一人付少内。GⅡ六人付田官。GⅢ一人捕羽：强。GⅣ一人与吏上计。GⅤ	9-2289	司空徒簿

续表

小徒隶	简牍材料原文	简号	备注
小春 （4次）	·小春五人。FⅥ其三人付田官。FⅦ 一人徒养：姊。FⅧ一人病：□。FⅨ	8-145	司空徒簿
	·小春五人，☑BⅢ其三人付田。☑BⅣ	8-239	司空徒簿
	卅年六月丁亥朔甲辰，田官守敬敢言之：疏书日食牍北（背）上。Ⅰ敢言之。Ⅱ 城旦、鬼薪十八人。AⅠ　小城旦十人。AⅡ春廿二人。AⅢ小春三人。BⅠ隶妾居赀三人。BⅡ戊申、水下五刻，佐壬以来。/尚手。逐手。Ⅲ背	8-1566	田官日食簿
	·小春五人。GⅥ其三人付田官。GⅦ 一人徒养：姊。GⅧ一人病：谈GⅨ	9-2289	司空徒簿

　　表8-1中显示的小徒隶有隶臣婴儿、隶妾婴儿、小隶臣、小隶妾、使小隶臣、小城旦、小春，未见到使小隶妾、未使小隶臣妾、小鬼薪、小白粲等身份名称。在睡虎地秦简中提到禀食的小徒隶有："小城旦作者""小隶臣作者""小城旦未能作者""小隶臣未能作者"；"小妾作者""小春作者""小妾未能作者""小春未能作者"；"婴儿之无母者""婴儿与母冗居公者"。[1]相信随着里耶秦简的不断公布，小徒隶的名称会越来越丰富。

　　此外小徒隶的数量，也值得关注。上引"仓徒簿取""司空徒作簿""田官日食徒簿"都比较完整地记录了徒隶数量：

表8-2　　　　　　　　　　卅四年十二月"仓徒簿取"

徒隶	大隶臣	小隶臣	大隶妾	小隶妾
所积人次	990人次	510人次	2876人次	未记录
人数	33人	17人	约96人	未记录

---

[1]　参见睡虎地秦墓竹简整理小组编《睡虎地秦墓竹简》，第32页。

表 8-3　　　　　　　　　卅二年十月己酉朔乙亥"司空徒作簿"　　　　（单位：人）

徒隶	城旦司寇	鬼薪	城旦	仗城旦	隶臣系城旦	隶臣居赀	白粲	舂	隶妾系舂	隶妾居赀	受仓隶妾	小城旦	小舂
人数	1	20	87	9	3	5	8	53	8	11	7	9	5
分计	125						87					9	5
总计	226												

表 8-4　　　　　　　　　卅年六月丁亥朔甲辰田官"日食徒簿"　　　　（单位：人）

徒隶	城旦、鬼薪	小城旦	舂	小舂	隶妾居赀
人数	18	10	22	3	3

表 8-2 为月徒簿，记录有小隶臣 17 人。表 8-3 和表 8-4 为日徒簿，表 8-3 有小城旦 9 人、小舂 5 人，表 8-4 记录小城旦 10 人和小舂 3 人。因上引"徒簿"为劳役分派记录和日食登记，不是徒隶人口登记，没有派役或不能正常劳作的小徒隶，像徒隶婴儿、小未使者等都未能统计进来，所以上述几个表中的数据只是参考，而不能用来统计徒隶人口年龄结构。值得注意的是表 8-2，作为三十四年十二月一个月的派役劳作记录，小隶妾居然是"0"，从不同身份的数据和总数据之和来看，不是漏记，截取第一栏前五列（见图 8-3）：

■ 卅四年十二月仓徒薄冣 A I

■ 大隶臣积九百九十人，A II

■ 小隶臣积五百一十人，A III

■ 大隶妾积二千八百七十六，A IV

■ ·凡积四千三百七十六。A V

……（简 10-1170）①

---

① 里耶秦简博物馆、出土文献与中国古代文明研究协同创新中心中国人民大学中心编著：《里耶秦简博物馆藏秦简》，第 56 页。

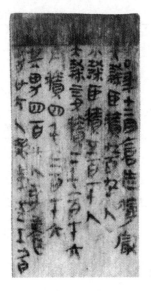

10-1170第一栏

10-1170　　　　　　　　　　　　　　　　　　　10-1170第四栏

图 8-3　里耶秦简"仓徒簿冣"①

---

①　里耶秦简博物馆、出土文献与中国古代文明研究协同创新中心中国人民大学中心编著：《里耶秦简博物馆藏秦简》，第 56 页。木简共 7 栏，长 46.2 厘米，宽 2.9 厘米。前为全图，后为第一栏、第四栏。

990+510＋2876＝4376（人次），小隶妾未在派役之中。睡虎地秦简中《秦律十八种·仓律》有"衣食公"的未使小隶妾被百姓借出的法律条文，可能也是小隶妾不被派役的原因之一：

> 妾未使而衣食公，百姓有欲叚（假）者，叚（假）之，令就衣食焉，吏辄被事之。（简48）①

秦律徒隶禀食，以"从事公"为原则，《秦律十八种·仓律》"隶臣妾其从事公，隶臣月禾二石，隶妾一石半；其不从事，勿禀（简49）"②。因此那些"不从事公"而"衣食私"的小隶妾们，也不会出现在"徒作簿"或"禀食簿"中。所以，秦代社会小徒隶的数量比我们从里耶秦简中已知的要多得多。

但徒隶的家室生活实态如何？我们没有更多的材料来说明，只有《二年律令·户律》中有这样一条律文：

> 隶臣妾、城旦春、鬼薪白粲家室居民里中者，以亡论之。（简307）③

徒隶家室不能居普通民里中，言外之意是只能在指定的区域，由主徒机构司空、仓来管理。具体治徒以什么样的方式，以户？以人？有无像治民一

---

① 睡虎地秦墓竹简整理小组编：《睡虎地秦墓竹简》，第32页。
② 睡虎地秦墓竹简整理小组编：《睡虎地秦墓竹简》，第32页。
③ 张家山二四七号汉墓竹简整理小组编著：《张家山汉墓竹简〔二四七号墓〕》（释文修订本），第51页。

样的什伍或其他组织？截至目前所掌握的，没有足够的史料来展现。①

二　"徒簿"反映的徒隶"从事公"

作为社会负身份的阶层，徒隶是社会生活中最为艰难的一个群体。但是徒隶又不完全等于刑徒，没有隔绝于社会。尤其是徒隶中的隶臣妾，其活动的自由度、职业的多样性、财产的自主性均不属于"刑徒"属性。我们重点来看看徒隶的日常劳作。

里耶秦简中有各类"徒簿"，如司空徒作簿、仓徒簿冣、仓作徒簿、库作徒簿、少内作徒簿、畜官作徒簿、田徒簿、都乡徒簿、启陵乡作徒簿、贰春乡作徒簿等。"徒簿"类文书反映的信息很多，自里耶秦简公布

---

① 比之稍后的西汉时期，香港中文大学文物馆藏简牍官奴婢是以家庭为单位进行管理的，可以拿来参照。香港中文大学馆藏简牍收录了 69 枚"奴婢廪食粟出入簿"，第 1 枚，编号 131 木牍的正面简文（陈松长编著：《香港中文大学文物馆藏简牍》，第 54 页）：

> 君告根禀得家大奴一人，大婢一人，小婢一人，凡三人，用粟大石四石五斗，为小石七石五斗，九月食。
> 根禀昌邑家大奴一人，大婢一人，使婢一人，小奴一人，七月食，用粟大石五石五斗五升，为小石九石二斗一参半参。
> 根禀未央家大奴一人，大婢一人，使奴二人，七月食，用粟大石六石五斗，为小石十石八斗一参。
> 根禀昌邑家大奴一人，大婢一人，使婢一人，小奴一人，八月食，用粟大石五石五斗五升，为小石九石二斗一参半参。
> 根禀未央家大奴一人，大婢一人，使奴二人，八月食，用粟大石六石五斗，为小石十石八斗二参。（简131 正）

于振波通过对 69 枚简的前后对比，发现所有户主都没有姓氏，也没有爵位或官秩，与汉代通行公文书习惯用法不同，而且发放廪食者，本人也领取廪食，认为根、得、昌邑、未央等户主本身就是奴婢，"汉代对官奴婢的管理，也是以户为单位进行的"（于振波：《汉代官奴婢述略——以香港中文大学文物馆藏简牍为中心》，《简牍与秦汉社会》，湖南大学出版社，2012，第 186 页）。也有持不同意见者，如朱德贵、庄小霞《香港中文大学文物馆藏简牍所见西汉"奴婢廪食出入簿"问题探讨》，《中国农史》2015 年第 5 期。认为"奴婢廪食出入簿"中的奴婢为户主名下之私人奴婢，而非官奴婢……"奴婢廪食出入簿"还反映西汉"编户齐民"为完成官府或君长所分配的徭役任务而分派自家私人奴婢从事官府某一经济建设的历史事实。笔者更倾向于于振波的观点。但秦时徒隶廪食对象为个人，而不是户。而且廪食以"从事公"为原则。

后，学界已就徒簿的分类、呈送方式、管理制度等问题进行了研究①，也有的学者对徒簿的劳作内容进行了分析②。徒隶的劳作内容应是睡虎地秦简中所提到的"从事公"，即官府所派遣的劳役。结合韩国金埫吾前期的研究成果，除了逃亡、病、系、居赀、有逮、会逮、有狱讯、输铁官、付某官者，我们把里耶秦简中提到的不同身份的徒隶其被派遣的具体劳作内容制作成表8-5。

表8-5　　　　　　　　　　　　　里耶秦简徒隶劳作表

官署	徒隶	劳作内容	
司空	城旦	缮甲、治输□、约车、捕献	作园、作务、作庙、徒养、除道、削廷、学车、学甄、缮官、治邸、治观、取篸（蒸）、伐栎、伐材、捕羽、求羽、市工用、与吏上事守府、与吏上计、上省、传送、为舆、为炭、为笥、彻城、负土、治土、为甄庑取**茷**、甄
	鬼薪等	捕鸟及羽	
	春	捕羽、为席、级、弑、上稟	作庙、作务、作园、徒养、除道、取芒、守船、取篸（蒸）、捕羽、传送、为笥、为席、治枲、上眚（省）
	白粲等		

---

① 高震寰：《从〈里耶秦简〉（壹）"作徒簿"管窥秦代刑徒制度》，《出土文献研究》（第十二辑）；贾丽英：《里耶秦简所见"徒隶"身份及监管官署》，《简帛研究（二〇一三）》；沈刚：《〈里耶秦简〉（壹）所见作徒管理问题探讨》，《史学月刊》2015年第2期；李勉、俞方洁：《里耶秦简"徒簿"类文书的分类解析》，《重庆师范大学学报》2017年第4期；刘自稳：《里耶秦简牍所见"作徒簿"呈送方式考察》，《中国人民大学学报》2018年第3期等。
② ［韩］金埫吾：《秦代县的徒隶运用和其特点》，《中国中古世史研究》第40辑，2016；杨怡：《作徒簿所见秦代乡机构经营业务的管理》，《安阳师范学院学报》2019年第3期。

续表

官署	徒隶	劳作内容
司空	丈城旦	约车、治传舍
	小城旦	捕羽、与吏上计、载粟输、徒养、捕鸟及羽、佐田①
	小舂	徒养
	不明身份②	与上攻者偕③、□养、囷兵□、吏养、事革、伐牍、治园、求菌、运食、买牛、卖牛、载粟输、取角、伐竹、为库取灌、为弓□、传食、守船、捕鸟、治船、输备弓、缮□、甄、佐甄、负土、图瓦、上稟、蓐（耨）芋、取绪
仓	隶臣	吏养、行书、上省、与吏上计、牢司寇、守囚、养牛、廷守府、与吏具狱、除道通食、库工、门、捕亡卒
	隶妾	徒养、行书、与吏上计、助田官获、求菌、输服（服）弓、市工用、作务、取薪、与吏买徒衣、与吏取桼、与吏输鸟、牧鸼、除道通食、守船、稟人、捕羽、□小畜、牧雁、蓐芋、治邸
	使隶臣	吏走
	小隶臣	吏走、与吏具狱、廷走
	小隶妾	收鸼④
	不明身份	作务、求白翰羽、廷守府、守园、司寇、市工用、采锡
不明官署	徒隶	捕爰、为甄运土、治徒园、为蒲席、为连武陵薄、与吏上事泰守府、伐幹、吏仆、助穫、乾荆、为匮、取铁□、取营、输羽、捕献、牧马、牧牛、牧羊

　　《汉官六种·汉官旧仪》"凡有罪，男髡钳为城旦。城旦者，治城也；女为舂，舂者，治米也……鬼薪者，男当为祠祀鬼神，伐山之薪蒸也；女为白粲者，以为祠祀择米也"⑤。《汉书·惠帝纪》应劭注与此相似："城旦者，旦

---

　　① 简 8-1515 "令鬼薪参、小城旦乾人为贰舂乡捕鸟及羽。羽皆已备，今已以甲午司空佐田"［参见陈伟主编《里耶秦简牍校释》（第一卷），第 343 页］。

　　② 来源司空徒簿不明身份者，因司空有受仓之隶臣妾，所以此栏可能存在隶臣妾身份者的劳役。

　　③ 上攻：即上功，呈报功劳。参见陈伟主编《里耶秦简牍校释》（第二卷），第 250 页。

　　④ 《里耶秦简》（壹）为"牧鸼"。

　　⑤ （清）孙星衍等辑，周天游点校：《汉官六种》，第 53 页。

起行治城；舂者，妇人不豫外徭，但舂作米。"① 但是，从表 8-5 的统计中我们发现，徒隶劳作的内容远比文献记载的复杂、务实得多。徒隶劳作是以县廷公务、运转实际需要，而不是严格区分徒隶身份。从大类上看，主要有以下几项：

行政杂役：吏养、徒养、吏走、吏仆、行书、传送、上省、与吏上计、与吏具狱、与吏上事守府、与吏买徒衣、与吏取桼、与吏输鸟、守船、廷守府、守园、取箓（蒸）、取芒、取菅、取角、取薪、市工用，等等。

伐材土功：彻城、负土、治土、伐笮、伐材、伐牍、伐竹、伐幹、作园、作庙、缮官、治邸、治观、治园、治传舍、除道、甄、佐甄、为甄运土、采锡②，等等。

作务手工：作务③、为舆、为炭、为笥、为席、为蒲席、治枲、为匴、级、絨，等等。

田作畜牧：牧牛、牧羊、牧马、养牛、□小畜、牧雁、佐田等。里耶秦简有田徒簿、田官徒簿。"田"为一管理官署，可能不直接从事田间劳作，所用徒隶较少。④ 田徒应主要作于田官⑤。已公布里耶秦简"付田"的共有 6 人⑥，

---

① 《汉书》卷 2《惠帝纪》，第 87 页。

② 简 12-3 "☐金，仓徒悉采锡，徒尽，毋遣也。☐"，简 12-447 "☐敢言之：遣佐☐将徒☐采锡苍☐" 简。采锡，应是徒隶从事的一种劳作，或指开采锡矿。里耶秦简中除采锡外，还有采铁（8-454）、采金（8-454）、采赤金（14-469、16-223）等。

③ 作务：《秦律十八种·关市》："为作务及官府市，受钱必辄入其钱缿中，令市者见其入，不从令者赀一甲。（简 97）" 整理者：《墨子·非乐下》："惰于作务。"《汉书·尹赏传》："无市籍商贩作务"，王先谦《补注》引周寿昌："作务，作业工技之流。" 即从事手工业（《睡虎地秦墓竹简》，第 43 页）。[日] 柿沼阳平认为："作务"不仅仅指从事手工业活动，也应该参与了经济活动，参见氏著《战国及秦汉时代官方"受钱"制度和质钱》，简帛网，http：//www.bsm.org.cn/？qinjian/5305.html，2009 年 6 月 26 日。

④ 参见陈伟《里耶秦简所见的"田"与"田官"》，简帛网，http：//www.bsm.org.cn/？qinjian/6162.html，2014 年 1 月 30 日。

⑤ 《岳麓书院藏秦简》（陆），第 171 页："·田不急时欲令田徒及车牛给它事，而以田急时以它徒赏（偿），许之；其欲以车牛赏（偿），有（又）许之。·县官田令甲（简 227）"

⑥ 付田：简 8-239 小舂 3 人，简 8-2101 仓徒隶 2 人，简 9-2289 司空徒隶 1 人。共 6 人。

"付田官"的共有119人①。三十年六月丁亥朔甲辰，田官日食簿记录了一天的禀食徒隶就有56人②，因此农田劳作应是非常常见的劳作内容。

赋献贡敛：捕羽、求羽、求菌、捕鸟、求白翰羽、求爰、捕献，等等。

从上述事役劳作内容及分工来看，徒隶"从事公"有以下三个特点值得注意。

其一是隶臣妾事役比城旦舂活动范围大、自由度高。从已公布的里耶秦简中，司空徒簿有21个，仓徒簿有4个，我们发现司空徒簿有来源于仓的隶臣妾，如简9-2289"受仓隶妾七人"，简8-681+8-1641"受仓隶妾□□"等。但是，仓徒簿只见到付给其他官署、乡的徒隶，未见到接受司空徒隶的记录。由此我们会产生这样的推测，仓的事务性劳动是隶臣妾可以独立完成的，而司空的事役城旦舂、鬼薪白粲、居赀等不能独立完成，其原因应为司空徒活动受限。而库、少内、田官、畜官、都乡、启陵、贰春等各官、乡受徒机构，都有来源于司空和仓的徒隶。从表8-5所列事役中，有以下几类劳作，未见到城旦舂从事：

行书，即传送文书等。里耶秦简公文书记录有文书的传送者，以"某+行+某官"或"某+以来"这样的方式记录，比如简9-52"三月己丑日中，隶臣快行仓"③、简9-2283"三月丁巳水下七刻，隶臣移以来"④、简8-475+

---

① 付田官简8-162小城旦8人，简8-444小隶妾6人，简8-663仓徒隶27人，简9-1824未知身份徒隶5人，简9-2289司空徒隶23+24+6+3=56人，简10-1170隶妾17人。共119人。按：简9-2289由三片拼合而成。下部即简8-145，上部即简9-2294，中部即简9-2305。

② 陈伟主编：《里耶秦简牍校释》（第一卷），第362页有一条田官守所上日食簿：
卅年六月丁亥朔甲辰，田官守敬敢言之：疏书日食牍北（背）上。Ⅰ敢言之。Ⅱ8-1566正城旦、鬼薪十八人。AⅠ小城旦十人。AⅡ舂廿二人。AⅢ小舂三人。BⅠ隶妾居赀三人。BⅡ戊申、水下五刻，佐壬以来。/尚手。逐手。Ⅲ简8-1566背

③ 隶臣某+行+（某官），这样格式的还有简8-666+8-2006、简8-686+8-973、简9-30、简9-48、简9-710、简9-2283、简16-2202等。

④ 隶臣某+以来，这样格式的还有简8-78、简8-1005、简8-1155、简8-1515、简8-1886、简9-1089、简9-2105等。

8-610"卅五年六月甲子，隶妾孙行"①、简 8-651"正月庚辰旦，隶妾咎以来"②
等，显示传送文书者身份为隶臣或隶妾。徒簿类文书比如"仓徒簿冣"则以"男
十八人行书守府""女六十人行书廷""女七人行书西阳"③ 这样的方式汇总。

守府、门④，守府守门的事役。校释者释"守府"："看守县府者，在需
要的时候也充当信使。""仓徒簿冣"记录一个月内隶臣十八人次"行书守
府"，或是指的两件相关联的事情。库守悍"作徒簿"记录了一位叫负解的
隶臣，既守门，又行书：

廿九年八月乙酉，库守悍作徒薄（簿）：受司空城旦四人、丈城旦一
人、舂五人、受仓隶臣一人。·凡十一人。A Ⅰ

城旦二人缮甲□□。A Ⅱ

城旦一人治输□□。A Ⅲ

城旦一人约车：登。A Ⅳ

丈城旦一人约车：缶。B Ⅰ

隶臣一人门：负解⑤。B Ⅱ

舂三人级：姱、□、娃。B Ⅲ

廿廿年上之□ C（简 8-686+8-973）

八月乙酉，库守悍敢言之：疏书作徒薄（簿）牒北（背）上，敢言

---

① 隶妾某+行+（某官），这样格式的还有简 8-69、简 8-1538、简 9-1044、简 9-1831、简 9-1871 背+
9-1883 背+9-1893 背+9-2469 背+9-2471 背、简 8-673 背+8-2002 背+9-1848 背+9-1897 背、简 9-1538+
9-1634 等。

② 隶妾某+以来，这样格式的还有简 8-157、简 8-647、简 8-2441、简 8-1524、简 9-48、简 9-470、
简 9-986、简 9-1863、简 9-1871 背+9-1883 背+9-1893 背+9-2469 背+9-2471 背、简 9-2130+9-2146、简
9-2263 等。

③ 里耶秦简博物馆、出土文献与中国古代文明研究协同创新中心中国人民大学中心编著：《里耶秦简
博物馆藏秦简》，第 56 页。

④ 门：守门。陈伟主编：《里耶秦简牍校释》（第一卷），第 121 页。

⑤ 陈伟主编：《里耶秦简牍校释》（第一卷）释为"负剧"，陈伟释作"负解"，《里耶简所见迁陵县的
库》，见氏著《秦简牍校读及所见制度考察》，第 140 页。

之。逐手。Ⅰ

乙酉旦，隶臣负解行廷。Ⅱ（简 8-686 背+8-973 背）①

吏走、廷走，走使之人，供吏、县廷差遣。里耶秦简中有很多"走+人名+以来""（即令或即）走+人名+行+某官"等表述，诸如简 8-133 背"八月癸巳水下四刻，走贤以来"，简 8-63"即走申行司空"等，因此"走"用于行书是很常见的事。徒簿中吏走、廷走者多为小隶臣或使隶臣，推测跟其年轻机灵、腿脚快捷、便于差遣有关。值得注意的是，"走"在里耶秦简中常与"仆""养"并列提及，其应有职役上的相似性：

令曰：吏仆、养、走、工、组Ⅰ织、守府、门、刖匠及它急事不可令田。Ⅱ（简 8-756）②

令下制书曰：上□□受Ⅰ乘车、马、仆、养、走，式八牒，放（仿）式上属所执法。毋当令者，亦言，薄留日。Ⅱ（简 9-1857）③

卅一年后九月庚辰【朔乙巳，启陵】乡守冣敢言之：佐冣为叚（假）令史，以乙巳视事，Ⅰ谒令官假养、走。敢言之。/卅二年十月己西朔辛亥，启陵乡守Ⅱ冣敢言之：重谒令官问冣当得养、走不当。当，何令史与Ⅲ共？不当，问不当状。皆具为报。署主户发。敢言之。/冣手。Ⅳ（简 9-30）④

吏仆、吏养、吏走，应是仓属徒隶。简 8-190+8-130+8-193 有这样一

---

① 陈伟主编：《里耶秦简牍校释》（第一卷），第 203—204 页。
② 陈伟主编：《里耶秦简牍校释》（第一卷），第 217 页。"守府、门"中的顿号为笔者所加，"门"是事役的一种。参见里耶秦简 8-244"一人门"、8-686 背+8-937 背"隶臣一人门：负剧"、9-623"二人门"等。
③ 陈伟主编：《里耶秦简牍校释》（第二卷），第 372 页。
④ 陈伟主编：《里耶秦简牍校释》（第二卷），第 42 页。

句话 "诸徒隶当为吏仆养者皆属仓"①。而且，这些仆、养、走供哪位吏员差遣，也是固定的。简 8-1490+8-1518 是廿八年六月仓武的上行文书，记录令史敞、彼死共同用 "走兴"，后查明彼死不当使用 "走"，就重新安排令史敞和令史畸共同差遣 "走兴"，文书还说明 "仓已定籍。敢言之"②。

此外，从岳麓秦简的律文来看，隶妾一般情况下不做吏仆、吏养：

> ·仓律曰：毋以隶妾为吏仆、养、官【守】府，隶臣少，不足以给仆、养，以居赀责（债）给之；及且令以隶妾为吏仆、（简165）养、官守府，有隶臣，辄伐〈代〉之，仓厨守府如故。（简166）③

隶臣的数量不足，没有人做吏仆、吏养、守府，以居赀赎债者充任，即使暂且用隶妾的，有了隶臣之后，也需尽快更换。这是从性别角度的差遣派役，张家山汉简中还有 "仆隶臣"④ 这样的身份称呼。里耶秦简中有一支完整的简，字迹工整清晰：

> 迁陵隶臣员不备十五人。（简 8-986）⑤

如同吏员一样，迁陵县的隶臣也存在人手不足的情形，由此简也可反映隶臣在行政事务中使用之多，事役之广。

除了上述劳作事役，因身份相对自由，隶臣妾其他杂役也很多。比如

---

① 陈伟主编：《里耶秦简牍校释》（第一卷），第68页。
② 陈伟主编：《里耶秦简牍校释》（第一卷），第338页。
③ 陈松长主编：《岳麓书院藏秦简》（肆），第122～123页。
④ 张家山二四七号汉墓竹简整理小组编著：《张家山汉墓竹简〔二四七号墓〕》（释文修订本），第109页。
⑤ 陈伟主编：《里耶秦简牍校释》（第一卷），第257页。

"捕亡卒"，简 8-992 "☒☐出钱千一百五十二，购隶臣于捕戍卒不从☒"①，似是说出 1152 钱，用于隶臣于捕戍卒的赏金②。岳麓秦简中也有捕吏与书史、隶臣等一同追捕罪人的律文③，而且隶臣身份的人 "捕道徼外来为间者一人（简 176）"④ 或 "捕道故徼外来诱而舍者一人（简 179）"⑤，都可以免为司寇，社会身份得以提升。

此外，因隶臣妾隶属于仓，里耶秦简 "禀食简" 中出现的 "禀人" 也均为隶臣妾。徒簿类文书中，能够明确徒隶身份的 "禀人" 都是大隶妾，举启陵乡的作簿：

卅一年四月癸未朔丁未，启陵乡守逐作徒薄（簿）。A Ⅰ

受仓大隶妾三人。A Ⅱ

其一人禀人。B Ⅰ

一人行书。B Ⅱ

一【人捕羽】☒ C（简 9-38）⑥

在 "禀食简" 中，禀人也多见为隶妾，比如出现多次的禀人援、禀人堂、禀人婴、禀人均、禀人窭、禀人嫥等都是隶妾⑦，或许这样的差遣也跟性别相关。有意思的是，禀人隶妾不仅给其他徒隶、士卒、吏员发放粟稻，也给自己发放，举几条 "禀人援" 和 "禀人堂" 的简文：

---

① 陈伟主编：《里耶秦简牍校释》（第一卷），第 258 页。

② 一甲为 1344 钱，一盾为 384 钱。1152 钱，为三盾。参见于振波《秦律中的甲盾比价及相关问题》，《史学集刊》2010 年第 5 期。

③ 《岳麓书院藏秦简》（伍），第 198 页，"今曰：南阳守言：兴（？）吏捕皋人，报曰封诊及它诸（？）官☐☐☐者，皆今得与书史、隶臣、它所与捕吏徒（简 300）"。

④ 陈松长主编：《岳麓书院藏秦简》（伍），第 126 页。

⑤ 陈松长主编：《岳麓书院藏秦简》（伍），第 127 页。

⑥ 陈伟主编：《里耶秦简牍校释》（第二卷），第 48 页。

⑦ 参见单印飞《〈里耶秦简牍校释〉（第一卷）人名统计表》，《简帛研究（二〇一四）》；胡腾允《〈里耶秦简（贰）〉人名统计表》，简帛网，http://www.bsm.org.cn/？qinjian/8128.html，2019 年 9 月 4 日。

径餐粟米一石二斗半斗。卅一年二月己丑,仓守武、史感、禀人堂出禀隶妾援。Ⅰ令史狃视平。 感手。Ⅱ(简8-2249)①

径餐粟米一石二斗半斗。卅一年二月辛卯,仓守武、史感、禀人堂出禀隶妾堂。Ⅰ令史狃视平。感手。Ⅱ(简8-800+9-110)②

径餐粟米一石二斗半斗。·卅一年十二月戊戌,仓妃、史感、禀人援出禀大隶妾援。Ⅰ令史朝视平。Ⅱ(简8-762)③

秦始皇三十一年(前216年)二月为癸未朔④,二月初七,禀人堂出禀了隶妾援,二月初九,禀人堂出禀了她自己。同样的情形也发生在禀人援身上,三十一年十二月戊戌,即十二月十五日,禀人援给自己发放了粟米一石二斗半斗。不过,到十二月时仓守换成了妃。

其二,徒隶事役在一段时间内相对稳定。从徒簿类文书我们发现,有些徒隶的名字屡次出现,且在同一官署从事同一种事役。比如少内作徒簿,尽管残断比较严重,但是相同的徒隶多次出现在多个作徒簿中,且劳作内容一致,比如求羽的胄出现了3次,作级的环也出现了3次;贰春乡作徒簿中贺、何、成、臧、晔,也多次出现,且都在做与"甄"相关的劳作等。⑤派徒机构如司空作徒簿"一人为炭:剧",分别出现在简8-2089、简9-2289和简11-249几个作徒簿中,已知的时间跨度为三十一年九月十四日至三十二年十月二十七日。⑥仓徒簿中的守园的壹孙、司寇守囚的嬃、负中、市工用的飤、亥,分别出现在简8-663和简8-2101中,显示了其劳作的固定性。除了作

---

① 陈伟主编:《里耶秦简牍校释》(第一卷),第451页。
② 陈伟主编:《里耶秦简牍校释》(第二卷),第69页。
③ 陈伟主编:《里耶秦简牍校释》(第一卷),第219页。
④ 简8-71迁陵丞昌上行文书,有"卅一年二月癸未朔丙戌"时间记录(陈伟主编:《里耶秦简牍校释》(第一卷),第54页)。
⑤ 参见附表5《里耶秦简徒簿类文书汇表》。
⑥ 11-249为卅一年九月庚戌朔癸亥,9-2289卅二年十月己酉朔乙亥。

徒簿，从上行和下行文书传送中，还有发现出现频率非常高的行书徒隶——快。快为大隶臣，禀食记录中有"卅一年正月壬戌，仓守武、史感、禀人堂出禀大隶臣快（简9-813+9-1122）"① 这样的内容。仓徒簿简8-663"一人廷守府：快"，显示隶臣快的事役是廷守府。查检里耶秦简，我们发现在三十年五月壬戌至三十二年四月丙辰，两年时间内快共有14次出现在守府、行书的活动中。作表8-6，以便一目了然：

表8-6　　　　　　　　　　廷守府隶臣"快"事役表

隶臣名	事役	时间	材料	简号
快	行书	六月庚辰	守府快行少内	8-60+8-656+8-665+8-748
	行书	卅一年二月癸未朔丙戌	守府快行尉曹	8-71 背
	行书	九月戊辰旦	守府快行	8-140
	行书	四月癸丑	守府快行少内	8-155
	行书	卅二年正月戊寅朔戊戌日中	守府快行	8-157 背
	行书	卅二年四月丙午朔丙辰旦	守府快行旁	8-158 背
	廷守府		一人廷守府：快	8-663
	行书	卅一年后九月庚辰朔辛巳旦	守府快行	8-1560 背
	行书	三月己丑日中	隶臣快行仓☐	9-52
	行书	卅一年二月癸未朔辛卯	守府快行启陵乡☐	9-450 背
	行书	八月戊午旦	守快行	9-794 背
	行书	卅年五月壬戌	守府快以来	9-1594
	行书	【卅二年】四月丙辰	守府快行	9-2251
	行书		守府快以来	16-1

从相对固定的劳作，我们看负身份的徒隶像守府隶臣快、禀人隶妾援、隶妾堂、隶妾蓝、司空徒贺、何、成、臧、眄等，如同正身份的迁陵县丞昌、仓守武、仓啬夫是、令史尚、令史扁、史感、少内啬夫壬、库啬夫平等一样，

---

① 陈伟主编：《里耶秦简牍校释》（第二卷），第209页。

在一段时间内承担迁陵县的各项吏役和事役，维持着地方政府的运行。同时，他们或按日，或按月，或按事役的轻重禀食公粮，维持生存。

其三，徒隶的劳作品第评定与荣誉鼓励。以往，我们关注到睡虎地秦简在禀食上有对于劳动强度不同的徒隶，禀食标准不同，摘几条《秦律十八种·仓律》：

> 隶臣妾其从事公，隶臣月禾二石，隶妾一石半……（简49）
>
> 隶臣田者，以二月月禀二石半石，到九月尽而止其半石……（简51）①
>
> 城旦之垣及它事而劳与垣等者，旦半夕参；其守署及为它事者，参食之。其病者，称议食之，令吏主。城旦（简55）舂、舂司寇、白粲操土攻（功），参食之；不操土攻（功），以律食之。（简56）
>
> 免隶臣妾、隶臣妾垣及为它事与垣等者，食男子旦半夕参，女子参。（简59）②

隶臣从事一般的事役，月禀食二石；田间劳作，则每月多半石。城旦舂、隶臣妾等从事重体力劳作"垣"或与"垣等者"日食，每日徒隶大男"旦半夕参"，徒隶大女"参食之"。整理者据《墨子·备穴》等认为，男子早饭半斗，晚饭三分之一斗；女子早饭晚饭都是三分之一斗。③

徒隶劳作的强度，除了体现在物质上的禀食外，里耶秦简中还发现有根据徒隶劳作难易程度给徒隶定等的荣誉规定。举两份上行文书，分别来自库守悍和田啬夫虎：

---

① 睡虎地秦墓竹简整理小组编：《睡虎地秦墓竹简》，第32页。
② 睡虎地秦墓竹简整理小组编：《睡虎地秦墓竹简》，第33页。
③ 睡虎地秦墓竹简整理小组编：《睡虎地秦墓竹简》，第33页。于振波：《"参食"考辨》，《出土文献研究》（第八辑），上海古籍出版社，2007。

廿九年四月甲子朔辛巳，库守悍敢言之：御史令曰：各第（第）官徒丁【粼】☐Ⅰ勮（剧）者为甲，次为乙，次为丙，各以其事勮（剧）易次之。·令曰：各以☐☐Ⅱ上。·今牒书当令者三牒，署第（第）上。敢言之。☐Ⅲ（简8-1514）

四月壬午水下二刻，佐圂以来。/槐半。（简8-1514背）①

廿九年四月甲子朔戊子田虎敢言之：御史书曰：各第Ⅰ官徒隶为甲乙次·问之毋当令者。敢言之。Ⅱ（简9-699+9-802）

四月戊子水下十，佐安以来。/气半。安手。（简9-699背+9-802背）②

里耶秦简校释整理团队引用《管子·度地》"凡一年之事毕矣，举有功，赏贤，罚有罪，迁有司之吏而第之"③，根据劳作的难易程度，来厘定丁壮徒隶品第等次。《汉书·田蚡传》"治宅甲诸第"，颜师古注"言为诸第之最也。以甲乙之次，言甲则为上矣"。④甲等是最好的，其次是乙等、丙等。从两份文书看，厘定徒隶劳作等次在秦始皇二十九年（前218年）四月，在"库"劳作的徒隶有"当令者三牒"，在"田"劳作的徒隶"毋当令者"。从库作徒簿徒隶劳作多为缮甲、约车、为菓等来看，劳作难度和强度要大于作为管理官署的"田"⑤，因此库守悍上报了徒隶劳作及等次。因材料有限，我们无法得知甲乙等次鼓励的背后，是否还连带物质利益。但对徒隶劳作定等次这一现象，非常值得重视。⑥

---

① 陈伟主编：《里耶秦简牍校释》（第一卷），第342页。
② 陈伟主编：《里耶秦简牍校释》（第二卷），第179页。
③ 黎翔凤撰，梁运华整理：《管子校注》卷18《度地》，中华书局，2004，第1063页。
④ 《汉书》卷52《田蚡传》，第2381页。
⑤ 参见陈伟《里耶秦简所见的"田"与"田官"》，简帛网，http：//www.bsm.org.cn/？qinjian/6162.html，2014年1月30日。
⑥ 齐继伟认为甲乙等次序列为派役的依据。"按照《御史令》中的相关规定，结合官徒的身份、年龄、特长、体格状况等特征分配劳役，同等条件下，再据甲、乙、丙等天干加数字编次序列，并据所给劳役内容的难易程度按序列依次分派，接收部门不能随意调配。"参见齐继伟《秦代官徒调配问题初探》，《古代文明》2021年第1期。

三　徒隶的财产及"从事私"

睡虎地秦简《秦律十八种·仓律》有一条关于徒隶禀食的规定：

> 隶臣妾其从事公，隶臣月禾二石，隶妾一石半；其不从事，勿禀……
> （简 49）①

从事公，毋庸置疑是上文提到的徒簿中的各种官派事役。其不从事，即不从事公，"勿禀"。早在 20 世纪 80 年代林剑鸣就据此句推测"既然政府不给口粮，当然就要靠自己谋生……这样，占有生产资料和一定的私有财产，当然也是被允许的了"②。如今秦简牍公布得越来越多，林剑鸣当年据睡虎地秦简得出的结论也得到进一步证实。

先来看徒隶有私财。里耶秦简中有不少"祠先农"简，张春龙、龙京沙早在 2005 年就公布了 22 枚，后又收录于发掘报告，③ 史学界也对其进行了比较充分的研究。④ 与先秦时期祭祀完将祭品分胙不同的是，我们在里耶秦简中发现祭品是仓的主管吏员出卖给了徒隶：

> 卅二年三月丁丑朔丙申，仓是佐狗杂出祠先农余彻羊头一、足四卖
> 于城旦赫所，取钱四□……（简 14-300、764）

---

① 睡虎地秦墓竹简整理小组编：《睡虎地秦墓竹简》，第 32 页。

② 林剑鸣：《"隶臣妾"辨》，《中国史研究》1980 年第 2 期。

③ 张春龙、龙京沙：《里耶秦简中的祠先农简》，台湾中国文化大学《第三届简帛研讨会文集》，2005 年 5 月。湖南省文物考古研究所编著：《里耶发掘报告》，岳麓书社，2007，第 194—196 页。

④ 彭浩：《读里耶"祠先农"简》，简帛网，http://www.bsm.org.cn/？qinjian/5054.html，2008 年 7 月 5 日；田旭东：《秦简中的"祠五祀"与"祠先农"》，《西北考古》2017 年第 1 期；沈刚：《秦代祠先农制度及其流变》，《出土文献研究》（第十二辑）。

……头一、足四卖于城旦赫所，取钱四率之头一二钱四足□钱。令史尚视平（简14-641）

卅二年三月丁丑朔丙申，仓是佐狗出祠［先］农余彻豚肉一斗半斗卖于城旦赫所，取钱四。令史尚视平，狗手。（简14-649、679）

卅二年三月丁丑朔丙申，仓是佐狗出祠［先］农余彻酒一斗半斗卖于城旦冣所，取钱一率之一斗半斗一钱。令史尚视平，狗手。（简14-650、652）

卅二年三月丁丑朔丙申，仓是佐狗出祠［先］农余肉汁二斗卖于城旦□所……（简14-654）

卅二年三月丁丑朔丙申，仓是佐狗杂出祠先农余彻酒一斗半斗卖于城……（简14-698）

卅二年三月丁丑朔丙申，仓是佐狗出祠先农余彻肉二斗卖于大……（简15-490）①

祠先农余彻羊、豚肉及酒等卖给了城旦赫、城旦冣等②，除了简15-490，不能很明确是"大隶臣"还是"大男子"，其余简文显示在"卅二年三月丁丑朔丙申"，即前215年三月二十日这一天的祭品都卖给了身份是城旦者。

从已出版的《里耶秦简》（壹）和《里耶秦简》（贰）中，我们又找到几条残断的记录：

卅五年六月戊午朔己巳，库建、佐般出卖祠窖□□□一胸于隶臣徐

———————————

① 湖南省文物考古研究所编著：《里耶发掘报告》，第195页。因第14、15层尚未完全公布，简号依报告注出。标点为笔者修正。"所"字上读。
② 成交场所，即视为买者之所。这一点与后世汉简的债务文书相同。参见李均明《居延汉简债务文书述略》，《文物》1986年第11期。

所，取钱一。Ⅰ令史歓监。　般手。Ⅱ（简8-1002+8-1091）①

　　☐☐于隶臣齰所，取钱十二。Ⅰ☐　般手。Ⅱ（简8-827）②

　　☐☐四斗半斗于隶臣徐所，取钱五。（简8-1709）③

　　☐☐，弟（第）丁，肉一卖于隶臣岁所，取钱卅三，入☐Ⅰ☐令史上监。☐Ⅱ（简9-597）④

　　☐守逐出卖隶臣齰所☐Ⅰ☐视 平☐Ⅱ（简9-1138）⑤

三十五年六月戊午朔己巳，为前212年六月十二日。因残断，不能确定这几支简是否为同一批祭品出卖。但从购买者隶臣徐、隶臣齰以及书写者般的重复出现，这几支简或存在一定的联系。

上述祭品大多取钱一、取钱四、取钱五，最多的是取钱三十二，尽管数额很少，但确实是徒隶购买，交易于城旦、隶臣这些徒隶之"所"，因此判断徒隶确实有私财。

那么，徒隶财产的来源是什么？

其一，有可能来源于赏金或赐钱。里耶秦简中常见到徒隶捕羽、求羽、捕鸟、捕爰等的记录，捕献中徒隶的身份没有很大差别，有隶臣妾，也有城旦鬼薪。举一个能明确身份的例子：

卅年十月辛卯朔乙未，贰春乡守绰敢告司空主，主Ⅰ令鬼薪轸、小

　　① 陈伟主编：《里耶秦简牍校释》（第一卷），第259页。"卅五年六月戊午朔己巳，库建、佐般出卖祠窖余彻脯一胊于☐☐☐所，取钱一。Ⅰ令史歓监。　般手。Ⅱ（简8-1055+8-1579）"，可以与此简相互参看。
　　② 陈伟主编：《里耶秦简牍校释》（第一卷），第233页。从格式上看，应是祭品的出卖。"所"字上读。
　　③ 陈伟主编：《里耶秦简牍校释》（第一卷），第380页。从格式上看，应是祭品的出卖。"所"字上读。
　　④ 陈伟主编：《里耶秦简牍校释》（第二卷），第161页。
　　⑤ 陈伟主编：《里耶秦简牍校释》（第二卷），第267页。

城旦乾人为贰春乡捕鸟及羽。羽皆已Ⅱ备，今已以甲午属司空佐田，可定薄（簿）。敢告主。Ⅲ（简8-1515）

十月辛丑旦，隶臣良朱以来。/死半。　邛手。Ⅲ（简8-1515背）[1]

捕献，不知是否有赐钱。《岳麓书院藏秦简》（柒）中有一条法律条文，捕虎有赐钱：

·南阳、南郡能得虎者，一虎赐千钱。（简0563）[2]

里耶秦简中还有隶臣竖、隶臣于捕赎耐罪逃亡或戍卒，获得赏钱1152钱（三盾）的实例：

令佐华自言：故为尉史，养大隶臣竖负华补钱五百，有约券。竖捕戍卒□□事赎耐罪赐，购千百五十Ⅰ二……（简8-1532+8-1008+8-1461）[3]

□□出钱千一百五十二购隶臣于捕戍卒不从□Ⅰ□令史华监。□Ⅱ（简8-992）[4]

此外，睡虎地秦简《秦律十八种·军爵》中还有"隶臣斩首"或"工隶臣斩首"以爵免故妻或本人的法律规定。[5] 但是，搜索已公布的秦简，我们

---

① 陈伟主编：《里耶秦简牍校释》（第二卷），第343页。
② 陈松长主编：《岳麓书院藏秦简》（柒），上海辞书出版社，2022，第81页。《尔雅·释兽》郭注："汉律：'捕虎一，购钱三千，其狗半之。'"［参见（清）郝懿行著，吴庆峰、张金霞、丛培卿、王其和点校：《尔雅义疏》，齐鲁书社，2010，第3742页］
③ 陈伟主编：《里耶秦简牍校释》（第一卷），第261页。
④ 陈伟主编：《里耶秦简牍校释》（第一卷），第258页。
⑤ 睡虎地秦墓竹简整理小组编：《睡虎地秦墓竹简》，第55页。

没有见到城旦鬼薪上战场或抓捕罪人的相关材料。

其二，隶臣妾的为庸取钱。岳麓秦简《为狱等状四种》中"同、显盗杀人案"提到同的身份是隶臣，"为吏仆，内为人庸"①。内，整理者释为"暗地里"。法律条文则明确允许徒隶为庸取钱：

> ·禁毋敢为旁钱，为旁钱者，赀二甲而废。县道官可以为作务产钱者，免，为上计如律。·廿一（简206）·徒隶挽稟以挽日之庸（佣）吏（事）收钱为取就（僦），不为旁。（简207）②

其三，隶臣妾市贩、受棺列。张家山汉简《奏谳书》第22例，女子婢被刺夺钱案，发生在女子婢从"市"归来的路上。狱史讯问在市附近活动的各色人等，其中就有"隶妾每晨昧里，訮（研）訽谦（廉）问不日（田）作市贩……"③因隶妾每前面几字模糊，不能识，所以无法确定她在集市里是做什么的。但其活动应与"市"相关。岳麓秦简奏谳类案例《芮盗卖公列地案》是围绕"棺列"的纷争案，这个案例明确提到了隶臣更参与其中：

> ·敢谳（谳）之：江陵言：公卒芮与大夫材共盖受棺列，吏后弗鼠（予）。芮买（卖）其分肆士（简062）五（伍）朵，地直（值）千，盖二百九十钱。以论芮……（简063正）·视狱：十一月己丑，丞暨劾曰：闻主市曹（简064）臣史，隶臣更不当受列，受棺列，买（卖）。问论。·更曰：芮、朵谓更：棺列旁有公空列，可受。欲受，（简065）亭佐驾不许

---

① 朱汉民、陈松长主编：《岳麓书院藏秦简》（叁），第179页。内，整理者释为"暗地里"。
② 陈松长主编：《岳麓书院藏秦简》（陆），第153页。
③ 张家山二四七号汉墓竹简整理小组编著：《张家山汉墓竹简〔二四七号墓〕》（释文修订本），第110页；陈剑、陶安：《〈奏谳书〉校读札记》，《出土文献与古文字研究》（第四辑），第413—414页，释为"不田作市贩"。

芮、朵。更能受，共。更曰：若（诺）。更即自言驾，驾鼠（予）更。更等欲治盖相移，材争（简066）弗得。闻材后受。它如劾。（简067）①

列，整理者认为是集市贸易场所。并引用《秦律十八种·金布》"贾市居列者及官府之吏，毋敢择行钱、布；择行钱、布者，列伍长弗告，吏循之不谨，皆有罪。（简68）"② 此案涉案人数众多，有公卒芮、大夫材、士伍朵、隶臣更、亭佐驾等。公卒芮和士伍朵对隶臣更说，棺列旁有官府的空列，可受。隶臣更就找到亭佐驾，驾就批给了更。案件纷争，不是因为隶臣更受棺列的问题，而是在更受棺列后，"欲治盖相移"才引起的。此案非常清晰地证明隶臣有权利受官府棺列，并经营棺肆生意。

以上我们所讨论徒隶的经济来源，除了赏钱、赐钱，司空徒如城旦春、鬼薪白粲可以获取外，其他受庸、市贩均为隶臣妾身份。因此司空徒和仓徒，在秦及汉初的身份分层是非常明显的。首先，司空徒社会活动的自由被严格限制。《秦律十八种·司空》"春城旦出繇者，毋敢之市及留舍阓外；当行市中者，回，勿行（简147-148）"③，城旦春外出繇役，不能进入集市及在集市外门停留，以防其趁集市人多杂乱而逃亡。表8-5《里耶秦简徒隶劳作表》提及司空徒有"市工用"劳作内容，不会是司空徒自由出入集市，而是在吏的带领下，如简10-1170女徒"与少内段买徒衣"。其次，其家庭活动的自由也被管制。里耶秦简中有不少禀食简，我们发现被"出禀"的人多为隶臣、隶妾、冗作、乘城卒、屯戍、更戍、丞、佐、令史、牢监等，而被"出以食"者则为城旦春、居赀、鬼薪白粲等司空徒，出以食狱佐的，仅见1例。④ 而法律

---

① 朱汉民、陈松长主编：《岳麓书院藏秦简》（叁），第129—130页。
② 睡虎地秦墓竹简整理小组编：《睡虎地秦墓竹简》，第36页。
③ 睡虎地秦墓竹简整理小组编：《睡虎地秦墓竹简》，第53页。
④ 简9-528+9-1129 "粟米一石四斗半斗。卅四年七月甲子朔辛巳，仓□、佐、禀人中出以食沅陵狱佐□□Ι令史监。□"。

规定"诸食官亦毋敢私炊及食所治食（简91）"①，由此推测城旦舂、鬼薪白粲即使有家室，但自家炊煮恐也不能实现。还有，因公事而死亡，城旦舂也未见到被送归故乡的记录。岳麓秦简《卒令丙卅四》"·令曰：诸军人、漕卒及黔首、司寇、隶臣妾有县官事不幸死，死所令县将吏劾〈刻〉其郡名槽及署送书，（简131）可以毋误失道回留。（简132）"② 送归故郡的有军人、有卒、有黔首、有司寇、隶臣妾，唯没有见到司空徒的身影。由此可见，城旦鬼薪等司空徒生活在社会的最底层，其唯恐终身"从事公"，"从事私"的时间、空间极小。当然，以上认知来源于出土简牍材料，而简牍材料信息承载和释读的有限性也会限制我们的认知，相信以后随着材料的丰富，对徒隶生活的认识也会越来越清晰。

小　结

里耶秦简《仓课志》有"徒隶产子课"，《司空课志》有"舂产子课"，对司空徒城旦舂、鬼薪白粲，以及仓徒隶臣妾生育率的核查，显示此时徒隶的生活状态与后世"诸妇人在禁，皆与男夫别所"罪囚的情形是不相同的，秦时徒隶不等于刑徒。隶臣、城旦、城旦司寇、鬼薪身份的徒隶，既可以有黔首身份的妻，也可以有徒隶身份的妻。岳麓秦简中关于徒隶"妻"的法律规定，也可佐证男性徒隶与女性徒隶之间确实存在婚姻关系。小徒隶在里耶秦简中见到的有隶臣婴儿、隶妾婴儿、小隶臣、小隶妾、使小隶臣、小城旦、小舂。徒隶尽管有家室，但不能居住在黔首所居里中。汉初张家山汉简《二年律令·户律》规定隶臣妾、城旦舂、鬼薪白粲家室居民里中者，"以亡论之"。

---

① 陈松长主编：《岳麓书院藏秦简》（陆），第95页。
② 陈松长主编：《岳麓书院藏秦简》（伍），第111页。

里耶秦简"徒簿"类文书很多，其所反映的是徒隶"从事公"的情形。徒隶劳作主要有行政杂役、伐材土功、作务手工、田作畜牧、赋献贡敛等几大类。而行书、守府、守门、吏走、廷走、吏仆、吏养、禀人等行政性杂役由自由度较高的隶妾或隶臣承担。通过时间的对比，我们发现徒隶所做事役在一定时段内是相对稳定的，如仓徒守府隶臣快、禀人隶妾援、隶妾堂以及司空徒贺、何、成、臧、眄等。值得注意的是，徒隶的劳作也有据劳作难易作甲乙丙等次之分。

里耶秦简显示秦迁陵县"祠先农"后，祭品由徒隶们所购买，交易发生在城旦、隶臣之"所"。尽管余彻祭品价格便宜，但徒隶没有私财也是无力购买的。而且睡虎地秦简《秦律十八种·仓律》关于徒隶"从事公"禀食的规定后面有一句"其不从事，勿禀"，也说明法律上允许徒隶自己谋生。通过对秦简的分析，徒隶的财产来源或是赏金、赐钱，或是为庸取钱，或是市贩得利等。但城旦舂、鬼薪白粲等司空徒活动自由被限制，其"从事私"的时间、空间极小。岳麓秦简《司空律》居赀赎债者居作"以令日居之，日居八钱；食县官者六钱"①，不能确定徒隶是否也有"日几钱"的酬劳。

以上认知主要来源出土简牍，而简牍材料信息承载有一定的局限性。相信随着里耶秦简的全面公布，以及其他新材料的出现，学界对徒隶生活的认识会日益清晰。

---

① 陈松长主编：《岳麓书院藏秦简》（肆），第153页。

第九章
秦汉简所见司寇

秦汉时代的司寇，在文献材料为主的时期，甚至在 20 世纪 70 年代睡虎地秦简出土后，学界一直将其作为刑名进行研究，对司寇劳役的刑期和内容或者在刑罚体系中的位置作了有益的探索。① 21 世纪初，随着张家山汉简《二年律令》的公布，尤其《户律》中有关司寇受田宅的规定、司寇与徒隶区别对待的条文等，促使学界对秦和汉初的刑罚体系进行重新思考，司寇身份的特殊性被提出。② 近年来里耶秦简的出土，使我们得到了比以往时代更丰富、更直观的有关徒隶劳作的新材料，研究者积极探研，对徒隶的研究也

① 沈家本：《历代刑法考》，中华书局，1985，第297—298 页；高恒：《秦律中的刑徒及其刑期问题》，《法学研究》1983 年第6 期；栗劲、霍存福：《试论秦的刑徒是无期刑——兼论汉初有期徒刑的改革》，《中国政法大学学报》1984 年第3 期；刘海年：《秦律刑罚考析》，《战国秦代法制管窥》，法律出版社，2006，第94—122 页；张金光：《刑徒制度》，《秦制研究》，上海古籍出版社，2004，第520—552 页；[日]堀毅：《秦汉刑名考》，《秦汉法制史论考》，法律出版社，1988，第146—185 页；张荣芳、高荣：《简牍所见秦代刑徒的生活及服役范围》，秦始皇兵马俑博物馆《论丛》编委会主编：《秦文化论丛》（第七辑），三秦出版社，1999，第296—312 页；张建国：《西汉刑制改革新探》，《历史研究》1996 年第6 期；韩树峰：《秦汉徒刑散论》，《历史研究》2005 年第3 期；[日]冨谷至：《秦汉刑罚制度研究》，柴生芳、朱恒晔译，第22—31 页；等等。

② [韩]李成珪：《秦·汉의刑罚体系再检讨——以云梦秦简和〈二年律令〉的司寇为中心》，《东洋史学研究》第85 辑，2003；[日]水间大辅：《张家山汉简〈二年律令〉刑法杂考—睡虎地秦简出土以降の秦汉刑罚研究の再检讨》，《中国出土资料研究》第6 号，2002；[日]宫宅潔：《有期劳役刑体系の形成—「二年律令」に見える汉初の劳役刑を手がかりにして》，《东方学报》第78 号，2006；吕利：《律简身份法考论》，法律出版社，2011；等等。

达到了一个新的高度。① 将司寇与徒隶分离，并注重二者之间的共通性，是这一阶段研究的新动向，相关司寇身份和司寇刑的研究也取得了相当的进展。②

但是，也有不少未尽事宜。比如里耶秦简中相当数量的司寇，像"二人司寇守囚""牢司寇守囚""三人司寇"等出现在"作徒簿"中，显然并不是我们以往所认知的司寇身份或司寇刑。再回首读睡虎地秦简，同样很难把"城旦司寇""舂司寇"定位为身份序列中的司寇。其含义反而与先秦时代青铜器铭文中的司寇意思相近。而且，秦至汉四百余年，随着爵制身份秩序的弱化，刑制的不断改革，界于徒隶和庶人之间的司寇，从里耶秦简中的"户人司寇"到东汉刑徒墓中的"司寇霸死在此下"，经历了怎样的变迁历程？司寇的身份是否适用于女性？都是值得探讨的问题。所幸的是，里耶秦简不断分批公布，简牍缀合释读工作有效推进，而近来的岳麓书院藏秦简中也有不少司寇的规定，这些都为我们对相关司寇研究未尽事宜作进一步思考提供了条件。

一　里耶秦简中的司寇事役

里耶秦简"徒簿"类文书是对徒隶劳役分派情况的记录。举一件带有

---

① 李力：《论"徒隶"的身份》，中国文物研究所编《出土文献研究》（第八辑），第33—42页；曹旅宁：《释"徒隶"兼论秦刑徒的身份及刑期问题》，《上海师范大学学报》2008年第5期；王健：《从里耶秦简看秦代官府买徒隶问题（论纲）》，秦俑博物馆开馆三十周年国际学术研究会论文，2009年10月；高震寰：《从〈里耶秦简〉（壹）"作徒簿"管窥秦代刑徒制度》，中国文化遗产研究院编《出土文献研究（第十二辑）》；贾丽英：《里耶秦简牍所见"徒隶"身份及监管官署》，《简帛研究（二〇一三）》；沈刚：《〈里耶秦简〉（壹）所见作徒管理问题探讨》，《史学月刊》2015年第2期。

② ［日］石冈浩：《秦汉代の徒隶と司寇—官署に隶属する有职刑徒》，《史学杂志》第1号，2012年；孙闻博：《秦及汉初的司寇与徒隶》，《中国史研究》2015年第3期；何有祖：《里耶秦简"（牢）司寇守囚"及相关问题研究》，西北师范大学历史文化学院、甘肃简牍博物馆等编《简牍学研究》（第六辑），甘肃人民出版社，2016；张新超：《论秦汉刑罚中的司寇刑》，《西南大学学报》2018年第1期。

"司寇"字样的"徒作簿"（见图 9-1）：

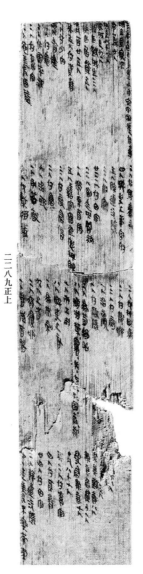

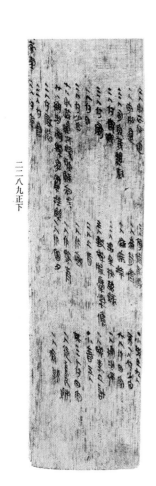

二三八九正下　　　　　二三八九正上

简9-2289

图 9-1　里耶秦简"司空守圂徒作簿"①

---

① 采自湖南省文物考古研究所编著：《里耶秦简》（贰），第 244 页。原简缀合后长 46.5 厘米，宽 6 厘米，此图为上下两段。

卅二年十月己酉朔乙亥，司空守圂徒作簿。AⅠ

城旦司寇一人。AⅡ鬼薪廿人。AⅢ城旦八十七人。AⅣ伏（丈）城旦九人。AⅤ隶臣鼓（系）城旦三人。AⅥ隶臣居赀五人。AⅦ·凡百廿五人。AⅧ其五人付贰春。AⅨ一人付少内。AⅩ四人有逮。AⅪ二人付库。AⅫ二人作园：平、□。AⅩⅢ二人付畜官。AⅩⅣ二人徒养：臣、益。AⅩⅤ二人作务：蕉、亥。BⅠ……

□□【八】人。DⅠ□□十三人。DⅡ隶妾鼓（系）春八人。DⅢ隶妾居赀十一人。DⅣ受仓隶妾七人。DⅤ·凡八十七人。DⅥ其二人付畜官。DⅦ四人付贰春。DⅧ廿四人付田官。DⅨ二人除道沅陵。DⅩ四人徒养：枼、痤、带、复。DⅪ二人取芒：阮、道。EⅠ一人守船：遏。EⅡ三人司寇：蔽、狠、款。EⅢ……（简9-2289）①

里耶秦简作徒派役的记录，是有一定规律的。记录方式可分作几类。何有祖作过总结，笔者略作补充。一是直接记录劳役的内容，如"二人取芒""一人守船""二人徒养""一人为席"等。二是"付+官署名或乡名"，不交代具体劳役，如"二人付畜官""五人付贰春""一人付少内"等。三是"官署名或地名+具体劳役"。有的官署名在劳役之前，如"男卅人廷守府"②"男卅人廷走"，有的官署名或地名在后，如"男十八人行书守府"③"五人除道沅陵"等。四是将带领徒隶外出的吏，甚至吏官署名和姓名一起记录。如"男十六人与吏上计""男廿六人与库武上省""女廿九人与少内段买徒

---

① 湖南省文物考古研究所编著：《里耶秦简》（贰），第86—87页。未释之字，据何有祖：《里耶秦简"（牢）司寇守囚"及相关问题研究》补。

② 此守府，为动词。陈伟主编：《里耶秦简牍校释》（第一卷），第217页："令曰：吏仆养、走、工、组Ⅰ织、守府门、刖匠及它急事不可令田。六人予田，徒Ⅱ……"《岳麓书院藏秦简》（伍），第182页："·令曰：毋以隶妾及女子居赀赎者为吏仆、养、老、守府，及毋敢以女子为葆（保）庸，令炊养官府、寺舍，不从令，（简255）赀二甲，废。丞、令、令史、官啬夫弗得，赀二甲。·内史仓曹令弟（第）乙六。（简256）"

③ 此守府，推测应是泰（守府）的省称，如简8-681"与吏上事守府"，简8-1586"与吏上事泰守府"。

衣"等。

简 9-2289 中有"三人司寇：菣、狠、款"。从已公布的里耶秦简来看，徒隶派出官署主要是司空和仓。司空主城旦舂、仗城旦、鬼薪白粲、居赀赎债以及系城旦舂，仓主隶臣妾。①"作徒簿"中没有司寇身份的人。司寇居住在居民里中，简 8-19 正记录某里的户数"不更一户。ＡⅣ小上造三户。ＡⅤ小公士一户。ＡⅥ士五（伍）七户。☐ＢⅠ司寇一【户】。☐ＢⅡ"②那么，"三人司寇"，应该属于上述记录方式的第一种，即直接记录劳作内容。司寇为动词，是徒隶的劳役内容。司，《说文·司部》："臣司事于外者。"段注："古别无'伺'字。'司'即'伺'字……司犹察也。俗又作覗。"③寇，《说文·支部》："寇，暴也。"④司寇，合起来应该跟伺察暴行有关。从秦简的意思看，这里的"三人司寇"，可释作"三个人派去监管罪徒"。

司寇作动词，并不是秦代才有。故宫博物院有两件西周中期的青铜器，夆季鼎和扬簋⑤，其铭文中的"司寇"就用作动词。夆季鼎：

> 惟五月既生霸庚午，伯俗父佑夆季……曰："用佐佑俗父司寇。"夆季拜稽首，对扬王休，用作宝鼎，其万年子子孙孙永用。⑥

对于此器的断句学界意见不一。陈絜、李晶认为，在针对天子自称的册命中"须强调的仅为个人的私名，有时也会提及家族名号，也即氏名，但其

---

① 贾丽英：《里耶秦简牍所见"徒隶"身份及监管官署》，《简帛研究（二〇一三）》，第 68—81 页。
② 陈伟主编：《里耶秦简牍校释》（第一卷），第 32 页。
③ （汉）许慎撰、（清）段玉裁注：《说文解字注》，第 429 下。
④ （汉）许慎撰、（清）段玉裁注：《说文解字注》，第 125 上。
⑤ 陈梦家：《西周青铜器断代》（上），中华书局，2004，第 192—193 页，将扬簋断代为西周中期晚段懿王时期。
⑥ 中国社会科学院考古研究所编：《殷周金文集成释文》（第二卷），香港中文大学中国文化研究所，2001，第 357 页。

职官与职事无须彰显"①，司寇二字应上读。并进一步结合商周青铜器的习用语法，认为夆季鼎的"司寇"之"司"为动词。"用佐佑俗父司寇"，即辅助俗父治理寇贼。司寇，不是官职或官署，而是职事。扬簋铭文：

> 惟王九月既生霸庚寅……王若曰："扬！作司工，官司量田甸、眔司居、眔司刍、眔司寇、眔司工司。赐汝赤芾市、銮旂，讯讼，取債五锊。"扬拜手稽首，对扬天子丕显休。余用作朕烈考宪伯宝簋，子子孙孙其万年永宝用。②

眔，是连接词"及"的意思，表示语气的停顿。"眔司工司"最后一个"司"，与"史"上古音同属心钮，二字通假。商周古文字中"史""事""吏"三字往往互通无别。"眔司工司"可以释为"眔司工事"。③ 此器为天子册命司空扬，提到了他的诸多职事"官司量田甸、眔司居、眔司刍、眔司寇、眔司工事"。"司某""司某某"之"司"为动词，"司寇"即指缉捕寇盗。④

与先秦青铜铭文相结合，从文字用词流传的角度来看，里耶秦简中的"司寇"为动词也就很容易理解了。

"作徒簿"中除了用"三人司寇"外，还有加上"为"字的记录方式：

> ☐人缮官府：【罗】。Ⅰ
> ☐人为司寇：爱。Ⅱ（简8-567）⑤

---

① 陈絜、李晶：《夆季鼎、扬簋与西周法制、官制研究中的相关问题》，《南开学报》2007年第2期。
② 中国社会科学院考古研究所编：《殷周金文集成释文》（第三卷），第415页。
③ 陈絜、李晶：《夆季鼎、扬簋与西周法制、官制研究中的相关问题》，《南开学报》2007年第2期。
④ 陈絜、李晶：《夆季鼎、扬簋与西周法制、官制研究中的相关问题》，《南开学报》2007年第2期。相似的观点还可参见朱腾《也论先秦时代的司寇》，《法学家》2015年第2期。
⑤ 陈伟主编：《里耶秦简牍校释》（第一卷），第180页。

与之相似的在其他简也有见到。比如徒隶的劳役分派中有"作务"，多数地方写作"一人作务：臣ＡⅣ（简8-663背）""二人作务：蘽、亥ＢⅠ（简9-2289）""女卅三人作务ＥⅧ（简10-1170）"，也有的写作：

　　一人治船：疵。　　□ＢⅠ

　　一人为作务：且。　　□ＢⅡ

　　一人输备弓：具。　　□ＢⅢ（简8-2008正）①

作徒簿，笔者分析这样记录可能有两个原因，一是作为例行档案文书，"应付差事"的因素使其记录并不是很严密；二是动词的活用。为作务，去作务。为司寇，去司寇。

还有见"牢司寇"的劳役记录。为了前后对比，我们将"仓徒簿冣"中相关男性的劳役分派完整录入：

　　卅四年十二月仓徒簿冣：ＡⅠ

　　大隶臣积九百九十人，ＡⅡ小隶臣积五百一十人，ＡⅢ大隶妾积二千八百七十六，ＡⅣ凡积四千三百七十六。ＡⅤ其男四百廿人吏养，ＡⅥ男廿六人与库武上省，ＡⅦ男七十二人牢司寇，ＢⅠ男卅人输或（铁）官未报，ＢⅡ男十六人与吏上计，ＢⅢ男四人守囚，ＢⅣ男十人养牛，ＢⅤ男卅人廷守府，ＢⅥ男卅人会逮它县，ＢⅦ男卅人与吏□具狱，ＢⅧ男百五十人居赀司空，ＣⅠ男九十人毂（系）城旦，ＣⅡ男卅人为除道通食，ＣⅢ男十八人行书守府，ＣⅣ男卅四人库工。ＣⅤ小男三百卅人吏走，ＣⅥ男卅人廷走，ＣⅦ男九十人亡，ＣⅧ男卅人付司空，ＤⅠ男卅人与史谢具狱，

_____

① 陈伟主编：《里耶秦简牍校释》（第一卷），第416页。

DⅡ……（简 10-1170 上）①

"男七十二人牢司寇"，牢这里可以理解为官署，记录方式可归入第三种"官署名+具体劳役"，与"男卅人廷守府"相似。

此外，还见"司寇守囚"一起用的仓徒簿：

二人付□□□。AⅠ一人付田官。AⅡ一人付司空：枚。AⅢ一人作务：臣。AⅣ一人求白翰羽：章。AⅤ一人廷守府：快。AⅥ其廿六人付田官。BⅠ一人守园：壹孙。BⅡ二人司寇守囚：婵□。BⅢ二人付库：恬、扰。BⅣ二人市工用：餚、亥。BⅤ二人付尉□□。□BⅥ（简 8-663 正）

五月甲寅仓是敢言之：写上。敢言之。□（简 8-663 背）②

记作"牢司寇守囚"的：

□□十人。AⅠ□□□□□官。AⅡ□人守园：壹孙。AⅢ□人牢司寇守囚：婵、负中。AⅣ□□二人付库：快、扰。AⅤ□人市工用：餚、亥。AⅥ（简 8-2101）③

对比简 8-663 背和简 8-2101 中"司寇"前后的派出顺序及其徒隶的人

---

① 郑曙斌、张春龙等编著：《湖南出土简牍选编》，第 117 页。
② 陈伟主编：《里耶秦简牍校释》（第一卷），第 196 页。
③ 陈伟主编：《里耶秦简牍校释》（第一卷），第 430 页。原释文作"□人牢司寇守：囚、婵、负中"，将囚、婵、负中释为人名。［日］水间大辅：《里耶秦简所见的"牢监"与牢人》，王沛主编《出土法律文献与法律史研究》（第二辑），上海人民出版社，2013，第 25—34 页，将其上读。另可参见何有祖《里耶秦简"（牢）司寇守囚"及相关问题研究》，西北师范大学历史文化学院、甘肃简牍博物馆等编《简牍学研究》（第六辑），第 90—101 页。

名，我们发现两枚简非常相似。除了付库的人前者是"恬和扰"，后者是"快和扰"之外，其他基本一致。所以，笔者怀疑简8-663背"司寇守囚"是记录的人为了简便，省写了一个"牢"字。

司寇守囚，二个事役连用，说明二者有相似之处。司寇，监管罪徒。守囚，看守囚犯。"牢司寇守囚"，应该是在牢狱中监管看守罪囚。

不过，二者也是有区别的。如上文提到的简10-1170"仓徒簿冣"，有两条记录，第二行第一列"男七十二人牢司寇，B I"，第四列"男四人守囚，B IV"，显示"司寇"与"守囚"是两种差事。

守囚，在睡虎地秦简中有提到。《法律答问》：

> 可（何）谓"署人"、"更人"？耤（藉）牢有六署，囚道一署籧，所道籧者命曰"署人"，其它皆为"更人"；或曰守囚即"更人"殹（也），原者"署人"殹（也）。（简196）①

这里"守囚即更人也"，说明"更人"②的主要任务是守囚。秦汉时代的"狱"，"主要是为了对犯罪嫌疑人进行羁押、讯问等活动而设置的部门"③，其所针对的主要是未决囚。囚，《说文·口部》"系也。从人在口中"④。牢有六署，"更人"守囚是在"囚道一署"。而"牢司寇"工作范围可能不限于"囚道一署"，加之"司寇"带有"司人"性质，其工作性质应比单纯的守囚复杂。睡虎地秦简中有"将司人而亡，能自捕及亲所智（知）为捕，除毋

---

① 睡虎地秦墓竹简整理小组编：《睡虎地秦墓竹简》，第140页。

② 《法律答问》："何谓'宫更人'，·宫隶有刑，是为'宫更人'。（简188）"更人，整理小组释作："古时分一夜为五更，更人应即夜间看守的人。"（参见睡虎地秦墓竹简整理小组编《睡虎地秦墓竹简》，第138页）。魏德胜则认为更人为"轮换值班之人"（参见魏德胜《〈睡虎地秦墓竹简〉杂考》，《中国文化研究》1997年第4期）。

③ ［日］水间大辅：《秦汉时期县狱史的职责》，王沛主编《出土法律文献与法律史研究》（第一辑），上海人民出版社，2012，第201—228页。

④ （汉）许慎撰、（清）段玉裁注：《说文解字注》，第278下。

（无）罪；已刑者处隐官（简 125）"①。

综上，里耶秦简"作徒簿"徒隶派役的记录中，"三人司寇""男七十二人牢司寇""二人司寇守囚""☒人牢司寇守囚"中所言"司寇"，不是身份意义上的司寇，而是司寇事役，意为监管罪徒。

由此再回首看睡虎地秦简中的"城旦舂之司寇""城旦司寇""舂司寇"：

《秦律十八种·司空》："毋令居赀赎责（债）将城旦舂。城旦司寇不足以将，令隶臣妾将。居赀赎责（债）当与城旦舂作者，及城旦傅坚、（简 145）城旦舂当将司者，廿人，城旦司寇一人将。司寇不蹍，免城旦劳三岁以上者，以为城旦司寇。（简 146）"②

《秦律十八种·仓》："城旦（简 55）舂、舂司寇、白粲操土攻（功），参食之；不操土攻（功），以律食之。（简 56）"③

《秦律十八种·司空》："隶臣妾、城旦舂之司寇、居赀赎责（债）敔（系）城旦舂者，勿责衣食；其与城旦舂作者，衣食之如城旦舂。（简 141）"④

这几条简文中出现的"司寇"，整理小组及以往的研究者多认为是刑徒名，刘海年认为司寇备守刑徒和敌人，刑期可能是二岁；高恒认为司寇是终身服役的刑徒，所服劳役是监督、带领服城旦舂劳役的刑徒。李力认为司寇的身份应是刑徒，但不一定经常处于拘禁状态，在相当程度上近似自由人等。《秦简牍合集》（壹）对学界近 30 年的研究做了综述。⑤

---

① 睡虎地秦墓竹简整理小组编：《睡虎地秦墓竹简》，第 123 页。
② 睡虎地秦墓竹简整理小组编：《睡虎地秦墓竹简》，第 53 页。
③ 睡虎地秦墓竹简整理小组编：《睡虎地秦墓竹简》，第 33 页。
④ 睡虎地秦墓竹简整理小组编：《睡虎地秦墓竹简》，第 52 页。
⑤ 陈伟主编：《秦简牍合集》（壹），第 126—127 页，对"司寇"一词从 1981 年至 2009 年各家的研究做了综述。

但是，与里耶秦简相结合，我们发现，这里的"司寇"唯恐也不是身份序列中的司寇，而是指司寇职役或事役。不管是称作城旦司寇，还是舂司寇，还是城旦之司寇，其身份都是城旦舂，而不是位于城旦舂身份之上的司寇。

我们以秦汉简的《亡律》来对比不同身份的人逃亡之后，法律不同的处置措施。张家山汉简《二年律令·亡律》：

> 城旦舂亡，黥，复城旦舂。鬼薪白粲也，皆笞百。（简164）①
> 隶臣妾、收人亡，盈卒岁，戳（系）城旦舂六岁；不盈卒岁，戳（系）三岁。自出殹，笞百。其去戳（系）三岁亡，戳（系）六岁；去戳（系）六岁亡，完为城旦舂。（简165）②

对比简164和简165，城旦舂亡，黥，复为城旦舂；隶臣妾和收人亡，超过一年的，系城旦舂六岁；没有过一年的，系三岁。又逃亡了，原来系三岁的系六岁；系六岁的，完为城旦舂。也就是隶臣妾身份的徒隶一逃再逃，才判为完城旦舂。可以想见，比隶臣妾身份高的司寇逃亡，处罚应更轻。但是岳麓秦简有这样的条文：

> 城旦舂司寇亡而得，黥为城旦舂，不得，命之，其狱未鞫而自出殹（也），治（笞）五十，复为司寇。（简50）③
> □【舂】司寇。【舂】司寇、白粲、奴婢以亡，黥为城旦舂，黥奴婢

---

① 张家山二四七号汉墓竹简整理小组编著：《张家山汉墓竹简〔二四七号墓〕》（释文修订本），第30页。
② 张家山二四七号汉墓竹简整理小组编著：《张家山汉墓竹简〔二四七号墓〕》（释文修订本），第31页。
③ 陈松长主编：《岳麓书院藏秦简》（肆），第55页。

颜（颜）頯，畀其主。（简 097）①

春司寇、城旦春司寇逃亡，黥为城旦春；即使自首的，也要笞五十，复为城旦春司寇。这与城旦春逃亡的量刑是一样的。由此显见，城旦春司寇的身份事实上是城旦春，而不是司寇身份。司寇这个词，在这里只是一个监管城旦春劳役的职事。或者如石冈浩所说"城旦之司寇"是"监视作业的术语"②，也讲得通。

秦的城旦春司寇，常常存在数额不足的情况，这时就需要从其他徒隶中调派。如上引睡虎地秦简《秦律十八种·司空》简 145"城旦司寇不足以将，令隶臣妾将"。岳麓书院藏秦简也有类似的规定：

城旦春当将司者廿人，城旦司寇一人将，毋令居赀赎责（债）将城旦春。城旦司寇（简 273）不足以将，令隶臣妾将。（简 274）③

里耶秦简作徒簿中"三人司寇：彀、狠、款"这样的派役，或许就是这条律文的现实体现。

二　"户人"到"徒隶"的变迁

早年堀毅曾根据睡虎地秦简《法律答问》中的一条"司寇盗百一十钱，先自告，何论？当耐为隶臣，或曰赀二甲（简 8）"，就认定司寇"并不一定经常处于拘禁状态，在相当程度上近似自由人"④。随着里耶秦简的出土，堀

---

① 陈松长主编：《岳麓书院藏秦简》（肆），第 71 页。
② ［日］石冈浩：《秦汉代の徒隶と司寇—官署に隶属する有职刑徒》，《史学杂志》第 1 号，2012。
③ 陈松长主编：《岳麓书院藏秦简》（肆），第 158—159 页。
④ ［日］堀毅：《秦汉刑名考》，《秦汉法制史论考》，法律出版社，1988，第 175 页。

毅的认定得到了证实。

目前已公布的里耶秦简中有这样几条
司寇身份立户的简文：

> □□二户。ＡⅠ大夫一户。ＡⅡ大
> 夫寡三户。ＡⅢ不更一户。ＡⅣ小上造
> 三户。ＡⅤ小公士一户。ＡⅥ士五
> （伍）七户。□ＢⅠ司寇一【户】。□
> ＢⅡ小男子□□ＢⅢ大女子□□ＢⅣ・
> 凡廿五□ＢⅤ（简8-19）②

> 成里户人司寇宜。□Ⅰ下妻嗞。□
> Ⅱ（简8-1027）③

> 阳里户人司寇寄、妻曰备，以户
> 罍（迁）庐江，卅五【年】□（简8-
> 1873+8-1946）④

简8-1027

图9-2 里耶秦简"户人司寇"①

简8-19是一个户口总计，按爵制身
份高低，依次记录户主身份和户数。司寇在士伍之后，在小男子户和女户之
前。简8-1027是一个单独的户口簿，残断（见图9-2）。简8-1873+8-1946
是何有祖缀合后的，显示司寇身份的人如同其他身份的人一样，可以移居
迁户。

---

① 湖南省文物考古研究所编著：《里耶秦简》（壹），第139页。断简。右图为上半段截图。
② 陈伟主编：《里耶秦简牍校释》（第一卷），第32页。
③ 陈伟主编：《里耶秦简牍校释》（第一卷），第264页。
④ 何有祖：《里耶秦简牍缀合（八则）》，简帛网，http://www.bsm.org.cn/？qinjian/6033.html，
2013年5月17日。

既然是国家的编户民，名田宅制中自然有体现。张家山汉简《二年律令·户律》按爵位身份的高低名田宅：

> 关内侯九十五顷……五大夫廿五顷，公乘廿顷……大夫五顷，不更四顷，簪袅三顷，上造二顷，公士一顷半顷，公卒、士五（伍）、庶人各一顷，司寇、隐官各五十亩。不幸死者，令其后先择田，乃行其余。……（简310-313）①

> 宅之大方卅步，彻侯受百五宅，关内侯九十五宅……五大夫廿五宅，公乘廿宅……大夫五宅，不更四宅，簪袅三宅，上造二宅，公士一宅半宅，公卒、士五（伍）、庶人一宅，司寇、隐官半宅。欲为户者，许之。（简314-316）②

尽管司寇只能名田宅半顷半宅。但是，他们家室居于民里中，受国家田宅，跟被司空和仓管控的徒隶是有区别的。张家山汉简《二年律令·赐律》中有关赐吏民酒食的规定：

> 赐不为吏及宦皇帝者，关内侯以上比二千石，卿比千石，五大夫比八百石，公乘比六百石，公大夫、官大夫比五百（简291）石，大夫比三百石，不更比有秩，簪袅比斗食，上造、公士比佐史。毋爵者，饭一斗、肉五斤、酒大半斗、酱少半升（简292）。司寇、徒隶，饭一斗、肉三斤、酒少半斗、盐廿分升一。（简293）③

---

① 张家山二四七号汉墓竹简整理小组编著：《张家山汉墓竹简〔二四七号墓〕》（释文修订本），第52页。
② 张家山二四七号汉墓竹简整理小组编著：《张家山汉墓竹简〔二四七号墓〕》（释文修订本），第52页。
③ 张家山二四七号汉墓竹简整理小组编著：《张家山汉墓竹简〔二四七号墓〕》（释文修订本），第49页。

简293明确表明司寇的身份确实不属于徒隶。但是，司寇毕竟是有罪之人，尽管在国家编户中，在法律上却被排除在黔首、民之外。如岳麓秦简中将黔首列于司寇之前，而不是包含其中：

　　·令曰：诸军人、漕卒及黔首、司寇、隶臣妾有县官事不幸死，死所令县将吏劾〈刻〉其郡名槥及署送书，（简131）可以毋误失道回留。
　　·卒令丙卅四（简132）①
　　黔首及司寇、隐官、軵官人居赀赎责（债）或病及雨不作，不能自食者，贷食，以平贾（价）贾。（简259）②

　　岳麓秦简为秦王政至二世时期的律令文书，与汉初的律令有共通之处。司寇在这一时期既不是完全被国家管控的"徒隶"，也不是"黔首"或"民"。其实，张家山汉简依爵制身份分等赐食、赐衣的规定，司寇在大等划分上，更多的时候是与徒隶一等。"司寇、徒隶，饭一斗、肉三斤（简293）"，"五大夫以上（简282）锦表，公乘以下缦表，皆帛里；司寇以下布表、里（简283）"③。

　　而我们从已公布的秦简来看，司寇尽管没有被司空或仓管控，但还是要长期在官府"冗作"④。摘录几则司寇冗作的材料。先看岳麓秦简：

　　……及诸当隶臣妾者亡，以日六钱计之，及司寇冗作及当践更者亡，皆

---

① 陈松长主编：《岳麓书院藏秦简》（伍），第111页。
② 陈松长主编：《岳麓书院藏秦简》（肆），第154页。
③ 张家山二四七号汉墓竹简整理小组编著：《张家山汉墓竹简〔二四七号墓〕》（释文修订本），第48页。
④ "冗"与"更"是供役方式的一组用语。冗指长期供役，更指轮更供役。参见杨振红《秦汉简中的"冗"、"更"与供役方式——从〈二年律令·史律〉谈起》，《简帛研究（二〇〇六）》，广西师范大学出版社，2008，第81—89页。

以其当冗作及当践（简017）更日，日六钱计之，皆与盗同法。（简018）①

　　诸它官不治狱，狱属它县官者，狱属所其遣狱史往捕，即令捕者与（简321）封，其非遣狱史往捕殴（也）└。当封者，司寇以下穴〈冗〉作官者，令其官遣令史若官啬夫吏毋害者☐（简322）②

　　早几年我们曾在《岳麓书院藏秦简》（叁）第十例《觺盗杀安、宜等案》见到狱史触"将司寇晦"去侦查讯问盗杀案，张家山汉简《奏谳书》第二十二例见到狱史举閮"将司寇裘等"侦查女子婢被刺案。整理小组的解释为"司寇从事城旦舂的监视工作，以及其他司法、治安工作"③。现在看来或是往往因为狱史等人员不足，就派在官府长期供役的司寇临时参与到案件的侦查或对嫌疑人的逮捕、封守等事宜中。而司寇平时可能进行各种劳作，比如里耶秦简中简8-482见到"司寇田课"④，简9-761"卅一年四月癸未貳春乡守氏夫佐吾稟人蓝出稟屯戍司寇江陵戏里☐"⑤。屯田，或为屯戍司寇劳役的主要内容。秦西工室的司寇"伐榦沮、南郑山（简330）"⑥。榦，整理小组释作制器原材料的总称，多用于指代制作弓箭的木材。这里应指伐木的劳作。另外岳麓秦简律文提及司寇行书，"令居赀责（债）、司寇、隶臣妾行书（简154-155）"⑦。但司寇毕竟不是徒隶，不能为人仆、养。⑧《秦律十八种·司

---

① 陈松长主编：《岳麓书院藏秦简》（肆），第44页。
② 陈松长主编：《岳麓书院藏秦简》（伍），第205页。
③ 朱汉民、陈松长主编：《岳麓书院藏秦简》（叁），第193页。
④ 陈伟主编：《里耶秦简牍校释》（第一卷），第165页。
⑤ 湖南省文物考古研究所编著：《里耶秦简》（贰），第31页。
⑥ 陈松长主编：《岳麓书院藏秦简》（肆），第204页。
⑦ 陈松长主编：《岳麓书院藏秦简》（肆），第119页。
⑧ 里耶秦简有"☐☐徒隶有所宜给以徒为官徒仆养☐（简9-1624）"，"卅一年后九月庚辰朔甲口……却之：诸徒隶当为 I 吏仆养者皆属仓……Ⅱ（简8-190+8-130+8-193正）"这样的规定。作徒簿中被派役吏养、徒养的徒隶，如大隶臣吏养："卅一年四月癸未朔甲午，【仓是】口 I 大隶臣廿六人 Ⅱ其四人吏养：唯、冰、州、口（简Ⅲ8-736正）。"小舂徒养："·小舂五人。FⅥ其三人付田官。FⅦ一人徒养：姊。FⅧ一人病：口。FⅨ（简8-145正）。"不能明确身份的："卅年十一月丁亥貳春乡守朝作徒簿受司空城旦鬼薪五人舂白粲二人凡七人……一人徒养：骨（简9-18正）。"等等。

空》"司寇勿以为仆、养、守官府及除有为殹（也）。有上令除之，必复请之
（简150）"①。

值得注意的是，传送委输，司寇也在被派遣的行列中，里耶秦简 J1 简
16-5、简 16-6 提及洞庭郡的发征传送情况：

> 廿七年二月丙子朔庚寅，洞庭守礼谓县啬夫、卒史嘉、叚（假）卒
> 史谷、属尉：令曰："传送委输，必先悉行城旦舂、隶臣妾、居赀赎责
> （债）。急事不可留，乃兴繇（徭）。"今洞庭兵输内史及巴、南郡、苍
> 梧，输甲兵当传者多。节（即）传之，必先悉行乘城卒、隶臣妾、城旦
> 舂、鬼薪白粲、居赀赎责（债）、司寇、隐官、践更县者。田时殹
> （也），不欲兴黔首……它如律令。（简16-5）②

岳麓书院藏秦简也有记录：

> ·繇（徭）律曰：委输传送，重车负日行六十里，空车八十里，徒
> 行百里。其有□□□☑（简248）……尽兴隶臣妾、司寇、居赀赎责
> （债），县官（简249）□之□传输之，其急事，不可留殹（也）。乃为
> 兴繇（徭）└。（简250）③

或许跟传送的内容或事情的紧急程度等相关，岳麓秦简记录的传送者身
份与里耶秦简是有差别的。尽管二者所记不完全一致，但其核心精神是一致
的，即传送委输，先征用官府掌控的人员，"急事不可留"，即事情非常紧急

---

① 睡虎地秦墓竹简整理小组编：《睡虎地秦墓竹简》，第54页。
② 湖南省文物考古研究所：《湘西里耶秦代简牍选释》，《中国历史文物》2003年第1期。
③ 陈松长主编：《岳麓书院藏秦简》（肆），第150—151页。

才发徭以征黔首。可以用《徭律》的另一条规定来补充说明：

> 繇（徭）律曰：……给邑中事，传送委输，先（简148）悉县官车牛及徒给之。其急不可留，乃兴繇（徭）如律；不先悉县官车牛徒，而兴黔首及其车牛以发（简149）繇（徭），力足以均而弗均，论之。（简150）①

给邑中事或传送委输，需先用"县官车牛及徒"。我们以身份记录最详尽的里耶简来分析，乘城卒、践更县者为服役者；隶臣妾、城旦舂、鬼薪白粲、居赀赎债被监管于仓和司空；隐官作于官府。司寇也在兴发之列，恰恰说明司寇必定是长期供役于官府。从后文的叙述，这些人官府有专门的名册簿籍，用于日常监管。

《汉书·食货志》载"冗作，县官衣食之"②。张家山汉简《二年律令·金布律》"诸冗作县官及徒隶，大男，冬橐布袍表里七丈、络絮四斤，绔（袴）二丈、絮二斤……（简418）"③。这些材料显示，冗作官府的人，包括司寇，是由官府提供衣食的。但是近来的岳麓书院藏秦简却有这样的规定：

> 泰上皇时内史言：西工室司寇、隐官、践更多贫不能自给糧（粮）。议：令县遣司寇入禾，其县毋（无）禾（简329）0638当貣者，告作所县偿及贷。（简330）④

由此来看，冗作者县官衣食，并不是秦及汉一贯的政策。"贫不能自给

---

① 陈松长主编：《岳麓书院藏秦简》（肆），第117页。
② 《汉书》卷24下《食货志下》，第1180页。
③ 彭浩、陈伟、[日]工藤元男主编：《二年律令与奏谳书——张家山二四七号汉墓出土法律文献释读》，第250页。
④ 陈松长主编：《岳麓书院藏秦简》（肆），第204页。

粮"，此时作为"户人"的司寇，尽管有少量的田地，可以居住在居民里中，但需长年供役于官府，劳役繁重，生活艰难。

司寇完全沦落为徒隶，应在西汉中期太初改制"数用五"的时代。

我们知道，隶臣妾为秦及汉初的徒隶名称，后来从刑罚序列中消失了。关于其消失的时间，学界看法不一。① 冨谷至通过检索史籍，发现隶臣妾在文献材料中出现的最晚年代为元狩五年（前118年）。《汉书·高惠高后文功臣表》载侯信成"元狩五年，坐为太常纵丞相侵神道，为隶臣"②。张建国认为隶臣妾被挤出刑罚序列应该是在汉武帝太初元年（前104年）③。武帝太初改制，以土德代替水德，"改正朔、易服色"④，以顺天命。《汉书·武帝纪》载太初制诏"夏五月，正历，以正月为岁首。色上黄，数用五，定官名，协音律"⑤。颜师古注引张晏曰："汉据土德，土数五，故用五。谓印文也。若丞相曰'丞相之印章'，诸卿及守相印文不足五字者，以'之'足之。"⑥ 事实上太初改制涉及的范围很广，包括"变历法、换年号、易服色、更官号、行封禅和礼百神等"⑦。刑罚制度可能也不可避免地进行了变革。张建国认为隶臣妾于此时消失。其原因是髡钳城旦舂由六岁刑改为五岁、完城旦舂为四岁、鬼薪白粲为三岁，司寇二岁，隶臣妾"没有相应的年限上的位置""被挤出劳役役的序列"。笔者认为隶臣妾的消失，与刑罚的年限关联或并不是很大，既然是统一减刑，如果将最末一等降为一岁刑，不是更整齐划一？事实上，在秦代隶臣妾就带有双重身份属性，即罪徒和官奴婢。李力统计过睡虎

---

① 冨谷至认为是汉武帝元狩年间（参见［日］冨谷至《两群刑徒墓——秦至后汉的刑役和刑期》，京都大学人文科学研究所刊《中国贵族制社会的研究》，1987，第569页）。张建国认为是在汉武帝太初元年（前104年）（参见张建国《西汉刑制改革新探》，《历史研究》1996年第6期）。李力认为隶臣妾有被沿用到西汉末期的可能性（参见李力《"隶臣妾"身份再研究》，中国法制出版社，2007，第683页）等。

② 《汉书》卷16《高惠高后文功臣表》，第612页。

③ 张建国：《西汉刑制改革新探》，《历史研究》1996年第6期。

④ （汉）董仲舒著，（清）苏舆撰，钟哲点校：《春秋繁露义证》，第18页。

⑤ 《汉书》卷6《武帝纪》，第199页。

⑥ 《汉书》卷6《武帝纪》，第200页。

⑦ 杨权：《新五德理论与两汉政治——"尧后火德"说考论》，中华书局，2006，第120页。

地秦简共出现隶臣妾 64 人，其中 42 人是罪徒，11 人为官奴隶，8 人不能确定。[①] 而犯罪的罪徒，与没入为官奴婢者是两类人，律文却一直用一个词汇表述，显然是不严谨的。随着刑制的不断改革，概念模糊、容易引起混淆的"隶臣妾"消失，应是法律越来越完善的结果。

同样的道理，司寇一方面是户人，受国家田宅，生活在居民里中；另一方面又是罪徒，长期冗作于官府。这样的双重身份属性，也是法之初期不甚严谨的体现。随着"数用五"的推行，隶臣妾消失的同时，司寇正式纳入徒隶行列。这样从死罪、髡钳城旦舂、完城旦舂、鬼薪白粲、司寇，刑名为五。而我们不管是从简牍材料还是从文献材料所见到的西汉中期以后司寇，都是徒隶，他们再也不能生活在居民里中。我们先来看有明确年号的几条悬泉汉简：

（1）神爵四年五月甲子朔壬申县泉置啬夫弘敢言之廷司寇大男

冯奉世故魏郡内黄共里会二月丙辰赦令免为庶人当归故县□使

（简 I T0309③：149）[②]

（2）五凤二年八月辛巳朔庚辰敦煌郡守骑千人禹狱守丞有兼行丞事

敢言之监领县泉置

都吏李卿治所谨案置一□置前坐盗臧直百满以上论司寇输府徒属县泉置 A

掾德令史博书佐尊　　　　　　B　　　　　（简 II T0114③：525AB）[③]

（3）司寇大男某野毄署传舍乃甲戌夜蹂厨完垣五尺以上去署亡

初元六年正月己巳朔丙子传舍佐猛毄亡未得写移狱以律令（简 V

① 李力：《"隶臣妾"身份再研究》，第 443 页。另可参见曹旅宁《释"徒隶"兼论秦刑徒的身份及刑期问题》，《上海师范大学学报》2008 年第 5 期。

② 张俊民：《悬泉汉简：社会与制度》，甘肃文化出版社，2021，第 140 页。

③ 张俊民：《简牍学论稿——聚沙篇》，甘肃教育出版社，2014，第 446 页。

T1410③：27）①

（4）建昭三年三月丁巳朔辛巳，广至长朔、丞　移效谷，亭长封苛问一男子，自谓司寇大男尹齐，故冥安安里，署属县

　　泉置，乃己卯去署亡。书到，案齐有告劾毋有，有云何告劾。当移系所，并论者、非不当，白报，须决狱。毋留，如律令。（简Ⅱ T0115②：2A）②

这几则司寇大男，都是在悬泉置服劳役的罪徒。五凤二年（前56年）这条"盗臧直百满以上论司寇输府"，显示判为司寇之后论"输府"，后徙属悬泉置劳役。劳役期间是受悬泉置监管的。初元六年即永光元年（前43年）司寇大男某野、建昭三年（前36年）司寇大男尹齐，都是因"去署亡"被追捕或被抓获。当然，若刑满或遇赦令，也可以重获自由。神爵四年（前58年）司寇大男冯奉世就是因赦令免为庶人，回归故县（图9-3）。

文献材料的记述与简牍材料相似，《后汉书·段颎列传》载辽东属国都尉段颎：

　　因大纵兵，悉斩获之。坐诈玺书伏重刑，以有功论司寇。刑竟，征拜议郎。③

"刑竟"，即服完司寇刑役。与其他罪囚一样，也有诏免的司寇：

　　（雷义）后举孝廉，拜尚书侍郎，有同时郎坐事当居刑作，义默自表取其罪，以此论司寇。同台郎觉之，委位自上，乞赎义罪。顺帝诏皆除刑。④

①　张俊民：《敦煌悬泉置出土文研究》，甘肃教育出版社，2015，第288页。
②　张俊民：《悬泉汉简：社会与制度》，第252页。
③　《后汉书》卷65《段颎列传》，第2145页。
④　《后汉书》卷81《独行列传》，第2687—2688页。

简 I T309③：149

图 9-3　悬泉汉简"司寇大男"①

还有不知具体原因的免刑：

> 后坐度人田不实征，以章有功，但司寇
> 论。月余免刑归。复征，会病卒。②

"免刑归"，一个"归"字，说明论司寇之后是被官府集中监管的。

从现有材料来看，西汉中期以后司寇劳作的官署大多情况下是司空。《汉书·陈咸传》记载汉成帝时南阳太守陈咸以杀伐立威"豪猾吏及大姓犯法，辄论输府，以律程作司空"③。长沙五一广场东汉简：

> 永初三年正月十四日乙巳，临湘令丹、守丞晧、掾商、狱助史护，以劾律爵咸（减）论，雄、俊、循、竟、赵耐为司寇，衣服如法，司空作，计其年。（木牍 CWJ1③：201-1A）④

如果遇到大型的土木工程，徒隶都会被从各地的县狱司空或郡司空征调，集中劳作。比

---

① 甘肃简牍博物馆、甘肃省文物考古研究所等编：《悬泉汉简》（贰），第 377 页。长 22.4 厘米，宽 1.4 厘米。

② 《后汉书》卷 77《酷吏列传》，第 2493 页。

③ 《汉书》卷 66《陈咸传》，第 2901 页。

④ 长沙市文物考古研究所等编：《长沙五一广场东汉简牍选释》，第 221 页。

较典型的考古发现是洛阳南郊的东汉刑徒墓。该刑徒墓于 1964 年春开始发掘，共清理刑徒墓 516 座，墓志砖 823 块，其中刑徒砖 416 块。年代自汉平帝永平五年（62 年）至汉灵帝熹平元年（172 年）。刑名共有四种，即髡钳、完城旦、鬼薪、司寇。重罪徒髡钳城旦和完城旦人数最多，司寇有 14 例。[①]比如 T1M9：1 "无任颍川舞阳司寇木召元初六年闰月十八日死"[②]，T2M60：2 "右部勉刑济阴鄄诚司寇任克永初元年五月十二日死在此下"[③]（见图 9-4）。尽管人数少，但却明确表明此时司寇与城旦、鬼薪等罪徒一起作于官府，甚至被派遣重役劳作。彼时里耶秦简 "作徒簿" 中不见司寇身份的劳作者，司寇游离于徒隶之外的情景再也没有了。

T1M9：1　　　　　　　　　　　　　　　　　T2M60：2

图 9-4　东汉洛阳司寇墓志砖铭文拓本[④]

---

① 中国社会科学院考古研究所编著：《汉魏洛阳故城南郊东汉刑徒墓地》，文物出版社，2007，第 44—48 页。

② 中国社会科学院考古研究所编著：《汉魏洛阳故城南郊东汉刑徒墓地》，第 116 页。

③ 中国社会科学院考古研究所编著：《汉魏洛阳故城南郊东汉刑徒墓地》，第 119 页。

④ 中国社会科学院考古研究所编著：《汉魏洛阳故城南郊东汉刑徒墓地》，图 314、图 397。

三　司寇身份的性别分析

秦汉社会身份序列中的司寇是指称男性，还是男女皆可？学界的观点大体有以下几种：一是认为司寇男女徒名称没有区别。如张建国从章帝诏出发认为"鬼薪、城旦可以'输司寇作'，白粲、舂也可以'输司寇作'，表明司寇是没有男女徒名称上的区别的"①。乔传宁、李雪灵进一步认为男女刑名不仅可以共同称"司寇"，也可以称"司寇作"②。二是从刑罚的角度认为司寇不向女性科罚。比如日本藤井律之、宫宅洁，认为是法律不完善的状态下"仅把男性设定为被刑者的旧刑罚尚未完全消除、依然残存所导致的偏差"③。三是认为司寇在性别上不十分明晰。万荣从《二年律令》相关律文得出了这个结论。④ 四是认为司寇一词西汉至东汉前期指男性，后期男女皆称为司寇。张新超以章帝诏与和帝诏为基础，认为至迟在和帝永元三年（91 年）男女名称统一简化作司寇。⑤

我们先来看"输司寇作"和"司寇作"。

"输司寇作"出现在《后汉书·章帝纪》中，共有 3 次，分别为建初七年（82 年）、元和元年（84 年）和章和元年（87 年）诏。内容相似，均为诏减或赎天下系囚的诏书。举例建初七年（82 年）诏：

> 诏天下系囚减死一等，勿笞，诣边戍；妻子自随，占著所在；父母

---

① 张建国：《西汉刑制改革新探》，《历史研究》1996 年第 6 期。

② 乔传宁、李雪灵：《汉代刑名"作如司寇"质疑》，《安徽文学》2008 年第 4 期。

③ ［日］藤井律之：《罪の"加减"と性差》，［日］冨谷至编：《江陵张家山二四七号墓出土汉律令の研究论考篇》，朋友书店，2006。［日］宫宅洁：《中国古代刑制史研究》，杨振红等译，第 27—28 页。

④ 万荣：《张家山汉简〈二年律令〉之"司寇"、"城旦舂"名分析》，《晋阳学刊》2005 年第 6 期。

⑤ 张新超：《论秦汉刑罚中的司寇刑》，《西南大学学报》2018 年第 1 期。

同产欲相从者，恣听之；有不到者，皆以乏军兴论。及犯殊死，一切募
下蚕室；其女子宫。系囚鬼薪、白粲已上，皆减本罪各一等，输司寇作。
亡命赎：死罪入缣二十四，右趾至髡钳城旦舂十四，完城旦至司寇三匹，
吏人有罪未发觉，诏书到自告者，半入赎。①

鬼薪、白粲以上，减本罪一等，输司寇作。从上下文看这里司寇应该是
一个官署名。《汉书·贾谊传》曾提及重臣犯罪被"输之司寇，编之徒官"②，
司寇也应是一个官署名。但是，两汉历史上没有司寇这样一个官署。陈直
《汉书新证》明确提出过质疑：

> 直按：王念孙校改司寇为司空是也。司寇仅为汉代二岁刑名，未曾
> 设司寇之官。《百官表》宗正属官有都司空令，少府属官有左、右司空
> 令，皆管徒隶役作者也。又按：《居延汉简释文》卷二、二十二页，有简
> 文云："与司空数十人。"又卷一、八十九页，有简文云："□罪司寇以
> 上，各以其□。"可证司空指都司空及左右司空而言，司寇指刑罚名称
> 而言。③

此条为"司空"误作"司寇"。

简牍材料中也有见把"司寇"误作"司空"的。悬泉汉简：

（1）神爵四年五月甲子朔壬申县泉置啬夫弘敢言之廷司寇大男
　　冯奉世故魏郡内黄共里会二月丙辰赦令免为庶人当归故县□使（简

---

①　《后汉书》卷3《肃宗孝章帝纪》，第143页。
②　《汉书》卷48《贾谊传》，第2256页。
③　陈直：《汉书新证·贾谊传第十八》，中华书局，2008，第279—280页。

Ⅰ T0309③：149）①

（2）神爵四年五月甲子朔辛巳县泉置啬夫弘移冥安司空大男马奉世
故魏郡内黄共里会二月丙辰赦令免为庶人当处故郡县书到为传遣如律令
（简Ⅰ T0309③：198+185+195）②

简文所述应为同一事，即神爵四年（前58年）罪囚因赦免为庶人归故郡
县的事。从文书由同一官员"啬夫弘"上报、适用同一条"二月丙辰赦令"，
免为庶人的人又是同一个籍贯"故魏郡内黄共里"来看，似乎说的是同一个
人。但是简（1）为司寇大男冯奉世，简（2）为司空大男马奉世。悬泉简中
罪囚身份惯用的表述文例为"司寇大男尹齐（简Ⅱ T0115②：2A）""完城
旦大男赵顺（简Ⅰ T0114②：16）""髡钳城旦大男曹道得（简Ⅱ T0215③：
42）""鬼新大男胡若匿（简Ⅱ T0215③：41）"。由此笔者认为简（2）的
"司空"应为"司寇"。

事实上，从近出的长沙五一广场东汉简来看，司寇身份的人作于官府，
用的词的确是"司空作"。木牍 CWJ1③：201-1A："雄、俊、循、竟、赵耐
为司寇，衣服如法，司空作，计其年。"③

所以，我们认为所有以章帝诏得出的相关结论，不论是有关司寇身份，
抑或是司寇性别，都是不可靠的。

明确论及司寇性别的文献材料，是《汉官六种·汉官旧仪》。引录
如下：

秦制二十爵。男子赐爵一级以上，有罪以减，年五十六免。无爵为

---

① 张俊民：《悬泉汉简：社会与制度》，第140页。
② 张俊民：《悬泉汉简：社会与制度》，第360页。
③ 长沙市文物考古研究所等编：《长沙五一广场东汉简牍选释》，第221页。

士伍，年六十乃免者，有罪，各尽其刑。凡有罪，男髡钳为城旦，城旦者，治城也；女为舂，舂者，治米也，皆作五岁。完四岁，鬼薪三岁。鬼薪者，男当为祠祀鬼神，伐山之薪蒸也；女为白粲者，以为祠祀择米也，皆作三岁。罪为司寇，司寇男备守，女为作，如司寇，皆作二岁。①

"女为作，如司寇"，周天游在校注时加入了逗号。

从文献材料和已公布的简牍材料来看，"作如司寇"是一个词（见图9-5）。

《汉书·刑法志》："罪人狱已决，完为城旦舂，满三岁为鬼薪白粲。鬼薪白粲一岁，【免为庶人。鬼薪白粲满二岁】，为隶臣妾。隶臣妾一岁，免为庶人。隶臣妾满二岁，为司寇。司寇一岁，

简 EPST2：44②　　简 983③

图9-5　居延新简与敦煌汉简"司寇作如司寇"

---

①　（清）孙星衍等辑，周天游点校：《汉官六种》，第53页。
②　采自张德芳主编《居延新简集释》（七），第375页。完整简。
③　采自甘肃省文物考古研究所编《敦煌汉简》（上），中华书局，1991，图版玖零。完整简。

及【司寇】作如司寇二岁，皆免为庶人。其亡逃及有罪耐以上，不用此令。"①

居延新简："县官宜用当徒者请丞相之当输者给有缺补其不得以岁数免及汉诸侯=国人有告劾罪司寇作如司寇以（简 EPS4T2：44）"②

悬泉汉简：·贼律："殴亲父母之同产耐为司寇作如司寇其婿诟詈之罚金一斤（简ⅡT0115③：421）"③

此外，敦煌汉简也有一支：

·捕律：亡入匈奴外蛮夷守弃亭鄣逢隧者不坚守降之及从塞徼外来绛而贼杀之皆要斩妻子耐为司寇作如（简 983）④

结合居延新简和悬泉汉简，敦煌汉简 983 "作如"的后续简文起始二字应为"司寇"。

上引材料，不管是文献《汉书·刑法志》，还是西北汉简中的简牍文书，"司寇作如司寇"都是紧密排在一起。值得注意的是，悬泉汉简中殴亲父母之同产，要"耐为司寇作如司寇"。而汉初，在隶臣妾尚存的年代，殴亲父母之同产，量刑为"耐为隶臣妾"⑤。由此笔者判断"司寇作如司寇"应是同

---

① 《汉书》卷 23《刑法志》，第 1099 页。【】内的文字，据日本滋贺秀三文补。参见［日］滋贺秀三《西汉文帝的刑法改革和曹魏新律十八篇篇目考》，刘俊文主编《日本学者研究中国史论著选译》（第八卷），中华书局，1992，第 76—101 页。
② 张德芳主编：《居延新简集释》（七），第 689 页。
③ 胡平生、张德芳编撰《敦煌悬泉汉简释粹》，上海古籍出版社，2001，第 8 页。
④ 甘肃省文物考古研究所编：《敦煌汉简》（下），中华书局，1991，第 256—257 页。
⑤ 张家山汉简《二年律令·贼律》："殴兄姊及亲父母之同产，耐为隶臣妾。其婿訽詈之，赎黥。（简 41）"［参见《张家山汉墓竹简〔二四七号墓〕》（释文修订本），第 14 页］。

一个身份刑名，与"隶臣妾"相似。男为司寇，女为作如司寇。①

随着里耶秦简和岳麓秦简的不断公布，关于司寇为男性的性别判定更为明晰。

里耶秦简中有"户人司寇"的记录，为了清楚明了，再次引录如下：

成里户人司寇宜。☒Ⅰ下妻諂。☒Ⅱ（简 8-1027）②

阳里户人司寇寄、妻曰备，以户磬（迁）庐江，卅五【年】☒（简 8-1873+8-1946）③

从"下妻諂"和"妻曰备"来看，司寇宜、司寇寄都是男性，是家里的户主。

岳麓书院藏秦简，也有司寇妻和司寇子的相关条文：

·傅律曰：隶臣以庶人为妻，若群司寇、隶臣妻怀子，其夫免若冗以免、已拜免，子乃产，皆如其已（简 160 正）免吏（事）之子。（简161）④

---

① 据《汉旧仪》直接认定男名"司寇"、女名"作如司寇"的学者也较多。比如堀毅《秦汉刑名考》，断句《汉旧仪》为"罪为司寇男备守、女为作如司寇"（参见《秦汉法制论考》，法律出版社，1988，第147页）。富谷至总结司寇刑为："程树德、沈家本、滨口重国和仁井田陞都认为是二年刑。关于刑役内容，沈家本释作司寇，从事备盗和警戒。滨口和仁井田陞从沈说。女子作如司寇。"（［日］富谷至：《秦汉刑罚制度研究》，柴生芳、朱恒晔译，第4页）。

另外乔传宁、李雪灵《汉代刑名"作如司寇"质疑》，据明帝中元二年（57年）诏认为男女皆可称"司寇作"。其实，文献材料中单独的"司寇作"三个字仅1见。中元二年明帝诏"天下亡命殊死以下，听得赎论：死罪入缣二十匹，右趾至髡钳城旦春十四，完城旦春至司寇作三匹"（《后汉书》卷2《显宗孝明帝纪》，第98页）。而前引章帝建初七年（82年）诏"亡命赎：死罪入缣二十匹，右趾至髡钳城旦春十四，完城旦至司寇三匹"。无"春"字，也无"作"字。永平十五年（72年）和永平十八年（75年）诏，也是"完城旦至司寇"，与章帝诏同。张新超认为明帝诏"司寇作"为"司寇作如"的省称，可备一说。综合《汉书·刑法志》和西北汉简，我们更倾向于明帝诏"司寇作"，为"司寇作如司寇"，遗漏了"如司寇"三个字。

② 陈伟主编：《里耶秦简牍校释》（第一卷），第264页。

③ 何有祖：《里耶秦简牍缀合（八则）》，简帛网，http://www.bsm.org.cn/？qinjian/6033.html，2013年5月17日。

④ 陈松长主编：《岳麓书院藏秦简》（肆），第121页。

这里群司寇与隶臣并举，均为男性，其妻可以是庶人，但是其子当以"其夫"的身份而定。

司寇为男性，但是与之相对的，秦和汉初却没有女性司寇。来看一条可以对比的律文：

> 　　奴亡，以庶人以上为妻，婢亡，为司寇以上妻，黥奴婢颜（颜）頯，畀其主。以其子为隶臣妾└。奴（简089）妻欲去，许之。（简090）①

奴婢逃亡，奴以庶人以上为妻，婢为司寇以上妻，要受法律制裁。这条法律条文中，男女对应的关系是奴与婢、司寇与庶人。显然，女性无司寇，只有庶人。这一点让我们联想到"私属"。张家山汉简中《二年律令·亡律》：

> 　　奴婢为善而主欲免者，许之，奴命曰私属，婢为庶人，皆复使，及筭（算）事之如奴婢。主死若有罪，（简162）以私属为庶人，刑者以为隐官。（简163）②

奴婢放免，女性一步直接为庶人；男性则先要为私属，故主人死或有罪，才能成为庶人。

我们知道，中国古代社会是以男性为本位的，社会身份秩序也是以男性的身份来划分。除了张家山汉简提到的"女子比其夫爵"，《礼记·郊特牲》还有"妇人，从人者"之说：

---

① 陈松长主编：《岳麓书院藏秦简》（肆），第68页。
② 张家山二四七号汉墓竹简整理小组编著：《张家山汉墓竹简〔二四七号墓〕》（释文修订本），第30页。

出乎大门而先，男帅女，女从男，夫妇之义由此始也。妇人，从人者也：幼从父兄，嫁从夫，夫死从子。夫也者，夫也。夫也者，以知帅人者也。①

正是在这个意义上，针对男性的身份秩序划分，要比女性更加细密。这也是秦及汉初的司寇、私属只见男性的原因。我们知道爵制身份序列与刑制身份序列以庶人为衔接点而上下贯通。在爵制身份序列中，妇人无爵；在刑制身份序列中，妇人无刑。《春秋左传》襄公十九年有"妇人无刑"之语。服虔注曰：

妇人，从人者也，故不为制刑。及犯恶，从男子之刑也。②

如上所分析的，西汉中期，司寇完成了由"户人"到"徒隶"的变迁。作为徒隶的身份刑名，男为司寇，女子从男子之刑，才有了"作如司寇"的名称。

小　结

综上，秦汉简中的司寇，既可表职事，也可表身份。里耶秦简"作徒簿"中的"三人司寇""男七十二人牢司寇""二人司寇守囚"等所言"司寇"，是指司寇事役，意为监管罪徒。城旦司寇、舂司寇、城旦之司寇，事实上都是城旦舂身份，司寇这个词，在这里只是一个监管城旦或舂劳役的职事。

作为身份的司寇，秦及汉初的司寇是"户人"，可以有少量的田宅，居住

①　（清）孙希旦撰，沈啸寰、王星贤点校：《礼记集解》卷26《郊特牲》，中华书局，1989，第709页。
②　（清）洪亮吉撰，李解民点校：《春秋左传诂》，中华书局，1987，第549页。

在居民里中。但他们需长期冗作供役于官府，尽管没有跟徒隶一起被严密监管，仍被官府掌控，属于"县官徒"，劳役繁重，生活艰难。西汉中期，随着法律制度的完善，在太初改制"数用五"的时代，概念模糊的隶臣妾消失，既是罪徒，又是户人的司寇，双重身份合二为一，完全进入徒隶行列。他们不能再居住在居民里中，开始被官署集中监管，或作于司空，或服役于边地，或与重罪徒一起被征调作役于大型土木工程。所有的司寇身份都是男性。

户人时期，司寇为户主身份，女性适用于"妇人从人"的原则，只有司寇妻、司寇子身份，无女性司寇。徒隶时期，女性适用于"妇人无刑"，犯恶从男子之刑。男为司寇，女为作如司寇。这一点与中国古代社会以男性为本位，社会身份秩序以男性为基础来划分是一致的。

第十章
秦简中的仗城旦

"仗城旦"一词在传世文献中未曾见到。其最早出现在睡虎地秦简中，即《秦律十八种·司空》"仗城旦勿将司（简147）"①。1977年线装本释"仗城旦"，"疑为执兵守候的城旦"。平装本和精装本作了修正："仗，疑读为杖。老人持杖，故古时称老人为杖者。《论语·乡党》：'杖者出'，孔注：'杖者，老人也。'此处仗城旦因年老，故不必将司。"② 自此，这个观点成为简牍学界最主流的观点，延续至今。里耶秦简和岳麓书院藏秦简中都出现"仗城旦"，整理者或释读者释为"老年城旦"③"年老的城旦"④。除此之外，张世超、张玉春还提出过仗城旦指断足城旦者的观点。⑤

首先我们来看徒隶的免老问题。早在睡虎地秦简中，隶臣妾的免老已被提及。《秦律十八种·仓》："隶臣欲以人丁粼者二人赎，许之。其老当免老、小高五尺以下及隶妾欲以丁粼者一人赎，许之。（简61）"⑥ 明确提到了隶臣

---

① 睡虎地秦墓竹简整理小组编：《睡虎地秦墓竹简》，第53页。
② 睡虎地秦墓竹简整理小组编：《睡虎地秦墓竹简》，第54页。
③ 陈伟主编：《里耶秦简牍校释》（第一卷），第203页。
④ 陈松长主编：《岳麓书院藏秦简》（肆），第168页。
⑤ 张世超、张玉春：《〈睡虎地秦墓竹简〉校注简记》，《古籍整理研究学刊》1985年第4期。
⑥ 睡虎地秦墓竹简整理小组编：《睡虎地秦墓竹简》，第35页。

妾免老的情形。① 近年公布的《岳麓书院藏秦简》（肆）则见到其他徒隶
"老"的条文：

> 隶臣妾、城旦、城旦舂司寇、鬼薪、白粲及戮（系）城旦舂老、痺
> （癃）病、毋（无）赖不能作者，遣就食蜀守。当就食，其亲、所知欲
> 买，勿令就食，许。其归，罪，不得卖。（简358正—359正）②
>
> ·东郡守言，东郡多食，食贱，徒隶老、痺（癃）病毋（无）赖，县
> 官当就食者，请止，勿遣就食。它有等比。·制曰：可。（简360正）③

　　老、病不能劳作的隶臣妾、鬼薪白粲、城旦舂、城旦舂司寇等，就食蜀
地。粮食价贱的地区，可以就食本地。这里的"老"，依秦简的惯例，其判
定应是到了"免老"之年称之"老"。如上文所引《秦律十八种·仓》隶臣
妾"其老当免老……许之（简61）"，岳麓书院秦简《徭律》"父老母居，
老如免老，若独与痺（癃）病母居者，皆勿行（简159正）"④。当然，徒隶
的免老年龄一定是高龄。张家山汉简《二年律令·傅律》记载的汉初免老年
龄"大夫以上年五十八，不更六十二，簪袅六十三，上造六十四，公士六十
五，公卒以下六十六（简356）"⑤，从简354和简355对有爵者和准爵者的
禀䉤米、授仗最低层均为"公士、公卒、士伍"来看，这里公卒以下是指公
卒和士伍。而徒隶的身份在士伍、庶人以下，其免老定会高于66岁。《二年

---

　　① 睡虎地秦简《秦律十八种·仓》"免隶臣妾、隶臣妾垣及为它事与垣等者，食男子旦半夕参，女子参
（简59）"中的"免隶臣妾"整理小组释为"疑指达到免老年龄"。与朱汉民、陈松长主编《岳麓书院藏秦简》
（叁）中《识劫婉案》"户籍不为妻，为免妾故（简119正）"相对读，知睡虎地秦简"免隶臣妾"应为免除
隶臣妾身份的人。
　　② 陈松长主编：《岳麓书院藏秦简》（肆），第213—214页。
　　③ 陈松长主编：《岳麓书院藏秦简》（肆），第214页。
　　④ 陈松长主编：《岳麓书院藏秦简》（肆），第120页。
　　⑤ 张家山二四七号汉墓竹简整理小组编著：《张家山汉墓竹简〔二四七号墓〕》（释文修订本），第
57页。

律令·户律》有"夫妻皆庠（癃）病，及老年七十以上，毋（简342）异其子（简343）"①的规定。我们推测徒隶的免老不会低于70岁。尽管在高强度的劳作及艰苦的条件下，很少有人活到这个年龄，但是徒隶"免老"的概念确实是存在了。所以，"仗城旦"不会是指老年城旦。

再来看仗城旦勿将司的问题。将司，监管之意。不管是将仗城旦释为老年城旦，还是断足城旦，释读者都认为这两类人因为年老或断足不易逃亡，所以不必监管。但是，岳麓书院藏秦简有关逃亡城旦舂惩治的法律条文有这样的规定："泰厩城旦不将司从马，亡而得者，斩其左趾，复为城旦。后复亡，勿斩，如它城旦然。（简049正）"②不用监管的牧马城旦，逃亡后又被抓获的，施以斩左趾刑。如果再次逃亡，抓获后不再斩趾。显然这里不用监管的城旦是没有断足的，而且断足后还有再次逃亡的。所以，"勿将司"不会是弱势群体的表现，其最大的可能反而是优势的体现。

在秦律中涉及"勿将司"的目前只见到两类人，一类是葆子，另一类就是仗城旦。睡虎地秦简"葆子以上居赎刑以上到赎死，居于官府，皆勿将司（简135）"③。关于葆子的身份，整理小组的意见是任子。《汉书·哀帝纪》中有"除任子令"，应劭曰："任子令者，《汉仪注》吏二千石以上视事满三年，得任同产若子一人为郎。"师古曰："任者，保也。"④研究者的认识并不一致，黄留珠认为是世官制的遗存⑤，高敏与整理小组意见相仿，认为是任子为郎官的制度⑥，张政烺等则认为葆子与西北汉简中的"葆"意义一致。⑦

①　张家山二四七号汉墓竹简整理小组编著：《张家山汉墓竹简〔二四七号墓〕》（释文修订本），第55页。

②　陈松长主编：《岳麓书院藏秦简》（肆），第55页。

③　睡虎地秦墓竹简整理小组编：《睡虎地秦墓竹简》，第51页。

④　（汉）班固撰，（唐）颜师古注：《汉书》卷11《哀帝纪》，第337页。

⑤　黄留珠：《秦汉仕进制度》，西北大学出版社，1985，第10页。

⑥　高敏：《秦汉史论集》，第277页。

⑦　张政烺：《秦律"葆子"释义》，《文史》（第九辑），中华书局，1980，第1—6页；杨芳：《汉简所见河西塞军屯人口来源考》，《中国边疆史地研究》2009年第1期等。

笔者认为西北汉简中的"葆",为长期的雇佣劳作者,与葆子并不相同。① 尽管从现有材料不能断定"葆子"的具体身份,但从睡虎地秦简《法律答问》各条"葆子""当刑鬼薪,勿刑,行其耐(简109)""当刑城旦,耐以为鬼薪鋈足(简110)"② 等的优待和减刑等级来看,"葆子"与汉初二级爵"上造"大体相似③,在社会身份序列中处于一个较高的层次。

城旦舂,是徒隶中犯罪最重、身份最低的,所以城旦舂戴械索胻钳,二十个人一组由城旦舂司寇监管劳作,甚至那些居赀于城旦舂的鬼薪白粲、群下吏、人奴妾等也要"赤其衣,枸椟欙杕,将司之(简135)"④。但是,在这种情况之下,却有一种城旦不用监管,即仗城旦。那么,与"葆子"居赎的优待相似,仗城旦也一定是城旦群体中居于优势的徒隶。里耶秦简多次记录有"仗城旦"或"丈城旦"。值得注意的是,徒簿类文书中的"仗城旦"都是作为一类徒隶单独列出,如:

(1) 廿九年八月乙酉,库守悍作徒薄(簿):受司空城旦四人、丈城旦一人、舂五人、受仓隶臣一人。·凡十一人。AⅠ

……(简8-686+8-973)⑤

(2) 卅一年四月癸未朔癸卯,启陵乡守逐作徒薄。AⅠ

受仓大隶妾三人。AⅡ

受司空仗城旦一人。BⅠ

---

① 贾丽英:《西北汉简"葆"及其身份释论》,《鲁东大学学报》2014年第5期。
② 睡虎地秦墓竹简整理小组编:《睡虎地秦墓竹简》,第119页。
③ 张家山二四七号汉墓竹简整理小组编著:《张家山汉墓竹简〔二四七号墓〕》(释文修订本),第20页:"上造、上造妻以上,及内公孙、外公孙、内公耳玄孙有罪,其当刑及当为城旦舂者,耐以为鬼薪白粲。(简82)"
④ 睡虎地秦墓竹简整理小组编:《睡虎地秦墓竹简》,第51页。
⑤ 陈伟主编:《里耶秦简牍校释》(第一卷),第203页。

凡四人。BⅡ

……（简8-1278+8-1757）①

（3）卅二年十月己酉朔乙亥，司空守圂徒作薄AⅠ

城旦司寇一人。AⅡ

鬼薪廿人。AⅢ

城旦八十七人。AⅣ

仗城旦九人。AⅤ

隶臣觳（系）城旦三人。AⅥ

隶臣居赀五人。AⅦ

·凡百廿五人。AⅧ

……（简9-2289）②

仗城旦，与城旦、舂一样都归属于司空监管，但是，它又明显不是一般的城旦，在各类徒隶的列举中，城旦、仗城旦、系城旦，均分别列出。甚至，在某些作徒簿中，城旦与鬼薪合并，也将仗城旦单独开列，如：

（4）卅年八月贰春乡作徒薄（簿）。AⅠ

城旦、鬼薪积九十人。AⅡ

仗城旦积卅人。AⅢ

舂、白粲积六十人。AⅣ

隶妾积百一十二人。AⅤ

·凡积二百九十二人。BⅠ☐

---

① 陈伟主编：《里耶秦简牍校释》（第一卷），第304页。
② 陈伟主编：《里耶秦简牍校释》（第二卷），第455页。

……（简 8-1143+8-1631 正）①

（5）【卅】年八月丙戌朔癸卯□☑ Ⅰ

城旦、鬼薪三人。Ⅱ

仗城旦一人。Ⅲ

舂、白粲二人。Ⅳ

隶妾三人。（简 V 8-1279）②

（6）卅年九月丙辰朔庚申，贰舂乡守带作徒薄（簿）。A Ⅰ

受司空城旦、鬼薪三人。A Ⅱ

【仗城旦□人】A Ⅲ☑（正）

·凡九人。B Ⅰ

一人甄：【晦】。☑B Ⅱ（简 9-1210+9-2286）

廷☑（简 9-2286 背）③

　　城旦舂、鬼薪白粲在劳役、免罪、再犯之量刑等方面的相近，已有学者
进行过研究。④ 学者强调了二者之间的"同"，但是，我们不能忽视二者之间
的"异"，毕竟城旦舂和鬼薪白粲是两种身份刑名。其相近之处多，只能说
二者级差小，与爵制的爵级、爵档相似，说二者属于同档更合理。里耶秦简
将两个不同的身份刑名记录在一起，却将"仗城旦"单独列出，由此也可看
出"仗城旦"的独特存在。

---

① 陈伟主编：《里耶秦简牍校释》（第一卷），第 283 页。
② 陈伟主编：《里耶秦简牍校释》（第一卷），第 305 页。
③ 陈伟主编：《里耶秦简牍校释》（第二卷），第 277 页。
④ 宫宅洁认为在司寇、隶臣妾、鬼薪白粲、城旦舂的系列中，鬼薪白粲并未与其他三者构成直线并存
的关系，而是处于城旦舂的平行位置上 [参见 [日] 宫宅洁《秦汉时代の爵と刑罚》，《东洋史研究》（58
卷第 4 号），2000，第 18 页]。韩树峰认为秦汉刑罚体系三个等级中，城旦舂、鬼薪白粲为一个等级，司寇、
隶臣妾为一个等级，死刑为最高级（参见韩树峰《秦汉徒刑散论》，《历史研究》2005 年第 3 期）。鹰取祐司
在刑罚序列中则将鬼薪白粲放在城旦舂的斜上方（参见 [日] 鹰取祐司《秦汉时代的刑罚与爵制性身份序
列》，周东平、朱腾主编《法律史译评》，第 22 页）。

"仗城旦"，秦简牍材料中多写作"仗"，也有写作"丈"者，如里耶秦简"丈城旦一人约车：缶（简 8－686＋8－973）"。从刑名的最初由来看，"丈"应是本义。

卫宏《汉旧仪》："秦制……凡有罪，男髡钳为城旦，城旦者，治城也；女为舂，舂者，治米也……鬼薪者，男当为祠祀鬼神，伐山之薪蒸也；女为白粲者，以为祠祀择米也。"①《汉书·惠帝纪》"当刑及当为城旦舂者，皆耐为鬼薪白粲"，应劭也作如是注："城旦者，旦起行治城；舂者，妇人不豫外徭，但舂作米……取薪给宗庙为鬼薪，坐择米使正白为白粲……"② 随着简牍材料的出土，当代研究者多批驳卫宏和应劭之说，认为徒隶的劳役广泛，二人所说非是。对照《汉旧仪》所辑录的其他内容，笔者认为上述解释应是东汉人对秦及汉初刑名由来的解说，而非劳役的具体内容的描述。卫宏在解释"凡有罪"的身份序列之前，是对爵制身份的释说，"汉承秦爵二十等，以赐天下。爵者，禄位也。公士，一爵……谓为国君列士也。上造，二爵……乘兵车也……不更，四爵……主一车四马。大夫，五爵……大夫主一车，属三十六人……"③ 所以，综合起来看，卫宏是对有爵者、无爵者、有罪者整个秦及汉初的社会身份来源作了叙说。其共同点就是无论哪一种身份，最初都是以"事"为中心命名的。既然我们都认可秦及汉初的"大夫"是五级爵，而不是"主一车，属三十六人"的军职，那么，对于城旦舂、鬼薪白粲的理解也应如是。

"仗城旦"也应从这个角度去认知。

"仗"，本字为"丈"，《说文·十部》作"𠀋"，释义为"十尺也。从又持十。"段玉裁注："周制八寸为尺；十尺为丈。"用作动词，则为丈量的意

---

① （清）孙星衍等辑，周天游点校：《汉官六种》，第 85 页。
② 《汉书》卷 2《惠帝纪》，第 85—87 页。
③ （清）孙星衍等辑，周天游点校：《汉官六种》，第 84 页。

思。睡虎地秦简《法律答问》："复丈，高六尺七寸。（简6）"①《左传·襄公九年》："蓄水潦，积土涂，巡丈城，缮守备"，杜预注曰："丈，度也"，孔颖达疏："巡行其城，以丈度之，故云'丈城'。"②"丈城旦"与"舂城旦"相似，最初也应是实际的劳役分派，即在治城过程中负责丈量的徒隶。或许丈量工作较筑城为轻，且不便监管，才有"勿将司"的规定。

　　但是，何罪入"仗城旦"？或何身份入"仗城旦"？再或者是否跟"勿刑"相关？仅从目前的简牍材料我们不能判断，这些疑问只能有待将来进一步解决。

小　结

　　从里耶秦简的《作徒簿》来看，城旦舂、鬼薪白粲在监管、劳役等诸多方面都很相近，甚至在徒隶身份刑名的列举中也是"城旦、鬼薪积九十人""舂、白粲积六十人""城旦、鬼薪三人""舂、白粲二人"，这充分显示了徒隶身份中二者身份上的相近，或者我们可以说他们属于同档不同级。但是，在所有的徒簿类文书中仗城旦都单独列出，由此显示这个身份刑的特殊性。以往学界多认为仗城旦为老年城旦，但近出岳麓书院秦简"徒隶老""当就食"，显示了徒隶也有免老一说。仗城旦不会是老年城旦。从最初身份刑名的命名来看，"仗城旦"或"丈城旦"，这类徒隶最初从事的可能就是丈量的劳役。或许丈量的劳役较筑城要轻，且劳作灵活，不便监管，才有"勿将司"的规定。"丈城旦勿将司"正是身份的特殊性和优越性的体现。

---

① 睡虎地秦墓竹简整理小组编：《睡虎地秦墓竹简》，第95页。
② 《春秋左传正义》，第862—863页。

参考文献

一 史料

（一）文献史料

（明）董说：《七国考》，中华书局，1956。

（清）洪亮吉撰，李解民点校：《春秋左传诂》，中华书局，1987。

（清）梁玉绳：《史记志疑》，中华书局，1981。

李学勤主编：《十三经注疏》（简体、横排、标点本），北京大学出版社，1999。

（汉）刘向集录：《战国策》，上海古籍出版社，1998。

（汉）刘珍等撰，吴树平校注：《东观汉记校注》，中华书局，2008。

（宋）司马光编著，（元）胡三省注：《资治通鉴》，中华书局，1956。

（清）沈家本撰，邓经元、骈宇骞点校：《历代刑法考》，中华书局，1985。

（清）孙楷撰，徐复订补：《秦会要订补》，中华书局，1959。

（清）孙希旦撰，沈啸寰、王星贤点校：《礼记集解》，中华书局，1989。

（清）孙星衍等辑，周天游点校：《汉官六种》，中华书局，1990。

（宋）王应麟著，张三夕、杨毅点校：《汉制考》，中华书局，2011。

（清）王先谦：《汉书补注》，书目文献出版社，1995。

（汉）许慎撰，（清）段玉裁注：《说文解字注》，上海古籍出版社，1981。

（宋）徐天麟：《西汉会要》，上海人民出版社，1977。

（宋）徐天麟：《东汉会要》，中华书局，1955。

（汉）荀悦、（东晋）袁宏：《两汉纪》，中华书局，2002。

（清）徐元诰撰，王树民、沈长云点校：《国语集解》，中华书局，2002。

（清）严可均编：《全汉文》，中华书局，1958。

（清）严可均编：《全后汉文》，中华书局，1958。

（清）俞樾：《诸子平议》，中华书局，1956。

（清）杨晨：《三国会要》，中华书局，1956。

（晋）袁宏撰，周天游校注：《后汉纪校注》，天津古籍出版社，1987。

（清）赵尔巽等撰：《清史稿》，中华书局，1977。

（清）赵翼著，王树民校证：《廿二史札记校证》，中华书局，1984。

周天游辑注：《八家后汉书辑注》，上海古籍出版社，1986。

《二十四史》，中华书局点校本。

《新编诸子集成》，新编诸子集成续编，中华书局。

（二）简牍史料

长沙市文物考古研究所、中国文物研究所、北京大学历史学系、走马楼简牍整理组编著：《长沙走马楼三国吴简·竹简》（壹），文物出版社，2003。

长沙简牍博物馆、中国文物研究所、北京大学历史学系、走马楼简牍整理组编著：《长沙走马楼三国吴简·竹简》（贰），文物出版社，2007。

长沙简牍博物馆、中国文物研究所、北京大学历史学系、走马楼简牍整理组编著：《长沙走马楼三国吴简·竹简》（叁），文物出版社，2008。

长沙简牍博物馆、中国文化遗产研究院、北京大学历史学系、走马楼简牍整理组编著：《长沙走马楼三国吴简·竹简》（肆），文物出版社，2011。

长沙简牍博物馆、中国文化遗产研究院、北京大学历史学系、走马楼简牍整理组编著:《长沙走马楼三国吴简·竹简》(伍),文物出版社,2013。

　　长沙简牍博物馆、中国文化遗产研究院、北京大学历史学系、走马楼简牍整理组编著:《长沙走马楼三国吴简·竹简》(陆),文物出版社,2018。

　　长沙简牍博物馆、中国文化遗产研究院、北京大学历史学系、故宫研究院古文献研究所、走马楼简牍整理组编著:《长沙走马楼三国吴简·竹简》(柒),文物出版社,2017。

　　长沙简牍博物馆、中国文化遗产研究院、北京大学历史学系、故宫研究院古文献研究所、走马楼简牍整理组编著:《长沙走马楼三国吴简·竹简》(捌),文物出版社,2015。

　　长沙简牍博物馆、中国文化遗产研究院、北京大学历史学系、故宫研究院古文献研究所、走马楼简牍整理组编著:《长沙走马楼三国吴简·竹简》(玖),文物出版社,2019。

　　长沙市文物考古研究所、中国文物研究所编:《长沙东牌楼东汉简牍》,文物出版社,2006。

　　长沙市文物考古研究所等编:《长沙五一广场东汉简牍选释》,中西书局,2015。

　　长沙市文物考古研究所等编:《长沙五一广场东汉简牍》(壹)、(贰),中西书局,2018。

　　长沙市文物考古研究所等编:《长沙五一广场东汉简牍》(叁)、(肆),中西书局,2019。

　　长沙市文物考古研究所等编:《长沙五一广场东汉简牍》(伍)、(陆),中西书局,2020。

　　陈松长主编:《岳麓书院藏秦简》(肆),上海辞书出版社,2015。

　　陈松长主编:《岳麓书院藏秦简》(伍),上海辞书出版社,2017。

　　陈松长编著:《香港中文大学文物馆藏简牍》,香港中文大学文物馆,2001。

陈伟主编：《里耶秦简牍校释》（第一卷），武汉大学出版社，2012。

陈伟主编：《里耶秦简牍校释》（第二卷），武汉大学出版社，2018。

陈伟主编：《秦简牍合集》（壹），武汉大学出版社，2014。

甘肃简牍保护研究中心、甘肃省文物考古研究所等编：《肩水金关汉简》
（壹），中西书局，2011。

甘肃简牍保护研究中心、甘肃省文物考古研究所等编：《肩水金关汉简》
（贰），中西书局，2012。

甘肃简牍博物馆、甘肃省文物考古研究所等编：《肩水金关汉简》（叁），
中西书局，2013。

甘肃简牍博物馆、甘肃省文物考古研究所等编：《肩水金关汉简》（肆），
中西书局，2015。

甘肃简牍博物馆、甘肃省文物考古研究所等编：《肩水金关汉简》（伍），
中西书局，2016。

甘肃简牍博物馆、甘肃省文物考古研究所等编：《悬泉汉简》（壹），中
西书局，2019。

甘肃简牍博物馆、甘肃省文物考古研究所等编：《悬泉汉简》（贰），中
西书局，2020。

甘肃省文物考古研究所编：《敦煌汉简》，中华书局，1991。

胡平生、张德芳编撰：《敦煌悬泉汉简释粹》，上海古籍出版社，2001。

湖北省文物考古研究所等：《随州孔家坡汉墓简牍》，文物出版社，2006。

湖北省文物考古研究所编：《江陵凤凰山西汉简牍》，中华书局，2012。

湖南省文物考古研究所编著：《里耶秦简》（壹），文物出版社，2012。

湖南省文物考古研究所编著：《里耶秦简》（贰），文物出版社，2018。

湖南省文物考古研究所编著：《里耶发掘报告》，岳麓书社，2007。

简牍整理小组编：《居延汉简》（壹），"中研院"史语所，2014。

简牍整理小组编：《居延汉简》（贰），"中研院"史语所，2015。

简牍整理小组编：《居延汉简》（叁），"中研院"史语所，2016。

简牍整理小组编：《居延汉简》（肆），"中研院"史语所，2017。

里耶秦简博物馆、出土文献与中国古代文明研究协同创新中心中国人民大学中心编著：《里耶秦简博物馆藏秦简》，中西书局，2016。

马怡、张荣强主编：《居延新简释校》，天津古籍出版社，2013。

彭浩、陈伟、［日］工藤元男主编：《二年律令与奏谳书——张家山二四七号汉墓出土法律文献释读》，上海古籍出版社，2007。

睡虎地秦墓竹简整理小组编：《睡虎地秦墓竹简》，文物出版社，1990。

孙家洲主编：《额济纳汉简释文校本》，文物出版社，2007。

谢桂华、李均明、朱国炤：《居延汉简释文合校》，文物出版社，1987。

张德芳主编：《居延新简集释》（一）、（二）、（三）、（四）、（五）、（六）、（七），甘肃文化出版社，2016。

张家山二四七号汉墓竹简整理小组编著：《张家山汉墓竹简〔二四七号墓〕》，文物出版社，2001。

张家山二四七号汉墓竹简整理小组编著：《张家山汉墓竹简〔二四七号墓〕》（释文修订本），文物出版社，2006。

中国文物研究所、湖北省文物考古研究所编：《龙岗秦简》，中华书局，2001。

朱汉民、陈松长主编：《岳麓书院藏秦简》（叁），上海辞书出版社，2013。

郑曙斌、张春龙等编著：《湖南出土简牍选编》，岳麓书社，2013。

二　引用著述

安作璋、熊铁基：《秦汉官制史稿》，齐鲁书社，2007。

卜宪群：《秦汉官僚制度》，社会科学文献出版社，2002。

蔡万进：《张家山汉简〈奏谳书〉研究》，广西师范大学出版社，2006。

陈垣：《二十史朔闰表》，中华书局，1962。

陈俊强：《魏晋南朝恩赦制度的探讨》，文史哲出版社，1998。

陈梦家：《西周青铜器断代》（上），中华书局，2004。

陈启天校释：《商君书校释》，商务印书馆（上海），1935。

陈苏镇：《汉代政治与〈春秋〉学》，中国广播电视出版社，2001。

陈直：《两汉经济史料论丛》，中华书局，2008。

陈直：《汉书新证》，中华书局，2008。

陈直：《居延汉简研究》，中华书局，2009。

程树德：《九朝律考》，中华书局，2003。

董平均：《出土秦律汉律所见封君食邑制度研究》，黑龙江人民出版社，2007。

［日］大庭脩：《汉简研究》，徐世虹译，广西师范大学出版社，2001。

杜正胜：《编户齐民——传统政治社会结构之形成》，联经出版事业股份有限公司，1993。

杜建录：《天盛律令与西夏法制研究》，宁夏人民出版社，2005。

复旦大学出土文献与古文字研究中心编：《出土文献与古文字研究》（第六辑），上海古籍出版社，2015。

［日］冨谷至：《秦汉刑罚制度研究》，柴生芳、朱恒晔译，广西师范大学出版社，2006。

甘肃省文物工作队等：《汉简研究文集》，甘肃人民出版社，1984。

高亨注译：《商君书注译》，中华书局，1974。

高恒：《秦汉简牍中的法制文书辑考》，社会科学文献出版社，2008。

高敏：《秦汉史论集》，中州书画社，1982。

葛剑雄：《西汉人口地理》，商务印书馆，2014。

［日］宫宅洁：《中国古代刑制史研究》，杨振红等译，广西师范大学出

版社，2016。

郭沫若：《郭沫若全集·历史编》（第三卷），人民出版社，1984。

郭沫若：《十批判书》，东方出版社，1996。

郝树声、张德芳：《悬泉汉简研究》，甘肃文化出版社，2009。

湖北省博物馆：《荆州高台秦汉墓》，科学出版社，2000。

湖北省博物馆编：《书写历史——战国秦汉简牍》，文物出版社，2007。

湖南省博物馆、湖南省文物考古研究所：《长沙马王堆二、三号墓（第一卷）：田野考古发掘报告》，文物出版社，2004。

湖南省文物考古研究所：《里耶发掘报告》，岳麓书社，2007。

黄今言：《秦汉赋役制度研究》，江西教育出版社，1988。

黄今言：《秦汉军制史论》，江西人民出版社，1993。

黄留珠：《秦汉仕进制度》，西北大学出版社，1985。

黄盛璋：《历史地理与考古论丛》，齐鲁书社，1982。

［日］堀毅：《秦汉法制史论考》，法律出版社，1988。

李均明、刘军：《简牍文书学》，广西师范大学出版社，1999。

李均明：《秦汉简牍文书分类辑解》，文物出版社，2009。

李均明：《耕耘录——简牍研究丛稿》，人民美术出版社，2015。

李开元：《汉帝国的建立与刘邦集团——军功受益阶层研究》，生活·读书·新知三联书店，2000。

李力：《“隶臣妾”身份再研究》，中国法制出版社，2007。

李天虹：《居延汉简簿籍分类研究》，科学出版社，2003。

李振宏：《居延汉简与汉代社会》，中华书局，2003。

凌文超：《走马楼吴简采集簿书整理与研究》，广西师范大学出版社，2015。

林富士：《汉代的巫者》，稻乡出版社，1999。

林甘泉：《林甘泉文集》，上海辞书出版社，2005。

刘海年:《战国秦代法制管窥》,法律出版社,2006。

刘敏:《秦汉编户民问题研究——以与吏民、爵制、皇权关系为重点》,中华书局,2014。

柳春藩:《秦汉封国食邑赐爵制度》,辽宁人民出版社,1984。

吕利:《律简身份法考论》,法律出版社,2011。

彭卫:《汉代婚姻形态》,中国人民大学出版社,2010。

瞿同祖:《瞿同祖法学论著集》,中国政法大学出版社,1998。

青海文物考古研究所:《上孙家寨汉晋墓》,文物出版社,1993。

裘锡圭:《古文字论集》,中华书局,1992。

饶宗颐、李均明:《新莽简辑证》,新文丰出版公司,1995。

沈刚:《长沙走马楼三国竹简研究》,社会科学文献出版社,2013。

沈家本:《历代刑法考》,中华书局,1985。

王焕林:《里耶秦简校诂》,中国文联出版社,2007。

王健文:《奉天承运——古代中国的"国家"概念及其正当性基础》,东大图书公司,1995。

王叔岷:《史记斠证》,中华书局,2007。

王先谦:《汉书补注》,书目文献出版社,1995。

王彦辉:《张家山汉简〈二年律令〉与汉代社会研究》,中华书局,2010。

王彦辉:《秦汉户籍管理与赋役制度研究》,中华书局,2016。

王云度:《秦汉史编年》,凤凰出版社,2011。

王子今:《秦汉称谓研究》,中国社会科学出版社,2014。

王子今:《秦汉交通史稿》(增订版),中国人民大学出版社,2013。

[日]西嶋定生:《中国古代帝国的形成与结构——二十等爵制研究》,武尚清译,国际文化出版公司,1992。

邢义田:《地不爱宝:汉代的简牍》,中华书局,2011。

邢义田：《天下一家：皇帝、官僚与社会》，中华书局，2011。

熊铁基：《秦汉军事制度史》，广西人民出版社，1990。

徐式圭：《中国大赦考》，商务印书馆（上海），1934。

阎步克：《从爵本位到官本位——秦汉官僚品位结构研究》，生活·读书·新知三联书店，2009。

阎步克：《品位与职位：秦汉魏晋南北朝官阶制度研究》，中华书局，2009。

晏昌贵：《巫鬼与淫祀——楚简所见方术宗教考》，武汉大学出版社，2010。

杨伯峻：《论语译注》，中华书局，1963。

杨光辉：《汉唐封爵制》，学苑出版社，2002。

杨权：《新五德理论与两汉政治——"尧后火德"说考论》，中华书局，2006。

杨振红：《出土简牍与秦汉社会》，广西师范大学出版社，2009。

［日］永田英正：《居延汉简研究》，张学锋译，广西师范大学出版社，2007。

于振波：《简牍与秦汉社会》，湖南大学出版社，2012。

袁仲一：《秦始皇陵兵马俑研究》，文物出版社，1990。

张功：《秦汉逃亡犯罪研究》，湖北人民出版社，2006。

张金光：《秦制研究》，上海古籍出版社，2004。

张觉：《商君书校注》，岳麓书社，2006。

张俊民：《悬泉汉简：社会与制度》，甘肃文化出版社，2021。

张中秋编：《中华法系国际学术研讨会文集》，中国政法大学出版社，2007。

赵宠亮：《行役戍备——河西汉塞吏卒的屯戍生活》，科学出版社，2012。

中国社会科学院考古研究所编著：《汉魏洛阳故城南郊东汉刑徒墓地》，文物出版社，2007。

中国社会科学院考古研究所等编：《里耶古城·秦简与秦文化研究》，科学出版社，2009。

中国魏晋南北朝史学会、武汉大学中国三至九世纪研究所编：《魏晋南北朝史研究：回顾与探索》，湖北教育出版社，2009。

周东平、朱腾主编：《法律史译评》，北京大学出版社，2013。

周振鹤：《西汉政区地理》，人民出版社，1987。

朱德贵：《汉简与财政管理新证》，中国财政经济出版社，2006。

朱绍侯：《军功爵制试探》，上海人民出版社，1980。

朱绍侯：《军功爵制考论》，商务印书馆，2008。

朱师辙：《商君书解诂定本》，古籍出版社，1956。

三　引用论文

（一）论文

卜宪群：《东方朔仕进小考》，《史学集刊》2016 年第 3 期。

曹骥：《秦汉简中的"公卒"与"庶人"》，《唐都学刊》2013 年第 4 期。

曹旅宁：《秦汉法律简牍中的"庶人"身份及法律地位问题》，《咸阳师范学院学报》2007 年第 3 期。

曹旅宁：《释"徒隶"兼论秦刑徒的身份及刑期问题》，《上海师范大学学报》2008 年第 5 期。

长江流域第二期文物考古工作人员训练班：《湖北江陵凤凰山西汉墓发掘简报》，《文物》1974 年第 6 期。

陈玲：《汉代"复作"探微》，《中国社会科学报》2017 年 8 月 1 日第 8 版。

陈槃：《由汉简中之军吏名籍说起》，大陆杂志社编印《秦汉史及中古史前期研究论集》（第一辑第四册），大陆杂志社，1960。

陈伟：《简牍资料所见西汉前期的"卒更"》，《中国史研究》2010 年第 3 期。

陈絜、李晶：《夆季鼎、扬簋与西周法制、官制研究中的相关问题》，《南开学报》2007 年第 2 期。

陈俊强：《中国古代恩赦制度的起源、形成与变化》，张中秋编《中华法系国际学术研讨会文集》，中国政法大学出版社，2007。

陈玉璟：《秦汉"徒"为奴婢说质疑》，《安徽师范大学学报》1979 年第 2 期。

陈振裕：《湖北汉墓初析》，《文博》1988 年第 2 期。

陈治国：《张家山汉简〈奏谳书〉"杜泸女子甲和奸"案年代探析》，《中国历史文物》2009 年第 5 期。

陈松长：《告地策的行文格式与相关问题》，《湖南大学学报》2008 年第 5 期。

崔建华：《也谈"击匈奴降者赏令"的颁布时间——与阎盛国先生商榷》，《内蒙古社会科学》2011 年第 3 期。

戴建国：《唐宋大赦功能的传承演变》，《云南社会科学》2009 年第 4 期。

党燕妮、翁鸿涛：《从吐鲁番出土随葬衣物疏看民间宗教观念的变化》，《敦煌学辑刊》2001 年第 1 期。

杜绍顺：《汉代震封君"衣食租税"辨》，《华南师范大学学报》1989 年第 3 期。

冯辉：《汉代封国食邑制度的性质》，《求是学刊》1983 年第 6 期。

冯渝杰：《从"汉家"神化看两汉之际的天命争夺》，《历史研究》2015 年第 1 期。

［日］冨谷至：《秦汉の劳役刑》，《东方学报》1983 年第 55 册。

［日］冨谷至：《秦汉における庶人と士伍·觉书》，［日］谷川道雄《中

国士大夫阶级と地域社会との関系についての総合的研究》，科学研究费补助金総合研究（A）研究成果报告书，1983。

［日］冨谷至：《两群刑徒墓——秦至后汉的刑役和刑期》，京都大学人文科学研究所刊《中国贵族制社会的研究》，1987。

［德］傅敏怡：《论马王堆三号汉墓"告地书"》，《湖南大学学报》2010 年第 7 期。

高恒：《秦律中的刑徒及其刑期问题》，《法学研究》1983 年第 6 期。

高敏：《论两汉赐爵制度的历史演变》，《文史哲》1978 年第 1 期。

高敏：《秦汉的户籍制度》，《求索》1987 年第 1 期。

高敏：《西汉前期的"傅年"探讨——读〈张家山汉墓竹简〉札记之六》，《新乡师范高等学校学报》2002 年第 3 期。

高震寰：《从〈里耶秦简〉（壹）"作徒簿"管窥秦代刑徒制度》，中国文化遗产研究院编《出土文献研究》（第十二辑），中西书局，2013。

［日］根本诚：《唐代の大赦に就いて》，《早稻田大学大学院文学研究科纪要》1960 年第 6 期。

龚留柱、张信通：《"汉家尧后"与两汉之际的天命之争——兼论中国古代的政治合法性问题》，《史学月刊》2013 年第 10 期。

［日］宫宅潔：《秦汉时代の爵と刑罚》，《东洋史研究》第 58 卷第 4 号。

［日］宫宅潔：《有期劳役刑体系の形成—「二年律令」に见える汉初の劳役刑を手がかりにして》，《东方学报》第 78 号，2006。

［日］谷川道雄：《中国士大夫阶级と地域社会との関系についての総合的研究》，科学研究费补助金総合研究（A）研究成果报告书，1983。

韩树峰：《秦汉徒刑散论》，《历史研究》2005 年第 3 期。

［日］好并隆司：《汉代下层庶人的存在形态（一）》，《史学杂志》第 82 编第 1 号，1973。

［日］好并隆司：《汉代下层庶人的存在形态（二）》，《史学杂志》第82编第2号，1973。

贺昌群：《东汉更役戍役制度的废止》，《历史研究》1962年第5期。

河南省文物考古研究所、内黄县文物保护管理所：《河南内黄三杨庄汉代聚落遗址第二处庭院发掘简报》，《华夏考古》2010年第3期。

何双全：《汉代戍边士兵籍贯考述》，《西北史地》1989年第2期。

何有祖：《里耶秦简"（牢）司寇守囚"及相关问题研究》，《简牍学研究》（第六辑），甘肃人民出版社，2016。

弘一：《江陵凤凰山十号汉墓简牍初探》，《文物》1974年第6期。

侯灿：《吐鲁番晋——唐古墓出土随葬衣物疏综考》，《高昌楼兰研究论集》，新疆人民出版社，1990。

侯旭东：《逐鹿或天命：汉代眼中的秦亡汉兴》，《中国社会科学》2015年第4期。

侯旭东：《西汉张掖郡肩水候系年初编——兼论侯行塞时的人事安排与用印》，《简牍学研究》（第五辑），甘肃人民出版社，2014。

湖北省荆州地区博物馆：《江陵高台18号墓发掘简报》，《文物》1993年第8期。

湖北省文物考古研究所：《江陵凤凰山一六八号汉墓》，《考古学报》1993年第4期。

湖南省文物考古研究所等：《湖南龙山里耶战国——秦代古城一号井发掘简报》，《文物》2003年第1期。

湖南省文物考古研究所：《湘西里耶秦代简牍选释》，《中国历史文物》2003年第1期。

胡晓明：《大赦渊源考论》，《南京社会科学》2002年第4期。

胡晓明：《汉代大赦考述两题》，《淮阴工学院学报》2006年第6期。

黄今言：《秦汉时期的武器生产及其管理》，《江西师范大学学报》1993年第8期。

黄景春：《王当买地券的文字考释及道教内涵解读》，《南阳师范学院学报》2003年第1期。

黄景春：《西北地区买地券、镇墓文使用现状调查与研究》，《民俗研究》2006年第2期。

黄盛璋：《江陵高台汉墓新出"告地策"、遣策与相关制度发复》，《江汉考古》1994年第1期。

黄艳萍：《〈肩水金关汉简（壹）〉纪年简校考》，《敦煌研究》2014年第2期。

黄艳萍：《〈肩水金关汉简（贰）〉纪年简校考》，《简帛研究（二〇一三）》，广西师范大学出版社，2014。

黄艳萍：《〈肩水金关汉简（叁）〉纪年简校考》，《敦煌研究》2015年第2期。

贾丽英：《秦及汉初二十等爵与"士下"准爵层的剖分》，《中国史研究》2018年第4期。

贾丽英：《里耶秦简牍所见"徒隶"及监管官署》，《简帛研究（二〇一三）》，广西师范大学出版社，2014。

贾丽英：《西北汉简"葆"及其身份释论》，《鲁东大学学报》2014年第5期。

蒋鲁敬：《郢城周边西汉墓出土告地书汇释》，《简帛研究（二〇一七）》（秋冬卷），广西师范大学出版社，2018。

荆州博物馆：《湖北荆州谢家桥一号汉墓发掘简报》，《文物》2009年第4期。

［韩］李成珪：《秦·汉의刑罚体系再检讨——以云梦秦简和〈二年律

令〉的司寇为中心》，《东洋史学研究》第 85 辑，2003。

李斗石：《中日关于"以上"和"以下"等概念的界定》，《日本学论坛》2008 年第 3 期。

李衡梅：《"刑不上大夫"之"刑"为"肉刑"说补证》，《河南大学学报》1986 年第 1 期。

栗劲、霍存福：《试论秦的刑徒是无期刑——兼论汉初有期徒刑的改革》，《中国政法大学学报》1984 年第 3 期。

李俊方：《汉代的赐酺与养老礼》，《兰州学刊》2008 年第 4 期。

李均明：《张家山汉简所反映的二十等爵制》，《中国史研究》2002 年第 2 期。

李力：《论"徒隶"的身份》，中国文物研究所编《出土文献研究》（第八辑），上海古籍出版社，2007。

廖伯源：《说新——兼论年号之起源》，《秦汉史论丛》（增订本），中华书局，2008。

鲁西奇：《汉代买地券的实质、渊源与意义》，《中国史研究》2006 年第 1 期。

李学勤：《〈奏谳书〉解说（下）》，《文物》1995 年第 3 期。

李学勤：《初读里耶秦简》，《文物》2003 年第 1 期。

梁勇：《江苏邗江胡场五号汉墓木牍、铜印及相关问题再考》，《东南文化》2011 年第 2 期。

廖伯源：《汉代爵位制度试释（上）》，《新亚学报》1973 年第 10 卷第 1 期。

廖伯源：《汉代爵位制度试释（下）》，《新亚学报》1977 年第 12 卷。

廖伯源：《汉初县吏之秩级——张家山汉简研究之一》，《社会科学战线》2003 年第 3 期。

［韩］林炳德：《秦汉时期的庶人》，《简帛研究（二〇〇九）》，广西师范大学出版社，2011。

［韩］林炳德：《秦、汉律中的庶人——对庶人泛称说的驳议》，《简帛》（第二十二辑），上海古籍出版社，2021。

凌文超：《秦汉魏晋"丁中制"之衍生》，《历史研究》2010 年第 2 期。

凌文超：《汉初爵制结构的演变与官、民爵的形成》，《中国史研究》2012 年第 1 期。

刘国胜：《谢家桥一号汉墓〈告地书〉牍的初步考察》，《江汉考古》2009 年第 3 期。

刘海年：《秦汉"士伍"身份及阶级地位》，《文物》1978 年第 2 期。

刘令舆：《中国大赦制度》，中国法制史学会编《中国法制史论文集》，成文出版社，1981。

刘敏：《承袭与变异：秦汉封爵的原则和作用》，《南开学报》2002 年第 3 期。

刘敏：《论汉代的兵和兵役》，《历史教学》2003 年第 12 期。

刘敏：《重释"高帝五年诏"中的爵制问题》，《史学月刊》2005 年第 11 期。

刘敏：《秦汉时期的"赐民爵"及"小爵"》，《史学月刊》2009 年第 11 期。

刘信芳：《"礼不下庶人，刑不上大夫"辨疑》，《中国史研究》2004 年第 1 期。

刘昭瑞：《记两件出土的刑狱木牍》，《古文字研究》第 24 辑，中华书局，2002。

罗开玉：《秦"什伍""伍人"考》，《四川大学学报》1981 年第 2 期。

吕利：《"庶人"考论》，《社会科学家》2010 年第 10 期。

马王堆汉墓帛书整理小组：《马王堆三号汉墓出土驻军图整理简报》，《文物》1976 年第 1 期。

马怡：《里耶秦简选校》，《中国社会科学院历史所学刊》（第四辑），商务印书馆，2007。

马怡：《扁书试探》，孙家洲主编《额济纳汉简释文校本》，文物出版社，2007。

孟宪实：《吐鲁番古墓出土随葬衣物疏的性质与发展》，《新疆地方志》1993 年第 1 期。

南阳地区文物队、南阳博物馆：《唐河汉郁平大尹冯君孺人画象石墓》，《考古学报》1980 年第 2 期。

［日］籾山明：《秦的隶属身分及其起源——关于隶臣妾》，《秦汉史研究译文集》（第一辑），中国秦汉史研究会（内部资料），1983。

彭浩：《谈〈奏谳书〉中秦代和东周时期的案例》，《文物》1995 年第 3 期。

［日］片仓穰：《汉代的士伍》，《东方学》第 36 辑。

乔传宁、李雪灵：《汉代刑名"作如司寇"质疑》，《安徽文学》2008 年第 4 期。

裘锡圭：《啬夫初探》，《云梦秦简研究》，中华书局，1981。

秦进才：《秦汉"士伍"异同论》，《中华文化史论丛》第 2 辑。

青海省文物考古工作队：《青海大通县上孙家寨一一五号汉墓》，《文物》1981 年第 2 期。

［韩］任仲爀：《秦汉律中的庶人》，《简帛研究（二〇〇九）》，广西师范大学出版社，2011。

［韩］任仲爀：《秦漢律에 보이는 庶人의 개념과 존재——陶安，呂利，椎名一雄의 견해와 관련하여》，《中国古中世史研究》第 50 辑，2018。

日知：《与童书业先生论亚细亚生产方法问题》，《文史哲》1952 年第 2 期。

沈刚：《〈里耶秦简〉（壹）所见作徒管理问题探讨》，《史学月刊》2015 年第 2 期。

沈刚：《走马楼吴简所见公乘、士伍述论》，中国魏晋南北朝史学会、武汉大学中国三至九世纪研究所编《魏晋南北朝史研究：回顾与探索》，湖北教育出版社，2009。

沈厚泽：《试析中国古代的赦》，《中外法学》1998 年第 2 期。

［日］石冈浩：《秦汉代の徒隶と司寇—官署に隶属する有职刑徒》，《史学杂志》第 1 号，2012。

斯维至：《论庶人》，《社会科学战线》1978 年第 2 期。

施伟青：《也论秦“士伍”的身份——与周厚强同志商榷》，《中国社会经济史研究》1993 年第 1 期。

［日］水间大辅：《张家山汉简〈二年律令〉刑法杂考—睡虎地秦简出土以降の秦汉刑罚研究の再检讨》，《中国出土资料研究》第 6 号，2002。

［日］水间大辅：《秦汉时期县狱史的职责》，王沛主编《出土法律文献与法律史研究》（第一辑），上海人民出版社，2012。

［日］楯身智志：《研究现状·爵制、身份制度》，《简帛》（第六辑），上海古籍出版社，2011。

宋杰：《汉代“弃市”与“殊死”辨析》，《中国史研究》2015 年第 3 期。

宋伟哲：《中国赦免制度研究之评析——一个学术史的考察》，《河北工业大学学报》2018 年第 1 期。

宋艳萍：《东方朔历任官职小考》，卜宪群、张法利主编《雄杰迈伦　高气盖伦（2015 首届东方朔文化国际学术论坛论文集）》，华夏出版社，2017。

孙家洲：《汉代巫风巫术探幽》，《社会科学战线》1994 年第 5 期。

孙家洲：《从内黄三杨庄聚落遗址看汉代农村民居形式的多样性》，《中国人民大学学报》2011 年第 1 期。

孙闻博：《秦及汉初的司寇与徒隶》，《中国史研究》2015 年第 3 期。

［德］陶安：《〈岳麓书院藏秦简〉（叁）校勘记》，复旦大学出土文献与古文字研究中心编《出土文献与古文字研究》（第六辑），上海古籍出版社，2015。

［德］陶安：《殊死考》，《中华法系国际学术研讨会文集》，中国政法大学出版社，2007。

［德］陶安：《秦汉律"庶人"概念辨正》，《简帛》（第七辑），上海古籍出版社，2012。

［日］藤井律之：《罪の"加减"と性差》，［日］冨谷至编《江陵张家山二四七号墓出土汉律令の研究论考篇》，朋友书店，2006。

童书业：《从"生产关系适合生产力的规律"说到西周春秋的宗法封建制度——兼答何高济先生对于中国古史分期问题的讨论》，《文史哲》1957 年第 1 期。

万荣：《张家山汉简〈二年律令〉之"司寇"、"城旦春"名分析》，《晋阳学刊》2005 年第 6 期。

汪桂海：《汉代简牍中的告地策资料》，《简帛研究（二○○六）》，广西师范大学出版社，2008。

王贵元：《谢家桥一号汉墓"告地策"字词考释》，《古汉语研究》2010 年第 4 期。

王健：《从里耶秦简看秦代官府买徒隶问题（论纲）》，秦始皇兵马俑博物馆编《秦俑博物馆开馆三十周年国际学术研讨会暨秦俑学第七届年会论文集》，三秦出版社，2010。

王明仁：《"以上"、"以下"传统的规范用法》，《宁夏大学学报》2011

年第 4 期。

王明仁：《孔子的"中人以上"和"中人以下"》，《宁夏大学学报》2017 年第 2 期。

王彦辉：《〈里耶秦简〉（壹）所见秦代县乡机构设置问题蠡测》，《古代文明》2012 年第 4 期。

王彦辉：《论秦及汉初身份秩序中的"庶人"》，《历史研究》2018 年第 4 期。

王勇、唐俐：《"走马"为秦爵小考》，《湖南大学学报》2010 年第 4 期。

王子今：《走马楼吴简所见未成年"公乘"、"士伍"》，《湖南省博物馆馆刊》（第四辑），岳麓书社，2007。

王子今：《论西汉北边"亡人越塞"现象》，《秦汉边疆与民族问题》，中国人民大学出版社，2011。

魏斌：《唐代赦书内容的扩展与大赦职能的变化》，《历史研究》2006 年第 4 期。

魏道明：《汉代"殊死"考》，《青海民族大学学报》2018 年第 1 期。

魏德胜：《〈睡虎地秦墓竹简〉杂考》，《中国文化研究》1997 年第 4 期。

伍操：《中国古代赦免制度及其历史沿革》，《重庆社会科学》2008 年第 6 期。

吴大琨：《与范文澜同志论划分中国奴隶社会与封建社会的标准问题》，《历史研究》1956 年第 6 期。

吴刚：《中国古代赦宥制度的历史考察》，《法商研究》1988 年第 3 期。

吴刚：《中国古代非赦思想述评》，《中南政法学院学报》1991 年第 2 期。

吴荣曾：《秦的官府手工业》，中华书局编辑部《云梦秦简研究》，中华书局，1981。

徐国栋：《人身关系流变考（上）》，《法学》2006 年第 6 期。

徐鸿修：《从古代罪人收奴刑的演变看"隶臣妾"、"城旦舂"的身份》，《文史哲》1984 年第 5 期。

徐燕斌：《汉代扁书辑考——兼论汉代法律传播的路径》，《华东政法大学学报》2013 年第 2 期。

阎盛国：《再论"击匈奴降者赏令"及其颁布时间》，《宁夏大学学报》2010 年第 3 期。

阎晓君：《张家山汉简〈亡律〉考论》，《法律科学（西北政法大学学报）》2009 年第 1 期。

杨芳：《汉简所见河西边塞军屯人口来源考》，《中国边疆史地研究》2009 年第 1 期。

杨国誉、晋文：《汉代赦制略论》，《学海》2004 年第 3 期。

杨际平：《秦汉户籍管理制度研究》，《中华文史论丛》2007 年第 1 期。

杨眉：《秦汉民爵获得途径略论》，《伊犁教育学院学报》2004 年第 4 期。

杨眉：《秦汉爵制问题研究综述》，《中国史研究动态》2010 年第 1 期。

杨开勇：《谢家桥 1 号汉墓》，《荆州重要考古发现》，文物出版社，2009。

杨向奎：《中国历史的分期》，《文史哲》1953 年第 1 期。

杨一民：《战国秦汉时期爵制和编户民称谓的演变》，《学术月刊》1982 年第 9 期。

杨英：《试论周代庶人的社会身份和身份地位》，《中国历史博物馆馆刊》1996 年第 2 期。

杨振红：《秦汉简中的"冗"、"更"与供役方式——从〈二年律令·史律〉谈起》，《简帛研究（二〇〇六）》，广西师范大学出版社，2008。

杨振红：《秦汉官僚体系中的公卿大夫士爵位系统及其意义——中国古代官僚政治社会构造研究之一》，《文史哲》2008 年第 5 期。

杨振红：《徭戍为秦汉正卒基本义务说——更卒之役不是"徭"》，《中华文史论丛》2010 年第 1 期。

扬州博物馆、邗江县图书馆：《江苏邗江胡场五号汉墓》，《文物》1981 年第 11 期。

［日］鹰取祐司：《秦汉时代的刑罚与爵制性身份序列》，周东平、朱腾主编《法律史译评》，北京大学出版社，2013。

［日］鹰取祐司：《秦汉时代的庶人再考——对特定身份说的批评》，《简帛》（第十八辑），上海古籍出版社，2019。

应永深：《说“庶人”》，《中国史研究》1981 年第 2 期。

于琨奇：《“赐女子百户牛酒”解——兼论秦汉时期妇女的社会地位》，《中国历史文物》（现《中国国家博物馆馆刊》）1999 年第 1 期。

余谦：《两汉流民问题探微》，《江西师范大学学报》1994 年第 3 期。

于振波：《汉代官吏的考课时间与方式》，《北京大学学报》1994 年第 5 期。

苑苑：《居延汉简所见“士级爵”的任职问题》，《咸阳师范学院学报》2016 年第 1 期。

臧知非：《汉代兵役制度演变论略》，《山东大学学报》1991 年第 1 期。

张春龙：《里耶秦简所见户籍与人口管理》，中国社会科学院考古研究所等编《里耶古城·秦简与秦文化研究》，科学出版社，2009。

张德芳：《西北汉简一百年》，《光明日报》2010 年 6 月 17 日第 10 版。

张鹤泉：《〈二年律令〉所见二十等爵对西汉初年国家统治秩序的影响》，《吉林师范大学学报》2005 年第 3 期。

张建国：《西汉刑制改革新探》，《历史研究》1996 年第 6 期。

张俊民：《江陵高台 18 号墓木牍释文浅析》，《简帛研究（二〇〇一）》，广西师范大学出版社，2001。

张俊民：《悬泉汉简所见赦令文书初探》，《简帛研究（二〇一一）》，广西师范大学出版社，2013。

张俊民：《西北汉简所见"施刑"探微》，《石河子大学学报》2015 年第 2 期。

张荣强：《孙吴简中的户籍文书》，《历史研究》2006 年第 4 期。

张世超、张玉春：《〈睡虎地秦墓竹简〉校注简记》，《古籍整理研究学刊》1985 年第 4 期。

张新超：《论秦汉刑罚中的司寇刑》，《西南大学学报》2018 年第 1 期。

张玉勤：《也论"庶人"》，《山西师大学报》1986 年第 3 期。

张政烺：《秦律"葆子"释义》，《文史》（第九辑），中华书局，1980。

郑有国：《秦汉"士伍"身份及特征》，《福建论坛》1991 年第 6 期。

郑忠华：《印台出土大批西汉简牍》，《荆州重要考古发现》，文物出版社，2009。

周谷城：《庶为奴说》，《文史哲》1955 年第 5 期。

周厚强：《秦士伍的身份及阶级属性辨析》，《求索》1991 年第 4 期。

周群、陈长琦：《秦简〈秦律杂抄〉译文商榷》，《史学月刊》2007 年第 1 期。

［日］滋贺秀三：《西汉文帝的刑法改革和曹魏新律十八篇篇目考》，刘俊文主编《日本学者研究中国史论著选译》（第八卷），中华书局，1992。

朱国炤：《上孙家寨木简初探》，《文物》1981 年第 2 期。

朱绍侯：《军功爵制在西汉的变化》，《河南师大学报》1983 年第 1 期。

朱绍侯：《关于汉代的吏爵和民爵》，《河南大学学报》1984 年第 4 期。

朱绍侯：《汉代封君食租税制蠡测》，《松辽学刊》1985 年第 1 期。

朱绍侯：《从三组汉简看军功爵制的演变》，《史学集刊》1992 年第 2 期。

朱绍侯：《对刘劭〈爵制〉的评议》，《南都学坛》2008 年第 4 期。

朱绍侯：《从居延汉简看汉代民爵八级的政治地位》，《南都学坛》2012

年第 4 期。

[日] 椎名一雄:《"庶人"の语义と汉代の身份秩序》,《大正大学东洋史研究》2008 年创刊号。

[日] 椎名一雄:《汉代爵制的身分秩序の构造—庶人と民爵赐与の关系》,《大正大学东洋史研究》2009 年第 2 号。

邹水杰:《也论里耶秦简之"司空"》,《南都学坛》2014 年第 5 期。

(二) 学位论文

郭艳艳:《宋代赦书研究》,博士学位论文,河南大学,2011。

胡春润:《东方朔研究》,硕士学位论文,武汉大学,2005。

刘璐:《论汉朝的赦免制度》,硕士学位论文,西南政法大学,2010。

唐伟城:《论汉代大赦制度》,硕士学位论文,西南政法大学,2013。

宋黎黎:《论"常赦不原"——兼谈中国古代赦免制度的功能》,硕士学位论文,中国政法大学,2006。

宋学斌:《明代大赦研究》,硕士学位论文,东北师范大学,2014。

王玉喜:《爵制与秦汉社会研究》,博士学位论文,山东大学,2014。

邬文玲:《汉代赦免制度研究》,博士学位论文,中国社会科学院研究生院,2003。

谢芝华:《两汉赦宥研究》,硕士学位论文,南昌大学,2008。

杨琳:《秦赦免制度研究》,硕士学位论文,湖南大学,2015。

赵瑜:《里耶简牍所见徒簿类文书研究》,硕士学位论文,河北师范大学,2017。

(三) 网络论文

陈伟:《五一广场东汉简 108、135 号小考》,简帛网,http://www.

bsm. org. cn/？ hanjian/7655. html，2017 年 10 月 11 日。

陈伟：《从"臣妾"、"奴妾"到"奴婢"》，简帛网，http：//www. bsm. org. cn/？ qinjian/7459. html，2017 年 1 月 27 日。

何有祖：《里耶秦简牍缀合（二）》，简帛网，http：//www. bsm. org. cn/？ qinjian/5881. html，2012 年 5 月 14 日。

何有祖：《里耶秦简牍缀合（八则）》，简帛网，http：//www. bsm. org. cn/？ qinjian/6033. html，2013 年 5 月 17 日。

邢义田：《西汉户籍身份称谓从"大小男女子"变为"大小男女"的时间》，简帛网，http：//www. bsm. org. cn/？ hanjian/5371. html，2009 年 11 月 13 日。

谢坤：《读〈里耶秦简〉（壹）札记（一）》，简帛网，http：//www. bsm. org. cn. /？ qinjian/6436. html，2015 年 6 月 29 日。

姚磊：《读〈里耶秦简〉（壹）札记（一）》，简帛网，http：//www. bsm. org. cn. /？ qinjian/6460. html，2015 年 8 月 19 日。

杨先云：《里耶秦简所见"敫戍""屯卒"》，简帛网，http：//www. bsm. org. cn/？ qinjian/7855. html，2018 年 5 月 22 日。

张以静：《里耶秦简（贰）读札》，简帛网，http：//www. bsm. org. cn/？ qinjian/8014. html，2018 年 12 月 31 日。

周海峰：《〈长沙五一广场东汉简牍【壹】〉选读》，简帛网，http：//www. bsm. org. cn/？ hanjian/8008. html，2018 年 12 月 26 日。

附 表

附表 1 秦汉赐爵表

帝号	年月	材料	赐	赦减	出处	备注
秦昭襄王	二十一年	二十一年，错攻魏河内。魏献安邑，秦出其人，募徙河东赐爵，赦罪人迁之	募徙河东赐爵	赦罪人迁之	《史记》卷5《秦本纪》	
秦始皇	二十七年	二十七年，始皇巡陇西、北地，出鸡头山，过回中……是岁，赐爵一级。治驰道	赐爵一级		《史记》卷6《秦始皇本纪》	
高祖	二年二月癸未	二月癸未，令民除秦社稷，立汉社稷。施恩德，赐民爵。蜀汉民给军事劳苦，复勿租税二岁。关中卒从军者，复家一岁	赐民爵复租税		《汉书》卷1上《高祖本纪上》	
	五年夏五月	帝乃西都洛阳。夏五月，兵皆罢归家。诏曰："……军吏卒会赦，其亡罪而亡爵及不满大夫者，皆赐爵为大夫。故大夫以上赐爵各一级，其七大夫以上，皆令食邑，非七大夫以下，皆复其身及户，勿事。"	军吏卒赐爵	赦	《汉书》卷1下《高祖本纪下》	
	十二年春二月	春二月，使樊哙、周勃将兵击绾。诏曰："……燕吏民非有罪也，赐其吏六百石以上爵各一级。与绾居，去来归者，赦之，加爵亦一级。"	赐吏爵	赦燕吏民	《汉书》卷1下《高帝纪下》	

帝号	年月	材料	赐	赦减	出处	备注
惠帝	高祖十二年四月	五月丙寅，太子即皇帝位，尊皇后曰皇太后。赐民爵一级。中郎、郎中满六岁爵三级，四岁二级。外郎满六岁二级。中郎不满一岁一级。外郎不满二岁赐钱万。宦官尚食比郎中。谒者、执楯、执戟、武士、驺比外郎。太子御骖乘赐爵五大夫，舍人满五岁二级。赐给丧事者，二千石钱二万，六百石以上万，五百石、二百石以下至佐史五千。视作斥上者，将军四十金，二千石二十金，六百石以上六金，五百石以下至佐史二金。减田租，复十五税一。爵五大夫、吏六百石以上及宦皇帝而知名者有罪当盗械者，皆颂系	赐吏民爵、赐钱、减租	减刑颂系	《汉书》卷2《惠帝纪》	
	元年冬十二月	元年冬十二月，赵隐王如意薨。民有罪，得买爵三十级以免死罪。赐民爵，户一级	赐民爵，户一级	买爵免死	《汉书》卷2《惠帝纪》	
	五年九月	九月，长安城成。赐民爵，户一级	赐民爵，户一级		《汉书》卷2《惠帝纪》	
高后	元年二月	二月，赐民爵，户一级	赐民爵，户一级		《汉书》卷3《高后纪》	
文帝	高后八年九月	皇帝即日夕入未央宫……于是夜下诏书曰："闲者诸吕用事擅权，谋为大逆，欲以危刘氏宗庙，赖将相列侯宗室大臣诛之，皆伏其辜。朕初即位，其赦天下，赐民爵一级，女子百户牛酒，酺五日。"	赐民爵一级，牛酒，酺五日	其赦天下	《史记》卷10《孝文本纪》	
	元年正月	正月，有司言曰："蚤建太子，所以尊宗庙。请立太子。"……上乃许之。因赐天下民当代父后者爵各一级。封将军薄昭为轵侯	赐天下民当代父后者爵各一级		《史记》卷10《孝文本纪》	

帝号	年月	材料	赐	赦减	出处	备注
景帝	元年四月乙巳	元年四月乙卯，赦天下。乙巳，赐民爵一级。五月，除田半租。为孝文立太宗庙。令群臣无朝贺。匈奴入代，与约和亲	赐民爵一级	赦天下	《史记》卷11《孝景本纪》	
	三年六月	夏六月，诏曰："乃者吴王濞等为逆，起兵相胁，诖误吏民，吏民不得已。今濞等已灭，吏民当坐濞等及逋逃亡军者，皆赦之……"立平陆侯刘礼为楚王，续元王后。立皇子端为胶西王，胜为中山王。赐民爵一级	赐民爵一级	赦七国吏民反者	《汉书》卷5《景帝纪》	《史记》未记载此事
	四年六月	六月，赦天下，赐民爵一级	赐民爵一级	赦天下	《汉书》卷5《景帝纪》	《史记》未记载此赐
		四年夏，立太子。立皇子彻为胶东王。六月甲戌，赦天下。后九月，更以（弋）〔易〕阳为阳陵			《史记》卷11《孝景本纪》	
	七年四月	夏四月乙巳，立皇后王氏。丁巳，立胶东王彻为皇太子。赐民为父后者爵一级	赐民爵一级		《汉书》卷5《景帝纪》	
	中元年四月乙巳	四月乙巳，赦天下，赐爵一级。除禁锢。地动。衡山、原都雨雹，大者尺八寸	赐爵一级	赦天下、除禁锢	《史记》卷11《孝景本纪》	
	中五年六月丁巳	中五年夏，立皇子舜为常山王。封十侯。六月丁巳，赦天下，赐爵一级。天下大潦	赐爵一级	赦天下	《史记》卷11《孝景本纪》	
	后元年三月丁酉	三月丁酉，赦天下，赐爵一级，中二千石、诸侯相爵右庶长。四月，大酺	赐爵	赦天下	《史记》卷11《孝景本纪》	
	后三年正月甲寅	正月甲寅，皇太子冠。甲子，孝景皇帝崩。遗诏赐诸侯王以下至民为父后爵一级，天下户百钱。出宫人归其家，复无所与	赐为父后爵一级、户百钱		《史记》卷11《孝景本纪》	

续表

帝号	年月	材料	赐	赦减	出处	备注
武帝	建元元年春二月	春二月，赦天下，赐民爵一级。年八十复二算，九十复甲卒。行三铢钱	赐民爵一级、高年复	赦天下	《汉书》卷6《武帝纪》	
	元光元年夏四月	夏四月，赦天下，赐民长子爵一级。复七国宗室前绝属者	赐民长子爵一级	赦天下	《汉书》卷6《武帝纪》	
	元狩元年夏四月	夏四月，赦天下。丁卯，立皇太子。赐中二千石爵右庶长，民为父后者一级。诏曰："……已赦天下，涤除与之更始……其遣谒者巡行天下，存问致赐。曰'皇帝使谒者赐县三老、孝者帛，人五匹；乡三老、弟者、力田帛，人三匹；年九十以上及鳏寡孤独帛，人二匹，絮三斤；八十以上米，人三石。有冤失职，使者以闻。县乡即赐，毋赘聚'。"	赐爵、三老高年帛米	赦天下	《汉书》卷6《武帝纪》	民不赘聚
	元鼎四年冬十月	四年冬十月，行幸雍，祠五畤。赐民爵一级，女子百户牛酒。行自夏阳，东幸汾阴	赐民爵、百户牛酒		《汉书》卷6《武帝纪》	
	元封元年夏四月癸卯	夏四月癸卯，上还，登封泰山，降坐明堂。诏曰："……自新，嘉与士大夫更始，其以十月为元封元年。行所巡至，博、奉高、蛇丘、历城、梁父，民田租通赋贷，已除。加年七十以上孤寡帛，人二匹。四县无出今年算。赐天下民爵一级，女子百户牛酒。"	赐民爵、百户牛酒、除行所巡至田租通赋贷、赐帛		《汉书》卷6《武帝纪》	自新、更始与改元赐爵
昭帝	始元五年六月	六月，封皇后父骠骑将军上官安为桑乐侯。诏曰："朕以眇身获保宗庙……其令三辅、太常举贤良各二人，郡国文学高第各一人。赐中二千石以下至吏民爵各有差。"	赐吏民爵各有差		《汉书》卷7《昭帝纪》	
	元凤四年春正月丁亥	四年春正月丁亥，帝加元服，见于高庙。赐诸侯王、丞相、大将军、列侯、宗室下至吏民金帛牛酒各有差。赐中二千石以下及天下民爵。毋收四年、五年口赋。三年以前逋更赋未入者，皆勿收。令天下酺五日	赐吏民爵、免口赋更赋		《汉书》卷7《昭帝纪》	

帝号	年月	材料	赐	赦减	出处	备注
宣帝	本始元年五月	五月，凤皇集胶东、千乘。赦天下。赐吏二千石、诸侯相、下至中都官、宦吏、六百石爵，各有差，自左更至五大夫。赐天下人爵各一级，孝者二级，女子百户牛酒。租税勿收	赐吏民爵、百户牛酒、勿收租税	赦天下	《汉书》卷8《宣帝纪》	
	本始二年夏五月	夏五月……有司奏请宜加尊号。六月庚午，尊孝武庙为世宗庙，奏盛德、文始、五行之舞，天子世世献。武帝巡狩所幸之郡国，皆立庙。赐民爵一级，女子百户牛酒	赐民爵、百户牛酒		《汉书》卷8《宣帝纪》	
	地节夏四月戊申	夏四月戊申，立皇太子，大赦天下。赐御史大夫爵关内侯，中二千石爵右庶长，天下当为父后者爵一级。赐广陵王黄金千斤，诸侯王十五人黄金各百斤，列侯在国者八十七人黄金各二十斤。	赐吏民爵、赐王侯黄金	大赦天下	《汉书》卷8《宣帝纪》	
	元康元年三月	三月，诏曰："乃者凤皇集泰山、陈留，甘露降未央宫……其赦天下徒，赐勤事吏中二千石以下至六百石爵，自中郎吏至五大夫，佐史以上二级，民一级，女子百户牛酒。加赐鳏寡孤独、三老、孝弟力田帛。所振贷勿收。"	赐吏民爵、百户牛酒、赐帛、免贷	赦天下徒	《汉书》卷8《宣帝纪》	
	元康二年三月	三月，以凤皇甘露降集，赐天下吏爵二级，民一级，女子百户牛酒，鳏寡孤独高年帛	赐吏民爵、百户牛酒、鳏寡孤独高年帛		《汉书》卷8《宣帝纪》	
	元康三年春	三年春，以神爵数集泰山，赐诸侯王、丞相、将军、列侯、二千石金，郎从官帛，各有差。赐天下吏爵二级，民一级，女子百户牛酒，鳏寡孤独高年帛	赐金帛、赐吏民爵、百户牛酒、鳏寡孤独高年帛		《汉书》卷8《宣帝纪》	

帝号	年月	材料	赐	赦减	出处	备注
宣帝	元康四年三月	三月，诏曰："乃者，神爵五采以万数集长乐、未央、北宫、高寝、甘泉泰畤殿中及上林苑……其赐天下吏爵二级，民一级，女子百户牛酒。加赐三老、孝弟力田帛，人二匹，鳏寡孤独各一匹。"	赐吏民爵、百户牛酒、加赐三老等帛		《汉书》卷8《宣帝纪》	
	神爵元年三月	三月，行幸河东，祠后土。诏曰："朕承宗庙……乃元康四年嘉谷玄稷降于郡国，神爵仍集，金芝九茎产于函德殿铜池中……其以五年为神爵元年。赐天下勤事吏爵二级，民一级，女子百户牛酒，鳏寡孤独高年帛。所振贷物勿收。行所过毋出田租。"	赐吏民爵、百户牛酒、鳏寡孤独高年帛		《汉书》卷8《宣帝纪》	
	神爵四年春二月	四年春二月，诏曰："乃者凤皇甘露降集京师，嘉瑞并见……或降于天，或登于地，或从四方来集于坛。上帝嘉向，海内承福。其赦天下，赐民爵一级，女子百户牛酒，鳏寡孤独高年帛。"	赐民爵、百户牛酒、鳏寡孤独高年帛	赦天下	《汉书》卷8《宣帝纪》	
	神爵四年夏四月	夏四月，颍川太守黄霸以治行尤异，秩中二千石，赐爵关内侯，黄金百斤。及颍川吏民有行义者爵，人二级，力田一级，贞妇顺女帛	赐颍川太守及吏民爵、贞妇顺女帛		《汉书》卷8《宣帝纪》	
	五凤元年春正月	五凤元年春正月，行幸甘泉，郊泰畤。皇太子冠。皇太后赐丞相、将军、列侯、中二千石帛，人百匹，大夫人八十匹，夫人六十匹。又赐列侯嗣子爵五大夫，男子为父后者爵一级	赐帛各有差、赐嗣子爵、后子爵		《汉书》卷8《宣帝纪》	
	五凤三年三月	三月，行幸河东，祠后土。诏曰："……单于称臣，使弟奉珍朝贺正月，北边晏然……甘露降，神爵集……减天下口钱。赦殊死以下。赐民爵一级，女子百户牛酒。大酺五日。加赐鳏寡孤独高年帛。"	赐民爵、百户牛酒、大酺、加赐鳏寡孤独高年帛	赦殊死以下	《汉书》卷8《宣帝纪》	

帝号	年月	材料	赐	赦减	出处	备注
宣帝	甘露二年春正月	二年春正月，立皇子嚣为定陶王。诏曰："乃者，凤皇甘露降集，黄龙登兴，醴泉滂流，枯槁荣茂，神光并见，咸受祯祥。其赦天下。减民算三十。赐诸侯王、丞相、将军、列侯、中二千石金钱各有差。赐民爵一级，女子百户牛酒，鳏寡孤独高年帛。"	赐金钱、赐民爵、百户牛酒、鳏寡孤独高年帛、减民算	赦天下	《汉书》卷8《宣帝纪》	
	甘露三年二月	三年春正月，行幸甘泉，郊泰畤。匈奴呼韩邪单于稽侯狦来朝……二月，单于罢归……诏曰："乃者凤皇集新蔡，群鸟四面行列，皆乡凤皇立，以万数。其赐汝南太守帛百匹，新蔡长吏、三老、孝弟力田、鳏寡孤独各有差。赐民爵二级。毋出今年租。"	赐民爵、赐帛、毋出今年租		《汉书》卷8《宣帝纪》	
元帝	初元二年春正月	二年春正月，行幸甘泉，郊泰畤。赐云阳民爵一级，女子百户牛酒	赐云阳民爵、百户牛酒		《汉书》卷9《元帝纪》	
	初元二年夏四月丁巳	夏四月丁巳，立皇太子。赐御史大夫爵关内侯，中二千石右庶长，天下当为父后者爵一级，列侯钱各二十万，五大夫十万	赐吏民爵、赐列侯等		《汉书》卷9《元帝纪》	
	初元四年三月	四年春正月，行幸甘泉，郊泰畤。三月，行幸河东，祠后土。赦汾阴徒。赐民爵一级，女子百户牛酒，鳏寡高年帛。行所过无出租赋	赐民爵、百户牛酒、鳏寡高年帛、行所过无出租赋	赦汾阴徒	《汉书》卷9《元帝纪》	
	永光元年春正月	永光元年春正月，行幸甘泉，郊泰畤。赦云阳徒。赐民爵一级，女子百户牛酒，高年帛。行所过毋出租赋	赐民爵、百户牛酒、高年帛、行所过毋出租赋	赦云阳徒	《汉书》卷9《元帝纪》	

帝号	年月	材料	赐	赦减	出处	备注
元帝	永光元年三月	三月，诏曰："……其赦天下，令厉精自新，各务农亩。无田者皆假之，贷种、食如贫民。赐吏六百石以上爵五大夫，勤事吏二级，民一级，女子百户牛酒，鳏寡孤独高年帛。"	赐吏民爵、百户牛酒、鳏寡孤独高年帛	赦天下	《汉书》卷9《元帝纪》	
	永光二年春二月	二年春二月，诏曰："……其大赦天下，赐民爵一级，女子百户牛酒，鳏寡孤独高年、三老、孝弟力田帛。"又赐诸侯王、公主、列侯黄金，中二千石以下至中都官长吏各有差，吏六百石以上爵五大夫，勤事吏各二级	赐吏民爵、百户牛酒、鳏寡孤独等帛、诸侯等黄金	大赦天下	《汉书》卷9《元帝纪》	
	建昭五年春三月	五年春三月，诏曰："……其赦天下，赐民爵一级，女子百户牛酒，三老、孝弟力田帛。"又曰："……今不良之吏，覆案小罪，征召证案，兴不急之事，以妨百姓，使失一时之作，亡终岁之功，公卿其明察申敕之。"	赐民爵一级，女子百户牛酒，三老、孝弟力田帛	赦天下	《汉书》卷9《元帝纪》	申敕
	竟宁元年春正月	竟宁元年春正月，匈奴呼韩邪单于来朝……皇太子冠。赐列侯嗣子爵五大夫，天下为父后者爵一级	赐嗣子、后子爵		《汉书》卷9《元帝纪》	
成帝	建始三年春三月	三年春三月，赦天下徒。赐孝弟力田爵二级。诸逋租赋所振贷勿收	赐孝弟力田爵、勿收诸逋租赋	赦天下徒	《汉书》卷10《成帝纪》	
	河平元年春三月	河平元年春三月，诏曰："河决东郡，流漂二州，校尉王延世堤塞辄平，其改元为河平。赐天下吏民爵，各有差。"	赐天下吏民爵		《汉书》卷10《成帝纪》	
	河平四年春正月	四年春正月，匈奴单于来朝。赦天下徒，赐孝弟力田爵二级，诸逋租赋所振贷勿收	赐孝弟力田爵、勿收诸逋租赋	赦天下徒	《汉书》卷10《成帝纪》	
	鸿嘉元年春二月	鸿嘉元年春二月，诏曰："朕承天地……方春生长时，临遣谏大理等举三辅、三河、弘农冤狱。公卿大夫、部刺史明申敕守相，称朕意焉。其赐天下民爵一级，女子百户牛酒，加赐鳏寡孤独高年帛。逋贷未入者勿收。"	赐民爵、百户牛酒、加赐鳏寡孤独高年帛、勿收逋贷	举冤狱	《汉书》卷10《成帝纪》	申敕

续表

帝号	年月	材料	赐	赦减	出处	备注
成帝	永始四年春正月	四年春正月，行幸甘泉，郊泰畤，神光降集紫殿。大赦天下。赐云阳吏民爵，女子百户牛酒，鳏寡孤独高年帛	赐云阳吏民爵、百户牛酒、鳏寡孤独高年帛	大赦天下	《汉书》卷10《成帝纪》	
	永始四年三月	三月，行幸河东，祠后土，赐吏民如云阳，行所过无出田租	赐汾阴吏民爵、行所过无出田租			
	绥和元年二月癸丑	二月癸丑，诏曰："朕承太祖鸿业……其立欣为皇太子。封中山王舅谏大夫冯参为宜乡侯，益中山国三万户，以慰其意。赐诸侯王、列侯金，天下当为父后者爵，三老、孝弟力田帛，各有差。"	赐诸侯等金、为父后者爵，三老等帛		《汉书》卷10《成帝纪》	
哀帝	绥和二年四月	绥和二年三月，成帝崩。四月丙午，太子即皇帝位，谒高庙。尊皇太后曰太皇太后，皇后曰皇太后。大赦天下。赐宗室王子有属者马各一驷，吏民爵，百户牛酒，三老、孝弟力田、鳏寡孤独帛。太皇太后诏尊定陶恭王为恭皇	赐吏民爵赐宗室马、百户牛酒、三老等帛	大赦天下	《汉书》卷11《哀帝纪》	
	建平四年夏五月	夏五月，赐中二千石至六百石及天下男子爵	赐吏民爵		《汉书》卷11《哀帝纪》	
平帝	元始元年春正月	元始元年春正月……赐天下民爵一级，吏在位二百石以上，一切满秩如真。立故东平王云太子开明为王，故桃乡顷侯子成都为中山王。封宣帝耳孙信等三十六人皆为列侯。太仆王恽等二十五人前议定陶傅太后号，守经法……赐爵关内侯，食邑各有差。赐帝征即位前所过县邑吏二千石以下至佐史爵，各有差	赐民爵、吏爵各有差		《汉书》卷12《平帝纪》	

帝号	年月	材料	赐	赦减	出处	备注
平帝	元始四年二月	二月丁未，立皇后王氏，大赦天下。遣太仆王恽等八人置副，假节，分行天下，览观风俗。赐九卿已下至六百石、宗室有属籍者爵，自五大夫以上各有差。赐天下民爵一级，鳏寡孤独高年帛	赐吏民爵、鳏寡孤独高年帛	大赦天下	《汉书》卷12《平帝纪》	
	元始五年春正月	五年春正月，袷祭明堂。诸侯王二十八人、列侯百二十人、宗室子九百余人征助祭。礼毕，皆益户，赐爵及金帛，增秩补吏，各有差	赐诸侯宗室爵、金帛、增秩		《汉书》卷12《平帝纪》	
新莽	始建国元年秋	于是新皇帝立登车，之汉氏高庙受命。受命之日，丁卯也……于是乃改元定号，海内更始……赐吏爵人二级，民爵人一级，女子百户羊酒，蛮夷币帛各有差。大赦天下	赐吏民爵、百户牛酒、蛮夷币帛	大赦天下	《汉书》卷99中《王莽传中》	
光武帝	建武三年正月闰月	己酉，诏曰："群盗纵横，贼害元元，盆子窃尊号，乱惑天下。朕奋兵讨击，应时崩解……其择吉日祠高庙，赐天下长子当为父后者爵，人一级。"	赐天下长子当为父后者爵		《后汉书》卷1上《光武帝纪》	
	建武二十九年二月庚申	二十九年春二月丁巳朔，日有食之。遣使者举冤狱，出系囚。庚申，赐天下男子爵，人二级；鳏、寡、孤、独、笃癃、贫不能自存者粟，人五斛	赐天下男子爵、鳏寡孤独等粟	举冤狱、出系囚	《后汉书》卷1《光武帝纪下》	
	建武三十年五月	五月，大水。赐天下男子爵，人二级；鳏、寡、孤、独、笃癃、贫不能自存者粟，人五斛	赐天下男子爵、鳏寡孤独等粟		《后汉书》卷1下《光武帝纪下》	
	建武三十一年五月	三十一年夏五月，大水。戊辰，赐天下男子爵，人二级；鳏、寡、孤、独、笃癃、贫不能自存者粟，人六斛	赐天下男子爵、鳏寡孤独等粟		《后汉书》卷1下《光武帝纪下》	

续表

帝号	年月	材料	赐	赦减	出处	备注
明帝	中元二年夏四月丙辰	夏四月丙辰，诏曰："……其赐天下男子爵，人二级；三老、孝悌、力田人三级；爵过公乘，得移与子若同产、同产子；及流人无名数欲自占者人一级；鳏、寡、孤、独、笃癃粟，人十斛。其弛刑及郡国徒，在中元元年四月己卯赦前所犯而后捕系者，悉免其刑。又边人遭乱为内郡人妻，在己卯赦前，一切遣还边，恣其所乐。中二千石下至黄绶，贬秩赎论者，悉皆复秩还赎……"	赐天下男子爵、鳏寡孤独等粟	免刑、复秩还赎	《后汉书》卷2《显宗孝明帝纪》	
	永平三年二月甲子	甲子，立贵人马氏为皇后，皇子炟为皇太子。赐天下男子爵，人二级；三老、孝悌、力田人，三级；流人无名数欲占者，人一级；鳏、寡、孤、独、笃癃、贫不能自存者粟，人五斛	赐天下男子爵、鳏寡孤独等粟		《后汉书》卷2《显宗孝明帝纪》	
	永平十二年五月丙辰	五月丙辰，赐天下男子爵，人二级，三老、孝悌、力田人三级；流民无名数欲占者人一级；鳏、寡、孤、独、笃癃、贫无家属不能自存者粟，人三斛	赐天下男子爵、鳏寡孤独等粟		《后汉书》卷2《显宗孝明帝纪》	
	永平十五年夏四月庚子	夏四月庚子，车驾还宫……赐天下男子爵，人三级；郎、从官〔视事〕二十岁已上帛百匹，十岁已上二十匹，十岁已下十匹，官府吏五匹，书佐、小史三匹。令天下大酺五日。乙巳，大赦天下，其谋反大逆及诸不应宥者，皆赦除之	赐天下男子爵、郎、从官等帛、大酺五日	大赦天下	《后汉书》卷2《显宗孝明帝纪》	
	永平十七年夏五月戊子	夏五月戊子……制曰："天生神物，以应王者……其赐天下男子爵，人二级，三老、孝悌、力田人三级，流人无名数欲占者人一级；鳏、寡、孤、独、笃癃、贫不能自存者粟，人三斛；郎、从官视事十岁以上者，帛十匹。中二千石、二千石下至黄绶，贬秩奉赎，在去年以来皆还赎。"	赐天下男子爵、鳏寡孤独等粟、郎及从官等帛	还赎	《后汉书》卷2《显宗孝明帝纪》	
	永平十八年夏四月	夏四月己未，诏曰："自春已来，时雨不降……其赐天下男子爵，人二级，及流民无名数欲占者人一级；鳏、寡、孤、独、笃癃、贫不能自存者粟，人三斛。理冤狱，录轻系……"	赐天下男子爵、鳏寡孤独等粟	理冤狱、录轻系	《后汉书》卷2《显宗孝明帝纪》	

帝号	年月	材料	赐	赦减	出处	备注
章帝	永平十八年冬十月丁未	十八年八月壬子，即皇帝位……冬十月丁未，大赦天下。赐民爵，人二级，为父后及孝悌、力田人三级，脱无名数及流人欲占者人一级，爵过公乘得移与子若同产子；鳏、寡、孤、独、笃癃、贫不能自存者粟，人三斛	赐民爵、鳏寡孤独等粟	大赦天下	《后汉书》卷3《肃宗孝章帝纪》	同时诏有申敕
	建初三年三月癸巳	三月癸巳，立贵人窦氏为皇后。赐爵，人二级，三老、孝悌、力田人三级，民无名数及流民欲占者人一级；鳏、寡、孤、独、笃癃、贫不能自存者粟，人五斛	赐爵、鳏寡孤独等粟		《后汉书》卷3《肃宗孝章帝纪》	
	建初四年夏四月戊子	夏四月戊子，立皇子庆为皇太子。赐爵，人二级，三老、孝悌、力田人三级，民无名数及流人欲自占者人一级；鳏、寡、孤、独、笃癃、贫不能自存者粟，人五斛	赐爵、鳏寡孤独等粟		《后汉书》卷3《肃宗孝章帝纪》	
	元和二年五月戊申	五月戊申，诏曰："乃者凤皇、黄龙、鸾鸟比集七郡……其赐天下吏爵，人三级；高年、鳏、寡、孤、独帛，人一匹。经曰：'无侮鳏寡，惠此茕独。'加赐河南女子百户牛酒，令天下大酺五日。赐公卿已下钱帛各有差；及洛阳人当酺者布，户一匹，城外三户共一匹。赐博士员弟子见在太学者布，人三匹。令郡国上明经者，口十万以上五人，不满十万三人。"	赐天下吏爵、高年鳏寡等帛、河南百户牛酒、大酺、赐公卿已下钱帛等		《后汉书》卷3《肃宗孝章帝纪》	
	元和二年九月壬辰	九月壬辰，诏："凤皇、黄龙所见亭部无出二年租赋。加赐男子爵，人二级；先见者帛二十匹，近者三匹，太守三十匹，令、长十五匹，丞、尉半之。诗云：'虽无德与汝，式歌且舞。'它如赐爵故事。"	赐男子爵、先见者等帛、免租赋		《后汉书》卷3《肃宗孝章帝纪》	

帝号	年月	材料	赐	赦减	出处	备注
和帝	永元三年春正月甲子	三年春正月甲子，皇帝加元服，赐诸侯王、公、将军、特进、中二千石、列侯、宗室子孙在京师奉朝请者黄金，将、大夫、郎吏、从官帛。赐民爵及粟帛各有差，大酺五日。郡国中都官系囚死罪赎缣，至司寇及亡命，各有差。庚辰，赐京师民酺，布两户共一匹	赐诸侯王等黄金、将、大夫等帛、赐民爵及粟帛、大酺	减赎	《后汉书》卷4《孝和帝纪》	
	永元八年春二月己丑	八年春二月己丑，立贵人阴氏为皇后。赐天下男子爵，人二级；三老、孝悌、力田，三级；民无名数及流民欲占者，一级；鳏、寡、孤、独、笃癃、贫不能自存者粟，人五斛	赐天下男子爵、鳏寡孤独等粟		《后汉书》卷4《孝和帝纪》	
	永元十二年三月丙申	三月丙申，诏曰："比年不登，百姓虚匮……其赐天下男子爵，人二级，三老、孝悌、力田三级，民无名数及流民欲占者人一级；鳏、寡、孤、独、笃癃、贫不能自存者粟，人三斛。"壬子，赐博士员弟子在太学者布，人三匹	赐天下男子爵、鳏寡孤独等粟、博士弟子在太学者布		《后汉书》卷4《孝和帝纪》	
	元兴元年十二月辛未	冬十二月辛未，帝崩于章德前殿，年二十七。立皇子隆为皇太子。赐天下男子爵，人二级，三老、孝悌、力田人三级；民无名数及流民欲占者人一级；鳏、寡、孤、独、笃癃、贫不能自存者粟，人三斛	赐天下男子爵、鳏寡孤独等粟		《后汉书》卷4《孝和帝纪》	
安帝	永初三年春正月庚子	三年春正月庚子，皇帝加元服。大赦天下。赐王、主、贵人、公、卿以下金帛各有差；男子为父后，及三老、孝悌、力田爵，人二级，流民欲占者人一级	赐王、主等金帛、男子为父后等爵	大赦天下	《后汉书》卷5《孝安帝纪》	
	永初六年五月	五月，旱。丙寅，诏令中二千石下至黄绶，一切复秩还赎，赐爵各有差。戊辰，皇太后幸洛阳寺，录囚徒，理冤狱	赐爵	复秩还赎、录囚徒、理冤狱	《后汉书》卷5《孝安帝纪》	

帝号	年月	材料	赐	赦减	出处	备注
安帝	永初七年八月	八月丙寅，京师大风，蝗虫飞过洛阳。诏赐民爵。郡国被蝗伤稼十五以上，勿收今年田租；不满者，以实除之	赐民爵、勿收田租		《后汉书》卷5《孝安帝纪》	
	元初元年春正月	元初元年春正月甲子，改元元初。赐民爵，人二级，孝悌、力田人三级，爵过公乘，得移与子若同产、同产子，民脱无名数及流民欲占者人一级；鳏、寡、孤、独、笃癃、〔贫〕不能自存者谷，人三斛，贞妇帛，人一匹	赐民爵、鳏寡孤独等谷、贞妇帛		《后汉书》卷5《孝安帝纪》	
	永宁元年四月丙寅	夏四月丙寅，立皇子保为皇太子，改元永宁，大赦天下。赐王、主、三公、列侯下至郎吏、从官金帛；又赐民爵及布粟各有差	赐王、主等金帛、赐民爵及布粟	大赦天下	《后汉书》卷5《孝安帝纪》	
	延光元年春三月丙午	三月丙午，改元延光。大赦天下。还徙者，复户邑属籍。赐民爵及三老、孝悌、力田，人二级；加赐鳏、寡、孤、独、笃癃、贫不能自存者粟，人三斛；贞妇帛，人二匹	赐民爵、鳏寡孤独等粟、贞妇帛	大赦天下、还徙者	《后汉书》卷5《孝安帝纪》	
	延光三年春二月戊子	戊子，济南上言，凤皇集台县丞霍收舍树上。赐台长帛五十匹，丞二十匹，尉半之，吏卒人三匹。凤皇所过亭部，无出今年田租。赐男子爵，人二级	赐帛、凤皇所过无出田租、赐男子爵		《后汉书》卷5《孝安帝纪》	
顺帝	永建元年春正月甲寅	永建元年春正月甲寅，诏曰："……朕奉承大业，未能宁济。盖至理之本，稽弘德惠，荡涤宿恶，与人更始。其大赦天下。赐男子爵，人二级，为父后、三老、孝悌、力田〔人〕三级，流民欲自占者一级；鳏、寡、孤、独、笃癃、贫不能自存者粟，人五斛，贞妇帛，人三匹。坐法当徙，勿徙；亡徒当传，勿传。宗室以罪绝，皆复属籍。其与阎显、江京等交通者，悉勿考。勉修厥职，以康我民。"	赐男子爵、鳏寡孤独等粟、贞妇帛	大赦天下、勿徙勿传、复宗室属籍	《后汉书》卷6《孝顺帝纪》	

续表

帝号	年月	材料	赐	赦减	出处	备注
顺帝	永建四年春正月丙子	丙子，帝加元服。赐王、主、贵人、公卿以下金帛各有差。赐男子爵及流民欲占者人一级，为父后、三老、孝悌、力田人二级；鳏、寡、孤、独、笃癃、〔贫〕不能自存帛一匹	赐王、主等金帛、赐男子爵、鳏寡孤独等帛		《后汉书》卷6《孝顺帝纪》	
	阳嘉元年春正月乙巳	阳嘉元年春正月乙巳，立皇后梁氏。赐爵，人二级，三老、孝悌、力田三级，爵过公乘得移与子若同产、同产子，民无名数及流民欲占著者人一级；鳏、寡、孤、独、笃癃、贫不能自存者粟，人五斛	赐爵、鳏寡孤独等粟		《后汉书》卷6《孝顺帝纪》	
	永和四年四月	三月乙亥，京师地震。夏四月癸卯，护羌校尉马贤讨烧当羌，大破之。戊午，大赦天下。赐民爵及粟帛各有差	赐民爵及粟帛	大赦天下	《后汉书》卷6《孝顺帝纪》	
	建康元年夏四月辛巳	辛巳，立皇子炳为皇太子，改年建康，大赦天下。赐人爵各有差	赐人爵	大赦天下	《后汉书》卷6《孝顺帝纪》	
质帝	永嘉元年二月乙酉	二月，豫章太守虞续坐赃，下狱死。乙酉，大赦天下。赐人爵及粟帛各有差。还王侯所削户邑	赐人爵及粟、帛各有差	大赦天下、还王侯所削户邑	《后汉书》卷6《孝质帝纪》	
	本初元年六月丁巳	庚戌，太白犯荧惑。六月丁巳，大赦天下，赐民爵及粟帛各有差	赐民爵及粟帛	大赦天下	《后汉书》卷6《孝质帝纪》	
桓帝	建和元年春正月	建和元年春正月辛亥朔，日有食之……戊午，大赦天下。赐吏更劳一岁；男子爵，人二级，为父后及三老、孝悌、力田人三级；鳏、寡、孤、独、笃癃、贫不能自存者粟，人五斛，贞妇帛，人三匹。灾害所伤什四以上，勿收田租；其不满者，以实除之	赐吏更劳、男子爵、鳏寡孤独等粟、贞妇帛、勿收田租	大赦天下	《后汉书》卷7《孝桓帝纪》	

帝号	年月	材料	赐	赦减	出处	备注
灵帝	建宁元年春二月	庚子，即皇帝位，年十二。改元建宁……二月辛酉，葬孝桓皇帝于宣陵，庙曰威宗。庚午，谒高庙。辛未，谒世祖庙。大赦天下。赐民爵及帛各有差	赐民爵及帛	大赦天下	《后汉书》卷8《孝灵帝纪》	
献帝	建安二十年春正月甲子	二十年春正月甲子，立贵人曹氏为皇后。赐天下男子爵，人一级，孝悌、力田二级。赐诸王侯公卿以下谷各有差	赐天下男子爵、赐诸王侯公卿以下谷		《后汉书》卷9《孝献帝纪》	

附表2　　　　　　　　　　　　　　两汉减赎表

帝号	年代	材料	减赎	赐	背景	出处	备注
惠帝	高祖十二年五月丙寅	五月丙寅，太子即皇帝位，尊皇后曰皇太后。赐民爵一级。中郎、郎中满六岁爵三级，四岁二级。外郎满六岁二级。中郎不满一岁一级。外郎不满二岁赐钱万……六百石以上六金，五百石以下至佐史二金。减田租，复十五税一。爵五大夫、吏六百石以上及宦皇帝而知名者有罪当盗械者，皆颂系。上造以上及内外公孙耳孙有罪当刑及当为城旦舂者，皆耐为鬼薪白粲。民年七十以上若不满十岁有罪当刑者，皆完之	颂系、减刑	赐吏民爵、赐钱、赐金、减租税	践祚	《汉书》卷2《惠帝纪》	减刑
	元年冬十二月	元年冬十二月，赵隐王如意薨。民有罪，得买爵三十级以免死罪。赐民爵，户一级	民得买爵免死	赐民爵	不详	《汉书》卷2《惠帝纪》	论赎
景帝	二年	孝景时，上郡以西旱，亦复修卖爵令，而贱其价以招民；及徒复作，得输粟县官以除罪	入粟赎罪		灾异（旱）	《史记》卷30《平准书》	
武帝	天汉四年秋九月	秋九月，令死罪入赎钱五十万减死一等	减赎		不详	《汉书》卷6《武帝纪》	
	太始二年秋九月	秋，旱。九月，募死罪人入赎钱五十万减死一等	减赎		灾异（旱）	《汉书》卷6《武帝纪》	
昭帝	元凤元年三月	武都氐人反，遣执金吾马适建、龙额侯韩增、大鸿胪广明将三辅、太常徒，皆免刑击之	免三辅太常徒		平叛	《汉书》卷7《昭帝纪》	免徒从军
宣帝	五凤四年夏四月	夏四月辛丑晦，日有蚀之。诏曰："皇天见异，以戒朕躬，是朕之不逮，吏之不称也。以前使使者问民所疾苦，复遣丞相、御史掾二十四人循行天下，举冤狱，察擅为苛禁深刻不改者。"	举冤狱		天象（日食）	《汉书》卷8《宣帝纪》	
	宣帝五凤或甘露年间	大司农臣延奏罪人得入钱赎品 EPT56：35 赎完城旦舂六百石　直钱四万 EPT56：36 髡钳城旦舂九百石　直钱六万 EPT56：37	赎		不详	《居延新简集释》（四）	

帝号	年代	材料	减赎	赐	背景	出处	备注
成帝	鸿嘉元年春二月	鸿嘉元年春二月，诏曰："朕承天地，获保宗庙，明有所蔽，德不能绥，刑罚不中，众冤失职，趋阙告诉者不绝……方春生长时，临遣谏大夫理等举三辅、三河、弘农冤狱。公卿大夫、部刺史明申敕守相，称朕意焉。其赐天下民爵一级，女子百户牛酒，加赐鳏寡孤独高年帛。通贷未入者勿收。"	举冤狱	赐民爵、百户牛酒、加赐鳏寡孤独高年帛、通贷未入者勿收	劝农	《汉书》卷10《成帝纪》	举冤狱、赐民爵
光武帝	建武五年五月丙子	五月丙子，诏曰："久旱伤麦，秋种未下，朕甚忧之……其令中都官、三辅、郡、国出系囚，罪非犯殊死一切勿案，见徒免为庶人。务进柔良，退贪酷，各正厥事焉。"	出系囚、见徒免为庶人	务进柔良，退贪酷	灾异（旱）	《后汉书》卷1上《光武帝纪上》	
	建武七年春正月丙申	七年春正月丙申，诏中都官、三辅、郡、国出系囚，非犯殊死，皆一切勿案其罪。见徒免为庶（民）〔人〕。耐罪亡命，吏以文除之	出系囚、免徒庶人等		不详	《后汉书》卷1下《光武帝纪下》	
	建武二十二年九月	九月戊辰，地震裂。制诏曰："……其令南阳勿输今年田租刍稾。遣谒者案行，其死罪系囚在戊辰以前，减死罪一等；徒皆弛解钳，衣丝絮。赐郡中居人压死者棺钱，人三千。其口赋通税而庐宅尤破坏者，勿收责。吏人死亡，或在坏垣毁屋之下，而家羸弱不能收拾者，其以见钱谷取佣，为寻求之。"	减死一等，徒弛刑	南阳勿输今年田租刍稾、赐压死者棺钱、口赋通税勿收责	灾异（地震）	《后汉书》卷1下《光武帝纪下》	
	建武二十八年十月	冬十月癸酉，诏死罪系囚皆一切募下蚕室，其女子宫	减等		不详	《后汉书》卷1下《光武帝纪下》	
	建武二十九年春二月	二十九年春二月丁巳朔，日有食之。遣使者举冤狱，出系囚。庚申，赐天下男子爵，人二级；鳏、寡、孤、独、笃癃、贫不能自存者粟，人五斛	举冤狱、出系囚	赐天下男子爵、鳏寡孤独等粟	天象（日食）	《后汉书》卷1下《光武帝纪下》	同月免徒与赐爵

续表

帝号	年代	材料	减赎	赐	背景	出处	备注
光武帝	建武二十九年夏四月乙丑	夏四月乙丑，诏令天下系囚自殊死已下及徒各减本罪一等，其余赎罪输作各有差	减等、论赎		不详	《后汉书》卷1下《光武帝纪下》	赎罪1
	建武三十一年九月	秋九月甲辰，诏令死罪系囚皆一切募下蚕室，其女子宫	减等		不详	《后汉书》卷1下《光武帝纪下》	建武三十年和三十一年有两次赐爵①
明帝	中元二年夏四月丙辰	中元二年二月戊戌，即皇帝位……其赐天下男子爵，人二级；三老、孝悌、力田人三级；爵过公乘，得移与子若同产、同产子；及流人无名数欲自占者人一级；鳏、寡、孤、独、笃癃粟，人十斛。其弛刑及郡国徒，在中元元年四月己卯赦前所犯而后捕系者，悉免其刑。又边人遭乱为内郡人妻，在己卯赦前，一切遣还边，恣其所乐。中二千石下至黄绶，贬秩赎论者，悉皆复秩还赎……"	免刑、复秩还赎	赐天下男子爵、鳏寡孤独笃癃粟	践祚	《后汉书》卷2《显宗孝明帝纪》	
	中元二年十二月	十二月甲寅，诏曰："方春戒节，人以耕桑。其敕有司务顺时气，使无烦扰。天下亡命殊死以下，听得赎论：死罪入缣二十四，右趾至髡钳城旦春十匹，完城旦春至司寇作三匹。其未发觉，诏书到先自告者，半入赎。……"	亡命赎		劝农	《后汉书》卷2《显宗孝明帝纪》	申敕赎罪2
	永平五年	永平五年，坐法征……会帝幸廷尉录囚徒，得免归田里。身自耕种，不交通人物	录囚徒		不详	《后汉书》卷41《第五钟列传》	

---

① 《后汉书》卷1下《光武帝纪下》，第81页："五月，大水。赐天下男子爵，人二级；鳏、寡、孤、独、笃癃、贫不能自存者粟，人五斛。""三十一年夏五月，大水。戊辰，赐天下男子爵，人二级；鳏、寡、孤、独、笃癃、贫不能自存者粟，人六斛。"

续表

帝号	年代	材料	减赎	赐	背景	出处	备注
明帝	永平八年冬十月	冬十月，北宫成。丙子，临辟雍，养三老、五更。礼毕，诏三公募郡国中都官死罪系囚，减罪一等，勿笞，诣度辽将军营，屯朔方、五原之边县；妻子自随，便占著边县；父母同产欲相代者，恣听之。其大逆无道殊死者，一切募下蚕室。亡命者令赎罪各有差。凡徙者，赐弓弩衣粮	减死诣边，妻子自随、亡命赎	徙者，赐弓弩衣粮	临辟雍	《后汉书》卷2《显宗孝明帝纪》	减死戍边1赎罪3
	永平九年春三月	九年春三月辛丑，诏郡国死罪囚减罪，与妻子诣五原、朔方占著，所在死者皆赐妻父若男同产一人复终身；其妻无父兄独有母者，赐其母钱六万，又复其口算	减死诣边，妻子自随	死者，复妻父兄等	不详	《后汉书》卷2《显宗孝明帝纪》	减死戍边2
	永平十五年春二月辛丑	十五年春二月庚子，东巡狩。辛丑，幸偃师。诏亡命自殊死以下赎：死罪缣四十匹，右趾至髡钳城旦春十匹，完城旦至司寇五匹；犯罪未发觉，诏书到日自告者，半入赎	亡命赎		行幸	《后汉书》卷2《显宗孝明帝纪》	赎罪4
	永平十六年九月丁卯	九月丁卯，诏令郡国中都官死罪系囚减死罪一等，勿笞，诣军营，屯朔方、敦煌；妻子自随，父母同产欲求从者，恣听之；女子嫁为人妻，勿与俱。谋反大逆无道不用此书	减死，妻子自随		不详	《后汉书》卷2《显宗孝明帝纪》	减死戍边3
	永平十七年秋八月丙寅	秋八月丙寅，令武威、张掖、酒泉、敦煌及张掖属国，系囚右趾已下任兵者，皆一切勿治其罪，诣军营	出武威等地系囚右趾已下		不详	《后汉书》卷2《显宗孝明帝纪》	减死戍边4①

---

① 按：永平十七年三月，有赐爵。

帝号	年代	材料	减赎	赐	背景	出处	备注
明帝	永平十八年春三月丁亥	十八年春三月丁亥,诏曰:"其令天下亡命,自殊死已下赎:死罪缣三十匹,右趾至髡钳城旦舂十四,完城旦至司寇五匹;吏人犯罪未发觉,诏书到自告者,半入赎。"	亡命赎		不详	《后汉书》卷2《显宗孝明帝纪》	赎罪5
	永平十八年夏四月己未	夏四月己未,诏曰:"自春已来,时雨不降……其赐天下男子爵,人二级,及流民无名数欲占者人一级;鳏、寡、孤、独、笃癃、贫不能自存者粟,人三斛。理冤狱,录轻系。二千石分祷五岳四渎……"	理冤狱、录轻系	赐天下男子爵、鳏寡孤独等粟	灾异(旱)	《后汉书》卷2《显宗孝明帝纪》	
	永平中	后二日,车驾自幸洛阳狱录囚徒,理出千余人。后平、忠死狱中,朗乃自系。会赦,免官	录囚徒		不详	《后汉书》卷41《寒朗列传》	
章帝	建初五年春二月	甲申,诏曰:"春秋书'无麦苗',重之也。去秋雨泽不适,今时复旱,如炎如焚……其令二千石理冤狱,录轻系;祷五岳四渎,及名山能兴云致雨者,冀蒙不崇朝徧雨天下之报。务加肃敬焉。"	理冤狱、录轻系		灾异(旱)	《后汉书》卷3《肃宗孝章帝纪》	
	建初七年九月辛卯	九月甲戌,幸偃师,东涉卷津,至河内……劳飨魏郡守令已下,至于三老、门阑、走卒,赐钱各有差。劳赐常山、赵国吏人,复元氏租赋三岁。辛卯,车驾还宫。诏天下系囚减死一等,勿笞,诣边戍;妻子自随,占著所在;父母同产欲相从者,恣听之;有不到者,皆以乏军兴论。及犯殊死,一切募下蚕室;其女子宫。系囚鬼薪、白粲已上,皆减本罪各一等,输司寇作。亡命赎:死罪入缣二十匹,右趾至髡钳城旦舂十四,完城旦至司寇三匹,吏人有罪未发觉,诏书到自告者,半入赎	减死戍边、妻子自随殊死以下减等亡命赎	劳飨魏郡,赐钱各有差、劳赐常山,复元氏租赋三岁	行幸	《后汉书》卷3《肃宗孝章帝纪》	减死戍边5赎罪6

续表

帝号	年代	材料	减赎	赐	背景	出处	备注
章帝	元和元年八月癸酉	八月甲子，太尉邓彪罢，大司农郑弘为太尉。癸酉，诏曰："朕道化不德，吏政失和，元元未谕，抵罪于下……其改建初九年为元和元年。郡国中都官系囚减死一等，勿笞，诣边县；妻子自随，占著在所。其犯殊死，一切募下蚕室；其女子宫。系囚鬼薪、白粲以上，皆减本罪一等，输司寇作。亡命者赎，各有差。"	减死戍边，妻子自随减等、亡命赎		改元	《后汉书》卷3《肃宗孝章帝纪》	减死戍边6赎罪7
	元和元年十二月壬子	十二月壬子，诏曰："……往者妖言大狱，所及广远……诸以前妖恶禁锢者，一皆蠲除之，以明弃咎之路，但不得在宿卫而已。"	蠲除禁锢		不详	《后汉书》卷3《肃宗孝章帝纪》	
	章和元年夏四月丙子	夏四月丙子，令郡国、中都官，系囚减死一等，诣金城戍	减死戍边		不详	《后汉书》卷3《肃宗孝章帝纪》	减死戍边7
	章和元年秋七月	秋，令是月养衰老，授几杖，行糜粥饮食。其赐高年二人共布帛各一匹，以为醴酪。死罪囚犯法在丙子赦前而后捕系者，皆减死，勿笞，诣金城戍	减死戍边	授几杖、赐高年	不详	《后汉书》卷3《肃宗孝章帝纪》	减死戍边8①
	章和元年九月壬子	九月庚子，幸彭城……壬子，诏郡国中都官系囚减死罪一等，诣金城戍；犯殊死者，一切募下蚕室；其女子宫；系囚鬼薪、白粲已上，减罪一等，输司寇作。亡命者赎：死罪缣二十四，右趾至髡钳城旦春七匹，完城旦至司寇三匹；吏民犯罪未发觉，诏书到自告者，半入赎	减死戍边、减等、亡命赎		行幸	《后汉书》卷3《肃宗孝章帝纪》	减死戍边9赎罪8

① 按：此条在《后汉书》卷46《郭躬列传》中，称为"赦"。

帝号	年代	材料	减赎	赐	背景	出处	备注
和帝	永元元年冬十月	冬十月，令郡国弛刑输作军营。其徙出塞者，刑虽未竟，皆免归田里	弛刑免徒		不详	《后汉书》卷4《孝和帝纪》	
	永元三年春正月甲子	三年春正月甲子，皇帝加元服，赐诸侯王、公、将军、特进、中二千石、列侯、宗室子孙在京师奉朝请者黄金，将、大夫、郎吏、从官帛。赐民爵及粟帛各有差，大酺五日。郡国中都官系囚死罪赎缣，至司寇及亡命，各有差。庚辰，赐京师民酺，布两户共一匹	系囚、司寇及亡命赎	赐金帛、赐民爵、粟帛、大酺	帝加元服	《后汉书》卷4《孝和帝纪》	赎罪9
	永元三年十二月	庚辰，至自长安，减弛刑徒从驾者刑五月	减刑		从驾有功	《后汉书》卷4《孝和帝纪》	
	永元六年秋七月	秋七月，京师旱。诏中都官徒各除半刑，谪其未竟，五月已下皆免遣。丁巳，幸洛阳寺，录囚徒，举冤狱。收洛阳令下狱抵罪，司隶校尉、河南尹皆左降。未及还宫而澍雨	减刑、录囚徒、举冤狱		灾异（旱）	《后汉书》卷4《孝和帝纪》	
	永元八年辛酉	八月辛酉，饮酎。诏郡国中都官系囚减死一等，诣敦煌戍。其犯大逆，募下蚕室；其女子宫。自死罪已下，至司寇及亡命者入赎，各有差	减死戍边、减赎		不详	《后汉书》卷4《孝和帝纪》	减死戍边10 赎罪10
	永元十一年春二月丙午	丙午，诏郡国中都官徒及笃癃老小女徒各除半刑，其未竟三月者，皆免归田里	减刑		不详	《后汉书》卷4《孝和帝纪》	
安帝	永初元年秋九月丙戌	丙戌，诏死罪以下及亡命赎，各有差	罪囚赎、亡命赎		不详	《后汉书》卷5《孝安帝纪》	赎罪11
		置、谭各起家来客根，置醴陵界中，置，如波亭部芎渚丘；谭，雍亭部帛租丘；各以田作为事。干弟梁给元申使，正干代梁作，与乡佐邓据共殴杀正胡强亡，会丙戌赎罪诏书				《长沙五一广场东汉简牍（贰）》（木两行2010CWJ1③：219）	
	永初二年五月	五月，旱。丙寅，皇太后幸洛阳寺及若卢狱，录囚徒，赐河南尹、廷尉、卿及官属以下各有差，即日降雨			灾异（旱）	《后汉书》卷5《孝安帝纪》	

帝号	年代	材料	减赎	赐	背景	出处	备注
安帝	永初二年某月甲戌	A面： 永初二年七月乙丑朔十九日癸未，桑乡守有秩牧佐躬助佐鲔种敢言之，廷下诏书曰甲戌诏书罪非殊死且勿案验，立秋如故。去年雨水过多谷伤民（木两行2010CWJ1③：201-23）	罪非殊死，勿案验		灾异（涝）	《长沙五一广场东汉简牍（贰）》	
	永初四年二月	乙亥，诏自建初以来，诸祆言它过坐徙边者，各归本郡；其没入官为奴婢者，免为庶人	免徒		不详	《后汉书》卷5《孝安帝纪》	
	永初六年五月	五月，旱。丙寅，诏令中二千石下至黄绶，一切复秩还赎，赐爵各有差。戊辰，皇太后幸洛阳寺，录囚徒，理冤狱	录囚徒、理冤狱、复秩还赎	赐爵	灾异（旱）	《后汉书》卷5《孝安帝纪》	同一事件，记述略有出入
		久旱，太后比三日幸洛阳，录囚徒，理出死罪三十六人，耐罪八十人，其余减罪死右趾已下至司寇	录囚徒			《后汉书》卷10上《皇后纪上·和熹邓皇后》	
	元初二年冬十月	冬十月，遣中郎将任尚屯三辅。诏郡国中都官系囚减死一等，勿笞，诣冯翊、扶风屯，妻子自随，占著所在；女子勿输。亡命死罪以下赎，各有差。其吏人聚为盗贼，有悔过者，除其罪	减死戍边、妻子自随、亡命赎		不详	《后汉书》卷5《孝安帝纪》	减死戍边11赎罪12
	延光元年九月乙巳	九月丁酉，废皇太子保为济阴王。乙巳，诏郡国中都官死罪系囚减罪一等，（诏）〔诣〕敦煌、陇西及度辽营；其右趾以下及亡命者赎，各有差	减死戍边、右趾以下及亡命赎		不详	《后汉书》卷5《孝安帝纪》	减死戍边12赎罪13

帝号	年代	材料	减赎	赐	背景	出处	备注
顺帝	永建元年冬十月辛巳	冬十月辛巳，诏减死罪以下徙边；其亡命赎，各有差	减死戍边、亡命赎		不详	《后汉书》卷6《孝顺帝纪》	减死戍边13赎罪14
	永建二年春三月	三月，旱，遣使者录囚徒	录囚徒		灾异（旱）	《后汉书》卷6《孝顺帝纪》	
	永建三年六月	六月，旱。遣使者录囚徒，理轻系。甲寅，济南王显薨	录囚徒、理轻系		灾异（旱）	《后汉书》卷6《孝顺帝纪》	
	永建五年冬十月丙辰	冬十月丙辰，诏郡国中都官死罪系囚皆减罪一等，诣北地、上郡、安定戍	减死戍边		不详	《后汉书》卷6《孝顺帝纪》	减死戍边14
	阳嘉元年九月	九月，诏郡国中都官系囚皆减死一等，亡命者赎，各有差	减死、亡命赎		不详	《后汉书》卷6《孝顺帝纪》	赎罪15
	阳嘉三年春二月己丑	三年春二月己丑，诏以久旱，京师诸狱无轻重皆且勿考竟，须得澍雨	勿考竟		灾异（旱）	《后汉书》卷6《孝顺帝纪》	
	永和五年五月丁丑	己丑晦，日有食之。且冻羌寇三辅，杀令长。丁丑，令死罪以下及亡命赎，各有差	死罪以下及亡命赎		天象（日食）	《后汉书》卷6《孝顺帝纪》	赎罪16
	汉安二年冬十月辛丑	冬十月辛丑，令郡国中都官系囚殊死以下出缣赎，各有差；其不能入赎者，遣诣临羌县居作二岁	死罪以下赎或居作		不详	《后汉书》卷6《孝顺帝纪》	赎罪17
冲帝	建康元年十一月己酉	十一月，九江盗贼徐凤、马勉等称"无上将军"，攻烧城邑。己酉，令郡国中都官系囚减死一等，徙边；谋反大逆，不用此令	减死戍边		不详	《后汉书》卷6《孝冲帝纪》	减死戍边15

续表

帝号	年代	材料	减赎	赐	背景	出处	备注
质帝	永嘉元年五月月甲午	五月甲午，诏曰："朕以不德，托母天下……其令中都官系囚罪非殊死考未竟者，一切任出，以须立秋……"	非殊死任出		灾异（旱）	《后汉书》卷6《孝质帝纪》	
	本初元年春正月丙申	本初元年春正月丙申，诏曰："……顷者，州郡轻慢宪防，竞逞残暴……方春东作，育微敬始。其敕有司，罪非殊死，且勿案验，以崇在宽。"	非殊死勿案验		不详或为灾告	《后汉书》卷6《孝质帝纪》	
桓帝	建和元年夏四月丙午	夏四月庚寅，京师地震。诏大将军、公、卿、校尉举贤良方正能直言极谏者各一人……丙午，诏郡国系囚减死罪一等，勿笞。唯谋反大逆，不用此书。又诏曰："比起陵茔，弥历时岁，力役既广，徒隶尤勤。顷雨泽不沾，密云复散，倪或在兹。其令徒作陵者减刑各六月。"	减死、减刑		灾异（地震、旱）	《后汉书》卷7《孝桓帝纪》	不能确定是否减死戍边
	建和元年十一月	十一月，济阴言有五色大鸟见于己氏。戊午，减天下死罪一等，戍边	减死戍边		祥瑞（五色大鸟）	《后汉书》卷7《孝桓帝纪》	减死戍边16
	建和三年五月乙亥	夏四月丁卯晦，日有食之。五月乙亥，诏曰："……其自永建元年迄乎今岁，凡诸妖恶，支亲从坐，及吏民减死徙边者，悉归本郡；唯没入者不从此令。"	减死徙边归本郡		天象（日食）	《后汉书》卷7《孝桓帝纪》	返回减死戍边者
质帝	建和三年九月庚寅	乙卯，震宪陵寝屋。秋七月庚申，廉县雨肉。八月乙丑，有星孛于天市。京师大水。九月己卯，地震。庚寅，地又震。诏死罪以下及亡命者赎，各有差	死罪以下及亡命赎		灾异（星孛于天市、大水、地震）	《后汉书》卷7《孝桓帝纪》	赎罪18
	和平元年冬十一月	冬十一月辛巳，减天下死罪一等，徙边戍	减死戍边		不详	《后汉书》卷7《孝桓帝纪》	减死戍边17

帝号	年代	材料	减赎	赐	背景	出处	备注
质帝	永兴元年十一月丁丑	十一月丁丑，诏减天下死罪一等，徙边戍	减死戍边		不详	《后汉书》卷7《孝桓帝纪》	减死戍边18
	永兴二年闰九月	闰月，光禄勋尹颂为司徒。减天下死罪一等，徙边戍	减死戍边		不详	《后汉书》卷7《孝桓帝纪》	减死戍边19
灵帝	建宁元年冬十月	冬十月甲辰晦，日有食之。令天下系囚罪未决入缣赎，各有差	赎		天象（日食）	《后汉书》卷8《孝灵帝纪》	赎罪19
	熹平三年冬十月癸丑	冬十月癸丑，令天下系囚罪未决，入缣赎	赎		不详	《后汉书》卷8《孝灵帝纪》	赎罪20
	熹平四年冬十月丁巳	冬十月丁巳，令天下系囚罪未决，入缣赎	赎		不详	《后汉书》卷8《孝灵帝纪》	赎罪21
	熹平五年夏四月	大雩。使侍御史行诏狱亭部，理冤枉，原轻系，休囚徒	原轻系、休囚徒		灾异（旱）	《后汉书》卷8《孝灵帝纪》	
	熹平六年冬十月辛亥	辛亥，令天下系囚罪未决，入缣赎	赎		不详	《后汉书》卷8《孝灵帝纪》	赎罪22
	光和三年八月	八月，令系囚罪未决，入缣赎，各有差	赎		不详	《后汉书》卷8《孝灵帝纪》	赎罪23
	光和五年秋七月癸酉	癸酉，令系囚罪未决，入缣赎	赎		不详	《后汉书》卷8《孝灵帝纪》	赎罪24
	中平四年秋九月丁酉	秋九月丁酉，令天下系囚罪未决，入缣赎	赎		不详	《后汉书》卷8《孝灵帝纪》	赎罪25

帝号	年代	材料	减赎	赐	背景	出处	备注
献帝	初平四年六月	六月，扶风大风，雨雹。华山崩裂。太尉周忠免，太仆朱俊为太尉，录尚书事。下邳贼阙宣自称天子。雨水。遣侍御史裴茂讯诏狱，原轻系。六月辛丑，天狗西北行	讯诏狱、原轻系		灾异（大风、雨雹、山崩）	《后汉书》卷9《孝献帝纪》	
	兴平元年秋七月	三辅大旱，自四月至于是月。帝避正殿请雨，遣使者洗囚徒，原轻系	洗囚徒、原轻系		灾异（旱）	《后汉书》卷9《孝献帝纪》	

附表 3　　　　　　　　　　　　　　秦汉赦令表

帝号	年月	材料	赦	赐	背景	出处	备注
秦缪公	不详	初，缪公亡善马，岐下野人共得而食之者三百余人，吏逐得，欲法之。缪公曰："君子不以畜产害人。吾闻食善马肉不饮酒，伤人。"乃皆赐酒而赦之	赦之	赐酒	君子不以畜产害人	《史记》卷5《秦本纪》	
秦昭襄王	二十一年	二十一年，错攻魏河内。魏献安邑，秦出其人，募徙河东赐爵，赦罪人迁。泾阳君封宛	赦罪人迁之	赐爵	占新地	《史记》卷5《秦本纪》	
	二十六年	二十六年，赦罪人迁之穰。侯冉复相	赦罪人迁之		占新地	《史记》卷5《秦本纪》	
	二十七年	二十七年，错攻楚。赦罪人迁之南阳	赦罪人迁之		占新地	《史记》卷5《秦本纪》	
	二十八年	二十八年，大良造白起攻楚，取鄢、邓，赦罪人迁之	赦罪人迁之		占新地	《史记》卷5《秦本纪》	
秦孝文王	元年	孝文王元年，赦罪人，修先王功臣，褒厚亲戚，弛苑囿	赦罪人		践祚	《史记》卷5《秦本纪》	
秦庄襄王	元年	庄襄王元年，大赦罪人，修先王功臣，施德厚骨肉，而布惠于民	大赦罪人		践祚	《史记》卷5《秦本纪》	
秦王政	二十一年或二十二年	·廿三年四月，江陵丞文敢谳之：廿三〔二〕年九月庚子，令下，劾：掾（录）江陵狱：上造敖、士五（伍）（简044正）猩智（知）人盗椒冢，分臧（赃）。得。敖当耐鬼薪，猩黥城旦。遝戊午赦，为庶人。鞫（简045正）审，谳。（简046正）	戊午赦		不详	《岳麓书院藏秦简》（叁）	
	不详	·覆之：市仁（认）与田和奸，隶臣毋智捕校上。田不服，而毋（无）以解市、毋智言。其气（乞）鞫不审。田毄（系）子县。（简206正）当毄（系）城旦十二岁，遝己巳赦。其赦除田，复为隶臣。腾诣重泉、夏阳。（简207正）	己巳赦		不详	《岳麓书院藏秦简》（叁）	

续表

帝号	年月	材料	赦	赐	背景	出处	备注
秦二世	元年十月戊寅	十月戊寅，大赦罪人。十一月，为兔园。十二月，就阿房宫	大赦罪人		践祚	《史记》卷15《六国年表》	
	二年冬	二年冬，陈涉所遣周章等将西至戏，兵数十万……二世乃大赦天下，使章邯将，击破周章军而走，遂杀章曹阳	大赦天下		平叛	《史记》卷6《秦始皇本纪》	
项羽	汉之四年	外黄不下。数日，已降，项王怒，悉令男子年十五已上诣城东，欲坑之。外黄令舍人儿年十三，往说项王曰："彭越强劫外黄，外黄恐，故且降，待大王。大王至，又皆坑之，百姓岂有归心？从此以东，梁地十余城皆恐，莫肯下矣。"项王然其言，乃赦外黄当坑者	赦外黄当坑者		战事	《史记》卷7《项羽本纪》	
高帝	二年春正月	正月，虏雍王弟章平。大赦罪人	大赦罪人		拔北地	《史记》卷8《高祖本纪》	
		春正月，羽击田荣城阳，荣败走平原，平原民杀之。齐皆降楚，楚焚其城郭，齐人复畔之。诸将拔北地，虏雍王弟章平。赦罪人。二月癸未，令民除秦社稷，立汉社稷。施恩德，赐民爵……	赦罪人		拔北地	《汉书》卷1上《高帝纪上》	二月赐民爵
	二年六月	汉王之败彭城而西，行使人求家室，家室亦亡，不相得。败后乃独得孝惠，六月，立为太子，大赦罪人。令太子守栎阳，诸侯子在关中者皆集栎阳为卫	大赦罪人		立太子	《史记》卷8《高祖本纪》	
		六月，汉王还栎阳。壬午，立太子，赦罪人。令诸侯子在关中者皆集栎阳为卫	赦罪人			《汉书》卷1上《高帝纪上》	

续表

帝号	年月	材料	赦	赐	背景	出处	备注
高帝	五年春正月	曰："兵不得休八年,万民与苦甚。今天下事毕,其赦天下殊死以下。"	赦天下殊死以下		战事毕	《汉书》卷1下《高帝纪下》	《史记》无记载
	五年六月	高祖欲长都洛阳,齐人刘敬说,及留侯劝上入都关中,高祖是日驾,入都关中。六月,大赦天下	大赦天下		定都	《史记》卷8《高祖本纪》	
		是日,车驾西都长安。拜娄敬为奉春君,赐姓刘氏。六月壬辰,大赦天下	大赦天下			《汉书》卷1下《高帝纪下》	
	六年十二月	十二月,人有上变事,告楚王信谋反。上问左右,左右争欲击之。用陈平计,乃伪游云梦,会诸侯于陈。楚王信迎,即因执之。是日,大赦天下	大赦天下		执楚王	《史记》卷8《高祖本纪》	
		十二月,会诸侯于陈,楚王信迎谒,因执之。诏曰:"天下既安,豪桀有功者封侯,新立,未能尽图其功。身居军九年,或未习知法令,或以其故犯法,大者死刑,吾甚怜之。其赦天下。"	其赦天下			《汉书》卷1下《高帝纪下》	
	八年秋八月	秋八月,吏有罪未发觉者,赦之	赦吏有罪未发觉		不详	《汉书》卷1下《高帝纪下》	《史记》未记载
	九年春正月	春正月,废赵王敖为宣平侯。徙代王如意为赵王,王赵国。丙寅,前有罪殊死以下,皆赦之	赦殊死以下		平谋逆	《汉书》卷1下《高帝纪下》	《史记》未记载
	十年秋七月	七月,太上皇崩栎阳宫。楚王、梁王皆来送葬。赦栎阳囚。更命郦邑曰新丰	赦栎阳囚		大丧	《史记》卷8《高祖本纪》	
		秋七月癸卯,太上皇崩,葬万年。赦栎阳囚死罪以下。八月,令诸侯王皆立太上皇庙于国都	赦栎阳囚死罪以下			《汉书》卷1下《高帝纪下》	

帝号	年月	材料	赦	赐	背景	出处	备注
高帝	十年八月	八月，赵相国陈豨反代地。上曰："豨尝为吾使，甚有信。代地吾所急也，故封豨为列侯，以相国守代。今乃与王黄等劫掠代地！代地吏民非有罪也，其赦代吏民。"	赦代吏民		平反	《史记》卷8《高祖本纪》	
	十年八月	九月，代相国陈豨反。上曰："豨尝为吾使，甚有信。代地吾所急也，故封豨为列侯，以相国守代，今乃与王黄等劫掠代地！吏民非有罪也，能去豨、黄来归者，皆赦之。"	赦代地归来吏民			《汉书》卷1下《高帝纪下》	
	十一年春正月	于是乃分赵山北，立子恒以为代王，都晋阳				《史记》卷8《高祖本纪》	《史记》未记载此赦
		燕王绾、相国何等三十三人皆曰："子恒贤知温良，请立以为代王，都晋阳。"大赦天下	大赦天下		立代王	《汉书》卷1下《高帝纪下》	
	十一年秋七月	秋七月，淮南王黥布反，东并荆王刘贾地，北渡淮，楚王交走入薛。高祖自往击之。立子长为淮南王			平反	《史记》卷8《高祖本纪》	《史记》未记载此赦
		秋七月，淮南王布反……上赦天下死罪以下，皆令从军；征诸侯兵，上自将击布	赦死罪以下令从军			《汉书》卷1下《高帝纪下》	
	十二年十二月	十二月，高祖曰："秦始皇帝、楚隐王、陈涉、魏安厘王、齐愍王、赵悼襄王，皆绝无后，予守冢各十家，秦皇帝二十家，魏公子无忌五家。"赦代地吏民。为陈豨、赵利所劫掠者，皆赦之	赦代地吏民		平反	《史记》卷8《高祖本纪》	《汉书》未记此赦
		十二月，诏曰："秦皇帝、楚隐王、魏安厘王、齐愍王、赵悼襄王，皆绝亡后。其与秦始皇帝守冢二十家，楚、魏、齐各十家，赵及魏公子亡忌各五家，令视其冢，复亡与它事。"				《汉书》卷1下《高帝纪下》	

续表

帝号	年月	材料	赦	赐	背景	出处	备注
高帝	十二年春二月	上使辟阳侯迎绾，绾称病。辟阳侯归，具言绾反有端矣。二月，使樊哙、周勃将兵击燕王绾。赦燕吏民与反者	赦燕吏民与反者		平反	《史记》卷8《高祖本纪》	
		春二月，使樊哙、周勃将兵击绾。诏曰："燕王绾与吾有故，爱之如子，闻与陈豨有谋，吾以为亡有，故使人迎绾。绾称疾不来，谋反明矣。燕吏民非有罪也，赐其吏六百石以上爵各一级。与绾居，去来归者，赦之，加爵亦一级。"	赦燕吏民	赐吏爵		《汉书》卷1下《高帝纪下》	《史记》未记赐爵事
	十二年夏四月	四月甲辰，高祖崩长乐宫。四日不发丧……审食其人言之，乃以丁未发丧，大赦天下	大赦天下		大丧	《史记》卷8《高祖本纪》	
		夏四月甲辰，帝崩于长乐宫……审食其人言之，乃以丁未发丧，大赦天下	大赦天下			《汉书》卷1下《高帝纪下》	
惠帝	四年三月甲子	三月甲子，赦，无所复作	赦，无所复作		帝冠	《史记》卷22《汉兴以来将相名臣年表》	《汉书》未记是否复作之事
		三月甲子，皇帝冠，赦天下。省法令妨吏民者，除挟书律	赦天下			《汉书》卷2《惠帝纪》	
	六年八月	七月，齐悼惠王薨。立太仓、西市。八月赦齐	赦齐		平反	《史记》卷22《汉兴以来将相名臣年表》	

帝号	年月	材料	赦	赐	背景	出处	备注
高后	惠帝七年秋八月	七年秋八月戊寅，孝惠帝崩……乃大赦天下。九月辛丑，葬。太子即位为帝	大赦天下		大丧践祚	《史记》卷9《吕太后本纪》	
		惠帝崩，太子立为皇帝，年幼，太后临朝称制，大赦天下。乃立兄子吕台、产、禄、台子通四人为王，封诸吕六人为列侯	大赦天下	封吕氏四王六列侯		《汉书》卷3《高后纪》	
	六年四月丁酉	以吕产为吕王。四月丁酉，赦天下	赦天下			《史记》卷22《汉兴以来将相名臣年表》	
		以肃王台弟吕产为吕王。夏，赦天下。封齐悼惠王子兴居为东牟侯	赦天下			《史记》卷9《吕太后本纪》	
		六年春，星昼见。夏四月，赦天下	赦天下		天象（星昼见）	《汉书》卷3《高后纪》	
	八年秋七月辛巳	辛巳，高后崩，遗诏赐诸侯王各千金，将相列侯郎吏皆以秩赐金。大赦天下	大赦天下	赐金	大丧	《史记》卷9《吕太后本纪》	
文帝	高后八年	皇帝即日夕入未央宫……于是夜下诏书曰："……朕初即位，其赦天下，赐民爵一级，女子百户牛酒，酺五日。"	赦天下	赐民爵、百户牛酒、酺五日	践祚	《史记》卷10《文帝本纪》	
	高后八年	皇帝即日夕入未央宫……于是夜下诏书曰："……朕初即位，其赦天下，赐民爵一级，女子百户牛酒，酺五日。"	赦天下	赐民爵、百户牛酒、酺五日	践祚	《史记》卷10《文帝本纪》	

帝号	年月	材料	赦	赐	背景	出处	备注
文帝	二年春正月丁亥	春正月丁亥，诏曰："夫农，天下之本也。其开籍田，朕亲率耕，以给宗庙粢盛。民谪作县官及贷种食未入、入未备者，皆赦之。"	赦谪作县官等		劝农	《汉书》卷4《文帝纪》	《史记》未记录此赦
		正月，上曰："农，天下之本。其开籍田，朕亲率耕，以给宗庙粢盛。"				《史记》卷10《文帝本纪》	
	三年七月	七月辛亥，帝自太原至长安。乃诏有司曰："济北王背德反上，诖误吏民，为大逆。济北吏民兵未至先自定，及以军地邑降者，皆赦之，复官爵。与王兴居去，来亦赦之。"	赦济北吏民自定及来归降者	复官爵	平反	《史记》卷10《文帝本纪》	《汉书》卷4《文帝纪》同
	三年八月	八月，破济北军，虏其王。赦济北诸吏民与王反者	赦济北吏民反者		平反	《史记》卷10《文帝本纪》	《汉书》卷4《文帝纪》同
	七年夏四月	夏四月，赦天下	赦天下			《汉书》卷4《文帝纪》	《史记》卷10《文帝本纪》未记录此赦
	十五年夏四月	夏四月，上幸雍，始郊见五帝，赦天下，修名山大川尝祀而绝者，有司以岁时致礼	赦天下		郊见	《汉书》卷4《文帝纪》	《史记》卷10《文帝本纪》未记录此赦

续表

帝号	年月	材料	赦	赐	背景	出处	备注
文帝	后四年五月	四年夏四月丙寅晦，日有蚀之。五月，赦天下。免官奴婢为庶人	赦天下、免官奴婢为庶人		日食	《汉书》卷4《文帝纪》	《史记》卷10《文帝本纪》未记录此赦
景帝	元年四月乙卯	……故孝景得立。元年四月乙卯，赦天下。乙巳①，赐民爵一级。五月，除田半租。为孝文立太宗庙	赦天下	赐民爵	践祚	《史记》卷11《景帝本纪》	
景帝	元年四月乙卯	夏四月，赦天下，赐民爵一级。遣御史大夫青翟至代下，与匈奴和亲	赦天下	赐民爵		《汉书》卷10《景帝纪》	
景帝	三年正月	三年正月乙巳，赦天下。长星出西方。天火燔洛阳东宫大殿城室。吴王濞、楚王戊、赵王遂、胶西王卬、济南王辟光、菑川王贤、胶东王雄渠反，发兵西乡	赦天下			《史记》卷11《景帝本纪》	先记录赦天下，再记录七国反
景帝	三年正月	春正月，淮阳王宫正殿灾。吴王濞、胶西王卬、楚王戊、赵王遂、济南王辟光、菑川王贤、胶东王雄渠皆举兵反。大赦天下。遣太尉亚夫、大将军窦婴将兵击之。斩御史大夫晁错以谢七国	大赦天下		平反	《汉书》卷10《景帝纪》	先记录七国反，再记录大赦天下

①　据陈垣《二十史朔闰表》，中华书局，1962，第14页，景帝元年四月是甲午朔。乙卯日（二十二日）赦天下，乙巳日（十二日）赐民爵，记载顺序不合常理。（清）梁玉绳：《史记志疑》，中华书局，1981，第256页："乙巳先乙卯十日，不应赐爵在赦前，亦不应二事相隔多日也。"认为"乙巳"为衍字。

续表

帝号	年月	材料	赦	赐	背景	出处	备注
景帝	三年六月	上乃遣大将军窦婴、太尉周亚夫将兵诛之。六月乙亥，赦亡军及楚王子蓺等与谋反者。封大将军窦婴为魏其侯。立楚元王子平陆侯礼为楚王。立皇子端为胶西王，子胜为中山王	赦亡军及反者	封魏其侯、楚王及诸皇子	平反	《史记》卷11《孝景本纪》	未记录赐爵
		夏六月，诏曰："……今濞等已灭，吏民当坐濞等及逋逃亡军者，皆赦之。楚元王子蓺等与濞等为逆，朕不忍加法，除其籍，毋令污宗室。"立平陆侯刘礼为楚王，续元王后。立皇子端为胶西王，胜为中山王。赐民爵一级	赦吴楚七国吏民反者	封楚王及诸皇子、赐民爵一级		《汉书》卷5《景帝纪》	
	四年六月	四年夏，立太子。立皇子彻为胶东王。六月甲戌，赦天下	赦天下		立太子	《史记》卷11《孝景本纪》	《史记》未记录赐爵
		夏四月己巳，立皇子荣为皇太子，彻为胶东王。六月，赦天下，赐民爵一级	赦天下	赐民爵一级		《汉书》卷5《景帝纪》	
	中元元年夏四月	中元年，封故御史大夫周苛孙平为绳侯，故御史大夫周昌（子）〔孙〕左车为安阳侯。四月乙巳，赦天下，赐爵一级。除禁锢	赦天下、除禁锢	封列侯、赐爵一级	不详	《史记》卷11《孝景本纪》	先记录封列侯，再记录赦天下
		中元年夏四月，赦天下，赐民爵一级。封故御史大夫周苛、周昌孙子为列侯	赦天下	赐民爵一级、封列侯		《汉书》卷5《景帝纪》	先记录赦天下，再记录封列侯

续表

帝号	年月	材料	赦	赐	背景	出处	备注
景帝	中元四年秋	中四年三月，置德阳宫。大蝗。秋，赦徒作阳陵者	赦徒作阳陵者		灾异（大蝗）	《史记》卷11《孝景本纪》	《史记》《汉书》略有差别
		秋，赦徒作阳陵者，死罪欲腐者，许之	赦徒作阳陵者			《汉书》卷5《景帝纪》	
	中五年六月	中五年夏，立皇子舜为常山王。封十侯。六月丁巳，赦天下，赐爵一级	赦天下	赐爵一级	立皇子	《史记》卷11《孝景本纪》	
		五年夏，立皇子舜为常山王。六月，赦天下，赐民爵一级	赦天下	赐民爵一级		《汉书》卷5《景帝纪》	
	后元年三月	后元年冬，更命中大夫令为卫尉。三月丁酉，赦天下，赐爵一级，中二千石、诸侯相爵右庶长。四月，大酺	赦天下	赐爵一级、吏爵	不详	《史记》卷11《孝景本纪》	《史记》《汉书》记载基本相同
		三月，赦天下，赐民爵一级，中二千石诸侯相爵右庶长。夏，大酺五日，民得酤酒	赦天下	赐民爵一级、吏爵		《汉书》卷5《景帝纪》	
武帝	建元元年春二月	春二月，赦天下，赐民爵一级。年八十复二算，九十复甲卒	赦天下	赐民爵一级、复高年算及甲卒	不详	《汉书》卷6《武帝纪》	
	建元元年五月	赦吴楚七国帑输在官者	赦吴楚七国帑输在官者		不详	《汉书》卷6《武帝纪》	

帝号	年月	材料	赦	赐	背景	出处	备注
武帝	元光元年夏四月	夏四月，赦天下，赐民长子爵一级。复七国宗室前绝属者	赦天下	赐民长子爵一级、复七国宗室绝属者	不详	《汉书》卷6《武帝纪》	
	元光四年五月	夏四月，陨霜杀草。五月，地震。赦天下	赦天下		灾异（地震）	《汉书》卷6《武帝纪》	
	元光六年春	匈奴入上谷，杀略吏民……广、敖失师而还。诏曰："夷狄无义，所从来久……其赦雁门、代郡军士不循法者。"	赦雁门、代郡军士不循法者		平反	《汉书》卷6《武帝纪》	
	元朔元年春三月甲子	春三月甲子，立皇后卫氏。诏曰："朕闻天地不变，不成施化；阴阳不变，物不畅茂……其赦天下，与民更始。诸逋贷及辞讼在孝景后三年以前，皆勿听治。"	赦天下		立后	《汉书》卷6《武帝纪》	
	元朔三年春三月	三年春，罢苍海郡。三月，诏曰："夫刑罚所以防奸也，内长文所以见爱也；以百姓之未洽于教化，朕嘉与士大夫日新厥业，祗而不解。其赦天下。"	赦天下		不详	《汉书》卷6《武帝纪》	
	元朔六年春二月	六年春二月，大将军卫青将六将军兵十余万骑出定襄，斩首三千余级。还，休士马于定襄、云中、雁门。赦天下	赦天下		克捷	《汉书》卷6《武帝纪》	

帝号	年月	材料	赦	赐	背景	出处	备注
武帝	元狩元年夏四月	夏四月，赦天下。 丁卯，立皇太子。赐中二千石爵右庶长，民为父后者一级。诏曰："朕闻咎繇对禹，曰在知人，知人则哲，惟帝难之……已赦天下，涤除与之更始。朕嘉孝弟力田，哀夫老眊孤寡鳏独或匮于衣食，甚怜愍焉。其遣谒者巡行天下，存问致赐。曰'皇帝使谒者赐县三老、孝者帛，人五匹；乡三老、弟者、力田帛，人三匹；年九十以上及鳏寡孤独帛，人二匹，絮三斤；八十以上米，人三石。有冤失职，使者以闻。县乡即赐，毋赘聚'。"	赦天下	赐中二千石爵右庶长，民为父后者一级　赐县三老等帛、絮、米	立皇太子	《汉书》卷6《武帝纪》	赦天下后几日行赐
		（平侯遂）元狩元年，坐知人盗官母马为臧，会赦，复作				《汉书》卷15上《王子侯表上》	
		（侯穰）元狩元年，坐受淮南赂称臣，在赦前，免				《汉书》卷16《高惠高后文功臣表》	
	元狩三年夏五月	三年春，有星孛于东方。夏五月，赦天下。立胶东康王少子庆为六安王。封故相国萧何曾孙庆为列侯	赦天下	封六安王、列侯	天象（有星孛于东方）	《汉书》卷6《武帝纪》	

续表

帝号	年月	材料	赦	赐	背景	出处	备注
武帝	元狩五年	文成死明年，天子病鼎湖甚，巫医无所不致，（至）不愈。游水发根乃言曰："上郡有巫，病而鬼下之。"上召置祠之甘泉。及病，使人问神君。神君言曰："天子毋忧病。病少愈，强与我会甘泉。"于是病愈，遂幸甘泉，病良已。大赦天下，置寿宫神君	大赦天下		病愈	《史记》卷12《孝武本纪》	《史记·封禅书》也有记载①
	元鼎元年夏五月	元鼎元年夏五月，赦天下，大酺五日	赦天下	大酺五日	不详	《汉书》卷6《武帝纪》	
	元鼎五年夏四月	夏四月，南越王相吕嘉反，杀汉使者及其王、王太后。赦天下	赦天下		吕嘉反	《汉书》卷6《武帝纪》	
	元封元年夏四月	天子从封禅还，坐明堂，群臣更上寿。于是制诏御史："……自新，嘉与士大夫更始，赐民百户牛一酒十石，加年八十孤寡布帛二匹。复博、奉高、蛇丘、历城，毋出今年租税。其赦天下，如乙卯赦令。行所过毋有复作。事在二年前，皆勿听治。"	赦天下，行所过毋有复作	赐民百户牛酒、高年孤寡布帛、复博等毋出今年租税	封禅	《史记》卷12《孝武本纪》	先赐后赦
	元封元年夏四月	夏四月癸卯，上还，登封泰山，降坐明堂。诏曰："……自新，嘉与士大夫更始，其以十月为元封元年。行所巡至，博、奉高、蛇丘、历城、梁父，民田租逋赋贷，已除。加年七十以上孤寡帛，人二匹。四县无出今年算。赐天下民爵一级，女子百户牛酒。"		除博等民田租逋赋贷、赐高年孤寡帛、赐天下民爵一级、百户牛酒		《汉书》卷6《武帝纪》	《汉书·武帝纪》未记录此赦。提到了赐民爵

---

① 梁玉绳云："是年为元狩五年，不闻有大赦之事。"（参见梁玉绳《史记志疑》，第811页），另可参见王叔岷《史记斠证》卷28《封禅书》，中华书局，2007，第1198页。

续表

帝号	年月	材料	赦	赐	背景	出处	备注
武帝	元封二年夏四月	夏四月，还祠泰山。至瓠子，临决河，命从臣将军以下皆负薪塞河堤，作瓠子之歌。赦所过徒，赐孤独高年米，人四石	赦所过徒	赐孤独高年米	出巡	《汉书》卷6《武帝纪》	《汉书·武帝纪》未记"毋有复作"之事
	元封二年六月	夏，有芝生殿防内中。天子为塞河，兴通天台，若有光云，乃下诏曰："甘泉防生芝九茎，赦天下，毋有复作。"	赦天下，毋有复作		祥瑞（生芝九茎）	《史记》卷12《孝武本纪》	
		六月，诏曰："甘泉宫内中产芝，九茎连叶。上帝博临，不异下房，赐朕弘休。其赦天下，赐云阳都百户牛酒。"	赦天下	赐云阳都百户牛酒		《汉书》卷6《武帝纪》	
	元封四年冬十月	春三月，祠后土。诏曰："朕躬祭后土地祇，见光集于灵坛，一夜三烛。幸中都宫，殿上见光。其赦汾阴、夏阳、中都死罪以下，赐三县及杨氏皆无出今年租赋。"	赦汾阴、夏阳、中都死罪以下	赐三县及杨氏皆无出今年租赋	祥瑞（光集于灵坛，殿上见光）	《汉书》卷6《武帝纪》	
	元封五年夏四月	夏四月，诏曰："朕巡荆扬，辑江淮物，会大海气，以合泰山。上天见象，增修封禅。其赦天下。所幸县毋出今年租赋，赐鳏寡孤独帛，贫穷者粟。"	赦天下	所幸县毋出今年租赋，赐鳏寡孤独等帛粟	祥瑞（上天见象）	《汉书》卷6《武帝纪》	
	元封六年三月	三月，行幸河东，祠后土。诏曰："朕礼首山，昆田出珍物，化或为黄金。祭后土，神光三烛。其赦汾阴殊死以下，赐天下贫民布帛，人一匹。"	赦汾阴殊死以下	赐天下贫民布帛	祥瑞（出珍物，神光）	《汉书》卷6《武帝纪》	
	元封六年三月	益州、昆明反，赦京师亡命令从军，遣拔胡将军郭昌将以击之	赦京师亡命令从军		平反	《汉书》卷6《武帝纪》	

续表

帝号	年月	材料	赦	赐	背景	出处	备注
武帝	太初二年夏四月	夏四月，诏曰："朕用事介山，祭后土，皆有光应。其赦汾阴、安邑殊死以下。"	赦汾阴、安邑殊死以下		祥瑞（神光）	《汉书》卷6《武帝纪》	
	天汉元年夏五月	三月，行幸河东，祠后土。匈奴归汉使者，使使来献。夏五月，赦天下	赦天下		不详	《汉书》卷6《武帝纪》	
	天汉三年夏四月	三月，行幸泰山，修封，祀明堂，因受计。还幸北地，祠常山，瘗玄玉。夏四月，赦天下。行所过毋出田租	赦天下	行所过毋出田租	行幸	《汉书》卷6《武帝纪》	
	太始元年夏六月	太始元年春正月，因杅将军敖有罪，要斩。徙郡国吏民豪桀于茂陵、云陵。夏六月，赦天下	赦天下		不详	《汉书》卷6《武帝纪》	
	太始四年夏五月	四年春三月，行幸泰山……夏五月，还幸建章宫，大置酒，赦天下	赦天下		行幸	《汉书》卷6《武帝纪》	
	征和三年夏五月	三年春正月，行幸雍，至安定、北地。匈奴入五原、酒泉，杀两都尉。三月，遣贰师将军广利将七万人出五原……广利败，降匈奴。夏五月，赦天下	赦天下		不详	《汉书》卷6《武帝纪》	
	后元元年二月	后元元年春正月，行幸甘泉，郊泰畤，遂幸安定。昌邑王髆薨。二月，诏曰："朕郊见上帝，巡于北边，见群鹤留止，以不罗罔，靡所获献。荐于泰畤，光景并见。其赦天下。"	赦天下		祥瑞（群鹤留止）	《汉书》卷6《武帝纪》	

续表

帝号	年月	材料	赦	赐	背景	出处	备注
武帝	后元二年	武帝末，巫蛊事起……后元二年，武帝疾，往来长杨、五柞宫，望气者言长安狱中有天子气，于是上遣使者分条中都官诏狱系者，亡轻重一切皆杀之。内谒者令郭穰夜到郡邸狱，吉闭门拒使者不纳，曰："皇曾孙在。他人亡辜死者犹不可，况亲曾孙乎！"相守至天明不得入，穰还以闻，因劾奏吉。武帝亦寤，曰："天使之也。"因赦天下。郡邸狱系者独赖吉得生，恩及四海矣	赦天下		天意	《汉书》卷74《丙吉传》	同一件事《宣帝纪》记录为大赦
		至后元二年，武帝疾，往来长杨、五柞宫，望气者言长安狱中有天子气，上遣使者分条中都官狱系者，轻重皆杀之。内谒者令郭穰夜至郡邸狱，吉拒闭，使者不得入，曾孙赖吉得全。因遭大赦，吉乃载曾孙送祖母史良娣家	大赦			《汉书》卷8《宣帝纪》	
昭帝	后元二年夏六月	后元二年二月，上疾病，遂立昭帝为太子，年八岁……夏六月，赦天下	赦天下		践祚	《汉书》卷7《昭帝纪》	
	始元元年秋七月	秋七月，赦天下，赐民百户牛酒。大雨，渭桥绝	赦天下	赐民百户牛酒	不详	《汉书》卷7《昭帝纪》	
	始元四年春三月甲寅	四年春三月甲寅，立皇后上官氏。赦天下。辞讼在后二年前，皆勿听治	赦天下、辞讼在后二年前，皆勿听治		立后	《汉书》卷7《昭帝纪》	
	元凤元年夏六月	武都氐人反，遣执金吾马适建、龙额侯韩增、大鸿胪广明将三辅、太常徒，皆免刑击之。夏六月，赦天下	赦天下		平反	《汉书》卷7《昭帝纪》	

帝号	年月	材料	赦	赐	背景	出处	备注
昭帝	元凤元年冬十月	冬十月……又曰："燕王迷惑失道，前与齐王子刘泽等为逆，抑而不扬，望王反道自新，今乃与长公主及左将军桀等谋危宗庙。王及公主皆自伏辜。其赦王太子建、公主子文信及宗室子与燕王、上官桀等谋反父母同产当坐者，皆免为庶人。其吏为桀等所诖误，未发觉在吏者，除其罪。"	赦燕太子建等谋反当坐者、除罪吏所诖误者		宗室反	《汉书》卷7《昭帝纪》	
	元凤二年六月	六月，赦天下。诏曰："朕闵百姓未赡，前年减漕三百万石。颇省乘舆马及（菀）〔苑〕马，以补边郡三辅传马。其令郡国毋敛今年马口钱，三辅、太常郡得以叔粟当赋。"	赦天下	毋敛今年马口钱、三辅等得以叔粟当赋	不详	《汉书》卷7《昭帝纪》	
	元凤四年六月	五月丁丑，孝文庙正殿火，上及群臣皆素服。发中二千石将五校作治，六日成……六月，赦天下	赦天下		灾异（孝文庙火）	《汉书》卷7《昭帝纪》	
	元凤六年夏	六年春正月，募郡国徒筑辽东玄菟城。夏，赦天下。诏曰："夫谷贱伤农，今三辅、太常谷减贱，其令以叔粟当今年赋。"	赦天下	令三辅、太常以叔粟当今年赋	不详	《汉书》卷7《昭帝纪》	
宣帝	元平元年九月	秋七月……庚申，入未央宫，见皇太后，封为阳武侯。已而群臣奉上玺绶，即皇帝位，谒高庙……九月，大赦天下	大赦天下		践祚	《汉书》卷8《宣帝纪》	
	本始元年五月	五月，凤皇集胶东、千乘。赦天下。赐吏二千石、诸侯相、下至中都官、宦吏、六百石爵，各有差，自左更至五大夫。赐天下人爵各一级，孝者二级，女子百户牛酒。租税勿收	赦天下	赐吏民爵、百户牛酒、租税勿收	祥瑞（凤凰）	《汉书》卷8《宣帝纪》	

帝号	年月	材料	赦	赐	背景	出处	备注
宣帝	本始四年三月	三月乙卯，立皇后霍氏。赐丞相以下至郎吏从官金钱帛各有差。赦天下	赦天下	赐丞相以下至郎吏从官金钱帛	立后	《汉书》卷8《宣帝纪》	
	本始四年夏四月	夏四月壬寅，郡国四十九地震，或山崩水出。诏曰："盖灾异者，天地之戒也……令三辅、太常、内郡国举贤良方正各一人。律令有可蠲除以安百姓，条奏。被地震坏败甚者，勿收租赋。"大赦天下	大赦天下	举贤良方正、蠲除律令、勿收租赋	灾异（地震）	《汉书》卷8《宣帝纪》	
	地节二年夏四月	二年春三月庚午，大司马大将军光薨……夏四月，凤皇集鲁郡，群鸟从之。大赦天下	大赦天下		祥瑞（凤凰）	《汉书》卷8《宣帝纪》	
	地节三年夏四月	夏四月戊申，立皇太子，大赦天下。赐御史大夫爵关内侯，中二千石爵右庶长，天下当为父后者爵一级。赐广陵王黄金千斤，诸侯王十五人黄金各百斤，列侯在国者八十七人黄金各二十斤	大赦天下	赐吏及为父后者爵、诸侯王、列侯黄金	立太子	《汉书》卷8《宣帝纪》	
	地节四年秋七月	秋七月，大司马霍禹谋反。诏曰："……诸为霍氏所诖误未发觉在吏者，皆赦除之。"八月己酉，皇后霍氏废	赦诸为霍氏所诖误未发觉在吏者		平反	《汉书》卷8《宣帝纪》	

续表

帝号	年月	材料	赦	赐	背景	出处	备注
宣帝	元康元年春三月	三月，诏曰："乃者凤皇集泰山、陈留，甘露降未央宫……其赦天下徒，赐勤事吏中二千石以下至六百石爵，自中郎吏至五大夫，佐史以上二级，民一级，女子百户牛酒。加赐鳏寡孤独、三老、孝弟力田帛。所振贷勿收。"①	赦天下徒	赐吏民爵、百户牛酒、赐鳏寡孤独等帛、所振贷勿收	祥瑞（凤凰、甘露）	《汉书》卷8《宣帝纪》	
	元康二年春正月	二年春正月，诏曰："书云'文王作罚，刑兹无赦'，今吏修身奉法，未有能称朕意，朕甚愍焉。其赦天下，与士大夫厉精更始。"	赦天下		不详	《汉书》卷8《宣帝纪》	
	元康二年夏五月	夏五月，诏曰："……今天下颇被疾疫之灾，朕甚愍之。其令郡国被灾甚者，毋出今年租赋。"又曰："闻古天子之名，难知而易讳也。今百姓多上书触讳以犯罪者，朕甚怜之。其更讳询。诸触讳在令前者，赦之。"	赦触讳者	郡国被灾甚者，毋出今年租赋	灾异	《汉书》卷8《宣帝纪》	
	神爵二年春二月	二年春二月，诏曰："乃者正月乙丑，凤皇甘露降集京师，群鸟从以万数。朕之不德，屡获天福，祗事不怠，其赦天下。"	赦天下		祥瑞（凤凰、甘露）	《汉书》卷8《宣帝纪》	
	神爵四年春二月	四年春二月，诏曰："乃者凤皇甘露降集京师，嘉瑞并见……上帝嘉向，海内承福。其赦天下，赐民爵一级，女子百户牛酒，鳏寡孤独高年帛。"	赦天下	赐民爵一级、百户牛酒、鳏寡孤独高年帛	祥瑞（凤凰、甘露、神光）	《汉书》卷8《宣帝纪》	比较典型的赦诏

---

① 此段诏书文字应有错误。"自中郎吏至五大夫，佐史以上二级"，比较费解。肩水金关汉简简73EJT26：32："爵左庶长，中都官及宰者吏千石以下至六百石爵五大夫，孝者爵人二级，吏民爵人一级。四年以前吏□☑"。

帝号	年月	材料	赦	赐	背景	出处	备注
宣帝	五凤元年夏	五凤元年春正月，行幸甘泉，郊泰畤。皇太子冠。皇太后赐丞相、将军、列侯、中二千石帛，人百匹，大夫人八十匹，〔夫人六十匹〕。又赐列侯嗣子爵五大夫，男子为父后者爵一级。夏，赦徒作杜陵者	赦徒作杜陵者	赐丞相等帛、赐嗣子后子爵	皇太子冠	《汉书》卷8《宣帝纪》	
	五凤三年三月	三月，行幸河东，祠后土。诏曰："……朕饬躬齐戒，郊上帝，祠后土，神光并见，或兴于谷，烛耀齐宫，十有余刻。甘露降，神爵集。已诏有司告祠上帝、宗庙。三月辛丑，鸾凤又集长乐宫东阙中树上，飞下止地，文章五色，留十余刻，吏民并观……减天下口钱。赦殊死以下。赐民爵一级，女子百户牛酒。大酺五日。加赐鳏寡孤独高年帛。"	赦殊死以下	减天下口钱、赐民爵、百户牛酒、大酺、赐鳏寡孤独高年帛	祥瑞（甘露、神光、鸾凤）	《汉书》卷8《宣帝纪》	比较典型的赦诏
	甘露二年春正月	二年春正月，立皇子嚣为定陶王。诏曰："乃者凤皇甘露降集，黄龙登兴，醴泉滂流，枯槁荣茂，神光并见，咸受祯祥。其赦天下。减民算三十。赐诸侯王、丞相、将军、列侯、中二千石金钱各有差。赐民爵一级，女子百户牛酒，鳏寡孤独高年帛。"	赦天下	减民算、赐诸侯王、丞相等金钱、赐民爵、百户牛酒、鳏寡孤独高年帛	祥瑞（甘露、神光、黄龙）	《汉书》卷8《宣帝纪》	比较典型的赦诏。《史记》称作赦殊死。未记赐爵、赐金钱、减算等
		赦殊死，赐高年及鳏寡孤独帛，女子牛酒	赦殊死	赐高年及鳏寡孤独帛女子牛酒		《史记》卷22《汉兴以来将相名臣年表》	
元帝	初元元年春正月辛丑	初元元年春正月辛丑，孝宣皇帝葬杜陵。赐诸侯王、公主、列侯黄金，吏二千石以下钱帛，各有差。大赦天下	大赦天下	赐诸侯王等黄金、吏钱帛	践祚	《汉书》卷9《元帝纪》	

续表

帝号	年月	材料	赦	赐	背景	出处	备注
元帝	初元二年三月	二年春正月，行幸甘泉，郊泰畤。赐云阳民爵一级，女子百户牛酒……诏曰："盖闻贤圣在位，阴阳和，风雨时，日月光……乃二月戊午，地震于陇西郡，毁落太上皇庙殿壁木饰，坏败豲道县城郭官寺及民室屋，压杀人众。山崩地裂，水泉涌出。天惟降灾，震惊朕师。治有大亏，咎至于斯……郡国被动灾甚者无出租赋。赦天下。有可蠲除减省以便万姓者，条奏，毋有所讳。丞相、御史、中二千石举茂材异等直言极谏之士，朕将亲览焉。"	赦天下	被灾郡国无出租赋、蠲除减省、举茂材异等直言极谏之士	灾异（地震）	《汉书》卷9《元帝纪》	赦前两月行赐民爵一级，女子百户牛酒
	初元三年夏四月乙未晦	夏四月乙未晦，茂陵白鹤馆灾。诏曰："乃者火灾降于孝武园馆，朕战栗恐惧。不烛变异，咎在朕躬……其赦天下。"	赦天下		灾异（火灾）	《汉书》卷9《元帝纪》	
	初元四年三月	四年春正月，行幸甘泉，郊泰畤。三月，行幸河东，祠后土。赦汾阴徒。赐民爵一级，女子百户牛酒，鳏寡高年帛。行所过无出租赋	赦汾阴徒	赐民爵、百户牛酒、鳏寡高年帛、行所过无出租赋	行幸	《汉书》卷9《元帝纪》	
	永光元年春正月	永光元年春正月，行幸甘泉，郊泰畤。赦云阳徒。赐民爵一级，女子百户牛酒，高年帛。行所过毋出租赋	赦云阳徒	赐民爵、百户牛酒、高年帛、行所过毋出租赋	行幸	《汉书》卷9《元帝纪》	

续表

帝号	年月	材料	赦	赐	背景	出处	备注
元帝	永光元年三月	三月，诏曰："五帝三王任贤使能，以登至平，而今不治者，岂斯民异哉？咎在朕之不明，亡以知贤也……其赦天下，令厉精自新，各务农亩。无田者皆假之，贷种、食如贫民。赐吏六百石以上爵五大夫，勤事吏二级，民一级，女子百户牛酒，鳏寡孤独高年帛。"	赦天下	假田、贷种食、赐吏爵、为父后者爵百户牛酒、鳏寡孤独高年帛	不详	《汉书》卷9《元帝纪》	
	永光二年春二月	二年春二月，诏曰："……然而阴阳未调，三光暗昧。元元大困，流散道路，盗贼并兴。有司又长残贼，失牧民之术。是皆朕之不明，政有所亏……其大赦天下，赐民爵一级，女子百户牛酒，鳏寡孤独高年、三老、孝弟力田帛。"又赐诸侯王、公主、列侯黄金，中二千石以下至中都官长吏各有差，吏六百石以上爵五大夫，勤事吏各二级	大赦天下	赐民爵、百户牛酒、鳏寡孤独高年等帛、赐诸侯王等黄金、吏六百石以上爵五大夫等	灾异（三光暗昧、盗贼）	《汉书》卷9《元帝纪》	见赐较多的一次
		永光二年二月甲辰赦令赐男子爵一级 □□［毋害赐］爵三级 （简217.3）	赦令	赐男子爵一级		《居延汉简》（叁）	
	永光二年夏六月	夏六月，诏曰："间者连年不收，四方咸困……朕为民父母，德不能覆，而有其刑，甚自伤焉。其赦天下。"	赦天下		灾异	《汉书》卷9《元帝纪》	
	永光四年春二月	四年春二月，诏曰："朕承至尊之重，不能烛理百姓，娄遭凶咎。加以边竟不安，师旅在外，赋敛转输，元元骚动，穷困亡聊，犯法抵罪……其赦天下，所贷贫民勿收责。"	赦天下	所贷贫民勿收责	灾异、边竟不安	《汉书》卷9《元帝纪》	

续表

帝号	年月	材料	赦	赐	背景	出处	备注
元帝	建昭二年夏四月	二年春正月，行幸甘泉，郊泰畤。三月，行幸河东，祠后土……夏四月，赦天下	赦天下		行幸	《汉书》卷9《元帝纪》	
	建昭四年春正月	四年春正月，以诛郅支单于告祠郊庙。赦天下	赦天下		克捷	《汉书》卷9《元帝纪》	
	建昭五年春三月	五年春三月，诏曰："……今朕获保宗庙，兢兢业业……其赦天下，赐民爵一级，女子百户牛酒，三老、孝弟力田帛。"	赦天下	赐民爵、百户牛酒、三老、孝弟力田帛	不详	《汉书》卷9《元帝纪》	
成帝	竟宁元年七月	竟宁元年五月，元帝崩。六月己未，太子即皇帝位，谒高庙。尊皇太后曰太皇太后，皇后曰皇太后……七月，大赦天下	大赦天下		践祚	《汉书》卷10《成帝纪》	
	建始元年二月	二月，右将军长史姚尹等使匈奴还，去塞百余里，暴风火发，烧杀尹等七人。赐诸侯王、丞相、将军、列侯、王太后、公主、王主、吏二千石黄金，宗室诸官吏千石以下至二百石及宗室子有属籍者，三老、孝弟力田、鳏寡孤独钱帛，各有差，吏民五十户牛酒。诏曰："乃者，火灾降于祖庙，有星孛于东方，始正而亏，咎孰大焉！……其大赦天下，使得自新。"	大赦天下	赐诸侯王、丞相等黄金、宗室诸官吏等钱帛、五十户牛酒	灾异（星孛于东方）	《汉书》卷10《成帝纪》	
	建始二年春正月	二年春正月，罢雍五畤。辛巳，上始郊祀长安南郊。诏曰："乃者徙泰畤、后土于南郊、北郊，朕亲饬躬，郊祀上帝。皇天报应，神光并见。三辅长无共张繇役之劳，赦奉郊县长安、长陵及中都官耐罪徒。减天下赋钱，算四十。"	赦奉郊县长安、长陵及中都官耐罪徒	减天下赋钱	祥瑞（神光）	《汉书》卷10《成帝纪》	

续表

帝号	年月	材料	赦	赐	背景	出处	备注
成帝	建始三年春三月	三年春三月，赦天下徒。赐孝弟力田爵二级。诸逋租赋所振贷勿收	赦天下徒	赐孝弟力田爵、诸逋租赋所振贷勿收	不详	《汉书》卷10《成帝纪》	
	河平元年夏四月己亥	夏四月己亥晦，日有蚀之，既……大赦天下	大赦天下		天象（日食）	《汉书》卷10《成帝纪》	
	河平四年春正月	四年春正月，匈奴单于来朝。赦天下徒，赐孝弟力田爵二级，诸逋租赋所振贷勿收	赦天下徒	赐孝弟力田爵、诸逋租赋所振贷勿收	匈奴来朝	《汉书》卷10《成帝纪》	
	阳朔元年三月	春二月丁未晦，日有蚀之。三月，赦天下徒	赦天下徒		天象（日食）	《汉书》卷10《成帝纪》	
	阳朔二年三月	二年春，寒。诏曰："昔在帝尧立羲、和之官，命以四时之事，令不失其序…其务顺四时月令。"三月，大赦天下	大赦天下		灾异（寒）	《汉书》卷10《成帝纪》	
	阳朔四年二月	四年春正月，诏曰："……先帝劝农，薄其租税，宠其强力，令与孝弟同科……方东作时，其令二千石勉劝农桑，出入阡陌，致劳来之。书不云乎？'服田力啬，乃亦有秋。'其勖之哉！"二月，赦天下	赦天下		劝农	《汉书》卷10《成帝纪》	
	鸿嘉元年春二月	鸿嘉元年春二月，诏曰："朕承天地，获保宗庙……其赐天下民爵一级，女子百户牛酒，加赐鳏寡孤独高年帛。逋贷未入者勿收。"壬午，行幸初陵，赦作徒。以新丰戏乡为昌陵县，奉初陵，赐百户牛酒	赦作徒	赐昌陵县百户牛酒	行幸	《汉书》卷10《成帝纪》	先赐爵，后赦徒
	鸿嘉三年夏四月	三年夏四月，赦天下。令吏民得买爵，贾级千钱	赦天下	吏民得买爵	不详	《汉书》卷10《成帝纪》	赦书首见买爵

续表

帝号	年月	材料	赦	赐	背景	出处	备注
成帝	鸿嘉三年夏四月	制　　曰下丞相御史·臣宣臣骏奏林隆使案验逐捕商等首匿者☐捕斩渠率一人为尤异奏可林隆发起商等从迹过乐城侯去疾臧匿在四月甲辰赦令前臣宣臣骏ⅠT0116②：4				悬泉汉简	此赦为鸿嘉三年赦①
	永始元年六月	六月丙寅，立皇后赵氏。大赦天下	大赦天下		立后	《汉书》卷10《成帝纪》	
	永始四年春正月	四年春正月，行幸甘泉，郊泰畤，神光降集紫殿。大赦天下。赐云阳吏民爵，女子百户牛酒，鳏寡孤独高年帛	大赦天下	赐云阳吏民爵、百户牛酒、鳏寡孤独高年帛	祥瑞（神光）	《汉书》卷10《成帝纪》	
	元延元年夏四月	元延元年春正月己亥朔，日有蚀之。三月，行幸雍，祠五畤。夏四月丁酉，无云有雷，声光耀耀，四面下至地，昏止。赦天下	赦天下		天象（日食、无云有雷）	《汉书》卷10《成帝纪》	
	绥和元年春正月	绥和元年春正月，大赦天下。二月癸丑，诏曰："……其立欣为皇太子。封中山王舅谏大夫冯参为宜乡侯，益中山国三万户，以慰其意。赐诸侯王、列侯金，天下当为父后者爵，三老、孝弟力田帛，各有差。"	大赦天下	赐诸侯王、列侯金、天下当为父后者爵、三老、孝弟力田帛	立太子	《汉书》卷10《成帝纪》	二月癸丑，为初九。赦后行赐

---

① 张俊民认为简文中"臣宣""臣骏"，即鸿嘉年间的丞相薛宣、御史大夫王骏。参见张俊民《悬泉汉简所见赦令文书初探》，《简帛研究（二〇一一）》。

续表

帝号	年月	材料	赦	赐	背景	出处	备注
哀帝	绥和二年四月丙午	绥和二年三月，成帝崩。四月丙午，太子即皇帝位，谒高庙。尊皇太后曰太皇太后，皇后曰皇太后。大赦天下。赐宗室王子有属者马各一驷，吏民爵，百户牛酒，三老、孝弟力田、鳏寡孤独帛	大赦天下	赐宗室王子有属者马、吏民爵、百户牛酒、三老等帛	践祚	《汉书》卷11《哀帝纪》	
	建平元年春正月	建平元年春正月，赦天下。侍中骑都尉新成侯赵钦、成阳侯赵欣皆有罪，免为庶人，徙辽西	赦天下		不详	《汉书》卷11《哀帝纪》	
	建平二年夏四月	夏四月，诏曰："汉家之制，推亲亲以显尊尊。定陶恭皇之号不宜复称定陶。尊恭皇太后曰帝太太后，称永信宫；恭皇后曰帝太后，称中安宫。立恭皇庙于京师。赦天下徒。"	赦天下徒		上太后尊号	《汉书》卷11《哀帝纪》	
	建平二年六月	六月庚申，帝太后丁氏崩……诏曰："汉兴二百载，历数开元。皇天降非材之佑，汉国再获受命之符，朕之不德，曷敢不通！夫基事之元命，必与天下自新，其大赦天下。以建平二年为太初元将元年。号曰陈圣刘太平皇帝。漏刻以百二十为度。"	大赦天下		再受命、改元易号	《汉书》卷11《哀帝纪》	六月甲子制书
	元寿元年春正月辛丑朔	元寿元年春正月辛丑朔，日有蚀之。诏曰："……乃正月朔，日有蚀之，厥咎不远，在余一人。公卿大夫其各悉心勉帅百寮，敦任仁人，黜远残贼，期于安民。陈朕之过失，无有所讳。其与将军、列侯、中二千石举贤良方正能直言者各一人。大赦天下。"	大赦天下	举贤良方正能直言者	天象（日食）	《汉书》卷11《哀帝纪》	

帝号	年月	材料	赦	赐	背景	出处	备注
平帝	元寿二年九月	元寿二年六月，哀帝崩……九月辛酉，中山王即皇帝位，谒高庙，大赦天下	大赦天下		践祚	《汉书》卷12《平帝纪》	
	元始元年夏五月	夏五月丁巳朔，日有蚀之。大赦天下。公卿、将军、中二千石举敦厚能直言者各一人	大赦天下	举敦厚能直言者	天象（日食）	《汉书》卷12《平帝纪》	
	元始元年秋九月	秋九月，赦天下徒	赦天下徒		不详	《汉书》卷12《平帝纪》	
	元始二年九月	九月戊申晦，日有蚀之。赦天下徒。使谒者大司马掾四十四人持节行边兵	赦天下徒		天象（日食）	《汉书》卷12《平帝纪》	
	元始四年二月（四月？）	二月丁未，立皇后王氏，大赦天下。遣太仆王恽等八人置副，假节，分行天下，览观风俗	大赦天下		立后	《汉书》卷12《平帝纪》	
		四月丁未，莽女立为皇后，大赦天下。遣大司徒司直陈崇等八人分行天下，览观风俗	大赦天下			《汉书》卷99上《王莽传上》	
	元始五年冬十二月	冬十二月丙午，帝崩于未央宫。大赦天下	大赦天下		帝崩	《汉书》卷12《平帝纪》	
王莽	居摄三年春	三年春，地震。大赦天下	大赦天下		灾异（地震）	《汉书》卷99上《王莽传上》	
	始建国元年正月	始建国元年正月朔，莽帅公侯卿士奉皇太后玺韍，上太皇太后，顺符命，去汉号焉……大赦天下	大赦天下		去汉号	《汉书》卷99中《王莽传中》	

续表

帝号	年月	材料	赦	赐	背景	出处	备注
王莽	始建国元年四月	四月，徐乡侯刘快结党数千人起兵于其国……其赦殷等，非快之妻子它亲属当坐者皆勿治。吊问死伤，赐亡者葬钱，人五万	赦与徐乡侯刘快谋反者		平反	《汉书》卷99中《王莽传中》	
	始建国元年秋	秋，遣五威将王奇等十二人班《符命》四十二篇于天下……于是新皇帝立登车，之汉氏高庙受命。受命之日，丁卯也……赐吏爵人二级，民爵人一级，女子百户羊酒，蛮夷币帛各有差。大赦天下	大赦天下	赐吏民爵、百户羊酒、蛮夷币帛	受命践祚	《汉书》卷99中《王莽传中》	
	始建国二年二月	二年二月，赦天下	赦天下		不详	《汉书》卷99中《王莽传中》	
	始建国二年冬十二月	冬十二月，雷。更名匈奴单于曰降奴服于。莽曰："降奴服于知威侮五行，背畔四条，侵犯西域，延及边垂，为元元害，罪当夷灭……诸匈奴人当坐房知之法者，皆赦除之。"	赦除诸匈奴人当坐		不详	《汉书》卷99中《王莽传中》	
	始建国四年二月	四年二月，赦天下	赦天下		不详	《汉书》卷99中《王莽传中》	
	天凤元年正月	天凤元年正月，赦天下	赦天下		不详	《汉书》卷99中《王莽传中》	
	天凤元年三月壬申	三月壬申晦，日有食之。大赦天下	大赦天下		天象（日食）	《汉书》卷99中《王莽传中》	

帝号	年月	材料	赦	赐	背景	出处	备注
王莽	天凤二年二月	二年二月，置酒王路堂，公卿大夫皆佐酒。大赦天下。是时，日中见星	大赦天下		不详	《汉书》卷99中《王莽传中》	
	天凤三年七月戊子晦	三年二月乙酉，地震，大雨雪，关东尤甚，深者一丈，竹柏或枯……七月辛酉，霸城门灾，民间所谓青门也。戊子晦，日有食之。大赦天下。复令公卿大夫诸侯二千石举四行各一人	大赦天下	令举四行各一人	灾异（地震、大雨雪、日食）	《汉书》卷99中《王莽传中》	
	地皇元年正月	地皇元年正月乙未，赦天下	赦天下		不详	《汉书》卷99下《王莽传下》	
	地皇二年闰月	秋，陨霜杀菽，关东大饥，蝗……闰月丙辰，大赦天下，天下大服民私服在诏书前亦释除	大赦天下	除服	灾异（蝗）	《汉书》卷99下《王莽传下》	
	地皇四年三月	莽日与方士涿郡昭君等于后宫考验方术，纵淫乐焉。大赦天下，然犹曰："故汉氏春陵侯群子刘伯升与其族人婚姻党与，妄流言惑众，悖畔天命，及手害更始将军廉丹、前队大夫甄阜、属正梁丘赐，及北狄胡虏逆舆（泊）〔泪〕南燷虏若豆、孟迁，不用此书……"	大赦天下		不详	《汉书》卷99下《王莽传下》	不赦汉氏春陵侯群子及族人婚姻党与
	地皇四年秋	莽遣使者分赦城中诸狱囚徒，皆授兵，杀豨饮其血，与誓曰："有不为新室者，社鬼记之！"	赦长安城中诸狱囚徒		平反	《汉书》卷99下《王莽传下》	长安被围之际

帝号	年月	材料	赦	赐	背景	出处	备注
更始	更始元年二月	更始即帝位，南面立，朝群臣。素懦弱，羞愧流汗，举手不能言。于是大赦天下，建元曰更始元年	大赦天下		战乱、改元	《后汉书》卷11《刘玄列传》	赦令不能达于天下
	更始二年二月	二年二月，更始到长安，下诏大赦，非王莽子，他皆除其罪，故王氏宗族得全	大赦		战乱	《汉书》卷99下《王莽传下》	不赦王莽子
光武帝	建武元年六月	六月己未，即皇帝位。燔燎告天，禋于六宗，望于群神……于是建元为建武，大赦天下，改鄗为高邑	大赦天下		践祚	《后汉书》卷1上《光武帝纪上》	赦令不能达于天下
	建武二年三月乙未	三月乙未，大赦天下，诏曰："顷狱多冤人，用刑深刻，朕甚愍之……其与中二千石、诸大夫、博士、议郎议省刑法。"	大赦天下	议省刑法	用刑深刻	《后汉书》卷1上《光武帝纪上》	
	建武二年六月戊戌	六月戊戌，立贵人郭氏为皇后，子强为皇太子，大赦天下。增郎、谒者、从官秩各一等	大赦天下	增秩	立后、立太子	《后汉书》卷1上《光武帝纪上》	
	建武三年春正月壬午	辛巳，立皇考南顿君已上四庙。壬午，大赦天下	大赦天下		立庙	《后汉书》卷1上《光武帝纪上》	
	建武三年六月壬戌	六月壬戌，大赦天下	大赦天下		不详	《后汉书》卷1上《光武帝纪上》	
	建武四年春正月甲申	四年春正月甲申，大赦天下	大赦天下		不详	《后汉书》卷1上《光武帝纪上》	

续表

帝号	年月	材料	赦	赐	背景	出处	备注
光武帝	建武五年二月丙午	五年春正月癸巳，车驾还宫。二月丙午，大赦天下	大赦天下		不详	《后汉书》卷1上《光武帝纪上》	
	建武六年五月己未	五月己未，至自长安……辛丑，诏曰："惟天水、陇西、安定、北地吏人为隗嚣所诖误者，又三辅遭难赤眉，有犯法不道者，自殊死以下，皆赦除之。"	赦天水等地自殊死以下		平反	《后汉书》卷1下《光武帝纪下》	
	建武六年秋九月庚子	秋九月庚子，赦乐浪谋反大逆殊死已下	赦乐浪谋反大逆殊死以下		平反	《后汉书》卷1下《光武帝纪下》	
	建武七年夏四月壬午	夏四月壬午，诏曰："比阴阳错谬，日月薄食。百姓有过，在予一人，大赦天下。公、卿、司隶、州牧举贤良方正各一人，遣诣公车，朕将览试焉。"	大赦天下	举贤良方正	天象（日食）	《后汉书》卷1下《光武帝纪下》	
	建武十八年秋七月	秋七月，吴汉拔成都，斩史歆等。壬戌，赦益州所部殊死已下	赦益州所部殊死已下		平反	《后汉书》卷1下《光武帝纪下》	
	建武二十四年春正月乙亥	二十四年春正月乙亥，大赦天下	大赦天下		不详	《后汉书》卷1下《光武帝纪下》	
	中元元年夏四月己卯	丁卯，东巡狩。二月己卯，幸鲁……夏四月癸酉，车驾还宫。己卯，大赦天下。复嬴、博、梁父、奉高，勿出今年田租刍稾。改年为中元	大赦天下	复嬴、博等地田租刍稾	行幸、封禅	《后汉书》卷1下《光武帝纪下》	跟改元似无关系
明帝	中元二年秋九月	秋九月，烧当羌寇陇西，败郡兵于允街。赦陇西囚徒，减罪一等，勿收今年租调。又所发天水三千人，亦复是岁更赋	赦陇西囚徒，减罪一等	勿收租调、更赋	平反	《后汉书》卷2《显宗孝明帝纪》	

续表

帝号	年月	材料	赦	赐	背景	出处	备注
明帝	永平二年春正月辛未	二年春正月辛未，宗祀光武皇帝于明堂……其令天下自殊死已下，谋反大逆，皆赦除之。百僚师尹，其勉修厥职，顺行时令，敬若昊天，以绥兆人	赦天下殊死以下谋反大逆		祠先帝	《后汉书》卷2《显宗孝明帝纪》	申赦
	永平十年夏四月戊子	夏四月戊子，诏曰："昔岁五谷登衍，今兹蚕麦善收，其大赦天下。方盛夏长养之时，荡涤宿恶，以报农功。百姓勉务桑稼，以备灾害。吏敬厥职，无令愆慝。"	大赦天下		善收①	《后汉书》卷2《显宗孝明帝纪》	申赦
	永平十五年夏四月	夏四月庚子，车驾还宫……赐天下男子爵，人三级；郎、从官〔视事〕二十岁已上帛百匹，十岁已上二十匹，十岁已下十匹，官府吏五匹，书佐、小史三匹。令天下大酺五日。乙巳，大赦天下，其谋反大逆及诸不应宥者，皆赦除之	大赦天下，其谋反大逆及诸不应宥者，皆赦	赐天下男子爵、吏帛、大酺	行幸	《后汉书》卷2《显宗孝明帝纪》	先赐后赦，相隔五日
章帝	永平十八年冬十月丁未	十八年八月壬子，即皇帝位……冬十月丁未，大赦天下。赐民爵，人二级，为父后及孝悌、力田人三级，脱无名数及流人欲占者人一级，爵过公乘得移与子若同产子；鳏、寡、孤、独、笃癃、贫不能自存者粟，人三斛	大赦天下	赐民爵、粟	践祚	《后汉书》卷3《肃宗孝章帝纪》	赦赐之后有诏申赦
	建初三年春正月己酉	三年春正月己酉，宗祀明堂。礼毕，登灵台，望云物。大赦天下	大赦天下		祀明堂	《后汉书》卷3《肃宗孝章帝纪》	

① 刘令舆：《中国大赦制度》，第165页。将此赦归于祥瑞。笔者认为所谓汉代祥瑞，多为时人信仰中吉祥的征兆，非人间真实所见。诸如神光、凤凰、黄龙等。

帝号	年月	材料	赦	赐	背景	出处	备注
章帝	元和二年二月	辛未，幸太山，柴告岱宗。有黄鹄三十从西南来，经祠坛上，东北过于宫屋，翱翔升降……丙子，诏曰："朕巡狩岱宗……其大赦天下。诸犯罪不当得赦者，皆除之。复博、奉高、嬴，无出今年田租、刍稾。"	大赦天下，不当得赦者，皆除之	复博、奉高、嬴田租刍稾	巡岱宗、祥瑞（黄鹄）	《后汉书》卷3《肃宗孝章帝纪》	
和帝	永元二年春正月丁丑	二年春正月丁丑，大赦天下	大赦天下		不详	《后汉书》卷4《孝和帝纪》	
	永元五年春正月乙亥	五年春正月乙亥，宗祀五帝于明堂，遂登灵台，望云物。大赦天下	大赦天下		祀明堂	《后汉书》卷4《孝和帝纪》	
	永元十一年夏四月丙寅	夏四月丙寅，大赦天下	大赦天下		不详	《后汉书》卷4《孝和帝纪》	
	永元十四年三月戊辰	三月戊辰，临辟雍，飨射，大赦天下	大赦天下		临辟雍	《后汉书》卷4《孝和帝纪》	
	元兴元年夏四月庚午	夏四月庚午，大赦天下，改元元兴。宗室以罪绝者，悉复属籍	大赦天下	有罪宗室复属籍	改元	《后汉书》卷4《孝和帝纪》	
殇帝	延平元年五月辛卯	五月辛卯，皇太后诏曰："皇帝幼冲，承统鸿业……其大赦天下。自建武以来诸犯禁锢，诏书虽解，有司持重，多不奉行，其皆复为平民。"	大赦天下、解禁锢		践祚	《后汉书》卷4《孝殇帝纪》	

帝号	年月	材料	赦	赐	背景	出处	备注
	永初元年春正月癸酉朔	永初元年春正月癸酉朔，大赦天下	大赦天下		不详	《后汉书》卷5《孝安帝纪》	
	永初元年六月丁卯	先零种羌叛，断陇道，大为寇掠，遣车骑将军邓骘、征西校尉任尚讨之。丁卯，赦除诸羌相连结谋叛逆者罪	赦除诸羌相连结谋叛逆者		平叛	《后汉书》卷5《孝安帝纪》	
	永初三年春正月庚子	三年春正月庚子，皇帝加元服。大赦天下。赐王、主、贵人、公、卿以下金帛各有差；男子为父后，及三老、孝悌、力田爵，人二级，流民欲占者人一级	大赦天下	赐王、主等金帛、赐爵	帝加元服	《后汉书》卷5《孝安帝纪》	
安帝	永初四年夏四月丁丑	戊子，杜陵园火。癸巳，郡国九地震。夏四月，六州蝗。丁丑，大赦天下	大赦天下		灾异（火、地震、蝗）	《后汉书》卷5《孝安帝纪》	
	永初五年闰月丁酉	夫余夷犯塞，杀伤吏人。闰月丁酉，赦凉州河西四郡	赦凉州河西四郡		平反	《后汉书》卷5《孝安帝纪》	
	永初六年六月壬辰	六月壬辰，豫章、员溪、原山崩。辛巳，大赦天下	大赦天下		灾异（地震山崩）	《后汉书》卷5《孝安帝纪》	
	元初元年夏四月丁酉	元初元年春正月甲子，改元元初。赐民爵，人二级……二月己卯，日南地坼。三月癸酉，日有食之。夏四月丁酉，大赦天下。京师及郡国五旱、蝗。诏三公、特进、列侯、中二千石、二千石、郡守举敦厚质直者，各一人	大赦天下	举敦厚质直者	天象（日食）	《后汉书》卷5《孝安帝纪》	

续表

帝号	年月	材料	赦	赐	背景	出处	备注
安帝	元初三年三月辛亥	苍梧、郁林、合浦蛮夷反叛，二月，遣侍御史任逴督州郡兵讨之。郡国十地震。三月辛亥，日有食之。丙辰，赦苍梧、郁林、合浦、南海吏人为贼所迫者	赦苍梧等吏人为贼所迫者		灾异（地震、日食、兵乱）	《后汉书》卷5《孝安帝纪》	
	元初四年春二月乙巳朔	四年春二月乙巳朔，日有食之。乙卯，大赦天下	大赦天下		天象（日食）	《后汉书》卷5《孝安帝纪》	
	永宁元年夏四月丙寅	夏四月丙寅，立皇子保为皇太子，改元永宁，大赦天下。赐王、主、三公、列侯下至郎吏、从官金帛；又赐民爵及布粟各有差。己巳，绍封陈王羡子崇为陈王，济北王子苌为乐成王，河闲王子翼为平原王	大赦天下	赐金帛、赐民爵、布粟、绍封诸侯王	立皇子	《后汉书》卷5《孝安帝纪》	
	建光元年二月癸亥	建光元年春正月，幽州刺史冯焕率二郡太守讨高句骊、秽貊，不克。二月癸亥，大赦天下。赐诸园贵人、王、主、公、卿以下钱布各有差。以公、卿、校尉、尚书子弟一人为郎、舍人	大赦天下	赐贵人、王等钱布、任吏子为郎、舍人	不详	《后汉书》卷5《孝安帝纪》	
	建光元年秋七月己卯	秋七月己卯，改元建光，大赦天下	大赦天下		改元	《后汉书》卷5《孝安帝纪》	
	延光元年三月丙午	三月丙午，改元延光。大赦天下。还徙者，复户邑属籍。赐民爵及三老、孝悌、力田，人二级；加赐鳏、寡、孤、独、笃癃、贫不能自存者粟，人三斛；贞妇帛，人二匹	大赦天下、还徙者	赐民爵、粟帛	改元	《后汉书》卷5《孝安帝纪》	

帝号	年月	材料	赦	赐	背景	出处	备注
安帝	不详年份	月廿日叔责旦钱，旦不与。争言斗，旦以业刀刺叔右手创一所，发觉，亡命归江陵。会今年正月乙巳赦令，出（六五九木两行 2010 CWJ1③：263-9）	亡命勿传		不详	《长沙五一广场东汉简牍》（贰）	
顺帝	延光四年六月乙巳	乙酉，北乡侯即皇帝位……六月乙巳，大赦天下。诏先帝巡狩所幸，皆半入今年田租	大赦天下	半入租	践祚	《后汉书》卷 5《孝安帝纪》	
	永建元年春正月甲寅	永建元年春正月甲寅，诏曰："……奸慝缘闲，人庶怨讟，上干和气，疫疠为灾……其大赦天下。赐男子爵，人二级，为父后、三老、孝悌、力田〔人〕三级；流民欲自占者一级；鳏、寡、孤、独、笃癃、贫不能自存者粟，人五斛；贞妇帛，人三匹。坐法当徙，勿徙；亡徒当传，勿传。宗室以罪绝，皆复属籍。其与阎显、江京等交通者，悉勿考。勉修厥职，以康我民。"	大赦天下	赐民爵，布帛，复属籍	灾异（疫病）	《后汉书》卷 6《孝顺帝纪》	
	永建四年春正月丙寅	四年春正月丙寅，诏曰："朕托王公之上，涉道日寡，政失厥中，阴阳气隔，寇盗肆暴，庶狱弥繁……其赦天下。从甲寅赦令①已来复秩属籍，三年正月已来还赎。其阎显、江京等知识婚姻禁锢，一原除之。务崇宽和，敬顺时令，遵典去苛，以称朕意。"丙子，帝加元服。赐王、主、贵人、公卿以下金帛各有差。赐男子爵及流民欲占者人一级，为父后、三老、孝悌、力田人二级；鳏、寡、孤、独、笃癃、〔贫〕不能自存帛，〔人〕一匹	赦天下	赐金帛，赐爵	灾异（兵乱寇盗）	《后汉书》卷 6《孝顺帝纪》	丙寅与丙子相隔十日

① 永建元年春正月甲寅赦令后，有永建元年冬十月的减赎、永建二年春三月的录囚徒。尽管都是恩赦行为，但不是赦令，行文只称"甲寅赦令"。

续表

帝号	年月	材料	赦	赐	背景	出处	备注
	阳嘉元年三月庚寅	庚寅，帝临辟雍飨射，大赦天下，改元阳嘉。诏宗室绝属籍者，一切复籍；稟冀州尤贫民，勿收今年更、租、口赋	大赦天下	复宗室属籍	改元	《后汉书》卷6《孝顺帝纪》	
	阳嘉三年五月戊戌	三年春二月己丑，诏以久旱，京师诸狱，无轻重皆且勿考竟，须得澍雨。三月庚戌，益州盗贼劫质令长，杀列侯……五月戊戌，制诏曰："……其大赦天下，自殊死以下谋反大逆诸犯不当得赦者，皆赦除之。赐民年八十以上米，〔人〕一斛，肉二十斤，酒五斗；九十以上加赐帛，人二匹，絮三斤。"	大赦天下、赦殊死以下谋反大逆	赐高年米肉酒帛	灾异（旱、寇贼）	《后汉书》卷6《孝顺帝纪》	
顺帝	永和元年春正月己巳	己巳，宗祀明堂，登灵台，改元永和，大赦天下	大赦天下		改元	《后汉书》卷6《孝顺帝纪》	
	永和四年夏四月戊午	三月乙亥，京师地震。夏四月癸卯，护羌校尉马贤讨烧当羌，大破之。戊午，大赦天下。赐民爵及粟帛各有差	大赦天下	赐民爵及粟帛	克捷	《后汉书》卷6《孝顺帝纪》	
	汉安元年春正月癸巳	汉安元年春正月癸巳，宗祀明堂，大赦天下，改元汉安	大赦天下		改元	《后汉书》卷6《孝顺帝纪》	
	建康元年夏四月辛巳	辛巳，立皇子炳为皇太子，改年建康，大赦天下。赐人爵各有差	大赦天下	赐爵	立皇子	《后汉书》卷6《孝顺帝纪》	
质帝	永嘉元年二月乙酉	二月，豫章太守虞续坐赃，下狱死。乙酉，大赦天下。赐人爵及粟帛各有差。还王侯所削户邑	大赦天下	赐爵、粟帛、还王侯户邑	不详	《后汉书》卷6《孝质帝纪》	

续表

帝号	年月	材料	赦	赐	背景	出处	备注
质帝	本初元年六月丁巳	五月庚寅，徙乐安王为勃海王。海水溢。戊申，使谒者案行，收葬乐安、北海人为水所漂没死者，又禀给贫赢。庚戌，太白犯荧惑。六月丁巳，大赦天下，赐民爵及粟帛各有差	大赦天下	赐爵、粟帛	灾异（海水溢、太白犯荧惑）	《后汉书》卷6《孝质帝纪》	
桓帝	建和元年春正月戊午	建和元年春正月辛亥朔，日有食之……戊午，大赦天下。赐吏更劳一岁；男子爵，人二级，为父后及三老、孝悌、力田人三级；鳏、寡、孤、独、笃癃、贫不能自存者粟，人五斛；贞妇帛，人三匹。灾害所伤什四以上，勿收田租；其不满者，以实除之	大赦天下	赐更劳、赐爵、粟帛、勿收田租	天象（日食）	《后汉书》卷7《孝桓帝纪》	
	建和二年春正月甲子	二年春正月甲子，皇帝加元服。庚午，大赦天下。赐河闲、勃海二王黄金各百斤，彭城诸国王各五十斤；公主、大将军、三公、特进、侯、中二千石、二千石、将、大夫、郎吏、从官、四姓及梁邓小侯、诸夫人以下帛，各有差。年八十以上赐米、酒、肉，九十以上加帛二匹，绵三斤	大赦天下	赐黄金、赐帛、赐高年米酒肉	帝加元服	《后汉书》卷7《孝桓帝纪》	
	和平元年春正月甲子	和平元年春正月甲子，大赦天下，改元和平	大赦天下		改元	《后汉书》卷7《孝桓帝纪》	
	元嘉元年春正月癸酉	元嘉元年春正月，京师疾疫，使光禄大夫将医药案行。癸酉，大赦天下，改元元嘉	大赦天下		灾异（疾疫）、改元	《后汉书》卷7《孝桓帝纪》	
	永兴元年夏五月丙申	夏五月丙申，大赦天下，改元永兴	大赦天下		改元	《后汉书》卷7《孝桓帝纪》	

帝号	年月	材料	赦	赐	背景	出处	备注
桓帝	永兴二年春正月甲午	是岁，武陵太守应奉招诱叛蛮，降之。二年春正月甲午，大赦天下	大赦天下		不详	《后汉书》卷7《孝桓帝纪》	
	永寿元年春正月戊申	永寿元年春正月戊申，大赦天下，改元永寿	大赦天下		改元	《后汉书》卷7《孝桓帝纪》	
	永寿三年春正月己未	三年春正月己未，大赦天下	大赦天下		不详	《后汉书》卷7《孝桓帝纪》	
	延熹元年六月戊寅	甲戌晦，日有食之。京师蝗。六月戊寅，大赦天下，改元延熹	大赦天下		灾异（蝗）、天象（日食）、改元	《后汉书》卷7《孝桓帝纪》	
	延熹三年春正月丙申	三年春正月丙申，大赦天下	大赦天下			《后汉书》卷7《孝桓帝纪》	
	延熹四年六月己酉	六月，京兆、扶风及凉州地震。庚子，岱山及博尤来山并颓裂。己酉，大赦天下	大赦天下		灾异（地震山崩）	《后汉书》卷7《孝桓帝纪	
	延熹六年三月戊戌	六年春二月戊午，司徒种暠薨。三月戊戌，大赦天下	大赦天下		不详	《后汉书》卷7《孝桓帝纪》	
	延熹八年三月辛巳	护羌校尉段颎击罕姐羌，破之。三月辛巳，大赦天下	大赦天下		不详	《后汉书》卷7《孝桓帝纪》	
	永康元年六月庚申	五月丙申，京师及上党地裂。庐江贼起，寇郡界。壬子晦，日有食之。诏公、卿、校尉举贤良方正。六月庚申，大赦天下，悉除党锢，改元永康	大赦天下、除党锢		灾异（地裂）、天象（日食）	《后汉书》卷7《孝桓帝纪》	

帝号	年月	材料	赦	赐	背景	出处	备注
灵帝	建宁元年二月辛酉	庚子，即皇帝位，年十二。改元建宁……大赦天下。赐民爵及帛各有差	大赦天下	赐民爵、帛	践祚	《后汉书》卷8《孝灵帝纪》	
	建宁二年春正月丁丑	二年春正月丁丑，大赦天下	大赦天下		不详	《后汉书》卷8《孝灵帝纪》	
	建宁四年春正月甲子	四年春正月甲子，帝加元服，大赦天下。赐公卿以下各有差，唯党人不赦	大赦天下、党人不赦	赐公卿以下各有差	帝加元服	《后汉书》卷8《孝灵帝纪》	
	熹平元年夏五月己巳	夏五月己巳，大赦天下，改元熹平	大赦天下		改元	《后汉书》卷8《孝灵帝纪》	
	熹平二年二月壬午	二年春正月，大疫，使使者巡行致医药。丁丑，司空宗俱薨。二月壬午，大赦天下。以光禄勋杨赐为司空	大赦天下		灾异（大疫）	《后汉书》卷8《孝灵帝纪》	
	熹平三年二月己巳	三年春正月，夫余国遣使贡献。二月己巳，大赦天下	大赦天下		不详	《后汉书》卷8《孝灵帝纪》	
	熹平四年五月丁卯	夏四月，郡国七大水。五月丁卯，大赦天下	大赦天下		灾异（大水）	《后汉书》卷8《孝灵帝纪》	
	熹平五年夏四月癸亥	五年夏四月癸亥，大赦天下	大赦天下		不详	《后汉书》卷8《孝灵帝纪》	
	熹平六年春正月辛丑	六年春正月辛丑，大赦天下	大赦天下		不详	《后汉书》卷8《孝灵帝纪》	

续表

帝号	年月	材料	赦	赐	背景	出处	备注
灵帝	光和元年三月辛丑	二月辛亥朔，日有食之。癸丑，光禄勋陈国袁滂为司徒。己未，地震。始置鸿都门学生。三月辛丑，大赦天下，改元光和	大赦天下		灾异（地震）、天象（日食）、改元	《后汉书》卷8《孝灵帝纪》	
	光和二年夏四月丁酉	夏四月甲戌朔，日有食之。辛巳，中常侍王甫及太尉段颎并下狱死。丁酉，大赦天下，诸党人禁锢小功以下皆除之	大赦天下、除党锢		灾异（日食）	《后汉书》卷8《孝灵帝纪》	
	光和三年春正月癸酉	三年春正月癸酉，大赦天下	大赦天下		不详	《后汉书》卷8《孝灵帝纪》	
	光和四年夏四月庚子	夏四月庚子，大赦天下	大赦天下		不详	《后汉书》卷8《孝灵帝纪》	
	光和五年春正月辛未	五年春正月辛未，大赦天下	大赦天下		不详	《后汉书》卷8《孝灵帝纪》	
	光和六年三月辛未	六年春正月，日南徼外国重译贡献。二月，复长陵县，比丰、沛。三月辛未，大赦天下	大赦天下		不详	《后汉书》卷8《孝灵帝纪》	
	中平元年三月壬子	中平元年春二月，巨鹿人张角自称"黄天"，其部师有三十六（万）〔方〕，皆著黄巾，同日反叛……壬子，大赦天下，党人还诸徙者①，唯张角不赦	大赦天下、还徙党人、张角不赦		平叛	《后汉书》卷8《孝灵帝纪》	

---

① 《后汉书》卷8《孝灵帝纪》，第348页，原文句读为"大赦天下党人，还诸徙者，唯张角不赦"。从大赦天下的习语及上下文关系，笔者改为"大赦天下，党人还诸徙者，唯张角不赦"。

续表

帝号	年月	材料	赦	赐	背景	出处	备注
灵帝	中平元年十二月己巳	十二月己巳，大赦天下，改元中平	大赦天下		改元	《后汉书》卷8《孝灵帝纪》	
	中平三年春二月庚戌	三年春二月，江夏兵赵慈反，杀南阳太守秦颉。庚戌，大赦天下	大赦天下		平叛	《后汉书》卷8《孝灵帝纪》	
	中平四年春正月己卯	四年春正月己卯，大赦天下	大赦天下		不详	《后汉书》卷8《孝灵帝纪》	
	中平五年春正月丁酉	五年春正月，休屠各胡寇西河，杀郡守邢纪。丁酉，大赦天下	大赦天下		平叛	《后汉书》卷8《孝灵帝纪》	
少帝	中平六年夏四月戊午	戊午，皇子辩即皇帝位，年十七。尊皇后曰皇太后，太后临朝。大赦天下，改元为光熹	大赦天下		践祚	《后汉书》卷8《孝灵帝纪》	
	光熹元年八月辛未	……辛未，还宫。大赦天下，改光熹为昭宁	大赦天下		改元	《后汉书》卷8《孝灵帝纪》	
献帝	昭宁元年九月	九月甲戌，即皇帝位，年九岁。迁皇太后于永安宫。大赦天下。改昭宁为永汉	大赦天下		践祚、改元	《后汉书》卷9《孝献帝纪》	
	初平元年春正月辛亥	初平元年春正月，山东州郡起兵以讨董卓。辛亥，大赦天下	大赦天下		平叛	《后汉书》卷9《孝献帝纪》	
	初平二年春正月辛丑	孙坚杀荆州刺史王睿，又杀南阳太守张咨。二年春正月辛丑，大赦天下	大赦天下		平叛	《后汉书》卷9《孝献帝纪》	

续表

帝号	年月	材料	赦	赐	背景	出处	备注
献帝	初平三年春正月丁丑	三年春正月丁丑，大赦天下	大赦天下		平叛	《后汉书》卷9《孝献帝纪》	
	初平三年五月丁酉	夏四月辛巳，诛董卓，夷三族……东郡太守曹操大破黄巾于寿张，降之。五月丁酉，大赦天下	大赦天下		克捷	《后汉书》卷9《孝献帝纪》	
	初平三年六月己未	丁未，征西将军皇甫嵩为车骑将军。董卓部曲将李傕、郭汜、樊稠、张济等反，攻京师。六月戊午，陷长安城……己未，大赦天下	大赦天下		平叛	《后汉书》卷9《孝献帝纪》	
	初平四年春正月丁卯	四年春正月甲寅朔，日有食之。丁卯，大赦天下	大赦天下		天象（日食）	《后汉书》卷9《孝献帝纪》	
	兴平元年春正月辛酉	兴平元年春正月辛酉，大赦天下，改元兴平。甲子，帝加元服	大赦天下		改元、加元服	《后汉书》卷9《孝献帝纪》	甲子在辛酉后三日
	兴平二年春正月癸丑	二年春正月癸丑，大赦天下	大赦天下		不详	《后汉书》卷9《孝献帝纪》	
	建安元年春正月癸酉	建安元年春正月癸酉，郊祀上帝于安邑，大赦天下，改元建安	大赦天下		改元	《后汉书》卷9《孝献帝纪》	
	建安元年秋七月丁丑	丁丑，郊祀上帝，大赦天下。己卯，谒太庙……	大赦天下		祀上帝	《后汉书》卷9《孝献帝纪》	

附表4　　　　　　　　　里耶秦简中的"出稟""出食""出贷"①

稟食方式	时间	仓名	名称数量	稟食者	受稟食者	视平	完整简文
出稟	廿六年八月甲子		稻一石五斗	仓守逐、佐显、稟人青	乘城卒士伍稀归般里广、居赀士伍胸忍定里枯	令史釦	稻一石五斗。廿六年八月甲子，仓守逐、佐显、稟人青出乘城卒士五（伍）姊（稀）归般里广、居赀士五（伍）胸Ⅰ忍定里枯。令史釦监。Ⅱ9-1127+9-1920
	廿七年端月		粟米一石八斗半斗	仓武、佐壬、稟陵	大隶妾援	令史行	粟米一石八斗半斗。廿七年端月丁未，仓武、佐壬、稟陵出稟大隶妾援六斗大半斗、婶六斗少半Ⅰ斗、□五斗半斗。十二月食。令史行监。☒Ⅱ9-134+9-262
	廿七年十二月丁酉		粟米二斗	仓武、佐辰、稟人陵	小隶臣益	令史戎夫	粟米二斗。　廿七年十二月丁酉，仓武、佐辰、稟人陵出以稟小隶臣益。Ⅰ令史戎夫监。Ⅱ8-1551
	卅一年正月甲寅	径膚	粟米三石六斗二升半升	仓守武、史感、稟人援	使□	令史窨	径膚粟米三石六斗二升半升。·卅一年正月甲寅，仓守武、史感、稟人援出稟使□Ⅰ令史窨视平。☒Ⅱ9-726+9-1033
	卅一年正月甲寅朔丙辰	径膚	粟米一石九斗少半斗	田官守敬、佐壬、稟人□	屯戍士五巫狼旁久铁	令史扁	径膚粟米一石九斗少半斗。卅一年正月甲寅朔丙辰，田官守敬、佐壬、稟人□出稟屯戍士五巫狼旁久铁。Ⅰ令史扁视平。壬手。Ⅱ9-762
	卅一年正月甲寅朔丙辰	径膚	粟米一石九斗少半斗	田官守敬、佐壬、稟人显	赀赀士伍巫中陵免将	令史扁	径膚粟米一石九斗少半斗。　卅一年正月甲寅朔丙辰，田官守敬、佐壬、稟人显出稟赀赀士五（伍）巫中陵免将。Ⅰ令史扁视平。壬手。Ⅱ8-764
	卅一年正月壬戌	径膚	粟米一石二斗少半半升	仓守武、史感、稟人堂	大隶臣快	令史窨	径膚粟米一石二斗少半半升。·卅一年正月壬戌，仓守武、史感、稟人堂出稟大隶臣快。Ⅰ令史窨视平。感手。Ⅱ9-813+9-1122

① 本表为简牍学研究生张岗制作。

禀食方式	时间	仓名	名称数量	禀食者	受禀食者	视平	完整简文
出禀	卅一年正月丁丑	径廥	粟米一石二斗少半半升	仓守武、史感、禀人堂	使小隶臣徐	令史窨	径廥粟米一石二斗少半半升。卅一年正月丁丑，仓守武、史感、禀人堂出禀使小隶臣徐。Ⅰ令史窨视平。感手。Ⅱ9-440+9-595
	卅一年正月甲寅朔壬午		粟米一石六斗二升半升	启陵乡守尚、佐取、禀人小	大隶妾□、京、窑、莔、并等	令史气	粟米一石六斗二升半升。卅一年正月甲寅朔壬午，启陵乡守尚、佐取、禀人小出禀大隶妾□、京、窑、莔、并、□人、☑Ⅰ乐窨、韩欧毋正月食，积卅九日，日三升泰半半升。令史气视平。☑Ⅱ8-925+8-2195
	卅一年二月辛卯		稻八斗	仓守武、史感、禀人堂	少内佐□	令史窨	稻八斗。卅一年二月辛卯，仓守武、史感、禀人堂出禀少内佐□Ⅰ令史窨视平。感手。Ⅱ9-16
	卅一年二月辛卯	径廥	粟米一石二斗半斗	仓守武、史感、禀人堂	隶妾堂	令史窨	径廥粟米一石二斗半斗。卅一年二月辛卯，仓守武、史感、禀人堂出禀隶妾堂。Ⅰ令史窨视平。感手。Ⅱ8-800+9-110
	卅一年二月己丑	径廥	粟米一石二斗半斗	仓守武、史感、禀人堂	隶妾援	令史窨	径廥粟米一石二斗半斗。　卅一年二月己丑，仓守武、史感、禀人堂出禀隶妾援。Ⅰ令史窨视平。　感手。Ⅱ8-2249
	卅一年三月丙寅		粟米一石二斗半斗	仓武、佐敬、禀人援	大隶妾□	令史尚	粟米一石二斗半斗。卅一年三月丙寅，仓武、佐敬、禀人援出禀大隶妾□。Ⅰ令史尚监。Ⅱ8-760
	卅一年三月癸丑		粟米一石二斗半斗	仓守武、史感、禀人援	大隶妾并	令史窨	粟米一石二斗半斗。　·卅一年三月癸丑，仓守武、史感、禀人援出禀大隶妾并。Ⅰ令史窨视平。感手。Ⅱ8-763
	卅一年四月癸未		粟米四斗泰半斗	贰春乡守氏夫、佐吾、禀人蓝	屯戍司寇江陵戏里□	令史扁	粟米四斗泰半斗。令史扁视平。Ⅰ卅一年四月癸未，贰春乡守氏夫、佐吾、禀人蓝出禀屯戍司寇江陵戏里□。Ⅱ9-761
	卅一年四月戊子		粟米一石二斗六分升四	贰春乡守氏夫、佐吾、禀人蓝	隶妾廉	令史逐	粟米一石二斗六分升四。　令史逐视平。Ⅰ卅一年四月戊子，贰春乡守氏夫、佐吾、禀人蓝禀隶妾廉。Ⅱ8-1557

续表

稟食方式	时间	仓名	名称数量	稟食者	受稟食者	视平	完整简文
出稟	卅一年五月乙卯		稻一石一斗八升	仓是、史感、稟人援	迁陵丞昌	令史尚	稻一石一斗八升。卅一年五月乙卯，仓是、史感、稟人援出稟迁陵丞昌。·四月、五月食。Ⅰ令史尚视平。感手。Ⅱ8-1345+8-2245
	卅一年五月癸酉		粟米五斗	仓是、史感、稟人堂	隶妾婴儿揄	令史尚	粟米五斗。 卅一年五月癸酉，仓是、史感、稟人堂出稟隶妾婴儿揄。Ⅰ令史尚视平。 感手。Ⅱ8-1540
	卅一年六月己酉		稻三石六斗二升半	启陵乡守获、佐冣、稟人小	大隶妾规、得、□女	令史□	稻三石六斗二升半。卅一年六月己酉，启陵乡守获、佐冣、稟人小出稟大隶妾规、得、□女凡三Ⅰ□＝一石二斗少半半升。□□□。令史□视平。□□。Ⅱ9-2337
	卅一年七月辛亥朔朔日	径廥	粟米四石	田官守敬、佐壬、稟人娙	罚戍公卒襄城武宜都胠、长利士伍甗	令史逐	径廥粟米四石。 卅一年七月辛亥朔朔日，田官守敬、佐壬、稟人娙出稟罚戍公卒襄城武宜都胠、长利士五（伍）甗。Ⅰ令史逐视平。壬手。Ⅱ8-2246
	卅一年七月辛亥朔朔日	径廥	粟米一石六斗	田官守敬、佐壬、稟人娙	罚▨	令史逐	径廥粟米一石六斗。卅一年七月辛亥朔朔日，田官守敬、佐壬、稟人娙出稟罚▨Ⅰ令史逐视平。▨Ⅱ9-41
	卅一年七月辛亥朔癸酉	径廥	粟米一石八斗泰半	田官守敬、佐壬、稟人莕	屯戍簪裹襄完里黑、士伍朐忍松涂增	令史逐	径廥粟米一石八斗泰半。 卅一年七月辛亥朔癸酉，田官守敬、佐壬、稟人莕出稟屯戍簪裹襄完里黑、士五（伍）朐忍松涂增Ⅰ六月食，各九斗少半。令史逐视平。 敦长簪裹襄裒德中里悍出。壬手。Ⅱ8-1574+8-1787
	卅一年七月辛亥朔己卯		稻三石泰半斗	启陵乡守带、佐冣、稟人小	佐蒲、就	令史气	稻三石泰半斗。卅一年七月辛亥朔己卯，启陵乡守带、佐冣、稟人小出稟佐蒲、就七月各廿三日食。Ⅰ令史气视平。 冣。Ⅱ8-1550
	卅一年八月辛丑			仓是、史感、稟堂	小隶臣□	令史□	卅一年八月辛丑，仓是、史感、稟堂出稟未小隶臣□。 令史□视平。感手。8-1153+8-1342

禀食方式	时间	仓名	名称数量	禀食者	受禀食者	视平	完整简文
出禀	卅一年八月壬寅		稻四斗八升少半半升	仓是、史感、禀人堂	隶臣婴儿槐库	令史悍	稻四斗八升少半半升。卅一年八月壬寅,仓是、史感、禀人堂出禀隶臣婴自〈儿〉槐库。Ⅰ令史悍平。六月食。感手。Ⅱ8-217
	卅一年九月庚申		稻五斗	仓是、史感、禀人堂	隶臣☐	令史尚	稻五斗。 卅一年九月庚申,仓是、史感、【禀人】堂出禀隶臣☐Ⅰ令史尚视平。Ⅱ8-211
	卅一年后九月辛巳		稻一石九斗六升少半半升	仓守武、史感、禀人援	隶妾苣	令史尚	稻一石九斗六升少半半升。卅一年后九月辛巳,仓守武、史感、禀人援出禀隶妾苣九月十八日、后九月食。Ⅰ令史尚视平。☐Ⅱ8-1905+9-309+9-976
	卅一年十月乙酉	径廥	粟米二石	仓守妃、佐富、禀人援	屯☐		径廥粟米二石。☐Ⅰ卅一年十月乙酉,仓守妃、佐富、禀人援出禀屯☐Ⅱ8-56
	卅一年十月乙酉	丙廥	粟米二石	仓守妃、佐富、禀人援	屯戍士伍孱陵咸阴敝臣	令史扁	丙廥粟米二石。 令史扁视平。Ⅰ卅一年十月乙酉,仓守妃、佐富、禀人援出禀屯戍士五(伍)孱陵咸阴敝臣。 富手。Ⅱ8-1545
	卅一年十一月乙卯	径廥	粟米一石二斗少半半升	仓守妃、史感、禀人援	大隶妾簪	令史扁	径廥粟米一石二斗少半半升。卅一年十一月乙卯,仓守妃、史感、禀人援出禀大隶妾簪。Ⅰ令史扁视平。感手。Ⅱ9-85+9-1493
	卅一年十一月丙辰	径廥	粟米一石二斗少半斗	仓守妃、史感、禀人援	大隶妾始	令史扁	径廥粟米一石二斗少半斗。 卅一年十一月丙辰,仓守妃、史感、禀人援出禀大隶妾始。Ⅰ令史扁视平。感手。Ⅱ8-766
	卅一年十一月丙辰	径廥	粟一石二斗少半半升	仓守妃、史感、禀人援	大隶妾女	令史扁	径廥粟一石二斗少半半升。卅一年十一月丙辰,仓守妃、史感、禀人援出禀大隶妾女。Ⅰ令史扁视平。感手。Ⅱ9-13

禀食方式	时间	仓名	名称数量	禀食者	受禀食者	视平	完整简文
出禀	卅一年十二月甲申	径廥	粟米三石七斗少半升	仓妃、史感、禀人窑	冗作大女鐵	令史窨	径廥粟米三石七斗少半升。·卅一年十二月甲申，仓妃、史感、禀人窑出禀冗作大女鐵 十月、十一月、十二月食。令史窨视平。感手。Ⅱ8-1239+8-1334
	卅一年十二月甲申		粟米二石	仓妃、史感、禀人堂	屯戍士伍巫狼旁久铁	令史窨	卅一年十二月甲申，仓妃、史感、禀人堂出禀屯戍士五（伍）巫狼旁久戜（铁）。Ⅰ粟米二石。令史窨视平。和出。感手。Ⅱ9-2334
	卅一年十二月戊戌	径廥	粟米一石二斗半斗	仓妃、史感、禀人援	大隶妾援	令史朝	径廥粟米一石二斗半斗。·卅一年十二月戊戌，仓妃、史感、禀人援出禀大隶妾援。Ⅰ令史朝视平。Ⅱ8-762
	卅二年八月乙巳朔壬戌		粟米三石七斗少半斗	贰春乡守福、佐敢、禀人枞	隶臣周	令史兼	粟米三石七斗少半斗。卅二年八月乙巳朔壬戌，贰春乡守福、佐敢、禀人枞出以禀隶臣周十月、六月廿六日食。 令史兼视平。 敢手。8-2247
				☐佐富、禀人	屯戍☐		☐佐富、禀人出禀屯戍☐8-81
				牢监襄、仓佐☐			☐☐出禀牢监襄、仓佐☐。四月三日。Ⅰ☐感手。Ⅱ8-270
	☐年三月癸丑			仓守武、史感、禀人堂	使小隶臣就	令史窨	☐年三月癸丑，仓守武、史感、禀人堂出禀使小隶臣就。令史窨视平。8-1360+8-448
	☐八月丙戌			仓是、史感、禀人堂	令史旌	令史悍	☐八月丙戌，仓是、史感、禀人堂出禀令史旌☐Ⅰ☐令史悍视平。☐Ⅱ8-1031
				☐史感、禀人堂		令史悍	☐史感、禀人堂出禀☐ Ⅰ☐令史悍视平 ☐ Ⅱ8-1037

续表

稟食方式	时间	仓名	名称数量	稟食者	受稟食者	视平	完整简文
出稟					令史端	☑史尚	☑稟令史端四日☑☑　Ⅰ☑史尚视平。　Ⅱ8-1046
	☑月庚戌			仓是、史感、稟人堂	库佐处	令史悍	☑月庚戌，仓是、史感、稟人堂出稟库佐处☑Ⅰ☑令史悍视平。　☑Ⅱ8-1063
					令史端、德、绕、旌、尚		☑稟令史端、德、绕、旌、尚。Ⅰ☑　感手。　Ⅱ8-1066
				仓是、佐蒲、稟人援			☑仓是、佐蒲、稟人援出稟☑8-1134
				史感稟人援出	大隶妾庇	尚视平	☑史感稟人援出稟大隶妾庇Ⅰ☑尚视平。感手。　Ⅱ8-1177
				☑稟人廉	乡夫		☑稟人廉出稟乡夫七月食。Ⅰ☑却手。Ⅱ8-1238
	☑朔朔日			田官守敬、佐壬、稟人婳	居赀士伍江陵东就娈	☑史逐	☑朔朔日，田官守敬、佐壬、稟人婳出稟居赀士五（伍）江陵东就娈Ⅰ☑史逐视平。☑Ⅱ8-1328
	☑□年正月戊午			仓守武、史感、稟人援	使小隶臣寿	令史窋	☑□年正月戊午，仓守武、史感、稟人援出稟使小隶臣寿。Ⅰ令史窋视平。　感手。Ⅱ8-1580
				史感、稟人援	隶妾忍、要等	令史尚	☑【史】感、稟人援出稟隶妾忍、要、欤娍、糑謍、小女、窗、欧。Ⅰ☑令史尚视平。　感手。Ⅱ8-1584

续表

稟食方式	时间	仓名	名称数量	稟食者	受稟食者	视平	完整简文
出稟				☐啓陵乡守增、佐富、稟人小	大隶妾徒	令史逐	☐啓陵乡守增、佐富、稟人小出稟大隶妾徒十二月食。Ⅰ☐令史逐视平。 富手。Ⅱ8-1839
	☐五月乙卯			仓是、史感、稟人援	迁陵丞昌	令史尚	☐五月乙卯，仓是、史感、稟人援出稟迁陵丞昌。 ·四月、五月食。Ⅰ☐令史尚视平。感手。Ⅱ8-2245
	☐癸巳			仓守适、佐臂、稟人中	启陵乡狐	令佐壬	☐癸巳，仓守适、佐臂、稟人中出稟启陵乡狐正月、二月十三日食。Ⅰ☐令佐壬视。臂手。Ⅱ9-202+9-3238
				☐守处、稟人婴	更戍虞吉里上造□	令佐章	☐守处、稟人婴出稟更戍虞吉里上造□。Ⅰ☐令佐章视平处手。Ⅱ9-268
	☐朔丁巳			仓守处、稟人婴	更戍留荥阳不更詹	令佐章	☐朔丁巳，仓守处、稟人婴出稟更戍留荥阳不更詹。Ⅰ☐令佐章视平。处手。Ⅱ9-363
	☐□朔朔日			田官守敬、史遬、稟人均	屯戍阆中下里孔	令史扁	☐□朔朔日，田官守敬、史遬、稟人均出稟屯戍阆中下里孔。Ⅰ☐令史扁视平。遬手。Ⅱ9-552
				佐□、稟人小	戍卒阳□		☐□、佐□、稟人小以稟戍卒阳□☐9-1197
					大隶☐	佐壬	☐中出稟大隶☐Ⅰ☐佐壬视平。☐Ⅱ9-1358
				☐襄、稟人蓝	隶☐		☐襄、稟人蓝出稟□□□五斗隶☐Ⅰ☐平☐Ⅱ9-1505

续表

禀食方式	时间	仓名	名称数量	禀食者	受禀食者	视平	完整简文
出禀				☑人婴	隶妾☑		☑人婴出禀隶妾☑三月食。Ⅰ☑处手。Ⅱ9-1527
				☑☑禀人☑	隶妾婴儿道		☑☑禀人☑出禀隶妾婴儿道十一月、十二月、正月食。Ⅰ☑监。Ⅱ9-1574+9-1976
				☑☑☑禀人☑	田佐☑		☑☑☑☑禀人☑出以禀田佐☑七月☑☑☑九月廿二日☑Ⅰ☑☑☑视平。☑Ⅱ9-1906
	☑朔癸巳			仓守适、佐孯、禀人中	隶妾☑	令佐壬	☑朔癸巳,仓守适、佐孯、禀人中出禀隶妾☑正月、二月十三日食。Ⅰ☑令佐壬视平。孯手。Ⅱ9-1913
出食	廿六年五月庚戌		粢粟米四斗一升泰半升	癍舍守欧、佐秦	居贷士伍胸忍宜新符	令史肆	廿六年五月庚戌,癍舍守欧、佐秦出粢粟米四斗一升泰半升,以食癍者居贷士五(伍)胸忍宜新符积十三日,日少半斗,积四斗少半Ⅰ升。令史肆监。Ⅱ9-2292+9-2303
	卅一年正月甲寅朔丁巳	径廥	粟米一石九斗五升六分升五	司空守增、佐得	春、小城旦渭等卅七人	令史☑	径廥粟米一石九斗五升六分升五。卅一年正月甲寅朔丁巳,司空守增、佐得出食春、小城旦渭等卅七人,积卅七日,日四升六分升一。Ⅰ令史☑视平。得手。Ⅱ8-212+8-426+8-1632
	卅一年正月甲寅朔己巳	径廥	粟米一石八斗七升半升	司空守增、佐得		令史窅	径廥粟米一石八斗七升半升。卅一年正月甲寅朔己巳,司空守增、佐得出以☑☑Ⅰ令史窅视平。☑Ⅱ8-474+8-2075
	卅一年三月癸酉		粟米八升	贰春乡守氏夫、佐壬	春央㝬等	令史扁	卅一年三月癸酉,贰春乡守氏夫、佐壬出粟米八升食春央㝬等二☑Ⅰ令史扁视平。☑Ⅱ8-1576

稟食方式	时间	仓名	名称数量	稟食者	受稟食者	视平	完整简文
	卅一年四月辛卯		粟米八升少半升	贰春守氏夫、佐吾	春、白粲□	令史逐	粟米八升少半升。　令史逐视平。☑Ⅰ卅一年四月辛卯，贰春守氏夫、佐吾出食春、白粲□等。Ⅱ☑8-1335
	卅四年七月甲子朔辛巳		粟米一石四斗半斗	仓□、佐㬥、稟人中	沅陵狱佐□	令史	粟米一石四斗半斗。卅四年七月甲子朔辛巳，仓□、佐㬥、稟人中出以食沅陵狱佐□☑Ⅰ令史监。☑Ⅱ9-528+9-1129
	卅一年十二月乙未		粟米八升少半升	贰春乡守氏夫、佐佗、稟人廉	白粲☑	令史扁	粟米八升少半升。令史扁视平。☑Ⅰ卅一年十二月乙未，贰春乡守氏夫、佐佗、稟人廉出食白粲☑Ⅱ9-1466
出食	卅四年七月甲子朔辛巳		粟米一石四斗半斗	仓□、佐㬥、稟人中	沅陵狱佐□	令史	粟米一石四斗半斗。卅四年七月甲子朔辛巳，仓□、佐㬥、稟人中出以食沅陵狱佐□☑Ⅰ令史监。☑Ⅱ9-528+9-1129
	卅五年四月己未朔庚申		粟米十三石八斗	仓衔、佐☑			粟米十三石八斗。　卅五年四月己未朔庚申，仓衔、佐☑Ⅰ三月、四月食。【令】☑Ⅱ8-1167正+8-1392
				□□司空守兹、佐得	春、小城旦却等五十二人	令史尚	□□司空守兹、佐得出以食春、小城旦却等五十二人，积五十二日，日四升六分升一。Ⅰ☑令史尚视平。得手。Ⅱ8-351+8-216
					春、小城旦☑		☑得出以食春、小城旦☑8-337
				佐援	完城旦毋择等七人		□□佐援出以食完城旦毋择等七人。9-778

廪食方式	时间	仓名	名称数量	廪食者	受廪食者	视平	完整简文
出食		都仓	粟	□□乡敬、佐罢	城旦荣、隶臣居赀佁	令史赜	▨□□乡敬、佐罢杂出都仓付粟以食城旦荣、隶臣居赀佁，凡二人，各Ⅰ▨□□二月食。Ⅱ▨令史赜监。罢手。Ⅲ9-1120
出贷	廿六年七月庚戌		稻粟米四斗少半斗	癃舍守宣、佐秦	居赀士五（伍）胸忍脩仁齐	令史庆	廿六年七月庚戌，癃舍守宣、佐秦出稻粟米四斗少半斗以贷居赀士五（伍）胸忍脩仁齐，积十三日，日少半斗。Ⅰ令史庆监。▨Ⅱ9-1301+9-1935+9-1937
	廿六年七月庚戌		稻粟米二斗	癃舍守宣、佐秦	居赀士五（伍）巫需留利	令史庆	廿六年七月庚戌，癃舍守宣、佐秦出稻粟米二斗以贷居赀士五（伍）巫需留利，积六日，日少半斗。Ⅰ令史庆监。▨Ⅱ9-1903+9-2068
	卅一年四月癸未朔□未	径廥	粟米一石九斗少半	田官守敬、佐壬、稟人娃	居责察（索）武昌士五（伍）挚	令史逐	径廥粟米一石九斗少半。卅一年四月癸未朔□未，田官守敬、佐壬、稟人娃出责责察（索）武昌士五（伍）挚。Ⅰ令史逐视平。壬手。Ⅱ9-901+9-902+9-960+9-1575
	卅一年五月壬子朔己未	径廥	粟米一石泰半斗	田官守敬、佐郤、稟人娃	罚戍公卒襄武宜都肱	令史逐	径廥粟米一石泰半斗。卅一年五月壬子朔己未，田官守敬、佐郤、稟人娃出贯罚戍公卒襄武宜都肱。Ⅰ令史逐视平。郤手。Ⅱ9-763+9-775
	卅一年六月壬午朔朔日	径廥	粟米四斗泰半斗	田官守敬、佐郤、稟人娃	居赀士伍（五）巫南就路	令史逐	径廥粟米四斗泰半斗。卅一年六月壬午朔朔日，田官守敬、佐郤、稟人娃出贯居赀士五（伍）巫南就路五月乙亥以尽辛巳七日食。Ⅰ令史逐视平。郤手。Ⅱ8-1014+9-934

禀食方式	时间	仓名	名称数量	禀食者	受禀食者	视平	完整简文
出贷	卅一年六月壬午朔朔日	径廥	粟米四斗泰半斗	田官守敬、佐郤、禀人嫛	居赀士五（伍）巫库处阑叔	令史逐	径廥粟米四斗泰半斗。卅一年六月壬午朔朔日，田官守敬、佐郤、禀人嫛出赀居赀士五（伍）巫库处阑叔五月乙亥以尽辛巳七日食。I令史逐视平。郤手。II9-1117+9-1194
	卅一年六月壬午朔丁亥			田官守敬、佐郤、禀人嫛	罚戍簪裹怀德中里悍	令史逐	卅一年六月壬午朔丁亥，田官守敬、佐郤、禀人嫛出赀罚戍簪裹坏（杯）德中里悍。I令史逐视平。郤手。II8-1102+8-781
	卅三年九月戊辰乙酉		粟米二石	仓是、佐襄、禀人蓝			粟米二石。卅三年九月戊辰乙酉，仓是、佐襄、禀人蓝出贷【更】☐I令☐II8-1660+8-1827
	卅三年十月甲辰朔壬戌		粟米一石九斗少半斗	发弩绎、尉史过	罚戍士伍醴阳同☐禄	令史兼	粟米一石九斗少半斗。卅三年十月甲辰朔壬戌，发弩绎、尉史过出赀罚戍士五（伍）醴阳同☐禄。廿I令史兼视平。过手。II8-761
				☐禀人忠	更戍城父士五阳糯佣		☐禀人忠出贷更戍城父士五阳糯佣八月九月☐8-980
					居赀士五（伍）巫南就路		☐☐出赀居赀士五（伍）巫南就路五月乙亥以尽辛巳七日食。I☐缺手。II8-1014
				禀人忠	更戍士五城父蒙里☐	令史却	禀人忠出贷更戍士五城父蒙里☐☐I令史却视平 ☐II8-1024
				佐操、禀人瘴	贫毋种者成里☐☐	令史☐	……佐操、禀人瘴以贷贫毋种者成里☐☐I令史☐监。自受。☐II9-880+9-1023

禀食方式	时间	仓名	名称数量	禀食者	受禀食者	视平	完整简文
出贷				☑佐奢、禀人小	更成不更城父左里节		☑佐奢、禀人小以贷更成不更城父左里节。·三月食☑9-1980
				☑人忠	更成士伍城父中里简		☑人忠出贷更成士五（伍）城父中里简。8-1000
	☑巳朔朔日			启陵乡守狐	适成☑☑		☑巳朔朔日，启陵乡守狐出贷适成☑☑8-1029
					卒戍士伍涪陵戏里去死		☑□出贷吏以卒戍士五（伍）涪陵戏里去死十一月食。Ⅰ☑尉史☑出。　狗手。Ⅱ8-1094
				禀人忠	阳里士伍过		☑【禀】人忠出贷阳里士五（伍）过。Ⅰ☑□手。Ⅱ8-2233
				☑人忠	更成士伍城父阳郑得		☑人忠出贷更成士五（伍）城父阳郑得☑8-850
					适成士伍高里庆忌		☑贷适成士五（伍）高里庆忌☑8-899
不明禀食方式	廿九年三月丁酉	丙廥	粟米一石	仓赵、史感、禀☑			丙廥粟米一石。　☑Ⅰ廿九年三月丁酉，仓赵、史感、禀☑Ⅱ8-1690
	卅年六月辛亥	乙廥	粟米三斗少半斗	司空守兹、史☑			卅年六月辛亥，司空守兹、史□□□□Ⅰ乙廥粟米三斗少半斗。☑Ⅱ8-1647
	卅一年正月甲寅朔壬午		粟米一石四斗半斗	启陵乡守尚、佐冣、禀人☑		令史气	粟米一石四斗半斗。卅一年正月甲寅朔壬午，启陵乡守尚、佐冣、禀人☑Ⅰ令史气视平。　☑Ⅱ8-1241

廪食方式	时间	仓名	名称数量	廪食者	受廪食者	视平	完整简文
	卅一年二月辛卯	径廥	粟米一石二斗半斗	仓守武、史感、禀人堂		令史䆫	径廥粟米一石二斗半斗。　卅一年二月辛卯，仓守武、史感、禀人堂出☑ I 令史䆫视平。　☑ II 8-800
	卅一年三月癸丑		☑斗	仓守武、史感☑			☑斗。　卅一年三月癸丑，仓守武、史感☑☑ I ☑　☑☑☑ II 8-606
	卅一年五月壬子朔壬戌		稻四	仓是、史感、禀人☑		令史尚	稻四。卅一年五月壬子朔壬戌，仓是、史感、禀人☑☑ I 令史尚视平。☑ II 8-45
	卅一年七月辛亥朔壬子		稻七石五斗	仓是、史☑		令史尚	稻七石五斗。卅一年七月辛亥朔壬子，仓是、史☑ I 令史尚视平。☑ II 8-1336
不明廪食方式	卅一年七月乙丑		稻一石二斗半斗	仓是、史感、禀☑			稻一石二斗半斗。　卅一年七月乙丑，仓是、史感、禀☑ 8-1794
	卅一年九月辛亥		稻五斗	仓☑		令史尚	稻五斗。　卅一年九月辛亥，仓☑ I 令史尚☑ II 8-7
	卅一年十月乙酉	径廥	粟米二石	仓守妃、佐富、禀☑			径廥粟米二石。　☑ I 卅一年十月乙酉，仓守妃、佐富、禀☑ II 8-1739
	卅一年十月甲寅	丙廥	粟米四石五斗	仓守妃☑			丙廥粟米四石五斗。　·卅一年十月甲寅，仓守妃☑ 8-821
	卅一年十二月甲申	径廥	粟二石	仓妃、史☑		令史扁	径廥粟二石。　卅一年十二月甲申，仓妃、史☑ I 令史扁视平。☑ II 8-1081
	卅一年十二月庚寅	丙廥	粟米一石二斗半斗				丙廥粟米一石二斗半斗。卅一年十二月庚寅☑☑ 8-1590

续表

禀食方式	时间	仓名	名称数量	禀食者	受禀食者	视平	完整简文
	卅一年十二月□□			仓□			□=……　卅一年十二月□□仓□ I □【视】平。　□II 8-379
	卅一年□□月乙酉	徑廥	粟米一石二斗半斗				徑廥粟米一石二斗半斗。ノ卅一年□□月乙酉□I 令□II 8-1257
	卅四年十一月丁卯朔朔日		粟米六斗	仓守就		令史壬	粟米六斗。卅四年十一月丁卯朔朔日，仓守就□I 令史壬□II 9-1173
	卅四年十一月丁卯朔朔日		粟米一石三斗少半斗	仓守就、佐襄		令史壬	粟米一石三斗少半斗。卅四年十一月丁卯朔朔日，仓守就、佐襄□I 斗。令史壬视平。□II 9-1224+9-1553
不明禀食方式	卅四年十一月丁卯朔朔日		粟米五石	仓守就、□□		史壬	粟米五石。卅四年十一月丁卯朔朔日，仓守就、□□I 弩□□□史壬视平。□II 9-2139
	卅五年正月庚寅朔朔日			仓守择、佐犟、禀人中		令史就	卅五年正月庚寅朔朔日，仓守择、佐犟、禀人中□I 令史就视平。□II 8-901+8-926+8-839
	卅五年五月己□		粟米五石三斗泰半				粟米五石三斗泰半。　卅五年五月己□6-12
	卅五年七月戊子朔乙未		粟廿九石	仓守□			粟廿九石。　卅五年七月戊子朔乙未，仓守□8-836+8-1779
	卅五年七月戊子朔乙巳		粟米三斗	仓守言、佐□□			粟米三斗。卅五年七月戊子朔乙巳，仓守言、佐□□□8-1268

禀食方式	时间	仓名	名称数量	禀食者	受禀食者	视平	完整简文
不明禀食方式	卅五年七月戊子朔丙辰		粟米六十四石				粟米六十四石。　卅五年七月戊子朔丙辰，□☑8-257+8-937
	卅□年二月□辰		粟米一石五斗	□守㠯		令史广	粟米一石五斗。卅□年二月□辰，□守㠯□□Ⅰ令史广□☑Ⅱ9-105
				仓守秃			☑长粟米□仓守秃☑6-17
				仓守妃、佐富、禀人援			☑仓守妃、佐富、禀人援☑8-915
	□甲辰			仓兹、禀人□			☑甲辰，仓兹、禀人□Ⅰ☑视平。☑Ⅱ8-1059
				守敬、佐邰、禀人□		令史逐	☑官守敬、佐邰、禀人□Ⅰ☑令史逐视平。☑Ⅱ8-1406
					史感、禀人堂	史尚	☑史感、禀人堂出☑Ⅰ☑史尚视平。☑Ⅱ9-1663

附表5　　　　　　　　　　　　　里耶秦简徒簿类文书汇表①
5-1　司空徒簿②

	徒簿名称	简文	备注
1	司空簿作□	卅年七月丁巳朔丙子，司空守兹薄（簿）作□□Ⅰ 二人有逮：裹、敬。□Ⅱ 一人捕鸟。□Ⅲ 一人与上攻者偕：诸。□Ⅳ9-1078 卅年七月丁巳朔丙子，司空守兹敢□Ⅰ 七月丙子水十一刻刻下二□Ⅱ9-1078背	作徒簿③
2	司空残簿	卅一年五月壬子【朔】乙丑，司【空】□Ⅰ 其一人以卅一年二月丙午有□□Ⅱ 二人行书成（咸）阳：□、僮□ Ⅲ一人□□□绰□Ⅳ□养：敬、言、瘲（应）□Ⅴ8- 2134+8-2102+8-2099	作徒簿 简文缀合见赵粲然等④
3	司空残簿	卅一年七月辛亥朔□□Ⅰ 其一人以卅一年二月丙午有□Ⅱ 人行书咸阳：□□Ⅲ10-591⑤	作徒簿 此简与简8-2134+8- 2102+8-2099和简8- 2111+8-2136有关联。 行书格式相似
4	司空残簿	卅一年七月辛亥朔丙寅，司空□Ⅰ 其一人为田畾养，成□Ⅱ 二人行书咸（成）阳：庆、适□Ⅲ □【人有逮】：富。□Ⅳ8-2111+8-2136	作徒簿 简文缀合据何有祖⑥

---

① 此表为研究生赵瑜制作。据《里耶秦简牍校释》（第一卷）、《里耶秦简牍校释》（第二卷）、《龙山里耶秦简之"徒簿"》[《出土文献研究》（第十二辑）]，有其他出处者以脚注标出。

② 各分表以时间排序。

③ 用徒机构上呈徒簿，多称"作徒簿"，常见"受"的字样；主徒机构司空和仓称"徒作簿"，常见"付"的字样。因主徒机构也有用徒的情况，因此司空和仓既有"徒作簿"，也有"作徒簿"。据赵瑜《里耶秦简牍所见徒簿类文书研究》，硕士学位论文，河北师范大学，2017。此从。

④ 赵粲然等：《里耶秦简缀合与释文补正八则》，《鲁东大学学报》2015年第2期。

⑤ 湖南省文物考古研究所：《龙山里耶秦简之"徒簿"》，第105页。

⑥ 何有祖：《里耶秦简牍缀合（七则）》，简帛网，http://www.bsm.org.cn/?qinjian/5865.html，2012年5月1日。

	徒簿名称	简文	备注
5	司空簿作□	三月乙亥，司空簿，作□□Ⅰ □一人有逮□Ⅱ□人送兵□Ⅲ 一人吏养癰（应）□Ⅳ8-697 卅三年三月辛【未朔乙亥】□Ⅰ □三月乙亥旦□□Ⅱ8-697背	作徒簿 "送"字为何有祖补释。① "养"后一字为谢坤所释。② 时间残断处为赵瑜据简8-1135"卅三年三月辛未朔"补入
6	司空簿作□	□司空守扁薄（簿），作□……春十七人□AⅠ □有逮：成。AⅡ ……AⅢ 一人与吏上事守府：仄。BⅠ 一人作务：哀。BⅡ 一人事革CⅠ 一人伐牒：□□CⅡ8-2144+8-2146+9-1803	作徒簿 "事革"据何有祖③
7	司空残簿	□一年四月癸未朔己丑，司空守偏□Ⅰ □城旦司寇一人，□Ⅱ □鬼薪廿人，□Ⅲ □□□四人，□Ⅳ8-2151+8-2169	徒作簿 简文缀合据何有祖④
8	司空徒作簿	卅一年九月庚戌朔癸亥，司空色徒作薄。AⅠ 城旦司寇一人，AⅡ 鬼薪廿人，AⅢ ……AⅣ一人作园：平，BⅠ 一人付畜官：质，BⅡ 六人作□□□□□□□BⅢ □人□□□BⅣ	原释文见于《龙山里耶秦简之"徒簿"》，"城旦、司寇"原释文断读，此据贾丽英连读，"城旦司寇"指由城旦春监管城旦或春劳役的职事⑤

① 何有祖：《读里耶秦简札记（四）》，简帛网，http：//www.bsm.org.cn/？qinjian/6441.html，2015年7月8日。

② 谢坤：《读〈里耶秦简（壹）〉札记（一）》，简帛网，http：//www.bsm.org.cn/？qinjian/6436.html，2015年6月29日。

③ 何有祖：《里耶秦简牍缀合（六）》，简帛网，http：//www.bsm.org.cn/？qinjian/5894.html，2012年6月4日。

④ 何有祖：《里耶秦简牍缀合（六）》，简帛网，http：//www.bsm.org.cn/？qinjian/5894.html，2012年6月4日。

⑤ 贾丽英：《秦汉简所见司寇》，《简帛研究（二〇一九）》（春夏卷），第174页。

续表

	徒簿名称	简文	备注
8	司空徒作簿	□人□□□□春□□□CⅠ 一人为□：剧，CⅡ 一人买牛：朱，CⅢ □人司空：□CⅣ □□□□□□DⅠ 二人捕羽：操、缴，DⅡ 一人为席：别，DⅢ □□□□□□DⅣ11-249 九月癸亥水十一刻（刻）下二，佐瘗以来。11-249背	
9	司空徒作簿	卅二年十月己酉朔乙亥，司空守图徒作簿。AⅠ 城旦司寇一人。AⅡ 鬼薪廿人。AⅢ 城旦八十七人。AⅣ 仗（丈）城旦九人。AⅤ 隶臣毄（系）城旦三人。AⅥ 隶臣居赀五人。AⅦ ·凡百廿五人。AⅧ 其五人付贰春。AⅨ 一人付少内。AⅩ 四人有逮。AⅪ 二人付库。AⅫ 二人作园：平、□。AⅩⅢ 二人付畜官。AⅩⅣ 二人徒养：臣、益。AⅩⅤ 二人作务：惊、亥。BⅠ 四人与吏上事守府。BⅡ 五人除道沅陵。BⅢ 三人作庙。BⅣ 廿三人付田官。BⅤ 三人削廷：央、闲、赫。BⅥ 一人学车西阳。BⅦ 五人缮官：宵、金、癚、椑、鲤。BⅧ 三人付叚（假）仓信。BⅨ 二人付仓。BⅩ 六人治邸。BⅪ 一人取箓（蒸）：廊。BⅫ 二人伐枀：强、童。BⅩⅢ 二人伐材：刚、聚。CⅠ 二人付都乡。CⅡ 三人付尉。CⅢ 一人治观。CⅣ 一人付启陵。CⅤ 二人为笥：移、昭。CⅥ	

徒簿名称	简文	备注
9　司空徒作簿	八人捕羽：操、宽、未、衷、丁、图、辰、却。C Ⅶ 七人市工用。C Ⅷ 八人与吏上计。C Ⅸ 一人为炭：剧。C Ⅹ 九人上省。C ⅩⅠ 二人病：复、卯。C ⅩⅡ 一人传送西阳。C Ⅹ Ⅲ 白 粲【八】人。D Ⅰ 春 五十三人。D Ⅱ 隶妾觳（系）春八人。D Ⅲ 隶妾居赀十一人。D Ⅳ 受仓隶妾七人。D Ⅴ ・凡八十七人。D Ⅵ 其二人付畜官。D Ⅶ 四人付贰春。D Ⅷ 廿四人付田官。D Ⅸ 二人除道沅陵。D Ⅹ 四人徒养：枼、痤、蔡、复。D ⅩⅠ 二人取芒：阮、道。E Ⅰ 一人守船：遏。E Ⅱ 三人司寇：莐、类、款。E Ⅲ 二人付都乡。E Ⅳ 三人付尉。E Ⅴ 一人付田。E Ⅵ 二人付少内。E Ⅶ 七人取筴（蒸）：□、林、娆、粲、鲜、夜、吴。E Ⅷ 六人捕羽：刻、嫥、卑、鬻、娃、变。E Ⅸ 二人付启陵。E Ⅹ 三人付仓。E ⅩⅠ 二人付库。E ⅩⅡ 二人传送西阳。F Ⅰ 一人为笥：齐。F Ⅱ 一人为席：媾。F Ⅲ 三人治枲：梜、兹、缘。F Ⅳ 五人觳（系）：嫥、般、橐、南、儋。F Ⅴ 二人上甹（省）。F Ⅵ 一人作庙。F Ⅶ 一人作务：青。F Ⅷ 一人作园：夕。F Ⅸ ・小城旦九人；G Ⅰ 其一人付少内。G Ⅱ 六人付田官。G Ⅲ 一人捕羽：强。G Ⅳ	

续表

	徒簿名称	简文	备注
9	司空徒作簿	一人与吏上计。G Ⅴ ·小舂五人。G Ⅵ 其三人付田官。G Ⅶ 一人徒养：姊。G Ⅷ 一人病：谈。G Ⅸ 9-2289 【卅】二年十月己酉朔乙亥，司空守圂敢言之：写 上，敢言之。/痤手。Ⅰ 十月乙亥水十一刻刻下二，佐痤以来。Ⅱ 9-2289 背	
10	司空作徒簿	☑囚吾作徒薄（簿）A 九人与吏上事守府。☑B Ⅰ 五人除道：泽、务、冣、央、臧☑B Ⅱ 三人作庙。☑B Ⅲ 二人付都乡：它、章。C Ⅰ 二人付库：□、缓。C Ⅱ 一人治观：阳。C Ⅲ □人□□□督。C Ⅳ 隶妾居赀□□☑D Ⅰ 受仓隶妾□☑D Ⅱ ·凡八十五人。☑D Ⅲ 其二人付畜官☑D Ⅳ 8-681+8-1641 ☑=下一，佐居以来。/☑8-681 背	简文缀合据谢坤①
11	司空残簿	☑三月癸丑朔壬戌，【司空】□☑Ⅰ ☑城旦司寇一人。☑Ⅱ ☑鬼薪十九人。☑Ⅲ 8-2156	
12	司空残簿	☑□【司空守凪】敢言之：上。敢言【之】☑9-1731 ……A Ⅰ ☑治园。A Ⅱ ☑求菌。A Ⅲ ……B Ⅰ 十三人运食。B Ⅱ 五人付库。B Ⅲ 9-1731 背	

① 谢坤：《〈里耶秦简（壹）〉缀合一则》，简帛网，http：//www.bsm.org.cn/？qinjian/6447.html，2015 年 8 月 4 日。

续表

	徒簿名称	简文	备注
13	司空徒作簿	☑司空□□薄 A Ⅰ ☑……A Ⅱ 一人□□酉阳 B Ⅰ 一人治□益阳 B Ⅱ 四人治□临沅 B Ⅲ 二人市工用□□B Ⅳ □人付□B Ⅴ 二人□□□□B Ⅵ 一人□□C Ⅰ □□□□C Ⅱ 一人□□臣 C Ⅲ 二人□□□C Ⅳ 一人作务 C Ⅴ 四人□□室聚□□C Ⅵ □☑D Ⅰ □□☑D Ⅱ 12-2126 ☑□□旦佐平……☑12-2126 背	从"付"徒记录，应为司空"徒作簿"
14	司空徒作簿	□□徒作薄（簿）。A 一人□□□。B Ⅰ 一人付畜官：琐。B Ⅱ 六人作务：蘁、亥、何、劵、庭、田。B Ⅲ 五人除道：泽、务、冣、央、臧。B Ⅳ □人作庙。B Ⅴ ……B Ⅵ 六人治邸□□□□☑C Ⅰ 一人为炭：刷。☑C Ⅱ 【一人】卖牛：未。C Ⅲ 8-2089	原释文多处未释，据何有祖补入①
15	司空徒作簿	□□。A Ⅰ ☑【司】寇。A Ⅱ □□。A Ⅲ □□。A Ⅳ ☑人守□。A Ⅴ ☑作园。A Ⅵ ☑畜官。A Ⅶ ☑□□令。A Ⅷ	由"付"及"小城旦十人"可知当为司空"徒作簿"

---

① 何有祖：《里耶秦简牍释读札记（二则）（修订稿）》，简帛网，http：//www.bsm.org.cn/？qinjian/6515.html，2015 年 11 月 13 日；何有祖：《读里耶秦简札记（四）》，简帛网，http：//www.bsm.org.cn/？qinjian/6441.html，2015 年 7 月 8 日。

续表

徒簿名称		简文	备注
15	司空徒作簿	□载粟输。AⅨ 二人付少内。BⅠ 一人取角。BⅡ 六人作庙。BⅢ 二人伐竹。BⅣ 七人□□。BⅤ 二人为库取灌。BⅥ 一□取□。BⅦ 一人□笥。BⅧ ·小城旦十人。CⅠ 其八人付田官。CⅡ 二人载粟输。CⅢ8-162	
16	司空徒作簿	☑□AⅠ ☑□AⅡ ☑□钱□。AⅢ 一人徒养：渭。☑BⅠ 一人载粟：畜。☑BⅡ ·小春五人。☑BⅢ 其三人付田。☑BⅣ8-239	由"小春五人"及 "付"字可知当为司空 "徒作簿"
17	司空徒作簿	…… □□☑Ⅰ 【仓】隶妾【四】☑Ⅱ 凡八十三人。☑Ⅲ 其二人付备官。☑Ⅳ8-2097	可与简9-2289相参看
18	司空残簿	☑□□□AⅠ 以人为弓□：移，AⅡ 二人伐竹：昭、辰，AⅢ 一人传徙：喜，BⅠ 春五十一人☑BⅡ 隶妾䰂（系）春☑BⅢ 隶妾居赀☑BⅣ11-244 ☑敢言之：写上。敢言之。 ☑者者有手封印11-244背	原释文见于《龙山里 耶秦简之"徒簿"》。 张春龙："正面第二行 为习字。"
19	司空残簿	☑□AⅠ ☑□窜AⅡ □□☑BⅠ 十人付仓☑BⅡ 一人守船：□□BⅢ12-1544	据"付仓"推测为司 空徒作簿残文

续表

	徒簿名称	简文	备注
20	司空残簿	一人□：【朝】。AⅠ 一人有狱讯：目。AⅡ 一人捕鸟：城。AⅢ 一人治船：疵。☐BⅠ 一人为作务：且。☐BⅡ 一人输备弓：具。☐BⅢ ……8-2008 后九月丙寅，司空□敢言☐8-2008背	
21	司空残簿	廿七年十一月乙卯，司空昌【薄（簿）】，☐Ⅰ 黔首[赀]大男子四人。☐Ⅱ 其□人载粟。☐Ⅲ8-1665	

5-2 仓徒簿

	徒簿名称	简文	备注
1	仓残簿	二人付□□□。AⅠ 一人付田官。AⅡ 一人付司空：枚。AⅢ 一人作务：臣。AⅣ 一人求白翰羽：章。AⅤ 一人廷守府：快。AⅥ 其廿六人付田官。BⅠ 一人守园：壹孙。BⅡ 二人司寇守囚：嫭。BⅢ 二人付库：恬、扰。BⅣ 二人市工用：饋、亥。BⅤ 二人付尉：□、[是]。☐BⅥ8-663 五月甲寅仓是敢言之：写上。敢言之。☐8-663背	据姚磊、何有祖补释、改释① 由“付”字推断为仓徒作簿

① 姚磊：《读〈里耶秦简（壹）〉札记（一）》，简帛网，http：//www.bsm.org.cn/? qinjian/6460.html，2015年8月19日；何有祖：《里耶秦简“（牢）司寇守囚”及相关问题研究》，《简牍学研究》（第六辑），第90—101页。

续表

	徒簿名称	简文	备注
2	仓残簿	☑□十人。AⅠ ☑□□□□官。AⅡ ☑人守园：壹孙。A ☑人牢司寇守囚：嬩、负中。AⅣ ☑□二付库：快、扰。AⅤ ☑人市工用：饌、亥。AⅥ ☑□□□□ AⅦ 二人付田：偹、婴。BⅠ 六人付司空：环☑BⅡ 七人付少内：革、苴、□☑BⅢ 五人作务：文、宵、□☑BⅣ 四人付畜官：□☑BⅤ 三人行□□□☑BⅥ 8-2101	释文据何有祖① 从"付"字推测为仓 徒作簿
3	仓残簿	☑之。A 【付】小隶妾八人。BⅠ 六人付田官。BⅡ 一人收雁，豫。BⅢ 8-444	据"付"字推测为仓 徒作簿
4	仓徒簿冣	■卅四年十二月仓徒簿冣 AⅠ ■大隶臣积九百九十人，AⅡ ■小隶臣积五百一十人，AⅢ ■大隶妾积二千八百七十六，AⅣ ■凡积四千三百七十六。AⅤ ■其男四百廿人吏养，AⅥ ■男廿六人与库武上省，AⅦ 男七十二人牢司寇，BⅠ 男卅人输或〈铁〉官未报，BⅡ 男十六人与吏上计，BⅢ 男四人守囚，BⅣ 男十人养牛，BⅤ 男卅人廷守府，BⅥ 男卅人会逮它县，BⅦ 男卅人与吏男（勇）具狱，BⅧ 男百五十人居赀司空，CⅠ 男九十人毄（系）城旦，CⅡ 男卅人为除道通食，CⅢ 男十八人行书守府，CⅣ 男卅四人库工，CⅤ	

---

① 何有祖：《里耶秦简"（牢）司寇守囚"及相关问题研究》，《简牍学研究》（第六辑），第90—101页。

续表

	徒簿名称	简文	备注
4	仓徒簿冣	小男三百卅人吏走，CⅥ 男卅人廷走，CⅦ 男九十人亡，CⅧ 男卅人付司空，DⅠ 男卅人与史谢具狱，DⅡ 女五百一十人付田官，DⅢ 女六百六十人助门浅，DⅣ 女卅四人助田官获（慢），DⅤ 女百卅五人觳（系）舂，DⅥ 女三百六十人付司空，DⅦ 女三百一十人居赀司空，DⅧ 女六十人行书廷，EⅠ 女九十人求菌，EⅡ 女六十人会逮它县，EⅢ 女六十人□人它县，EⅣ 女九十人居赀临沅，EⅤ 女十六人输服（箙）弓，EⅥ 女卅四人市工用，EⅦ 女卅三人作务，EⅧ 女卅四人付贰春，FⅠ 女六人取薪，FⅡ 女廿九人与少内段买徒衣，FⅢ 女卅人与库佐午取桼，FⅣ 女卅六人付畜官，FⅤ 女卅九人与史武输鸟，FⅥ 女六十人付启陵，FⅦ 女卅人牧鴈，GⅠ 女卅人为除道通食，GⅡ 女卅人居赀无阳，GⅢ 女廿三人与吏上计，GⅣ 女七人行书西阳，GⅤ 女卅人守船，GⅥ 女卅人付库。GⅦ10-1170①	
5	仓残簿	卅一年四月癸未朔甲午，【仓是】□□Ⅰ 大隶臣廿六人□Ⅱ 其四人吏养：唯、冰、州、□□Ⅲ8-736 □【甲】午旦，隶【妾】□□8-736背	

---

① 《里耶秦简博物馆藏秦简》，第56页。

5-3 库作徒簿

	徒簿名称	简文	备注
1	库作徒簿	廿九年八月乙酉，库守悍作徒簿（簿）：受司空城旦四人、丈城旦一人、舂五人、受仓隶臣一人。·凡十一人。A Ⅰ 城旦二人缮甲□□。A Ⅱ 城旦一人治输 书 忌 。A Ⅲ 城旦一人约车：登。A Ⅳ 丈城旦一人约车：缶。B Ⅰ 隶臣一人门：负解。B Ⅱ 舂三人级：娉、□、娃。B Ⅲ 廿廿年上之☑ C8-686+8-973 八月乙酉，库守悍敢言之：疏书作徒薄（簿）牒北（背）上，敢言之。逐手。Ⅰ 乙酉旦，隶臣负解行廷。Ⅱ 8-686 背+8-973 背	书忌、负解，据何有祖陈伟补释、改释①
2	库作徒簿	卅二年五月丙子朔庚子，库武作徒薄：受司空城旦九人、鬼薪一人、舂三人；受仓隶臣二人。·凡十五人。Ⅰ 其十二人为巽（舆）：奖、庆忌、敹、敹、船、何、冣、交、颉、徐、娃、聚；Ⅱ 一人（纮）：窜。Ⅲ 二人捕羽：亥、罗。Ⅳ 8-1069+8-1434+8-1520 卅二年五月丙子朔庚子，库武敢言之：疏书作徒日薄（簿）一牒。敢言之。横手。Ⅰ 五月庚子日中时，佐横以来。/图发。Ⅱ 8-1069 背+8 1434 背+8-1520 背	此列自"奖"以下，皆为人名。其中"敹"二见，或一为衍文，而"庆忌"断读，为二人名②

5-4 少内作徒簿

	徒簿名称	简文	备注
1	少内作徒簿	卅一年后九月庚辰朔壬寅，少内守敳作徒薄（簿）：受司空鬼薪☑ Ⅰ 其五人求羽：吉、□、哀、瘳、嬗。一人作务：宛。☑ Ⅱ 后九月庚辰朔壬寅，少内守敳敢言之：上。敢言之。/☑ Ⅲ 8-2034 后九月壬寅旦，佐□以来。/尚发。☑ 8-2034 背	

---

① 何有祖：《读里耶秦简札记（三）》，简帛网，http：//www.bsm.org.cn/? qinjian/6437.html，2015年7月1日；陈伟：《里耶简所见迁陵县的库》，见氏著《秦简牍校读及所见制度考察》，第140页。

② 参见《里耶秦简牍校释》（第一卷），第274页。

	徒簿名称	简文	备注
2	少内作徒簿	十月乙卯少内作徒簿，受司空仗城☑Ⅰ 其一人求羽：胃☑Ⅱ 三人级：哀、嬗、环☑Ⅲ 一人缮☑：扁。卅三☑Ⅳ10-55	
3	少内作徒簿	十月丁巳少内作徒薄受☑Ⅰ 其一人求羽□□□□Ⅱ 三人级□□环☑Ⅲ10-692	
4	少内作徒簿	十月壬戌少内□☑Ⅰ 其一人求羽：胃Ⅱ 二人级：嬗、环☑Ⅲ 四人级：恶、兹、嬶☑Ⅳ11-48	有两次"级"的劳作记录，存疑
5	少内作徒簿	二月乙丑，少内作徒薄（簿）。AⅠ 受司空城旦二人、鬼薪一人，仓隶妾二人。•凡五人。AⅡ 其三人求羽：吉、胃、温。AⅢ 二☑BⅠ 卅☑BⅡ9-1099 二月乙丑旦，佐雠以来。/图发。☑9-1099背	

5-5 畜官作徒簿

	徒簿名称	简文	备注
1	畜官作徒簿	卅年十二月乙卯，畜官守丙作徒薄（簿）。AⅠ 受司空居赀□□。AⅡ 受仓隶妾三人，AⅢ 小隶臣一人。BⅠ 凡六人。BⅡ 【一人】牧马武陵：获。BⅢ 一人牧牛：敬。CⅠ 一人牧羊：口。CⅡ 一人为连武陵薄（簿）：□。CⅢ 一人病：燕。DⅠ	

续表

徒簿名称	简文	备注
1	畜官作徒簿	一人取菅：宛。DⅡ8-199+8-688+8-1017+9-1895背 十二月乙卯，畜官守丙敢言之：上。敢言之。/□手。☑Ⅰ 十二月乙卯水十一刻刻下一，佐贰以来。尚半。☑Ⅱ8-199背+8-688背+8-1017背+9-1895	
2	畜官作徒簿	☑畜官徒☑Ⅰ ☑缮庑：谢、容、【媛】☑Ⅱ ☑敢言之：上。敢言☑Ⅲ9-1732	简文补释据张以静①

5-6 田作徒簿

徒簿名称	简文	备注
1	田作徒簿	三月丙寅，田畾敢言之☑8-179 受仓隶妾二人☑8-179背	
2	田作徒簿	六月甲戌田徒薄（簿），受□□城旦一人，仓☑Ⅰ 卅二年六月乙巳朔甲戌，□□□敢言之☑Ⅱ10-412 □□甲戌旦，史□以来。圂发。10-412背	

5-7 都乡作徒簿

徒簿名称	简文	备注
1	都乡残徒簿	卅一年五月壬子朔丁巳，都乡□☑Ⅰ 受司空城旦一人、隶妾二人。☑Ⅱ8-196+8-1521 ☑□□Ⅰ 五月丁巳旦，佐初以来。/欣发。☑Ⅱ8-196+8-1521背	
2	都乡徒簿	卅一年五月壬子朔壬戌，都乡守是徒薄（簿）☑Ⅰ 受司空城旦一人、仓隶妾二人。☑Ⅱ 一人捕献。Ⅲ 二人病。Ⅳ8-2011 五月壬戌，都乡守是□□□☑Ⅰ 五月壬戌旦，佐初以来。/气发。☑Ⅱ8-2011背	

---

① 张以静：《〈里耶秦简（贰）〉读札》，简帛网，http：//www.bsm.org.cn/？qinjian/8014.html，2018年12月31日。

续表

	徒簿名称	简文	备注
3	都乡徒簿	二月辛未，都乡守舍徒薄（簿）□Ⅰ 受仓隶妾三人、司空城□Ⅱ 凡六人。捕羽，宜、委、□□Ⅲ8-142 二月辛未旦，佐初□□8-142 背	校释者："司空城"下原文疑为"旦三人"①
4	都乡残徒簿	□朔丁未，都乡□□AⅠ 【城旦 积 五十八人】AⅡ 隶妾居赀五十八人。AⅢ 隶妾积五十八人。□BⅠ 凡百七十四人。□BⅡ8-1095	校释者释为"城旦舂五十八"，据残笔及文例，应为"积"②

5-8 启陵乡作徒簿

	徒簿名称	简文	备注
1	启陵乡残簿	卅年十月辛亥，启陵乡守高□Ⅰ 受司空仗城旦二人。Ⅱ 二人治传舍：它、骨。Ⅲ8-801	
2	启陵乡作徒簿	卅一年四月癸未朔乙未，启陵乡守元作徒薄。AⅠ 受仓大隶妾三人。AⅡ 受司空城□BⅠ 仗（丈）城旦一人。□BⅡ8-1759+9-819	
3	启陵乡残簿	【卅一年四】月癸未朔壬寅，启陵乡守□□ 【受仓】大隶妾三人□16-996	
4	启陵乡作徒簿	卅一年四月癸未朔癸卯，启陵乡守逐作徒薄（簿）。AⅠ 受仓大隶妾三人。AⅡ 受司空仗城旦一人。BⅠ 凡四人。BⅡ 其一人【稟人】□CⅠ 一人【行 书 】□CⅡ8-1278+8-1757	笔者按：以下几则均为启陵乡三十一年四月某一日呈报的徒簿，可互相补释，不再列举

---

① 陈伟主编：《里耶秦简牍校释》（第一卷），第83页。
② 陈伟主编：《里耶秦简牍校释》（第一卷），第278页。

续表

	徒簿名称	简文	备注
5	启陵乡作徒簿	卅□一年四月癸未朔丙午,启陵乡守逐作徒薄(簿)A Ⅰ 受仓大隶妾三人。A Ⅱ 其一人【稟人】。B Ⅰ 一人行书。B Ⅱ 一人捕羽。C9-2341 取手。9-2341 背	
6	启陵乡作徒簿	卅一年四月癸未朔丁未,启陵乡守逐作徒薄(簿)。A Ⅰ 受仓大隶妾三人。A Ⅱ 其一人稟人。B Ⅰ 一人行书。B Ⅱ 一【人捕羽】☑ C 9-38	
7	启陵乡残簿	卅一年四月癸未朔戊申,启陵乡守逐☑Ⅰ 受仓大隶妾三人。☑Ⅱ9-1923	
8	启陵乡残作徒簿	卅一年四月癸未朔己酉,启陵乡守逐作☑Ⅰ 受仓大隶妾三人☑ Ⅱ10-122	

5-9 贰春乡作徒簿

	徒簿名称	简文	备注
1	贰春乡徒簿	廿八年九月丙寅,贰春乡守畸徒簿。Ⅰ 积卅九人。Ⅱ 十三人病。Ⅲ 廿六人彻城。Ⅳ8-1280	
2	贰春乡残簿	廿九年九月戊午,贰春□☑Ⅰ 其一学甑:贺☑Ⅱ 四人负土:臧、成、聊、骨☑Ⅲ8-1146	
3	贰春乡作徒簿	卅年十月癸卯,贰春乡守绰作徒薄(簿),受司空居责 (债)城旦□☑Ⅰ 其一人治土:晗。□□□□☑Ⅱ8-787+8-1327	简文缀合据何有祖①

---

① 何有祖:《里耶秦简牍缀合(二)》,简帛网,http://www.bsm.org.cn/♀qinjian/5881.html,2012年5月14日。

	徒簿名称	简文	备注
4	贰春乡作徒簿	卅年十一月癸未，贰春乡彻作徒薄（簿），受司空城【旦】……粲二人，凡七人。Ⅰ 其五人为甄庑取茭：贺、何、成、臧、眄。Ⅱ 一人病：央匄。Ⅲ 一人徒养：骨。Ⅳ8-1370+9-516+9-564	取茭，据《里耶秦简》（贰）
5	贰春乡作徒簿	卅年十一月丁亥，贰春乡守朝作徒薄（簿）：受司空城旦、鬼薪五人、舂、白粲二人，凡七人。AⅠ 其五人为甄庑取茅：贺、何、成、臧、眄。AⅡ 一人病：央匄。AⅢ 一人徒养：骨。B9-18 田手。9-18背	取茅，据《里耶秦简》（贰）
6	贰春乡残簿	【卅】年八月丙戌朔癸卯□□Ⅰ 城旦、鬼薪三人。Ⅱ 仗城旦一人。Ⅲ 舂、白粲二人。Ⅳ 隶妾三人。□Ⅴ8-1279	此简与8-1143+8-1631贰春乡"八月作徒簿"的所"积"徒隶数大体相当
7	贰春乡作徒簿	卅年九月丙辰朔庚申，贰春乡守带作徒薄（簿）。AⅠ 受司空城旦、鬼薪三人。AⅡ 【仗城旦□人】AⅢ •凡九人。BⅠ 一人甄：【眄】。□BⅡ9-1210+9-2286 廷□9-2286背	
8	贰春乡徒簿	【卅五年七月戊】子朔癸巳，贰春乡兹徒薄（簿）。ⅠA 受仓隶妾一人。ⅡA •凡一人。□小畜□□B8-962+8-1087	
9	贰春乡作徒簿	卅三年正月庚午朔己丑，贰乡守吾作徒薄（簿）：受司空白粲一人，病。8-1207+8-1255+8-1323	贰乡，亦见于简8-1742+8-1956。校释者认为是"贰春乡"省称。① 存疑

---

① 陈伟主编：《里耶秦简牍校释》（第一卷），第293页。

续表

	徒簿名称	简文	备注
10	贰春乡作徒簿	☑子贰春乡守吾作徒薄（簿）：受司空白粲一人，病。☑8-1742+8-1956	
11	贰春乡作徒簿	☑【贰】乡守吾作徒薄（簿）。受司空白粲一人，病。☑8-1340	
12	贰春乡徒簿（月）	■卅年八月贰春乡作徒薄（簿）。AⅠ ■城旦、鬼薪积九十人。AⅡ ■仗城旦积卅人。AⅢ ■舂、白粲积六十人。AⅣ ■隶妾积百一十二人。AⅤ ·凡积二百九十二人。BⅠ☑ 卅人甄。BⅡ☑ 六人佐甄。BⅢ☑ 廿二人负土。BⅣ☑ 二人 浆 瓦。BⅤ☑8-1143+8-1631	张春龙释读"瓦"前一字为"浆"，意为备泥料①

5-10 其他机构作徒簿

	徒簿名称	简文	备注
1	发弩簿	□□年四月丁酉发弩守苍簿。冗戍四人AⅠ □人求盗，AⅡ 一人□责司空 AⅢ 一人行书夷新亭☑BⅠ 见一人得付司空☑BⅡ10-1160 □□□□□AⅠ □□□□□AⅡ □□□□□AⅢ □□□□□□BⅠ10-1160 背	
2	将田乡作徒簿	☑己丑，将田乡守敬作徒薄（簿）。AⅠ ······AⅡ ☑□上稟，AⅢ ☑蓐（耨）芋，AⅣ 其一人病。BⅠ 毄（系）城旦一人上稟。BⅡ 舂二人：BⅢ 其一人上稟，BⅣ 其一☑CⅠ 小☑CⅡ9-1781+9-2298	

---

① 湖南省文物考古研究所：《龙山里耶秦简之"徒簿"》，第115页。

续表

	徒簿名称	简文	备注
3	将徒捕爰簿	☑□佐居将徒捕爰Ⅰ ☑□二、黑爰一Ⅱ ☑百五十人。·皆食巴葵。Ⅲ8-207 ☑□年 8-207 背	

5-11 徒簿文书残文分类

	简文	备注
1	☑□付……Ⅰ ☑人付少内：阮、隐、□☑Ⅱ ☑五人付田官☑Ⅲ ☑□园女☑Ⅳ9-1824	序号1—9有"付""受"诸官署 付田官
2	☑一人付田官☑ ☑□□□□ 10-319	付田官
3	☑其四人付贰【春】☑ ☑七人库工☑ 10-606	付贰春
4	☑□AⅠ ☑春AⅡ ☑□BⅠ 一人守船☑BⅡ 一人作□☑BⅢ 一人付☑BⅣ7-395	付☑
5	☑六人付□☑ 12-2104	付☑
6	卅五年七月戊☑Ⅰ 受仓隶☑Ⅱ8-991	受仓
7	受仓小隶臣二人。☑8-1713	受仓
8	☑□□徒薄（簿），受仓隶妾一人☑9-1959	受仓
9	☑受司空仗城旦☑ ☑凡四人☑16-538	受司空
10	☑一人☑Ⅰ ☑【隶】妾三人□☑Ⅱ8-2171	序号 10—14 仅见徒隶身份

续表

	简文	备注
11	☑【鬼】薪六人☑8-1161	
12	☑人，白粲一人☑10-206	
13	☑☑司空城旦一人☑ ☑仗城旦一人☑15-828	
14	……☑ 舂六人☑16-1881	
15	☑☑☑☑☑人， ☑☑嘉、良朱、舒、圂、狡 ☑律、快、奖7-101	序号15—18为仅见徒隶姓名的徒簿残文
16	☑☑☑Ⅰ ☑☑、闲、赫、成☑Ⅱ ☑阳、台☑Ⅲ9-1989	
17	☑年二月丁☑ ☑驾、容、☑15-810 ☑月甲午☑15-810背	
18	臧、阳、☑16-129	
19	其一人为甄运土。8-31	序号19—24中都包含与制"甄"有关的劳作内容，可能与贰春乡徒簿有关
20	三人负土：轸、干人、央乌AⅠ 二人取城☑柱为甄庑：贺、何AⅡ 三人病：骨、聊、成AⅢ 一人徒☑B8-780	
21	☑☑☑☑☑☑☑☑Ⅰ 二人枯传甄庑☑贺、何。Ⅱ8-1707	
22	五人为甄庑☑☑☑ 一人病：央乌☑ 一人徒养：婧☑13-954	
23	☑其八十一人学甄☑13-1006	
24	其三人负土：晔☑ ☑☑☑☑☑☑☑14-966	
25	☑☑贺输羽。☑8-82+8-129	序号25—40为单行书写简

续表

	简文	备注
26	三人病。8-471	
27	二人治徒园。8-1636	
28	一人与佐带上虏课新武陵。8-1677	
29	☑人取菅：□□☑8-2148	
30	☑一人仓□□□□□☑8-2458	
31	一人病，已☑9-652	
32	☑余见城旦司寇一人10-81	
33	☑一人牧鶂☑10-1028	
34	作库女一人12-1692	
35	☑三人佐襄取铁☑12-1828	
36	☑二人13-1097	
37	☑□取菅☑16-61	
38	☑六人旁□☑16-1950	
39	隶妾被牧雁☑16-1062	
40	隶妾婴徒养15-529	
41	卅二人徒养。I八十四人邦司空公白羽。II 8-773 廷8-773背	序号41—45中记录的作徒数量偏高
42	☑卅二人乘□□☑ ☑卅二人乘贰春亭☑ ☑卅二人□□□☑14-710	
43	☑卅五人病☑I ☑五人□☑II 8-1812	
44	☑廿人守☑10-1513	
45	☑人作务☑ ☑卅人缮官府☑10-1539	

续表

	简文	备注
46	三人与佐它人偕载粟 沅 ☑ I 十人与佐畸偕载粟 门 ☑ II 二人瘢。☑ III 9-53	释文据张以静补①
47	人【叚（假）校长】。☑ I 二人求盗。☑ II 二人门。☑ III 二人佐它人偕载粟沅☑ IV 9-623	
48	人求盗。☑ I 二人门。☑ II 二人与☐☐☐载粟沅陵五月☑ III 十人与佐畸偕载粟门浅四月☐☑ IV 9-1479	二人门，据张以静改释②
49	☑赀责 A I ☑大男子五人。A II 一人与吏上事泰守府。B I 一人瘢（厮）。B II 二人☐库。B III ……8-1586	
50	☑☐赀责七☑ I ☑☐人为蒲席☑ II ☑☐人与令史☐☑ III ☑☐人捕爰☑ 8-2429 ☑【敢】言之☑ I ☑【隶妾】 ☑ II 8-2429 背	
51	☐☐☐☐☐☐徒作☐ A I 男子☐☐作司空 A II ☐☐☐☐☐ B I ……☑ B II 12-1110	

---

① 张以静：《〈里耶秦简（贰）〉读札》，简帛网，http：//www.bsm.org.cn/？qinjian/8014.html，2018年12月31日。

② 张以静：《〈里耶秦简（贰）〉读札》，简帛网，http：//www.bsm.org.cn/？qinjian/8014.html，2018年12月31日。

	简文	备注
52	男子二人□AⅠ 男子二 为 人□□□AⅡ □□□□□□AⅢ □子□人为作务 BⅠ 女子四人级 BⅡ 女子三人病 BⅢ □子七人□笥 BⅣ12-722	
53	□……居赀赎责作官府□□同作务不……薄。AⅠ □……人，AⅡ 百日伐干，BⅠ 百八日取营，BⅡ ……BⅢ 四百六日吏仆□CⅠ 五百九十五日取□□CⅡ 二百日伐□CⅢ10-1167	
54	□……□Ⅰ □□□字休道□Ⅱ □□司寇□□Ⅲ □助获□Ⅳ □□角青□Ⅴ □□笥齐□Ⅵ7-139	
55	□【一】人缮官府：【罗】。Ⅰ □【一】人为司寇：爱。Ⅱ8-567	
56	【三人】□□□□□Ⅰ 二人缮官府：罗、樗。 ……□Ⅲ8-569	
57	……□Ⅰ □一人病□Ⅱ8-72 □写上，敢言之。/忠【手】。□Ⅰ □□发□Ⅱ8-72 背	原文正背颠倒，"敢言之"在文书结尾处，改过

	简文	备注
58	☑一人【病】☑8-724 ☑写上。敢言之。☑8-724 背	原文正背颠倒，"敢言之"在文书结尾处，改过
59	☑三人除道沅陵。AⅠ ☑一人门。AⅡ ☑一人干荆。AⅢ 四人缮官。BⅠ 二人为匽。BⅡ 一人徒养。BⅢ8-244	
60	一人禀人：廉。Ⅰ 一人求翰羽：强。Ⅱ 二人病：贺、滑。Ⅲ 一人徒养：央乌。Ⅳ8-1259 ☑带手。8-1259 背	从徒作者名字来看，似为贰春乡徒簿的残文
61	☑□武陵疵。A 一人取菅：乙。☑BⅠ 一人与令史上上计□□BⅡ8-1472 ☑□敢言之。☑8-1472 背	
62	☑□宛。AⅠ ☑□□追。AⅡ ☑□□□□AⅢ 八人鲣（系）舂。BⅠ 二人织：欧、娄。BⅡ 四人级：不耆，宜、劲、它人。BⅢ 二人与上功吏：皆、狼。BⅣ 二人求蔺：受、款。BV8-1531 ☑□上敢言之。/□手。8-1531 背	
63	☑【徒】养。☑Ⅰ ☑妾一人蓐芋。☑Ⅱ8-1861	"蓐芋"还见于"将田乡徒簿"
64	☑其一人□AⅠ ☑二人行书□AⅡ ☑□□有逮：富 AⅢ ☑……AⅣ 三☑BⅠ 一☑BⅡ 一☑BⅢ8-2091	

续表

	简文	备注
65	☑☑☑Ⅰ ☑☑得、哀☑Ⅱ ☑☑事守府☑Ⅲ8-2125	
66	☑务：得、☑☑Ⅰ ☑吏上事守☑Ⅱ9-1807	
67	☑☑☑ＡⅠ ☑……ＡⅡ ☑☑☑ＡⅢ ☑重ＡⅣ ☑☑☑ＡⅤ 四人为吏养：敬、言、【瘳】。☑ＢⅠ 一人取绪：目。☑ＢⅡ 一人与吏上事守府。☑ＢⅢ 二人作【务】☑ＢⅣ 一人【捕】☑ＢⅤ9-2297	ＢⅠ中"言"后一字残缺半部分，校释者补释为"瘳"。经缀合后的简8-2134+8-2102+8-2099中有"☑养：敬、言、瘱（应）☑"，对比二者图版，此简中所缺字或为"瘱（应）"，为司空徒簿的残文
68	☑一人求羽Ⅰ ☑上。敢言之。/欧手。Ⅱ9-2333	
69	☑一人捕羽。9-2453 ☑取手。9-2453背	原释文正背颠倒，已改
70	☑☑簿ＡⅠ 其一人☑人ＡⅡ 一人行书ＢⅠ 一人捕羽☑ＣⅠ10-8	序号70-72格式、劳作内容与启陵乡徒簿相类
71	☑凡五ＡⅠ ☑其一人稟人ＡⅡ 一人行书ＢⅠ 一人治守府ＢⅡ 一人捕羽ＣⅠ 一人归司空ＣⅡ10-19	
72	☑一人，ＡⅠ 其一人稟人，ＢⅠ 一人行书，ＢⅡ 一人治官府，ＣⅠ 一人捕羽。ＣⅡ16-76	

	简文	备注
73	☑一人行书☑ ☑二人事革☑10-616	事革，据何有祖对简 8-2144+8-2146+9-1803 之释①
74	一人☑☑ 一人作☑☑ 一人与☑☑☑10-653	
75	☑四人取芒：挟、阮、道、粲，A Ⅰ ☑三人病：兹、箴、女已 A Ⅱ ☑一人☑☑B Ⅰ 10-944	简 9-2289 有"二人取芒：阮、道。"此简可能与司空徒簿有关
76	……司……等☑Ⅰ ……☑Ⅱ ……牧马☑☑☑☑☑Ⅲ ☑……☑、☑、☑、☑Ⅵ10-537	
77	卅三年十月庚子朔丁未，☑☑☑☑☑☑徒簿☑ A Ⅰ ☑☑☑☑A Ⅱ ☑……A Ⅲ ☑☑☑……A Ⅳ ☑☑☑☑B Ⅰ ☑☑☑B Ⅱ ☑☑☑B Ⅲ 12-1499	

---

① 何有祖：《里耶秦简牍缀合（六）》，简帛网，http：//www.bsm.org.cn/？qinjian/5894.html，2012年6月4日。

索 引

（按身份排序）

后　记

　　《出土简牍与秦汉社会身份秩序研究》是 2016 年度同名国家社科基金项目的结项成果。2020 年结项后根据专家意见进行了较大篇幅的补充和完善。2022 年申报了《国家哲学社会科学成果文库》，有幸得以立项。

　　《国家哲学社会科学成果文库》是这批立项成果中河北省唯一的一项，领导们也给予了高度关注。河北省社科联主席彭建强兄在一个创新团队答辩时提出的问题是："成果文库得以立项的原因是什么？是不是对于简牍资料的全面把握？"现场时间很短，回答得比较简单，只提及了"爵刑一体"理论的构建。回来后我把专家的意见又仔细看了看，大家比较一致的看法是：

　　一是"爵刑一体"的理论，实现了史学理论的局部突破。书稿打破了前人对于秦汉爵制体系研究的已有框架，将"刑"也视作一种臣民身份，以"爵—刑"身份序列完成对秦汉国家臣民身份的全覆盖，这是对以往以二十等爵主导的秦汉身份体系研究的重要突破。

　　二是论出有据，考证翔实。对五大夫、公乘、公卒等具有分界标志的身份称谓以及徒隶进行了详细剖析，做到了重点突破，从而让该研究提出的爵刑身份序列建立在坚实与具体分析之上，具有很强的说服性。

　　三是研究具有国际视野。书稿充分吸收了前人研究成果，特别是近年来域外中国学研究的成果。

　　专家们多有谬赞，但在关注国外研究成果上，确实吸取了日韩等学者的研究成果。尤其是陶安先生《秦汉刑罚体系研究》和鹰取祐司先生《秦汉时代的刑罚与爵制性身份序列》对于该成果研究具有重大的启发性。若有机会考察欧美汉学研究的成果，对学术研究会有更多补益。

"出土简牍与秦汉社会身份秩序研究"这个课题，不单纯是这几年的思考，而是在跟随彭卫先生从事博士后研究工作以来的持续。2007 年在中国社会科学院历史研究所（今古代史研究所）博士后流动站工作时，彭先生就根据我的研究兴趣为我规划了研究方向；原简帛研究中心主任杨振红先生不仅在学术上精心指导，还多次提携参加国际学术研讨会。视见简牍即是在甘肃兰州简牍学会议期间。会后张德芳先生带领大家考察了简牍的出土地肩水金关、大湾、地湾等遗址，至今茫茫戈壁及直面简牍产生的震撼犹存。

《国家哲学社会科学成果文库》得以获批，感谢河北师范大学戴建兵书记。2017 年 10 月我去南昌参加第十五届秦汉史年会，非常幸运地在正定机场碰到戴书记，汇报了近期的工作学术情况。2019 年 5 月调入河北师范大学。尽管工作非常忙碌，有各种填报双一流学科、双万专业、师范认证、新文科建设、基地建设等任务，但每一项工作都与历史学密切相关。在这个平台上，近两年先后获得国家重大招标项目的立项并滚动成功，发表了《历史研究》等权威核心的文章并获得河北省社会科学优秀成果一等奖。

河北师范大学赵小兰副校长，在我来河北师范大学后是社科处处长，各项成果的取得都跟她的谋划与鼓励分不开。同时感谢王颖宏老师。沈刚兄、张安福兄对于《国家哲学社会科学成果文库》的申报提供了无私的帮助。

中国社会科学出版社安芳老师为本书稿的申请与出版前前后后辛苦付出，深情厚谊令人感动。

邬文玲兄在首都师范大学简牍学会议上为我拍了一张照片，后来被用在各公众号、网络上，这次封页照又被安芳老师选中。

我的学生赵瑜、罗晨负责校稿、打印、提交表格；北京邮电大学赵家轩同学翻译了英文的目录摘要，在技术上帮助实现了资料的检索。

　　《出土简牍与秦汉社会身份秩序研究》提交《国家哲学社会科学成果文库》评审时附表较少，考虑到资料整理对于同行研究者的参考作用，出版之际一并附在后面。

　　本书中有部分内容已作为单篇论文发表。发表最早的是 2012 年初《告地书中"关内侯寡""五大夫"身份论考》，最晚的是 2022 年底《里耶秦简"产子课"及"徒簿"反映的徒隶生活》，在十余年的研究过程中，新的简牍材料不断公布，自己的认知随着学界的研究也不断加深并修正。比如对于诸曹与列官的认识；仓与仓曹、司空与司空曹的认识；訾与赀的关系等，这次书稿修改中都做了相应更正。但众所周知新出简牍材料还在持续公布中，以上的认知只能是现阶段工作的一个总结，肯定存在诸多不足。期待师友们批评指正。